高等院校公共基础课特色教材系列

应用文写作

（第三版）

沈冬娜 单立勋 编著

清華大学出版社
北京

内 容 简 介

本教材共有三个部分：第一部分为公务应用文书；第二部分为专业应用文书(主要针对财经类院校各专业)；第三部分为个人应用文书。本教材根据使用频率选择常用文种，涵盖了应用文文种40余个，类型齐全多样。教材细致介绍了各文种的概念、特点、格式、要素、写法等，选取具有典型性、当代性、可操作性的例文，还设计了文体沿革小常识和写作训练题等环节，促进学生的掌握与理解，使读者可以有针对性地进行写作练习，且与目前已出版、使用的大多数应用写作教材相兼容。

本教材体系完整、结构严谨，在介绍理论知识的同时，更注重培养使用者应用文的写作技能，强调实用性。因此，本教材适合作为普通高等院校各专业以及高职高专院校的应用写作课程教材，也可作为相关职业培训用书和自学者的参考书。

图书在版编目(CIP)数据

应用文写作/沈冬娜，单立勋编著.—3版.—北京：清华大学出版社，2020.5 (2024.8重印)
高等院校公共基础课特色教材系列
ISBN 978-7-302-55263-5

Ⅰ.①应… Ⅱ.①沈… ②单… Ⅲ.①汉语—应用文—写作—高等学校—教材 Ⅳ.①H152.3

中国版本图书馆CIP数据核字(2020)第048897号

责任编辑：王巧珍
封面设计：常雪影
责任校对：王荣静
责任印制：刘 菲

出版发行：清华大学出版社
网　　址：https://www.tup.com.cn，https://www.wqxuetang.com
地　　址：北京清华大学学研大厦A座　　**邮　　编**：100084
社 总 机：010-83470000　　**邮　　购**：010-62786544
投稿与读者服务：010-62776969，c-service@tup.tsinghua.edu.cn
质量反馈：010-62772015，zhiliang@tup.tsinghua.edu.cn
印 装 者：三河市龙大印装有限公司
经　　销：全国新华书店
开　　本：185mm×260mm　　**印　　张**：20　　**字　　数**：433千字
版　　次：2012年12月第1版　2020年5月第3版　　**印　　次**：2024年8月第4次印刷
定　　价：48.00元

产品编号：083432-01

再版序言

本书自2015年再版以来，至今已逾5年，其间一直得到师生们的厚爱，不断给我们以鼓励与帮助。同时，我们也收到了不少很好的建议与意见，这对本书的修订、完善贡献良多，对此我们深表感谢。

本教材基于"立足教学实际，提高写作能力"的理念，在介绍理论知识的同时，更注重培养学生应用文的写作技能，强调其实用性。力求将程式化、规范化极强的应用文写作变得不再枯燥、不再乏味，增加学生的学习兴趣。

本教材仍然沿用前两版的鲜明个性，从整体规划到编排体例，再到内容选择都有一定的创新。为了使教材内容更加与时俱进，保持其内容的规范性和现实性，我们对本教材的内容也进行了及时的修订和完善，修订内容如下。

一是补充更新了大量例文。

这次修订对例文进行了大量的补充和更新，考虑到例文的全面性与时代性，删减了教材原有的陈旧例文，补充了大量的反映时代特色的典型例文。如在第六章"日常文书"中，"礼仪致辞"的例文更换了最新的典型范例，譬如习主席2019年新年贺词、佳木斯大学校长毕业典礼致辞等。例文的更新调整与时俱进，使学生能够接触到最新范本，同时，对文种的阐释也更加深入明晰。

二是完善了各章节的内容。

本次修订在教材体例上未做大的调整，但对每个章节进行了内容上的更新、补充和完善，其中，公文文书的通知和事务文书的调查报告及科技文书这几部分变动较大。对通知进行了重新分类，对调查报告前期的调查研究工作做了更细致的介绍，对科技文书文献著录的内容增加了电子文献的著录方法以及文献检索的方法，其他章节也或多或少地进行了调整，使理论论述更严密，内容更充实，条理更清晰。

三是调整增补了申论内容。

目前，学生的就业去向非常宽泛，鉴于学生报考公务员的需要，本次改版增加了第八章，即申论的内容，能够从不同角度极大地满足学生的不同需求，也使本教材在内容上更加全面。

自2015年再版以来，本教材已连续重印多次，受到广大读者的认可。本书体例编排合理，特色鲜明，例文新颖规范，既能满足高校应用文写作课教学的需要，也可以作为自学教材，通俗易懂。在保持本书原有特色的基础上，第三版的修订更加精益求精。但鉴于能力有限，仍有不足之处，期待着读者朋友们的指正与批评。

编　者

2019年6月30日

目　录

绪论 …… 1

第一节　应用文的历史沿革 …… 1

第二节　应用文的特点与作用 …… 6

第三节　应用文的语言要求和表达方式 …… 9

第一单元　公务应用文书

第一章　公务文书 …… 23

第一节　公务文书概述 …… 23

第二节　通知　通报 …… 33

第三节　请示　批复 …… 57

第四节　函 …… 68

第二章　事务文书 …… 76

第一节　事务文书概述 …… 76

第二节　计划　总结 …… 79

第三节　述职报告　调查报告 …… 100

第四节　简报　会议记录 …… 116

第二单元　专业应用文书

第三章　财经文书 …… 129

第一节　企业文书 …… 129

第二节　商务决策文书 …… 146

第四章　法律文书 …… 158

第一节　法律文书概述 …… 158

第二节　起诉状 …… 160

第三节　答辩状 …… 168

第四节　上诉状 …… 174

第五节　买卖合同 …… 185

第六节　遗嘱 …… 191

第五章　传播文书 …… 197
　第一节　新闻文书 …… 197
　第二节　广告文案 …… 211

第三单元　个人应用文书

第六章　日常文书 …… 221
　第一节　常用信函 …… 221
　第二节　礼仪致辞 …… 235
　第三节　宣告启事 …… 249
　第四节　条据 …… 259
第七章　科技文书 …… 266
　第一节　学术论文 …… 266
　第二节　毕业论文 …… 275
第八章　申论 …… 283
　第一节　申论概述 …… 283
　第二节　申论写作 …… 285

附录1　党政机关公文处理工作条例 …… 288
附录2　党政机关公文格式 …… 294
附录3　中华人民共和国国家通用语言文字法 …… 307
参考文献 …… 310
后记 …… 311

绪　论

"应用文"一词最早出现于宋代。北宋苏轼在《答刘巨济》中说："向在科场时，不得已作应用文，不幸为人传写，深为羞愧。"但这里说的"应用文"是指苏轼在科场中写的一篇题为《为政之宽严》的策论。南宋张侃在《跋陈后山再任教官谢起》中也说："骈四俪六，特应用文耳。"宋代虽然出现了"应用文"的名称，可并不是文体概念，也未对其内涵做出界定。直到清代学者刘熙载在他的《艺概・文概》中提出，"辞命体，推之即可为一切应用之文。应用文有上行，有平行，有下行，重其辞乃所以重其实也"，概括出了应用文重实用、讲实效的特点。"应用文"从此作为文体概念正式被提出来了，而这一概念被广泛使用是新中国成立以后的事。对于应用文的含义，也取得了比较一致的看法。

什么是应用文？我们一般定义为：是指国家机关、企事业单位、社会团体乃至于个人，在解决各种公私事务时，经常使用的具有某种惯有格式的文体。应用文写作则是研究应用文体写作规律和方法的一门学科，它具有系统的理论性和极强的实践性。

在现代社会中，应用文与人们的关系最为直接，使用频率也最高。而且随着社会交往的日益密切、社会生产的日渐复杂和科学技术的不断进步，应用文体的种类也越来越多。作为传递信息、处理事务、解决问题、交流经验的一种实用性工具，应用文的使用范围越来越广，发挥的作用也越来越大。

应用文的种类很多，目前常用的应用文就有200多种。对于应用文，可以根据不同的角度和标准划分类别，通常分为一般性应用文、公文性应用文、事务性应用文等。就一般性应用文而言，包括书信、启事、请柬、读书笔记、说明书等；公文性应用文则是以党政机关、社会团体、企事业单位的名义发出的文件类应用文，包括布告、通告、批复、指示、决定、命令、请示、公函等；事务性应用文通常包括计划、总结、会议记录、调查报告、规章制度及各种鉴定等。当然，应用文的范畴远大于我们所列举的种类。

了解不同种类应用文的特点，掌握应用文写作的规范，是提高应用文写作能力和工作能力的最佳途径。

第一节　应用文的历史沿革

中国素以"文章大国"著称于世，但长期以来，在人们的观念中一直存在着重文学作品、轻应用文章的倾向。中国古代文学历史悠久，出现过诸多文学样式，从诗经楚辞、先秦散文到汉赋乐府、魏晋骈文，再到唐诗、宋词、元曲、明清小说，将中国文学推上一个又一个高峰。其实，在中国传统文化中，应用文也是非常重要的组成部分，有很多名篇佳作流传至今，被人们奉为经典。如李斯的《谏逐客书》、司马迁的《报任安书》、曹操的《讨袁檄文》、诸葛亮的《出师表》、白居易的《与元九书》、汤显祖的《论辅臣科臣疏》等都是文学性与实用性兼具的优秀典范。从实用性的角度出发,人人不一定都要会写诗文等文学性作品,但一定要会写应用文,因为在生活和工作中,应用文的使用无处不在。

可以说,文学的起源从一开始就伴随着极强的实用性,也就是说,文学的最初形式是应用文体。在我国,应用文的形成和发展经历了一个极为漫长的演变过程,大致可以分为六个阶段。

一、应用文的初始时期

从上古时代到秦统一中国是我国应用文的初生期。

人类出现以后,出于生活的需要,创造了各种各样新的事物。文章的产生就源于实用的需要,在人类的群体生活中必须进行交流沟通、组织协调、指挥管理等,应用文也就应运而生。当然这个产生的过程是极其复杂的,必须具备一定的条件:人的思维能力的发展、相互间交流的日益密切、社会分工的形成,特别是文字的出现,才使应用文的产生成为可能。

一般认为,殷墟出土的甲骨文是迄今为止我们所见到的我国最早的文字。但应用文的起源实际要比甲骨文早得多,在文字出现以前,应用文就已经开始萌芽了。《易·系辞下》记载:"上古结绳而治。"孔颖达疏:"结绳者,郑康成注云,事大大结其绳,事小小结其绳,义或然也。"也就是说,在上古时代,社会成员的活动是靠结绳来记录的,这是以结绳记事的实物应用文时代,也是应用文的萌芽期。随着文字的出现,应用文有了更好的物质载体。正如《尚书·序》中所说:"古者伏羲氏之王天下也,始画八卦,造书契,以代结绳之政,由是文籍生焉。"可见,伏羲氏时期就已结束结绳记事而代之以文字。晋葛洪在《抱朴子·钧世》中说:"若舟车之代步涉,文墨之改结绳,诸后作而善于前事。"有了文字之后,不仅使人类文明的进程前进了一大步,应用文的雏形也已基本具备。

河南安阳殷墟出土的甲骨文,每处甲骨上最短的只有几个字,最长的也不过百余字,但记录的内容相当丰富,包括世系、气候、食货、征伐、畋猎等,保存了大量殷商时期奴隶社会人们的社会公务活动,可以说是殷代王室的档案,也可以被认为是我国最早的应用文。到了西周时期,特别盛行在青铜器上铸刻文字,被称为"钟鼎文"或"金文"。这些铭文内容十分丰富,有许多都是周天子的诰词、训示、命令等。

之后出现的《尚书》,则标志着应用文完整专集的形成。《尚书》是一部多体裁文献汇编,战国时期总称为《书》,汉代改称《尚书》,即"上古之书"的意思。因被奉为儒家经典之一,因此也称《书经》。《尚书》以记言为主,主要记录唐、虞、夏、商、周代部族首领和帝王的言论,如天子的号令、王公的讲话、君臣间的相告等,保留了大量珍贵文献,汇集了奴隶社会 1 300 年间的主要应用文,其体例主要分典、谟、训、诰、誓、命六种。"典"用于记载典章制度,如《舜典》;"谟"用于记录君臣议政时的言论及治国之策,相当于今天的会议纪要,如《大禹谟》;"训"用于教诲和开导,给后人以警示,如《伊训》;"诰"用于训诫和劝勉,告诫、鼓舞民众,如《汤诰》;"誓"是征战时将士的誓词,如《秦誓》;"命"是君主的命令或帝王赐予臣子的诏书,如《顾命》。不难看出,这些文种与现代公文中的命令、布告、纪要等功能极为相似。不仅如此,《尚书》的篇章结构已趋于完整,条理性、层次性极强,已经有了成型的章法，因此，《尚书》可以被视为我国古代应用文形成的标志，对后世影响极大。

此后，历朝历代都非常重视应用文体，刘勰就曾经说过，“虽艺文之末品，而政事之先务也”，而且“才冠鸿笔，多疏尺牍”。

二、应用文的初步发展时期

在经过了长期的萌芽和孕育之后，秦汉时期是应用文初步发展的时期，文种比较丰富，体系更趋完整，分类更加明确，已逐渐走向成熟和稳定。

秦灭六国，统一天下，建立了封建专制的中央集权国家。国家统一后带来的是政治、文化、经济等诸多领域的统一，在这样的大背景下，秦相李斯倡导统一公文程式，制定了一系列公文写作的规则，产生了对中国古代社会影响深远的“避讳”制度、“抬头”制度和“用印”制度等。与此同时，公文文体的分类制度也正式确立。比如，春秋战国时期，无论臣下写给国君的上行文书，还是国君下发给臣子的下行文书，都统称为“书”，而秦初定制时，由书改为“奏”，“书”则逐渐脱离公牍文性质，最后成为传递信息、交流情感的书信。这都标志着公务应用文的成熟。

汉袭秦制，公务文书又有了新的发展，出现了书、议、策、论、疏、表等文体。明确皇帝对臣下用诏、制、策、敕，臣下对皇帝则用章、奏、表、议，其写作格式已基本固定，也为公务文书的程式化开了先河。而且，汉代还把应用文写作列为选拔人才的考试内容，可见对应用文写作非常重视。此间，出现了许多名篇佳作，如贾谊的《陈政事疏》《论积贮疏》、晁错的《论贵粟疏》、司马相如的《上书谏猎》《喻巴蜀檄》等，内容涉及政治、经济、外交、农业生产等诸多方面。在汉代，法律文书、经济文书，尤其是个人文书都有了较大发展。其中，书信已成为当时文人之间极为重要的交流方式，以司马迁的《报任安书》最为著名。其他还有碑、铭、吊等。“碑”指的是墓碑铭。“铭”则是公务文书，主要用来表彰功德；不过也可私用，用以自立自勉，如崔瑗的《座右铭》。“吊”是祭奠古人古事以发感慨，如贾谊的《吊屈原赋》。这些内容涉猎广泛的应用文佳作，对后世产生了巨大影响。

三、应用文发展的基本成熟时期

魏晋南北朝时期，文学进入了“自觉的时代”，也带动应用文发展到“自觉时期”。此时不仅在写作实践上取得了丰硕成果，在理论上也进行了大量的探索和研究。

从创作上看，曹氏父子曾做出过重大贡献。曹操的“五令”，即《让县自明本志令》《求贤令》《求逸才令》《慎行令》《修学令》、曹丕的《与吴质书》、曹植的《与杨德祖书》《求自试表》等，都是应用文名篇。围绕在曹氏父子周围的“建安七子”中的孔融、陈琳、阮瑀也都是应用文写作高手，其中孔融的《荐祢衡表》非常有名。此外，诸葛亮的《出师表》《诫子书》、嵇康的《与山巨源绝交书》、李密的《陈情表》、陶渊明的《自祭文》、王羲之的《与桓温笺》、孔稚珪的《北山移文》、丘迟的《与陈伯之书》……名作迭出，举不胜举。

与此同时，与应用文有关的理论研究也取得了重大进步。曹丕的《典论·论文》是我国文学批评史上最早的文论，文中不仅高度肯定了文章是“经国之大业，不朽之盛事”的社会地位，还把文章划分为四类八体，并指出了每种文体在写作上的特点，提出“雅、理、实”的写作要求，开创了中国古代文体学研究的先河。在此基础上，陆机的《文赋》将文体的划分扩展为10类，对不同文体的性质、特点和写作规律的研究更为深入。刘勰的《文心雕龙》，则详细论述了说、盟、铭、谏、碑、哀、吊、诏、策、檄、移、封禅、章、表、奏、启等35种应用文。刘勰对每一种文体的名称、源流、演变、功能、特点、构成、写作要求和注意事项等都做了详细阐述，将应用文体理论的研究又向前推进了一步。此后，萧统选编的《昭明文选》收录了从周至六朝130多位作家的700多篇文章，共38类，其中20多类是应用文体。

四、应用文的充分发展时期

隋唐宋时期达到了中国古代应用文发展的高峰，文体日趋完备。在这个时期，名家辈出，名篇如织。但最重要的进步是此时明确了应用文的行文走向，把应用文分为上行、平行、下行三种。唐宋时期下行文书有制、敕、册、令、教、符，上行文书有表、状、笺、启、辞、牒，平行文书有关、移、刺，其中辞、牒、关、刺为唐代特有。宋代则创设了诰命、御札、故牒、呈状、申状、劄子等体式。同时，对公务文书的格式也做了严格规定，形成了一系列的规章制度，如一文一事制度，公文用纸、折叠、拟制、誊写、贴黄和编号制度等，促进了公务文书的规范化和应用文体的定型化。

当时的文坛对文风问题在不断反思，这对应用文的写作影响极大，也在很大程度上促进了应用文体的不断成熟。隋文帝就曾下诏：“公私文翰，并宜实录。”李谔在《革文华书》中特别强调应用文的实用性，并对浮艳文风予以批判，提出了“屏黜轻浮，遏止华伪”的要求。唐宋时期的“古文运动”，对应用文的发展和文风的转变产生了重大影响。

隋唐宋时期流传下来的应用文名篇非常之多，范围也非常之广，如魏征的《谏太宗十思疏》、李华的《吊古战场文》、陆贽的《奉天请罢琼林二库状》、白居易的《与元九书》、刘禹锡的《陋室铭》等。著名的唐宋八大家几乎人人都是应用文写作的高手，在当时的文坛上非常活跃。韩愈的《祭十二郎文》《柳子厚墓志铭》《平淮西碑》，柳宗元的《段太尉逸事状》，欧阳修的《谢致仕表》《与高司谏书》，王安石的《上仁宗皇帝言事书》《答司马谏议书》，苏轼的《乞校正陆贽奏议进御劄子》《答谢民师表》《教战守策》等，虽为应用文体，但情文并茂，表现出极高的写作技巧。要特别提出的是，在宋代，序跋文得到较大发展，如欧阳修的《五代史・伶官传序》、李清照的《金石录后序》、文天祥的《指南录后序》等，成为序跋文的典范，对后世的影响巨大。

五、应用文的稳定发展时期

元明清三代，中国古代应用文的发展趋于稳定。其特点是公牍文书的写作更加严格，各类应用文体趋于定型化，着重研究唐宋以后的新文体，在应用文理论研究上也有新的进展和突破。

朝代的更替也带来应用文的继续发展，各个朝代对应用文都有删除和增添。如清代规定了上奏的本章均须贴黄(内容提要)，还增加了外交文书——照会。这个时期著名的篇章也很多，如公牍文书类，就有海瑞的《治安疏》、杨继盛的《弹严嵩书》、林则徐的《钱票无甚关碍宜重禁吃烟以杜弊源片》等。而私人书信类与前代相比，发展很快，如宗臣的《报刘一丈书》、顾炎武的《与友人书》、夏完淳的《狱中上母书》、郑燮的《寄舍弟墨弟四书》、龚自珍的《与吴虹生书》、林觉民的《与妻书》等。

在应用文理论研究上，出现很多惊世之作。明代吴讷的《文章辨体》将文体分为59类，徐师曾的《文体明辨》又将文体分为101类，其分类的标准至今仍值得借鉴。清代姚鼐的《古文辞类纂》则删繁就简，归为13类，并将序跋、奏议、诏令、传状、碑志、箴铭、哀祭等也归入其中。这些作者都从不同侧面对应用文写作进行了理论上的探讨和概括，对现代应用文的形成和发展产生了广泛影响。

六、应用文发展的新时期

辛亥革命以后，中国社会开始发生巨大的变革。首先是君主专制制度的解体；之后是五四新文化运动，从此开启了中国新民主主义革命的历程；而新中国的成立则标志着社会主义革命的开始。正是伴随着社会的发展，应用文体也在不断变革，不仅完成了从古体到新体的转变，体例也越来越符合时代的需求。

1912年，南京临时政府颁布了第一个公文程式条例，废除了几千年封建王朝沿用的公文体式，如制、诏、诰、奏等，并确立了新的体式。在公文用语上也禁止使用“大人”“老爷”等具有浓厚封建色彩的称呼，而代之以官职或统称为“先生”，并要求用白话写作，使用新式标点符号。但这种改变并不彻底，仍受到旧文化传统的影响。1921年，中国共产党成立后就有了自己的公文，包括中国共产党全国代表大会所产生的决议、纲领和宣言等。1927年至1928年间，国民党政府先后颁布了三个公文程式条例，不仅规定了公文的体式和使用范围，也规定了公文的用语和标点符号。中国共产党从建党开始就非常重视文件的规范和建档工作，使党领导下的革命根据地一直沿着规范的公文写作之路前进。1931年，瞿秋白同志代表党中央起草了《文件处理办法》。1942年，陕甘宁边区政府颁布了《陕甘宁边区新公文程式》，推进了公文改革。在延安整风运动中，毛主席所作的《反对党八股》报告对公文写作产生了重大影响。

新中国成立后，中央人民政府于1951年召开了全国秘书长会议，通过并颁布了《公文处理暂行办法》，为新中国公文文体的确立奠定了坚实基础。此后，又陆续发布了一系列文件，有效地保证了我国公文在规范化、系统化、科学化的道路上前进。1981年2月27日，国务院办公厅颁布了《国家行政机关公文处理暂行办法》；1987年2月18日，国务院办公厅又发布了《国家行政机关公文处理办法》（以下简称《办法》）；1993年则对1987年颁布的《办法》进行了修订，并于1994年1月1日实施。2000年8月24日，国务院又发布了新的《国家行政机关公文处理办法》，于2001年1月1日起实施。此外，中共中央办公厅分别于1989年和1996年发布了《中国共产党机关公文处理条例（试行）》和《中国共产党机关公文处理条例》。此后，2012年4月，中共中央办公厅、国务院办公厅联合印发了《党政机关公文处理工作条例》，将中国共产党机关公文和国家行政机关公文合并，于2012年7月1日起开始施行。这些具有权威性和约束力的文件不仅建立了一套较为完善的行政公文系统，也极大地促进了机关公文管理的规范化和科学化。

新中国成立后,其他各类应用文也都在迅猛发展。科技、经济、法律、军事、外交等专业应用文取得了长足进步,新文种不断涌现,人们对现代应用文的认识和研究也越来越深入。20世纪90年代以来,在社会主义市场经济条件下,应用文的发展更为迅速,并且日趋现代化、专业化和国际化。建立应用文写作的理论体系和训练体系,普及应用文写作的基础知识将是今后应用文发展的必然趋势。

应用文的产生已有上千年的历史,但作为一门独立的学科体系则始于20世纪70年代末,应用文写作从写作学中分离出来,与基础写作分庭抗礼。

第二节 应用文的特点与作用

宋代李涂在《文章精义》中说:“文章不难于巧而难于拙;不难于曲而难于直;不难于细而难于粗;不难于华而难于质。”“拙”“直”“粗”“质”这四个字可以大体上概括出应用文的基本特点,因此,与文学作品比起来,应用文的写作更有难度。

应用文作为实用文体有着极其鲜明的个性特点,学习应用文写作,只有深刻理解、准确把握其特点,才能得心应手,写好应用文。

一、应用文的特点

(一) 实用性

“文章之始缘于实用”,因此,应用文也被人称为实用文,是“为实用而作之文”。因此,应用文最大的特点在于实用,实用也是应用文区别于其他文体的本质特征。任何文章的写作都是有目的的。以文学作品为例,诗歌、散文、小说、戏剧虽特质不同,但创作的出发点是一致的,都是“有感而发”,反映社会生活,表达思想情感。而应用文的写作主要是为了解决工作和生活中的实际问题,是“有事而发”,文中不仅要摆出具体问题是什么,而且要明确提出解决问题的意见、办法,直接为解决现实问题而写。比如,为了向上级请求批准办理某一事项要写请示;为了向上级汇报工作、反映情况要写报告;为了解决民事纠纷要写民事诉状;为了应聘某一工作岗位要写求职信;为了向公众宣传某种商品或服务要写广告……应用文的实用性在解决实际问题时表现得更为直接和广泛。所以说,有无实用价值是判断应用文的主要标志,也是判断应用文好坏的价值尺度。

(二) 真实性

真实性是指写作内容真实确凿,实事求是,不浮夸,无虚构。真实是应用文的生命,也是它的显著特点之一。这一点不同于文学作品。文学创作是可以虚构的,比如小说写人写事,虽来源于生活,但都经过了艺术加工和提炼,因而能更集中、更典型地反映生活的本质。但是,应用文的性质决定了它要以诚信为基础,讲求信誉,不能弄虚作假。否则,就不能发挥应用文应有的工具性作用,也无法解决现实问题。因此,它必须准确无误地反映客观现实,坚决排斥虚构和杜撰,文中所涉及的数据、材料等都要真实、准确,所发布、传达的上级指示精神必须确切。比如,写会议纪要,不能无中生有、歪曲事实,要真实记录会议的内容及相关情况；写调查报告，不能靠主观想象，必须深入调查，掌握真实的情况；写新闻报道，不能胡编乱造，一定要真实地反映时间、地点、人物和事件……真实是应用文必须遵循的原则，写作时坚持实事求是，一切从实际出发，依法行文，否则作者将承担一定的行政和法律责任。

（三）规范性

应用文的体式有其特定、惯用的格式，也就是说，应用文的内容结构和文体格式都是有规律可循的，这就是所谓的应用文的规范性。它主要表现在两个方面：一是文种的规范，即办什么事用什么文种，不能混淆；二是格式的规范，即每一文种在写法上都有大体的格式规范，不能随意变更。文学创作主张创新，主张不同的风格，但应用文恰恰相反，必须走程式化的道路，追求规范化。其目的是使应用文清晰醒目，便于掌握和使用，便于及时处理问题，从而充分发挥应用文的社会功能。应用文规范的格式，有的是长期以来约定俗成、相沿成习的，有的则是由国家有关部门统一制定并要求遵守的。每一种应用文都有属于自己的固定格式，包括内容的选择、结构的安排、哪些在前、哪些在后，都应严格遵守。如工作计划，一般先写目的，然后写具体任务、目标、措施、时间、步骤；调查报告，一般先介绍调查的目的、调查的对象、调查的时间和地点、调查的方式，然后就调查的问题分项阐述；消息，一般采用倒金字塔结构形式，即把最重要的内容写在前面……当然，应用文的格式也不是一成不变的，随着社会的发展，人们生活习惯和观念的变化，应用文写作格式也会变化，但无论怎样变化，都要使它更加符合方便人们表情达意的需要，更加顺应社会发展的需要。

（四）针对性

应用文中的每一个文种都有一定的使用范围，这就决定了它们都有明确、直接的对象。比如，写信要有对象，请示要有对象，通知要有对象……即使是一些广告、启事也有对象，只不过对象的范围大一些，针对的是有关消费者和知情者群体。这与文学作品有明显不同，文学作品的阅读对象往往不明确，没有严格的针对性，一首诗、一篇散文、一部小说……谁都可以看，谁都可以不看，完全取决于读者自愿。所以，应用文对作者来说是非写不可，对读者来说是非读不可，否则会贻误工作。正因为如此，应用文在写作时要注意接受对象的心理特点，这样才能发挥出应用文应有的作用。

（五）时效性

应用文的性质和写作目的决定了应用文的时效性，应用文的各个文种都有时间限制，都是针对一定时间内要解决的问题，没有时间限制就失去了效用。所以，一旦出现问题，要及时发文，及时反映，按时办理，要求在时间上给予保证，速度要快，快写、快发、快办，不允许任何拖延，以免造成严重后果。当今社会，市场竞争激烈，信息传递的快慢，直接影响到集体或个人的利益。这是应用文与其他文学作品的重要区别。相对而言，文学作品的写作时间性不强，像《红楼梦》写了 10 年之久，欧阳修的《醉翁亭记》写好后又搁置了很长时间才面世，卡夫卡的《变形记》是在作者死后多年才发表的。

(六) 简明性

简明性是指应用文在语言上要简洁明了、干净利落,必须字斟句酌,不能模棱两可、含糊其词,就连标点符号也要准确无误。应用文是为了办事的,只有简洁才能提高办事效率,才能保证工作质量。应用文要避免使用一些不切实际的形容词和不适宜的比拟、夸张等修辞方法。由于应用文注重实用,因此它的语言也讲究务实,总体上追求简洁、朴实、明白、准确、规范,便于理解和执行,而不能像文学创作那样讲究生动、形象、含蓄、朦胧、唯美。

二、应用文的作用

作为特定文体,应用文具有自己独特的功用。由于应用文辐射的范围相当广泛,其功用也是多方面的,就其最基本的社会功用而言,主要有以下四种。

(一) 交际作用

在社会活动中,尤其是现代社会里,任何人、任何单位都免不了与外界接触、打交道。群体与群体之间、群体与个人之间、个人与个人之间都存在着千丝万缕的联系,比如,双方合作,需要签订协议、合同;销售产品,要策划广告;在工作中有不能解决的问题,要向上级机关请示等,在这些活动中都是靠应用文来促进业务的开展,协调各方的联系。

(二) 宣传作用

应用文无论对公还是对私,都是为了使人知道应该做什么、为什么要做、怎样去做。党和政府通过应用文下达各种文件、法规、制度,向全国人民宣传各项方针、政策;各地区、各部门、各企事业单位也通过应用文推广经验,表扬先进人物,批评揭露不良现象,制裁不法分子……以此来提高人们的思想觉悟,规范人们的行为,保障社会的安定,推动各项事业的健康发展。在市场经济条件下,应用文的宣传作用又有了新的表现。很多企业都是通过各种应用文体来宣传企业形象、传播信息,充分利用应用文直接、显著的宣传作用不断扩大自身影响,提高企业的知名度和美誉度,赢得社会的信任和支持,获得极高的回报。

(三) 沟通作用

沟通是应用文的主要功能。随着社会分工越来越细,人们的社会交往也越来越频繁。为了有效地开展工作和搞好各项活动,各方面常常需要加强联系、沟通信息,通过沟通,可以使社会组织及其成员更好地商洽与配合,相互协作完成任务。应用文作为普遍使用的文体,是促进社会组织之间、社会成员之间沟通协调的工具之一。

(四) 凭证作用

在社会生活中,应用文也是开展工作,解决、处理问题的依据和凭证,当然,这种依据和凭证作用在不同文种中体现的程度不同。就社会活动而言,无非公务与私务两类,事务往来常常需要书面凭证。如党和政府颁布的法规、有关方面的规章制度、上级下达的文件,都可作为开展工作、实施管理和检查工作的依据。契约性文书的凭证作用更为直接、明显，如条据、合同、协议书、公证材料等业务凭证，可以为签约各方确定权利义务关系提供具有法律意义的依据，一旦出现问题、纠纷，依靠这些凭证，可通过法律手段解决纷争，维护自身利益，即所谓“官凭文书私凭印”。另外，可以作为凭证的应用文最后都转化为档案资料，成为研究历史的重要凭据。通过查阅存档的有关应用文，便可了解某一时期的政治、经济情况，了解某一方面的生产经营情况，甚至澄清冤假错案。

应用文的诸多功用之间是相互联系的，要从整体上去理解，不宜割裂。应用文的发展是随着社会的变化而变化的，在当今信息时代，应用文也必将走向计算机化、国际化，还会有更多的功能表现出来。因此，我们在努力发挥应用文基本功用的同时，还要认识和总结它的新功能。

第三节　应用文的语言要求和表达方式

语言是表情达意的工具，是文章的主要物质手段。应用文由于自身的文体特征，在语言的运用上有其独特的规律，我们在掌握基本的语言知识的基础上，还要了解应用文语言的特点和要求，不断增强驾驭语言的能力。合理地运用恰当的表达方式，是写好应用文的前提。

一、应用文的语体特征和语言要求

写应用文也需字斟句酌，每一个字、每一个词、每一句话都要合乎文法，并且恰到好处。

（一）应用文的语体特征

所谓语体，是指人们在运用语言进行交际时，由于交际的目的、讲述的内容、针对的对象、使用的范围以及表达方式的不同，逐渐形成的各具特点的语言表达风格。有哪些不同的语体呢？从语言传播方式来看，有口头语和书面语之分，应用文属于书面语体；从语言的表达内容和功能来看，又有新闻语体、政论语体、事务语体、科技语体和文艺语体的差别，应用文属于事务语体。总而言之，应用文的语体是在长期的写作实践中逐步发展、演变而形成的一种语言体系，也是一种约定俗成、世所公认的语体。其语体特征表现在以下方面。

1. 庄重性

应用文语体的庄重性是指语言的运用要庄严、肃穆、凝重，使用规范的书面语，言辞有力，语气坚决、肯定，用词用语要认真、慎重，避免口语化和随意性，避免油腔滑调。庄重的核心是严肃认真，但并不是死板呆滞，它体现的是用语的规范性，强调的是态度和语气。比如，同样的意思使用“商榷”而不是“商量”，使用“拟”而不是“打算”，使用“不日”而不是“不几天”。

2. 客观性

应用文语体的客观性是由应用文的社会功能决定的，也是应用文与其他文体存在的本质区别。既然应用文必须真实地反映客观现实,那么只有客观性的语言才能达到这个目的,反映出客观事物的本来面目。各类应用文体都有一套常用的客观性语言。如总结,经常会使用"认真学习……文件精神""广泛开展……活动(工作)""切实改进……工作""夯实……基础""整合……资源""提出……理念"等词语表达如何去做,属于做法类用语;也会使用"加强了""体现了""形成了""推动了""发挥了"等词语来说明工作的成效,属于收效类用语。这些语言平实客观,形成了一定的规律。应用文语体的客观性还体现在要不断吸收新词语,使应用文始终能保持鲜明的时代感。

3. 专用性

应用文语体的专用性主要是由应用文文体结构的规范性决定的。应用文在长期发展的过程中,格式已被固定,而这种程式化最重要的标志就是不同的应用文要使用属于自己的专用语。

掌握这些专用性语言,可以使我们很快地把握应用文语言的规律,也可以为写作提供方便。那么,应用文常用的专用语都有哪些呢?它们大概可分为以下几类。

(1) 称谓用语。它是表示人或单位称谓关系的词语。

应用文的称谓,涉及个人时,应直呼对方的职务或尊称"先生",如"××局长""××先生";涉及机关单位时,应直呼全称或规范的简称。在表示指代关系的称谓时,使用下面的专用语。

第一人称:"我""本""敝"。笼统地可说"我(本)单位""敝单位""本人"等。涉及具体单位的,后面可加上代表单位的简称,如"我(本)院""我(本)部""我(本)厅""我(本)局""我(本)公司"等。

第二人称:"你""贵"。笼统地可说"你(贵)单位""你(贵)方"等。涉及具体单位的,后面可加上代表单位的简称,如"你(贵)院""你(贵)部""你(贵)厅""你(贵)局""你(贵)公司"等。"贵"属敬语。

第三人称:"他""该"。其中,"该"可用于指代人、事或单位,如"该同学""该专集""该公司""该项目"等。

(2) 开头用语。开头用语主要用于文章开头,表示发语、引据,是引出应用文撰写的根据、理由或具体内容的词语。借助开头语,可以使应用文开宗明义,直奔主题。

比较常见的开头用语有"为""为了""为着""根据""依据""据""据查""经调查""遵照""按照""鉴于""关于""由于""兹""兹因""兹定于""兹介绍""兹派""目前""当前""首先"等。这些开头用语有时阐明写作目的,有时引出行文依据,有时直接引出话题。

(3) 承启用语。承启用语也称过渡用语或衔接用语,是用于承上启下的关联词语。它的主要作用是承接上文,引出下文。

常用的承启用语有"根据……决定""根据……特通告如下""为……通知如下""为此,现就……问题请示如下""经……研究,答复如下""为了……拟采取以下措施"等。还有如 "据上所述""如前所述""以上各点""由此可见""总而言之""鉴于""有鉴于此""为此""故此"等,主要起过渡的作用。

(4) 结尾用语。它用于文章结尾,表示结束。结束用语有助于文章表达简洁、明了,且增强严肃感、庄严感。

上行文常用“当否,请批示”“妥否,请批复”“如无不妥,请批转各地执行”“特此报告”“以上报告,请审阅”等;平行文常用“此致,敬礼”“为盼”“为荷”“特此函达”“特立此据”“特此证明”“尚望函复”“恭请光临”“谨致谢忱”“此据”等;下行文常用“为要”“为宜”“为妥”“此布”“此复”“希遵照执行”“特此通知”“请依法处理”等。

(5) 经办用语。它用来说明工作处理过程的时态,表明处理时间及经过情况。使用时,要注意这类词语在表述次数和时态方面的差异。

常用的经办用语有:“拟”“拟办”“拟定”“将”(将来时态);“经”“业经”“已经”“兹经”“会议听取了”“会议讨论了”“会议认为”“会议指出”(过去时态);“审批”“审定”“审议”“审发”“责成”“交办”“照办”(结果);“施行”“试行”“暂行”“参照执行”“贯彻执行”“研究执行”(均为执行,但执行情况不同);“酌情”“酌办”“酌定”(办的状态)。

(6) 报送用语。它用于表示递送方向。使用时,要注意行文方向。

上行文常用“报”“呈”等;平行文常用“送”等;下行文常用“发”“颁发”“颁布”“发布”“印发”“下达”等。

(7) 引述用语。它用于引用和复文。常用的词语有“悉”“收悉”“电悉”“文悉”“欣悉”“敬悉”等。

(8) 期请用语。期请用语用于表示期望请求,常用词语有“请”“望”“希”等。其目的是体现彼此之间的相互尊重,从而营造和谐、合作的氛围,建立良好的工作关系。

由于行文方向不同,期请用语在使用上也会有较大差异。上行文常用“请”“恳请”“拟请”“特请”“报请”等;平行文常用“请”“拟请”“特请”“务请”“即请”“诚请”“切盼”“尚望”等;下行文常用“请”“希望”“尚望”“切望”“希予”“勿误”等。

(9) 谦敬用语。谦敬用语属于客套话,表示谦敬、感谢、感激,多用于平行文或涉外公文。常用的词语有“蒙”“承蒙”“如蒙”“惠允”“不胜感激”等。

(10) 商洽用语。商洽用语用于征询对方的意见和反映,多在上行文和平行文中使用。常用的词语有“当否”“可否”“妥否”“是否妥当”“是否可行”“是否同意”“如无不妥”等。

(11) 批转用语。批转用语用于上级对下级来文的处理。多用“批示”“审批”“印发”“转发”“批转”“发布”等。

(12) 命令用语。命令用语是表示命令或告诫语气的词语,以增强公文的严肃性和权威性,引起受文者的高度重视。常用的词语有“特命”“责成”“勿违”“不得有误”“严格办理”等。

(13) 表态用语。表态用语又称回复用语,是明确表示意见、表明态度时使用的词语。常用的词语有“同意”“不同意”“拟同意”“原则同意”“可办”“可行”“不可”“照办”“批准”“原则批准”等。

类似的常用语还有很多,写作时,要有意识地使用这些惯用语,才显得简洁、规范。

此外,应用文语体的专用性还体现在大量使用固定词语,如用介词短语充当定语、使用状语等,比较多地使用祈使句、省略句、非主谓句等。

4. 模糊性

从表面上看,应用文语体的模糊性似乎与应用文的真实性相悖,其实不然。客观事物的存在常常具有不确定性和不可量化性,这就决定了反映客观事物的语言也相应地具有一定的模糊性。尤其在一些特定的语境中,还必须使用模糊语言。如“绝大多数员工”“发挥了积极作用”“产生了重大影响”“进一步完善”等,正因为这些语言是模糊的,而不是精确的,才更准确地反映了工作的范围、界限和程度。应用文常见的模糊语言还有“比较”“最近”“适当时机”“大体上”“某些”等。模糊语言虽有其不可替代的独特表达方式,但不可滥用、多用,要适时、恰当、合理。

(二) 应用文的语言要求

应用文语言运用的基本要求首先是用对(准确表达写作意图),然后是用好(表达精彩美妙)。前者是基础,后者则是升华。我们必须从以下这两个方面来满足应用文的语言要求。

1. 如何用对

写作应用文,要想解决如何用对语言的问题,要注意以下两点。

(1) 合乎语法规范。语法是语言的结构规律。词、词组、句子等都要按约定俗成的规则进行组织。具体地说,词与词的组合、搭配、排列,句子成分的划分,句与句之间的联系和顺序,都必须遵循这个规则。否则,就会出现错误,如词语搭配不当、句子成分残缺、语序错乱、句式杂糅等,会严重影响语言表情达意的功能,阻碍有效地使用语言进行交流。

(2) 合乎逻辑。逻辑是人的一种抽象思维,是人通过概念、判断、推理、论证来理解和区分客观世界的思维过程。遣词造句不仅要遵守语法规则,还要遵循逻辑规律。因为,逻辑思维离不开语言,而逻辑的对与错必然会反映到语言上来。如“今年,我院新建了两个实验室,我院的管理工作必然会取得重大进步”。实验室的建立与管理工作没有必然联系,却和教学工作存在必然联系,所以改成:“今年,我院新建了两个实验室,我院的教学工作必然会取得重大进步。”

2. 如何用好

解决如何用好语言的问题,就是要掌握应用文写作的语言特点。文章因其文体的不同形成了不同的语言特点。应用文的语言特点是与应用文的实用功能相一致的,具体如下。

(1) 准确。所有文章的写作都要求用语准确,而应用文对语言准确性的要求则更高。应用文是为了解决社会活动中各种实际问题,所以,文中使用的语言概念必须准确无误,乱用词语或者用语不能恰如其分地表情达意,不仅会影响应用文的效率和作用,甚至会带来极为严重的负面影响。

如何做到用语准确呢?唯一的方法就是在众多词汇中选择最准确、最能表达客观事实、最能体现作者意图的词语。汉语的词语非常丰富,一词多义的现象很普遍,而且还有很多同义词、近义词,要用准这些词语,必须在把握词语含义的同时,考虑到具体语境,找到那个最能准确表达某一具体概念的词语,这样才能充分发挥出应用文用语的表意功能。

如“有关学生食堂卫生监管问题，请径与卫生局联系解决”中的“径”显然与全篇基调不符，文言色彩太重，如果改成“直接”就贴切了。此外，写应用文还要特别注意语气的轻重。试比较以下结束语的语气：“请遵照执行”（一般）、“请迅速贯彻落实”（要求速度，语气较重）、“请务必遵照办理”（不容置疑），这几个结束语明显存在着语气上的差异。尤其是使用一些模糊性词语的时候，如“很大”“较大”“一些”等，存在程度上的差异，要仔细斟酌，力求准确反映实际情况。

(2) 简洁。应用文的语言要务求简洁，避免含蓄委婉、冗长繁复。写应用文，必须注意文字的简明扼要、条理清晰，便于阅读，要让读者一看就懂，不致引起误读、错读，也不致引起读者的反感。

历代写作学家都很重视语言的简洁、洗练、精美。刘知几说：“文约而事丰，此述作之优美者也。”(《史通叙事》) 赵翼说：“言简意深，一语胜人千百。”(《瓯北诗话》)老舍先生也一再强调：“世界上最好的著作差不多也就是文字清浅简练的著作。”(《论怎样学习语言》)。就应用文的写作而言，中央曾多次下文规定应用文的文字要“简明扼要”“力求简短”等。当年，毛泽东就为中央亲自起草《关于建立报告制度》的指示，明确规定了报告的字数限制，很好地刹住了不良文风。

鲁迅曾经说过：“应尽量将那些可有可无的字、句删去，毫不可惜。”所以，要做到简洁就要尽可能压缩字句，去掉那些多余的旁枝繁叶，不绕圈子，不小题大做，不啰唆，不堆砌辞藻。要尽量使用短句子，避免使用长句子，达到干脆利索、生动明快的表意效果。为了使语言简洁，使用一些专用名词、成语、固定的习惯用语，甚至是文言词语都是可行的。其中，固定的习惯用语在应用文中是比较常见的，如“业经”“鉴此”“收悉”“为要”等，既节约了文字，又表述清晰，一举两得。当然，简洁虽好，能使人明白是基本前提，切不可一味压缩词句，使该说的话也省略了，结果语义不明，语气不连贯，也就适得其反了。

总之，应用文以简为上，能少写一字就少写一字，能少用一词就少用一词，能少说一句就少说一句，务必要做到言简意赅、词约意丰。只有仔细斟酌，反复推敲，才能以最少的文字表达出最丰富的思想内涵。但是，简洁并不等于单调浅陋，也不是随意地省略。应用文写作以高效、迅速地传递信息、处理公务为己任，以反映公务活动为特定的内容，以取得社会效益和经济效益为目的，具有很强的时效性和实用性，故语言的高度简洁、准确和精美，就显得尤为重要。

(3) 朴实。实用性是应用文的本质属性，这一属性决定了其语言一定要平实，即通俗易懂，用实实在在的语言直接明白地把事物的本来面目反映出来。这就要求我们在写作中坚持“辞达而已矣”的古训。

朴实之美历来备受人们的推崇：庄子认为文章“素朴而天下莫能与之争美”；鲁迅先生也一贯主张作文必须“有真意，去粉饰，少做作，勿卖弄”(《南腔北调集 · 作文秘诀》)。所谓朴实美，就是现代应用文语言的自然美和本色美，即选用那些质朴无华的语言，不加雕琢地表现出事物固有的原貌，以达到“平字见奇，常字见险，陈字见新，朴字见色”(沈德潜《说诗晬语》)的美学效果。

应用文的语言以朴实为美，要严格控制各种“文学笔法”，如描写、抒情等；也不允许有艺术夸张、渲染与烘托等;不刻意追求语言的华美,较少使用修饰性词语,反对生造词语、堆砌辞藻,摒弃那些艰深、晦涩、古奥、生僻的词语,并力戒诸如“在……的领导下”“在……的亲切关怀下”“在……的大力支持下”等空话、套话。要多使用常用字、常用词,保持写作的严肃性,力求达到“易看”“易读”“易懂”的标准。

朴实是对应用文语言的总的要求。什么样的语言才是朴实的呢?试举例说明如下:“当前全省各学校辛勤地开展素质教育活动,广大师生以极大的热情投入其中,真可谓‘万紫千红、百花争艳’。省政府希望借着这股强劲的东风,力争提高我省的素质教育水平。”这段文字,文学性极强,也带有浓厚的抒情色彩,用在应用文中,则给人华而不实、哗众取宠的感觉,背离了应用文的实用原则。可改为:“当前,全省素质教育蓬勃发展,省政府希望教育战线广大职工群策群力,力争提高我省素质教育的水平。”此段使用的语言朴实无华,虽没有华丽的辞藻,但清清楚楚、明明白白、实实在在地表明了制文机关的意图,给人的印象十分鲜明、深刻。应用文需要的就是这种朴实的语言。

(4) 生动。应用文的语言提倡准确、简洁、朴实,并不意味着枯燥无味,也并不排斥生动。因为平实不等于平淡,现代应用文在日益强调其规范的同时,仍然需要生动。有些种类的应用文,如合同、规章制度等,生动性不明显,但如调查报告、书信之类就比较明显。怎样才能使应用文的语言生动呢?要注意修饰、润色和加工。如诸葛亮的《出师表》、李斯的《谏逐客书》等应用文,之所以成为不朽的名篇,主要原因就是生动传神,至今仍充满生命力。

这可以借助句式的变化、修辞的使用、词语的丰富等手段达到目的。首先,可以适当选用一些群众喜闻乐见的歇后语、惯用语和流行语等,增强文章的表现力。如“和尚头上的虱子——明摆着”“留得青山在,不怕没柴烧”“摸着石头过河”“筷子一举,可以可以;酒杯一端,政策放宽”,等等,都可使用在不同的语境中,使应用文达到更好的表达效果。其次,适当运用引用、比喻、对偶、排比等修辞手法。如毛泽东的一篇题为《反对党八股》的讲话稿中,就有:“鲁迅曾经批评过这种人,他说:‘辱骂和恐吓决不是战斗。’”(引用);“甲乙丙丁,开中药铺”(比喻);“墙上芦苇,头重脚轻根底浅;山间竹笋,嘴尖皮厚腹中空”(对偶、引用)等,修辞手法非常丰富,生动地分析了党八股的八大罪状,增强了文章的语言表现力。最后,为了使应用文的词语更加丰富还可适度借鉴文言词语或外来词语,选取那些有生命力的语词。除此之外,重视文章的反复修改也是一个好办法,正所谓“能改则瑕可为瑜,瓦砾可为珠玉”。只有反复修改才能真正做到“篇无累句,句无累字”,言简而意赅,文约而词美。

(5) 得体。得体是应用文写作最基本的语言要求。由于应用文一般都有特定的受文对象,因此,其语言的使用就是要得当、恰当。应用文语言的得体与否往往直接影响到应用文处理事务、沟通关系的现实效果。应用文写作的底线是不能失体,一旦失体,轻则有伤大雅,重则不伦不类,甚至造成严重的影响。

应用文写作要得体,主要是指其语言的运用要得体,这是应用文写作得体的主要方面,而这个要求是多方面的。

第一,要符合文体特点。早在三国时期,曹丕在《典论·论文》中就指出:“奏议宜雅,书论宜理，铭诔尚实……”刘勰在《文心雕龙》中也讲道，“章表奏议，则准的乎典雅”“符檄书移，则楷式于明断”。这些理论都从应用文文风的角度，道出了应用文语体风格的独特性。例如，科技文书用语严谨、客观，学术性强；书信语体则相对活泼，个性化强。如果搞错对象，便是不得体。

第二，符合行文主体的身份。所谓身份，指的是作者在社会关系中的地位，即叙事论理、遣词造句时要注意一定的身份，要能正确体现出收发双方之间存在的关系，这就是刘勰所说的：“祢衡代书，亲疏得宜。”(《文心雕龙·书记》)比如，上行文用词要谦恭诚挚，少讲道理。其传送用语也比较固定，“上报”“呈报”“批转”“批示”等；下行文用词则坚定平和，不可过于原则、空洞，要具体。“印发”“颁发”“遵照办理”“参照执行”是常用传送语。而平行文须温和谦敬，不可生硬等。倘用错了便不符合作者在社会关系中的特定身份。此外，同一类文体的写作也要符合作者的个性特征，与其职业、职务、气质、学识、修养以及语言习惯相适应，如讲话稿，因讲话的主体不同，应显示出不同的风格，切不可千人一面、千篇一律。

第三，符合行文要求。这主要指表达方式的运用与篇章结构的安排。也就是说，要根据文体的特点来正确运用表达方式。例如，各种“通知”，具有告知性、规定性，就表达方式而言，主要是运用叙述、说明，而不用或少用抒情、描写；同时，篇章结构应适应文体的特点与要求。应用文旨在应用，所以，它的开头就要求“易见事”，常采用开门见山、开宗明义的方法，而不宜搞“曲径通幽”“烘云托月”之类的写作技巧。其他如层次、段落的安排，结尾的处理等，不同的应用文体都各有其习惯的写法。

第四，符合受文对象的文化特征和接受心理，亦即分清对象，采用使对方乐于接受、易于接受的言语。为了使对方乐于接受，有必要了解受文对象的个性、习惯、情绪、忌讳等。还要注意受文对象的求实、求新、求尊、求近、求简、求知、求利等心理特点。如果受文对象文化程度不高，就宜尽量采用平易通俗的词语，着重考虑能否让对方乐于接受、易于接受，而不要使用深奥的词语；如果受文对象是非专业人士，就不宜过多地使用专业术语，否则，“对牛弹琴”，于己于人都毫无益处。如对方比较幽默风趣，说点俏皮话也不妨事；对一贯严肃、不苟言笑的人就不要耍噱头、开玩笑；有的人很讲究忌讳，就应特别注意。同一个意思往往可以有不同的说法，其中有的说法大家乐于接受，有的说法则令人感到不堪入耳，成为禁忌。同样表示死，就有“死”“逝世”“一命呜呼”等词语，但感情色彩完全不同。一个人死了，说“逝世”以示尊重；说“死”不甚尊重；说“一命呜呼”则极不尊重，应用在极度痛恨的人身上。如此看来，我们在遣词造句以表情达意时要十分慎重，要尽量做到让对方乐于接受。

第五，符合应用文语言的特殊表达方式。不同的应用文体对语言的运用有其具体的要求。刘勰在《文心雕龙·诏策》里说：“故授官选贤，则义柄重离之辉；优文封策，则气含风雨之润；敕戒恒诰，则笔吐星汉之华；治戎燮伐，则声有洊雷之威；眚灾肆赦，则文有春露之滋；明罚敕法，则辞有秋霜之烈，此诏策之大略也。”这说的便是语言的运用应该与行文目的、内容性质的要求相符合的问题。应用文的语言要符合特定的行文目的及内容性质的要求。如颁布政令，语言要庄重严肃、鲜明准确，体现出严谨性和权威性；调查报告和交流性应用文的语言应轻松活泼,表达方式灵活多样;演讲词、欢迎词、祝贺词类应用文的语言应形象生动,富有感情色彩;通报错误,语言要说理严正、义正词严;报喜祝捷,语言要热烈欢快,等等。还要注意特定的场合与氛围,要做到和谐协调。如贺喜时不说丧气话,严肃的场合不说俏皮话等。再如,同样是写请柬,用于商店开张、会议开幕等可以写"敬请光临指导",而用于结婚宴请的则不宜写"指导"之类的字眼。因此在写作应用文时,语言的运用要注意符合不同文体的具体要求,也就是要体现出所用语体的个性。

写作应用文,说什么、不说什么、怎样说、何时说……都要认真考虑。尽管应用文对语言有着许多特殊的要求,但最根本的要求就是语言必须得体。也就是说,一定要根据各种应用文的写作目的、用途、受文对象、作者的身份等情况,运用贴切的语言进行表述,使文章的语言符合这种事务语体的特点。语言得体将有助于处理事务、沟通关系,达到预期的效果。而是否有利于处理事务、沟通关系,达到预期的效果,也是衡量语言运用是否得体的一把尺子。

二、应用文的表达方式

表达方式也称为表达手法、表现方法,即古人所说的"笔法"。文章的表达方式通常有五种,即叙述、说明、议论、描写、抒情。由于受应用文书的文体特点和写作目的的制约,应用文的表达方式主要为叙述、说明和议论三种,而描写、抒情一般在广告、调查报告、经济、新闻等文体中偶尔使用。这里,主要介绍叙述、说明、议论三种表达方式在应用文体中的使用。

(一) 叙述

所谓叙述,是按照一定的次序叙说、介绍人物的经历、言行或事物发展变化过程的表达方式。一个完整的叙述要包括时间、地点、人物、事件、原因、结果六要素。叙述是应用文的基本表达方式。交代背景,介绍文章涉及的人、单位或事件的基本概况、事物发展变化过程以及相互关系,为议论提供事实依据,都离不开叙述。如通报、市场调查、总结等文种都以叙述事实作为理论的依据;又如,会议纪要、合同、诉讼公文等都用叙述对事实作如实反映和记载。

1. 叙述的特征

(1) 以记事为主。与记叙文的以写人为主不同,应用文写作反映现实,解决问题,多以记事为主,如反映经济活动状况、市场情况、经济信息,介绍经验,阐述事情原委,总结工作等,而且反映的事实不能像文学作品的叙述那样进行艺术加工,必须是客观存在的事实,否则就会导致决策失误。如市场预测所依据的市场事实如果虚构,任意歪曲,预测的结果必定出现很大的偏差,从而导致预测乃至决策的失误。

(2) 以顺叙为主。为使应用文条理清晰,让读者掌握理解所述的客观事实,在应用文中讲求平铺直叙,尽量使用顺叙。有的按照时间顺序,有的以事件发展的先后为顺序,有的按照认识事物的客观过程为顺序,这样能使比较复杂的事实头绪清晰、一目了然。

(3) 以概括叙述为主。文学作品需通过叙述细节来塑造人物形象,展开故事情节。而应用文写作则是通过叙述为文章得出正确结论作依据。如通报的叙述是为后面阐述事实的性质，达到对这一事件进行学习、鉴戒或引起注意的目的而服务。可见，叙述本身不是全文的核心，因而应用文写作的叙述大多用简明扼要的概括叙述。具体要求是概括准，粗线条。只注重对事件的整体勾画，不要求细节的具体、内容的详尽；只叙述与表达主旨、说明问题有直接关联的部分，或者只是综合地、概括地叙述若干人或事的共同点。

（4）不排斥其他表达方式。应用文的叙述常与其他表达方式结合运用，如夹叙夹议、叙事议论、叙述说明等。

2. 叙述的方法

（1）顺叙。顺叙是根据人物经历或事件发生、发展的自然时序进行的叙述。其优点是有头有尾，符合人们的阅读习惯；缺点是缺少波澜，容易平淡。应用文多用顺叙。

（2）倒叙。倒叙是把事件的结局或事件中最突出的片段提到前面来叙述，然后以顺叙的方式进行的叙述。其优点是能造成悬念，吸引读者；缺点是倒叙与顺叙的衔接处如果处理不好容易脱节。应用文除了通讯、调查报告等少数文体外，很少使用倒叙。

（3）插叙。插叙是在叙述主要事件的过程中，因为需要，暂时中断叙述主线，插入与中心事件有关的内容的叙述。其优点是可以使内容更充实，但只有消息、通讯等文体适用。

（4）分叙。分叙是对两件同时发生的事情进行的叙述。多用于通讯写作中，其他文体很少使用。

3. 叙述的人称

人称是指作者叙述的观察点、立足点。叙述的人称包括第一、第二、第三人称。主观性叙述多选用第一人称。其优点是真实、亲切、可信；缺点是囿于所见所闻，不能叙述见闻之外的事情。客观性叙述多选用第三人称。不受时空和是否亲身经历限制，因而叙述面较广、较为自由。

应用文书写作对人称的使用有特定的要求。凡是以本人、本单位为立足点叙述事情的，都用第一人称。如拟定计划、撰写总结等，采用的都是第一人称。而且，为求简单，常使用无主句。写市场调查报告、会议纪要、消息、通讯等文体，则主要使用第三人称。有些文种的写作，三种人称还须同时使用，如涉及第三单位的来函、去函、情况通报等，就常出现“我们”“你们”“他们”三种人称都存在的情况。

（二）说明

说明在应用文中起到对客观事物进行介绍和解说的作用。就是用简明扼要的文字，对客观事物或事理的状态、性质、特点、功能、成因、关系、功用等属性，加以客观地解释和介绍的表达方式。

以说明的方式来介绍背景材料，交代情况，可以为叙述进行铺垫，也可以为议论提供必要的依据。如总结、简报、调查报告、工作报告等对某些基本情况的介绍，表彰、处分决定或通报等对有关人员或单位的介绍，常用说明这种表达方式进行。而条例、规定、制度、公约等法规规章文体以及介绍信、证明信、自荐书等专用书信，还有启事、经济合同、广告、说明书、解说词等，也常用说明的表达方式。

1. 应用文写作中说明的特征

（1）客观、科学。说明是为了真实客观地反映事物的真实面貌、本质特征，这就要求说明要客观、科学、严肃,否则就失去了根本意义。

(2) 多用数字进行说明。用数字进行说明不仅可以做到真实客观、准确无误,而且还能反映数量的变化。

(3) 综合使用多种说明方法。在说明中,常常是多种方法结合起来同时使用,如比较说明、定义说明和分类说明等并非单独使用,而是结合在一起,把事物说得更具体、准确。

2. 应用文写作中说明的方法

(1) 下定义说明。用简短的话概括出事物的内涵,就是下定义说明。比如,科技文体中常用这种方法解说概念。

(2) 分类说明。将需要说明的对象按照一定的标准划分为不同的类型,分类加以说明。需注意的是,划分时标准要统一,类与类之间不能混淆,列举的种类不能有遗漏。

(3) 举例说明。举出具体实例来说明事物事理,可以把比较抽象、复杂、深奥的事物或事理说得具体、浅显,容易理解。

(4) 比较说明。把两种或两种以上的事物放在一起比较,说明事物的本质特点。可做横向比较,也可做纵向比较,但一定要有可比性。所谓"横比",是用互相关联的两个事物进行比较;而"纵比"是同一事物在不同发展阶段情况的比较。

(5) 引用说明。引用资料说明客观事物或被说明对象的情况,一般比较有说服力,令人信服。

(6) 数字说明。用精确、具体的数字来说明事物特征,使说明更客观、更具有科学性。使用数字时要仔细核对,来源必须可靠且准确无误。

(7) 比喻说明。通过打比方的手法把抽象的事理和复杂的事物说得浅显易懂、形象生动,便于理解。

(8) 图表说明。用图画和表格来说明事物特征,多用于比较。这种方法非常直观,可以节约大量文字,掌握起来也很容易。

在写作时,这些说明的方法可根据写作目的、说明的内容、具体情况灵活选择和使用。

(三) 议论

所谓议论,是作者对某件事情或某个问题进行分析、推理、评论,表明自己的立场、观点、意见的一种表达方式,也就是讲道理的方式。应用文写作常常采用议论的方式进行评论、分析、探寻事物发展的规律,阐述主题。

1. 应用文写作中议论的特点

(1) 重数据、重材料。与议论文中议论的不同之处就在于,应用文中的议论不是靠言论的雄辩,而是以不可辩驳的事实和数据为依据,反对不切实际、天马行空的议论。

(2) 点到即止。应用文写作中的议论不需要长篇大论,对逻辑推理的要求也不严格,也无须展示一个完整的议论过程,点到即止,不做深入论证。

(3) 与说明、叙述等方式结合使用。与一般议论文以议论贯穿始终的做法不同,应用文写作不单独进行完整的议论,而是处于从属地位,依赖于所叙述的事实和说明的对象,在事实和现象的基础上进行议论,也就是夹叙夹议、叙议结合。

2. 应用文写作中议论的方法

（1）直接论证。直接论证有两种方法，一种是用真实典型的事例直接证明观点，也叫事实论证或举例论证；另一种是运用对比的方法论证论点。

（2）间接论证。即假设一个与自己要论证的论点相反的观点，并证明它是假的、错的，进而反证自己的论点是正确的。

思考题

1. 与文学作品相比，应用文的特点有哪些？
2. 应用文在语言使用上有哪些要求？结合实际谈谈体会。
3. 应用文写作的语言为什么要求得体？怎样才能做到语言得体？
4. 应用文写作中的叙述方式与文学写作的叙述方式有什么不同？为什么？
5. 应用文的专用语有哪些？请熟记。

第一单元

公务应用文书

第一章　公务文书

第一节　公务文书概述

一、公文的概念与特点

（一）公文的概念

公务文书又称公务文件，简称公文，有广义和狭义之分。广义公文指国家党政机关、社会团体、企事业单位在公务活动中遵照一定的规范格式形成的文书材料。其中包括党政机关公文、事务文书、各类专用文书等。狭义公文专指党政机关公文，是党政机关在党政和行政管理过程中形成的具有法定效力和规范体式的文书，是依法行政和进行公务活动的重要工具，具有其他文体所没有的权威性，有法定的制作权限和确定的读者，有特定的行文格式。

无论从事党政事务，还是从事专业工作，都要学会通过公文来传达政令政策、处理公务，以保证协调各种关系，决定事务，使工作正确、高效地进行。

（二）公文的特点

公文具有政策性、权威性、法定性、规范性、程序性、庄重性的特点。

1. 政策性

公文作为党政机关处理公务的文书，其内容必然同党和国家的各项方针、政策密切联系，因此具有鲜明的政策性。各级党政机关使用公文，必须贯彻党和国家的路线、方针、政策，以有利于社会主义制度，维护人民的利益。

2. 权威性

公文是机关或组织在职能活动中形成的，是职能活动的直接产物。各级机关所发公文在有效的时限、范围内，具有国家法律所赋予的权威性和约束力，不允许任意违背。公文的具体内容和制定程序必须符合法律和有关规章的规定，否则无效。公文法定的权威性取决于两个方面，两者缺一不可：一是公文制发机关的法定地位和职权；二是公文本身内容的合法性。

3. 法定性

撰写和制发公文不是个人行为，所代表的是机关或组织。公文的作者必须是法定的，公文的法定作者指依法成立并能以自己的名义行使职权和担负义务的机关或组织。因此，它的内容受法律、工作需要和领导人指示的制约。

4. 规范性

公文有规范的体式，主要表现在两个方面：一是指撰写公文所采用的语体必须是现代汉语语体；二是指公文的格式，即公文结构与公文各组成部分的文字符号在载体排列上有一套固定的形式。

5. 程序性

公文的制发具有程序性的特点。公文由法定作者制发,在撰写和制发的过程中,它要受公文处理程序的严格制约,要按照制文程序和收文程序来进行。制文程序:起草—审核—签发—复核—登记—印制—核发等步骤。收文程序:签收—登记—初审—承办—传阅—催办—答复等步骤。

6. 庄重性

公文写作是一项严肃的工作,要维护公文的政策性和权威性,就要求反映事物客观实际,就必须保持准确、严肃、鲜明、庄重的文体特点。意见态度要明朗,选词用语要严谨准确,文字要朴实庄重,从而形成义正词严、简练明达、庄重有力的公文风格。

二、公文的作用与分类

(一) 公文的作用

1. 准绳作用

公务文书有很大一部分是用于公布法律和法规,如条例、规定、通则等,这些公文一旦经国家权力机关通过并发布实施,就具有法律效力,社会成员都必须自觉遵守,不得违反,否则将受到不同程度的处罚。其他如布告、通告等,要求下级机关及有关人员"遵照执行"或要求社会成员"共同遵守",也会在一定范围内具有法定的权威性和不可逾越的约束力,发挥法规作用,成为人们行动的准绳和标准。

2. 管理作用

自古以来,公文就是对社会进行管理的工具。在现代社会,其工具性更为突出。在社会成员的公务活动中,上级机关对下级机关发布的公文,如决定、指示、批复等,主要起指挥作用,下级机关必须"遵照执行"或"参照执行"。同时,下级机关所作的请示、报告等,是为了及时反映基层情况。总之,公务文书的起草、定稿、发布都是与管理行为同步发生的,是管理工作中不可缺少的有机组成部分。

(二) 公文的种类

公文可按照不同的标准来分类。

(1) 按照中共中央办公厅、国务院办公厅 2012 年 4 月发布的《党政机关公文处理工作条例》的规定,共有 15 种公文:决议、决定、命令(令)、公报、公告、通告、意见、通知、通报、报告、请示、批复、议案、函、纪要。

① 决议。适用于会议讨论通过的重大决策事项。

② 决定。适用于对重要事项做出决策和部署、奖惩有关单位和人员、变更或者撤销下级机关不适当的决定事项。

③ 命令(令)。适用于公布行政法规和规章、宣布施行重大强制性措施、批准授予和晋升衔级、嘉奖有关单位和人员。

④ 公报。适用于公布重要决定或者重大事项。

⑤ 公告。适用于向国内外宣布重要事项或者法定事项。

⑥ 通告。适用于在一定范围内公布应当遵守或者周知的事项。

⑦ 意见。适用于对重要问题提出见解和处理办法。

⑧ 通知。适用于发布、传达要求下级机关执行和有关单位周知或者执行的事项，批转、转发公文。

⑨ 通报。适用于表彰先进、批评错误、传达重要精神和告知重要情况。

⑩ 报告。适用于向上级机关汇报工作，反映情况，回复上级机关的询问。

⑪ 请示。适用于向上级机关请求指示、批准。

⑫ 批复。适用于答复下级机关请示事项。

⑬ 议案。适用于各级人民政府按照法律程序向同级人民代表大会或者人民代表大会常务委员会提请审议事项。

⑭ 函。适用于不相隶属机关之间商洽工作、询问和答复问题、请求批准和答复审批事项。

⑮ 纪要。适用于记载会议主要情况和议定事项。

(2) 按行文的方向分为上行文(指下级机关向所属上级机关发文，如请示、报告等)、下行文(指上级机关向所属的下级机关行文，如决定、指示、批复等)、平行文(指相互没有隶属关系的同级机关或者不属同一系统的机关之间的行文，如函等)、通行文(指可以同时上行、下行或者平行，有的还向社会公布的公文，如意见、会议纪要、公告、通告等)。

(3) 按公文的内在属性分为指令性公文(如命令、决定等)、指导性公文(如意见等)、知照性公文(如通知、通报等)、公布性公文(如公告、通告等)、商洽性公文(如函等)、报请性公文(如请示、报告等)、记录性公文(如会议纪要等)。

(4) 按公文的办理时限要求分为特急件(要求来文 1 天内办理完毕)、急件(要求来文 3 天内办理完毕)、一般(要求来文 7 天内办理完毕)。

(5) 按保密程度分为绝密公文(指党和国家核心机密公文)、机密公文(指党和国家重要机密公文)、秘密公文(指党和国家一般秘密公文)、普通公文(指不涉及密级的一般公文)。

(6) 按公文的规范程度和约束力分为规范性公文和非规范性公文。

(7) 按公文的载体分为传统纸质公文和电子公文。

三、公文的基本格式

公文写作的要求很高，既要求起草者具有工作实践的基础，懂得工作环节，并且有较好的文字语言功夫，又必须首先掌握公文的基本格式。

我国公文有统一的规定，它的格式、种类、行文规则、办理等都是全国统一的，一般遵照中共中央办公厅、国务院办公厅 2012 年 4 月发布、2012 年 7 月 1 日起实施的《党政机关公文处理工作条例》。

通用公文一般由份号、密级和保密期限、紧急程度、发文机关标志、发文字号、签发人、标题、主送机关、正文、附件说明、发文机关署名、成文日期、印章、附注、附件、抄送机关、印发机关和印发日期、页码等部分组成。部分简单的公文可省略其中一些内容，其中标题和正文是写作的重点。

公文文字从左至右横写、横排。少数民族文字按其书写习惯排版。在民族自治地方,可并用汉字和通用的少数民族文字。

公文文本的基本格式如下:

份号

密级和保密期限

紧急程度

××××文件(发文机关标志)

××发〔2020〕×号(发文字号)　　　　签发人:×××

标　　题

××××(主送机关):

正文

附件:(附件说明)

××××(发文机关署名)

2020年×月×日(成文日期)

抄送:××××,××××。

××××办公厅(印发机关)　　　　2020年×月×日印发

(一) 文件版头

正式公文一般都有统一规格,标明发文机关的专用版头。版头以套红大字印有"××××(发文机关名称)文件"或"××××(机关名称)"(机关名称要用全称或者规范简称)字样,下加一条红线。联合行文时,发文机关标志可以并用联合发文机关名称,也可以单独用主办机关名称。公布性文件,如公告等通常不用版头。版头的样式如下所示。

000001

机密★1年

特急

××市人民政府文件

××发〔2020〕×号

在这一部分中，包括公文份号、密级和保密期限、紧急程度、发文机关标志、发文字号、红色反线等项。

公文内容涉及国家机密时，应根据机密程度，分“绝密”“机密”“秘密”三级，涉密公文还要标明公文印制的顺序号，即份号，一般用6位阿拉伯数字，如000001，顶格印在文件版头左上方第一行，以便查对、清退。密级的位置，顶格印在左上角第二行，同时标明保密期限，保密期限中的数字用阿拉伯数字标注，密级和保密期限之间用红色的五角星隔开。划分机密等级力求准确，宽了会造成失密，严了会妨碍工作开展。密级不同，公文递送方式也不同。

紧急程度是公文送达和办理时限的要求，紧急公文应分别标注“特急”“加急”，电报应分别标注“特提”“特急”“加急”“紧急”。标明紧急程度是为了引起特别注意，保证公文时效和紧急工作的及时处理。紧急程度顶格编排在版头左上角。如需同时标注份号、密级和保密期限，紧急程度就排在左上角第三行。有时紧急程度不单独标出，而是放在标题中的公文种类前面，如“国务院关于控制各单位上年结余存款的紧急通知”。

以上三项均用3号黑体字印刷。

发文机关标志即发文机关名称，用全称或规范简称，居中，套红印刷，推荐使用小标宋体字。发文机关名称上边缘与版心上边缘距离35mm，下边缘与发文字号距离20mm。

发文字号，包括机关代字、年份、发文顺序号。编写发文字号的作用是有利于统计发文数量，便于公文管理，有利于备案查找，在引用时，可以作为公文的代号使用。如“审办发〔2020〕6号”，代表审计署(局)办公厅颁发的2020年第6号文件，“审办”是审计署(局)办公厅的代字，机关代字的后面加上“发”字；“〔2020〕”是年号，要用六角括号“〔〕”括上；“6号”是发文顺序号。发文字号是公文的重要组成部分，它的位置在版头部分发文机关标志的正下方，居中。使用3号仿宋体字，并与红色反线之间间隔4mm。几个机关联合发文，只标明主办机关发文字号。

无文件版头的，发文字号放在标题的正下方或右侧方。使用例文时，一般都省略版头和版记部分，因此，例文中常常将发文字号临时置于标题下方。

上报的公文，应当在版头注明签发人姓名。与发文字号在同一行，发文字号居左，签发人居右，前后各空一个字的空格。“签发人”用3号仿宋体字，“签发人”后标全角冒号，冒号后用3号楷体字标识签发人姓名。版头的样式如下所示。

000001

机密★1年

特急

××市人民政府文件

××发〔2020〕×号　　　　签发人：李××

在发文字号、签发人之下 4mm 处居中印一条与版心等宽的红色分隔线。

(二) 主体部分

主体的样式如下所示。

××市人民政府关于农产品调价的通知

各市、区、县:

……………………………………………………………………………………

……………………………………………………………………………………

……………………………………………………………………………………

……………………………。

附件:1. 粮食价格限定表

2. 农副产品价格限定表

××市人民政府

2020 年×月×日

(传达至群众)

此部分是公文最重要的部分。除标题外,正文字体一般为 3 号仿宋体字,行距一般在 25～35 磅。用纸国际上通用 A4 纸。页边距左右常留 28mm,上下常留 37mm。页码常选"-1-",一般用 4 号半角宋体阿拉伯数字,编排在公文版心下边缘之下,数字左右各放一条一字线。一字线上距版心下边缘 7mm。单页码居右空一字,双页码居左空一字。公文的版记页前有空白页的,空白页和版记页均不编排页码。公文的附件与正文一起装订时,页码应当连续编排。

公文主体部分的构成要件包括：

1. 公文标题

标题应当准确地表明文件来源，简要地概括主要内容及其性质，一般由发文机关名称、事由和文种三部分组成。标题中除法规、规章名称加书名号外，一般不用标点符号，但可加引号。公文标题的事由前经常使用“关于”字样，起关涉、介绍、提示、隔离的作用，与事由部分组成介宾结构。公文标题一般用2号小标宋体字，在红色反线下空两行的位置，约20mm，居中排列，可一行也可多行，回行时要注意词意的完整性，排列对称，间距恰当，排列时应当使用梯形或菱形。

2. 主送机关

主送机关是行文的主要对象，是公文的主要受理机关，即要求主办或答复此份文件的对方单位，应当使用全称或规范化简称或同类型机关统称。准确地确定主送机关是公文发出后能否及时得到处理的关键。对下级发出的指示、通知、通报等称为普发公文，可以主送多个机关，凡其下属机关都是主送机关；向上级报告、请示的公文，一般只写一个主送机关，不能多头主送，如需报送另一个上级机关时，可以用抄送的形式，以免责任不明，处理延误。布告、通告、公告等公布性公文，不写主送机关，可在发表或发送时，另附一个通知或公函给主送机关。主送机关一般写在正文之前、标题之下空一行，顶格写，后接全角冒号，以引起下文。如主送机关名称过多导致公文首页不能显示正文时，应当将部分主送机关名称移至版记，以保证公文首页显示正文。

3. 正文

正文是公文的主体、核心部分，也是公文写作的难点。其作用是直接体现党和国家的方针政策，反映文件作者的意图。发文的目的能否实现，主要在于正文的书写。因此，正文的写作应该观点鲜明，内容清楚、简洁、通畅，标点符号准确。正文一般在主送机关之后下一行，每个自然段左空两格书写，回行顶格。正文一般分为开头、主体、结尾三个部分，不同文种的正文结构还有些细微的差别。

开头要开篇明意，简要说明发文的根据和理由、发文的目的或结论。说明根据，常用“根据”“遵照”等领起；交代原因，常用“由于”“鉴于”等；介绍目的，常用“为了”“为”等领出下文。也可概述情况，阐明观点，表明态度，提出问题，慰问祝贺等。如是复文，要引述来文的日期和标题。正文主体则要根据发文的目的、国家的有关政策，将情况、问题、要求阐述清楚。内容较多的，可依次表述，或分段写，或用序数表明项目，以资醒目。其结构层次有一定的要求：第一层为“一、”，第二层为“（一）”，第三层为“1.”，第四层为“(1)”，第五层为“①”。结尾应简洁明晰，向对方提出要求，请求解决某项问题。结尾用语按照行文关系，要写得妥帖得体：上行文，可用“以上报告妥否，请批示”“以上报告如无不妥，请批转”；平行文，可用“专此函复”“特此通知”；下行文则常用“希遵照执行”“此复”“此令”等语。公文的正文一般用3号仿宋体字。一级标题用黑体字，二级标题用楷体字，三级、四级标题用仿宋体字。

4. 附件说明

附属公文正文的材料叫公文附件。它是公文的补充说明或参考材料，是公文的重要组成部分,但并非每份公文都有附件。公文如有附件,应当在正文之后、署名之前注明附件顺序和名称全称,不可略写成“附件如文”或“附件×件”。具体做法是,在正文下空一行左空二字编排“附件”二字,后标全角冒号和附件名称。如有多个附件,使用阿拉伯数字标注附件顺序号(如“附件:1. ×××××”),顺序号上下对齐;附件名称后不加标点符号。附件名称较长需回行时,应当与上一行附件名称的首字对齐。

5. 发文机关署名

发文机关署名又称落款,应写在正文的右下方,与正文保留适当的空格,以便盖章。发文机关应写明全称或者规范化简称,以示严肃负责。加盖公章的公文,单一机关行文时发文机关署名应以成文日期为准居中编排;联合行文时,主办机关应当排列在前面。不加盖印章的公文,单一机关行文时,在正文(或附件说明)下空一行右空两字编排发文机关署名,在发文机关署名下一行编排成文日期,首字比发文机关署名首字右移两字,如成文日期长于发文机关署名,应当使成文日期右空两字编排,并相应增加发文机关署名右空字数。以机关领导人名义行文时,应冠以职务、身份。标题下有签注的则不落款。有些规章、命令、契约式的应用文,下发时落款单位下一行还要写明签署领导人职务和姓名,如“县长×××”“省长×××”。

联合行文时,应当先编排主办机关署名,其余发文机关署名依次向下编排。

6. 成文日期

成文日期是公文生效的起始时间,一般以机关领导人签发日期为准;联合行文,以最后签发机关领导人的签发日期为准;会议通过的文件以会议通过日期为准;一般性例行公文如通知、函等以实际发出日期为准;法规性公文以公文的批准日期或公文最后专门规定生效、执行的日期为准,如“本条例自发布之日起施行”。

发文日期写在公文末尾、发文机关署名下面。年月日须完整,年份不得略写,如“2013 年”不得写成“13 年”。月、日不编虚位(即 1 不编为 01)。日期可写成“2013 年 3 月 10 日”。成文日期一般右空四字编排。

7. 盖章

盖章是表示发文机关对公文生效负责的凭证。印章用红色,不得出现空白印章。公文中有发文机关署名的,应当加盖发文机关印章,并与署名机关相符。有特定发文机关标志的普发性公文和电报可以不加盖印章。个别特殊的公文不加盖公章,而是盖签发人签名章。

单一机关行文时,印章端正、居中下压发文机关署名和成文日期,使发文机关署名和成文日期居印章中心偏下位置,印章顶端应当上距正文(或附件说明)一行之内。

联合行文时,一般将各发文机关署名按照发文机关顺序整齐排列在相应位置,并将印章一一对应,端正、居中下压发文机关署名,最后一个印章端正、居中下压发文机关署名和成文日期,印章之间排列整齐、互不相交或相切,每排印章两端不得超出版心,首排印章顶端应当上距正文(或附件说明)一行之内。每排最多三个发文机关署名,盖三个公章。

加盖签发人签名章的公文,单一机关制发的公文加盖签发人签名章时,在正文(或附件说明)下空两行右空四字加盖签发人签名章,签名章左空两字标注签发人职务,以签名章为准上下居中排布。在签发人签名章下空一行右空四字编排成文日期。

联合行文时,应当先编排主办机关签发人职务、签名章,其余机关签发人职务、签名章依次向下编排,与主办机关签发人职务、签名章上下对齐;每行只编排一个机关的签发人职务、签名章;签发人职务应当标注全称。签名章一般用红色。

当公文排版后所剩空白处不能容下印章或签发人签名章、成文日期时,可以采取调整行距、字距的措施解决,必须保证发文机关署名、成文日期和公章与正文在同一页。

8. 附注

上级机关对下级发文,根据工作需要和机密程度,有些公文还要注明传达范围等需要说明的事项,通常写在发文日期下一行,版记之上左侧空两字的位置,并加括号,如"(此件发至县、团级)"。行政性、事务性的非机密公文,向上级机关的报请性公文都不必规定传达范围。

9. 附件

附件是公文正文的说明、补充或者参考资料,与正文有同等效力。附件应当另面编排,并在版记之前,与公文正文一起装订。"附件"二字及附件顺序号用3号黑体字顶格编排在版心左上角第一行。附件标题居中编排在版心第三行。附件顺序号和附件标题应当与附件说明的表述一致。附件格式要求同正文。

如附件与正文不能一起装订,应当在附件左上角第一行顶格编排公文的发文字号并在其后标注"附件"二字及附件顺序号。

(三)版记部分

版记是指置于附注之下的部分,在公文最后一页的最下端,用黑色分隔线隔开,包括抄送机关、印发机关、印发时间等要素。版记的样式如下所示:

抄送:……,……,……,……。

××市人民政府　　　　　　　　2020年×月×日印发

---

1. 版记中的分隔线

版记中的分隔线与版心等宽,首条分隔线和末条分隔线用粗线(推荐高度为0.35mm),中间的分隔线用细线(推荐高度为0.25mm)。首条分隔线位于版记中第一个要素之上,末条分隔线与公文最后一面的版心下边缘重合。

2. 抄送机关

抄送机关是指除主送机关外需要执行或知晓公文内容的其他机关,应当使用全称、规范化简称或者同类型机关统称。为了提高工作效率,节省人力、物力,必须避免滥抄滥报,但也要防止漏抄漏报,以免工作脱节,影响协调。抄送机关在版记第一行,印发机关和印发日期之上一行,左右各空一字编排。"抄送"二字后加全角冒号和抄送机关名称,回行时与冒号后的首字对齐,抄送机关与抄送机关之间用逗号隔开,最后一个抄送机关名称后标句号。

如需把主送机关移至版记,除将“抄送”二字改为“主送”外,编排方法同抄送机关。既有主送机关又有抄送机关时,应当将主送机关置于抄送机关上一行,之间不加分隔线。

3. 印发机关和印发日期

最后写明公文的送印机关(通常为发文机关的办公室)和印发日期,编排在末条分隔线之上。印发日期指的是公文的送印时间。印发机关左空一字,印发日期右空一字,用阿拉伯数字标全年、月、日,年份应标全称,月、日不编虚位(即1不编为01),后加“印发”二字。版记中如有其他要素,应当将其与印发机关和印发日期用一条细分隔线隔开。

版记部分的文字均用4号仿宋体字。

公文的标准用纸为A4纸型,一般每面排22行,每行排28个字,并撑满版心,特定情况可以做适当调整。如无特殊说明,公文中文字的颜色均为黑色。要求双面印刷,左侧装订。

四、公文写作的注意事项

草拟公文是非常复杂的过程,从构思到脱稿都要一丝不苟。

(一) 动笔前的注意事项

动笔前应当做到:

(1) 了解领导意图,弄清本文件的性质、行文目的、任务和范围;

(2) 认真阅读有关文件,明确政策界限;

(3) 熟悉业务,必要时进行调查研究,了解实际情况。

(二) 起草过程中的注意事项

起草过程中,应当注意以下事项。

(1) 要符合党和国家的方针、政策、法律、法令和上级机关的有关规定。公文撰写者必须具有一定的政策理论水平,对党和国家的方针、政策、法规能够总体把握,具有分析问题、解决问题的能力。

(2) 简明扼要,行文严谨。写作时要把握不同公文文种的特点,行止有序,用语简洁。

(3) 行文、发文要及时。公文有时效性要求,因此公文撰写要迅速、及时,不能拖延。

(4) 贵在得“体”。对于不同的行文关系、行文方向,语气上要有所区别,不仅合乎体式,还要合乎身份。

(5) 坚持一文一事(综合性报告除外)的原则。

(6) 人名、地名、数字、引文要正确。时间一般要写具体的年月日。使用数字时,除公文编号、统计表、计划表、序号、专用术语和其他的必须用阿拉伯数码者外,一般用汉字书写。

(三) 文件起草后的注意事项

文件起草后要做到反复检查修改,包括:

(1) 公文内容。看内容是否明确、完整、突出,观点是否错误、浮泛空洞,修改文不切题、含混冗杂、不合逻辑之处,也要看结构是否紧凑、合理,修改杂乱无章、上下脱节、主次详略不当等毛病。

(2) 语言文字。看是否精练、合乎语法和逻辑，改掉用词不当、啰唆累赘、逻辑错误之处。还要看文字是否规范，改正错别字、标点错误和文面款式毛病，避免生造词语、滥用简称等问题。

(3) 公文格式。检查文种、标题、主抄送单位、附件、附加标记等要素是否合乎规范，如有问题应立即更正。

思考题

1. 公文有哪些特点？这些特点与公文格式有什么关系？
2. 我国目前通用的党政机关公文有多少种？它们可以分为哪些类别？
3. 我国党政机关公文文件格式的构成要素有哪些？
4. 公文写作有哪些注意事项？结合写作实践，谈谈自己的体会。

第二节 通知 通报

一、通知

(一) 文种释义

在诸多法定公文中，通知是使用范围最广、使用频率最高的一个文种，被誉为公文中的“轻骑兵”，属于典型的下行公文。《党政机关公文处理工作条例》中明确规定，通知是“适用于发布、传达要求下级机关执行和有关单位周知或者执行的事项，批转、转发公文”时使用的公文文种。

从这个概念中可以看出，通知具有发布性、指示性、中转性、知照性的特点。

(1) 发布性是指通知一般可用于党政机关内部发布有关法规和规章。

(2) 指示性是指通知也可用于发布要求下级机关办理和需要有关单位周知或者执行的事项，但必须以机关办公部门名义行文，这是和“指示”(必须以领导机关的名义行文)不同的地方。

(3) 中转性是指通知还可用于批转下级机关的公文，转发上级机关和不相隶属机关的公文。从公文走向上来看，可分为三种情况：“上转下”指上级机关将某一下级机关的公文批转给所属下级机关，在转发的同时具有批复性；“下转上”指将上级机关的来文转发给所属下级机关；“平转平”指将平级机关或不相隶属机关的来文转发给所属下级机关。

(4) 知照性是指通知可以告知需要了解的事项。

(二) 基本格式

通知一般由标题、主送机关、正文、附件、发文机关署名、成文日期等部分组成。

1. 标题

作为通知的标题，一般由发文机关、事由和文种三部分组成，还可根据具体情况写明

“紧急通知”“重要通知”或“补充通知”等。作为公文通知的标题要素要齐全,如果作为一种事务性文书,标题只写文种,即只体现“通知”字样。

2. 主送机关

除在报纸等新闻媒介上公布的知照性通知外,所有通知都须有主送机关,即必须指定此通知的承办、执行和应当知晓的主要受文机关。作为下行文,通知的主送机关可以是一个,也可以有多个。这些机关一般为直属下级机关或需要了解通知内容的不相隶属的单位。主送机关在正文前顶格书写,用全角冒号引领下文。

3. 正文

通知一般由开头、主体和结尾三部分组成。开头是通知的事由,一般要写明制发通知的缘由、目的、依据或情况,要求简洁明了,说理充分。通常使用文种惯用的承启语“现将有关情况通知如下”引出下文;主体部分则要写出通知的内容,即要求受文机关承办、执行和应予以知晓的事项,需完成的任务、达到的要求等,必须具体可行。如果内容比较复杂,可分条列项写出;结尾常用“特此通知”“专此通知”之类的习惯用语作结,也可不用结尾。

4. 落款

在正文右下方写明发文机关的名称和日期,并加盖制发通知机关印章。

5. 附件

附件是附带的部分,是随公文一并发出的其他公文或材料。是否有附件要根据实际情况来确定。

(三) 文种的分类与写法

通知根据其适用范围,可分为如下几大类别。

1. 指示性通知

指示性通知是上级机关就某项工作对下级机关有所指示和安排,而又不宜用“决定”等形式发文时所用。指示性通知与指示相类似,具有鲜明的政策性、权威性和原则性。

例文 1:

教育部办公厅关于进一步加强高校毕业生就业状况统计核查工作的通知

教学厅函〔2019〕22 号

各省、自治区、直辖市教育厅(教委),有关省、自治区人力资源社会保障厅,部属各高等学校、部省合建各高等学校:

2019 届全国普通高校毕业生 834 万人。当前,正值毕业生就业签约的高峰期,媒体发现仍有个别高校要求所有毕业生必须签署就业协议或提供就业证明,暗示就业证明材料将作为论文答辩或证书发放的条件,严重损害毕业生权益,造成不良社会影响。为进一步规范高校毕业生就业统计工作,确保实事求是反映高校毕业生就业状况,现将高校毕业生就业状况统计核查工作有关要求通知如下:

一、严格落实“四不准”要求。各高校要严格执行“四不准”规定,不准以任何方式强迫毕业生签订就业协议和劳动合同,不准将毕业证书、学位证书发放与毕业生签约挂钩,不准以户档托管为由劝说毕业生签订虚假就业协议，不准将毕业生顶岗实习、见习证明材料作为就业证明材料。

二、强化就业统计工作责任落实和追究。各地要与高校签订就业统计工作责任书，高校院系要签订就业统计工作承诺书，层层压实责任。各地各高校要公布本单位的举报电话或邮箱。各地毕业生就业工作部门要牵头负责就业统计核查工作，对举报就业统计数据弄虚作假情况，要认真核查，一经核实要立即整改，并严肃追究校分管领导、就业部门及院系负责人和具体工作人员责任，对违规人员进行处理，在省级范围内予以通报，违反规定的就业工作人员不得再从事就业相关工作。

三、健全就业工作核查机制。要进一步完善毕业生就业统计工作高校、地方、国家三级核查机制。各高校要认真审核本校毕业生的就业协议书、劳动合同等就业证明材料，逐人排查虚假就业等情况。各地要对行政区域内所有高校就业签约和统计工作进行集中核查。教育部将对地方和高校的毕业生就业状况进行随机抽查。

四、规范就业数据使用。各地要健全高校毕业生就业状况反馈机制，就业状况仅作为专业设置、招生计划、经费安排等参考指标，不得硬性挂钩。各高校对院系就业工作进行考核，要综合考量就业状况、收集岗位需求信息、就业指导服务、毕业生和用人单位满意度等内容。

五、加强就业队伍建设。各地各高校要健全高校毕业生就业工作队伍培训机制，将就业政策、就业统计、就业管理等作为主要内容，重点针对院系辅导员、班主任等就业工作人员开展定期培训和集中轮训，全面提高就业工作队伍的政策水平和工作能力。

教育部办公厅

2019 年 4 月 28 日

[文章来源：教育部官网 http：//www.moe.gov.cn/srcsite/A15/s3265/201905/t20190510_381511.html]

这是一篇比较典型的指示性通知。此类通知一般采用“据……”“为了……”等语句说明通知缘由，然后以“现将……有关要求通知如下”等惯用语引起下文。而主体部分则交代指示的具体意见，在内容上必须表达明确、条理清楚、详略得当，提出的要求要切实可行，对有关时限、地点、规定、办法、任务等要交代清楚，便于受文单位具体操作。

例文 2：

教育部等九部门关于开展第 21 届全国推广普通话宣传周活动的通知

教语用函〔2018〕3 号

各省、自治区、直辖市教育厅（教委）、语委、党委宣传部、人力资源社会保障厅（局）、文化厅（局）、旅发委（旅游局）、广播电视局、公务员局、团委，各战区联合参谋部，各军兵种参谋部（战勤部），军事科学院科研部，国防大学教育训练部，国防科技大学教务处，武警部队参谋部，新疆生产建设兵团教育局、语委、党委宣传部、人力资源社会保障局、文化体育新闻出版广电局、商务局（旅游局）、公务员局、团委，教育部直属各高等学校：

经国务院批准，自1998年起，每年9月第三周为全国推广普通话宣传周(以下简称推普周)。经研究，定于2018年9月10日至16日举办第21届推普周。为做好本届推普周的相关工作，现就有关事项通知如下：

一、指导思想

以习近平新时代中国特色社会主义思想为指导，深入贯彻党的十九大精神，紧紧围绕“五位一体”总体布局和“四个全面”战略布局，坚定“四个自信”，贯彻创新、协调、绿色、开放、共享的发展理念，全面贯彻国家语言文字方针政策和法律法规，大力推广和规范使用国家通用语言文字，提升国民语言能力，传承发展中华优秀传统文化，为建设与综合国力相适应的语言文化强国提供有力支撑，为打赢脱贫攻坚战、全面建成小康社会奠定良好基础。

二、活动主题

本届推普周主题为：说好普通话，迈进新时代。

习近平总书记指出：“一个国家、一个民族要振兴，就必须在历史前进的逻辑中前进、在时代发展的潮流中发展。”我们要以习近平新时代中国特色社会主义思想为指导，自觉将语言文字工作融入国家全面深化改革的大局中，全面深化语言文字事业改革发展，不断创新，通过形式多样的宣传和实践活动，引领广大群众不断增强自觉规范使用国家通用语言文字的意识，不断增强自觉传承弘扬中华优秀传统文化的意识，树立高度的文化自觉和文化自信。通过全面系统扎实的工作，积极服务“一带一路”建设和区域协调、乡村振兴等国家重大发展战略，积极助力打赢脱贫攻坚战，服务“两个一百年”目标的实现。在新时代、新征程中，不忘初心、牢记使命，推动语言文字事业实现高质量发展。

三、工作要求

(一) 紧扣主题，做好推普宣传活动。2018年是贯彻党的十九大精神的开局之年，是改革开放40周年，在中国特色社会主义进入新时代这个关键历史节点，各地要紧扣改革发展主题，发扬改革创新精神，不断研究语言文字工作领域的新情况，主动适应当前国际国内发展的新形势，服务国家发展战略需求，积极探索推普新形式，开展新活动。

(二) 多措并举，助力推普脱贫攻坚。2018年是脱贫攻坚战略进入决胜阶段的关键一年，要按照《推普脱贫攻坚行动计划(2018—2020年)》要求，加大农村、边远、民族地区尤其是贫困地区推普工作力度，精准推普助力扶贫。采取更加集中的支持、更加精准的举措、更加有力的工作，不断提高贫困地区群众对学习掌握国家通用语言文字重要性的认识，使其具备基本的普通话交流能力。促进贫困地区普通话普及率明显提升，初步具备普通话交流的语言环境，为提升“造血”能力打好语言基础。国家语委对西部有关地区推普工作给予重点支持。

(三) 行业联动，提升推普活动综合成效。各级教育、语言文字、宣传、人力资源社会保障、文化和旅游、广播电视、公务员管理、共青团、少先队等部门及军队相关单位，都要结合本届推普周主题和各行业的特点，开展各具特色的宣传活动。各地教育和语言文字工作部门要大力支持、配合相关部门和行业系统开展推普周宣传活动。各级各类学校要根据自身特点认真组织开展推普周宣传活动，充分发挥学校主阵地作用。

（四）创新方式，切实增强宣传活动实效。创新活动内容、载体和方式，充分利用各种媒体宣传形式，加大宣传力度，拓宽覆盖面，扩大影响力。应特别重视发挥“互联网＋”对于推普工作的重要作用，积极探索开展投入少、效果好、社会群众乐于接受的活动形式。应创新社会参与机制，鼓励社会单位、媒体、企业等根据各行各业特点，开展公益性推普宣传活动，为国家语言文字事业改革发展做出贡献。

四、组织实施

（一）推普周期间，全国推普周领导小组将继续组织推普周开幕式、闭幕式及重点宣传活动，并组织领导小组成员单位赴有关重点城市和重点行业进行巡视、观摩、检查。全国推普周领导小组办公室（教育部语言文字应用管理司）将组织开展系列活动，并继续制发宣传海报和公益广告。各省（区、市）和各行业系统也可结合本届推普周主题及各自特色，自行设计制作各种宣传品，并通过各类媒体、各种活动进行广泛宣传。

（二）各地要加强领导，统筹谋划，坚持协调发展，建立和完善分工协作、齐抓共管、准确有效的推普工作机制。充分发挥推普周整合引领作用，将推普周宣传活动与日常工作有机结合。要严格贯彻落实中央八项规定及其实施细则精神，坚持绿色发展，厉行节约，反对浪费，节俭举办各项活动，务求实效。

（三）各省级语言文字工作部门要根据本通知要求，积极会同宣传、教育、人力资源社会保障、文化和旅游、新闻出版广电、公务员管理、共青团、少先队等部门及军队相关单位，尽快制定本地区推普周活动方案，并于推普周结束后对活动成效及时总结。请将活动方案和活动总结分别于 2018 年 8 月 15 日前、10 月 31 日前报送全国推普周领导小组办公室。

（四）各省级宣传、人力资源社会保障、文化和旅游、广播电视、公务员管理、共青团等部门及军队相关部门，请将各自活动方案及有关总结情况及时报中央各部门及中央军委训练管理部院校局，同时报送全国推普周领导小组办公室。

（五）联系方式。

联 系 人：教育部语言文字应用管理司 容宏 耿宏莉

联系电话：010-66097802，66097122；传真：010-66096681

电子邮箱：xuanjiaochu@moe.edu.cn

教育部 国家语委 中央宣传部
人力资源和社会保障部 文化和旅游部 国家广播电视总局
国家公务员局 中央军委训练管理部 共青团中央
2018 年 7 月 4 日

[文章来源：教育部官网 http：//www.moe.gov.cn/srcsite/A18/s3135/201807/t20180719_343462.html]

2. 颁发（发布）、印发、转发、批转性通知

颁发（发布）性通知是上级机关发布一般性行政法规、条例、办法等公文时使用的通知形式；印发性通知用以印发本部门制定的非规章类文书；转发性通知用于转发上级、同

级、不相隶属单位来文;批转性通知用于批转下级有关公文,指导下级机关工作。

此类通知标题的事由部分由“颁发(发布)、印发、转发、批转”字样和颁发(发布)、印发、转发、批转的文件名称构成,被发的文件即为附件。其正文的写作要注意三点:写明颁发(发布)、印发、转发、批转的文件名称,其中,批转性通知还要先给出批复的意见,表明态度,如“同意”“不同意”“原则同意”等;还可写明所颁发(发布)、印发、转发、批转文件的目的和意义;最后提出希望和要求,写明“要认真贯彻执行”“望遵照执行”“参照执行”等字样。

例文1:

劳动人事部关于颁发《〈国务院关于职工工作时间的规定〉的实施办法》的通知

各省、自治区、直辖市劳动、人事(劳动人事)厅(局),国务院各部委、各直属机构:

根据《国务院关于职工工作时间的规定》的实施办法,我们制定了《〈国务院关于职工工作时间的规定〉的实施办法》。现发给你们,请遵照执行,并将执行中的经验和问题按两部的职责范围,分别报送。

附件:《国务院关于职工工作时间的规定》的实施办法

劳动人事部

××××年×月×日

[文章来源:http://www.xj71.com/2012/0607/676067.shtml,有改动]

行政法规、条例、办法具有指挥效力,而这种效力必须通过通知的发布才能产生。颁发(发布)性通知内容比较简单,标题中“事由”一项多使用“关于颁布”“关于发布”“关于实施”等词语;正文部分只讲明颁布(发布)的法规名称、该法规实施或生效的日期及相关事项,再提出贯彻执行的要求即可。

例文2:

教育部办公厅关于印发《禁止妨碍义务教育实施的若干规定》的通知

教基厅〔2019〕2号

各省、自治区、直辖市教育厅(教委),新疆生产建设兵团教育局:

《中华人民共和国义务教育法》明确规定,凡具有中华人民共和国国籍的适龄儿童、少年,不分性别、民族、种族、家庭财产状况、宗教信仰等,依法享有平等接受义务教育的权利,并履行接受义务教育的义务。同时规定,各级人民政府及其有关部门应当履行本法规定的各项职责,保障适龄儿童、少年接受义务教育的权利。适龄儿童、少年的父母或者其他法定监护人应当依法保证其按时入学接受并完成义务教育。近年来,一些社会培训机构擅自招收适龄儿童、少年,以“国学”“女德”教育等名义开展全日制教育、培训,替代义务教育学校教育,极个别父母或者其他法定监护人送子女去培训机构或在家学习,无正当理由未按法律规定保障子女入学接受义务教育,导致相关适龄儿童、少年接受义务教育的权利和义务不能依法实现，妨碍了国家义务教育制度的实施，严重影响适龄儿童、少年成长发展，危害国家和民族未来利益。为切实纠正此类错误做法，特制定《禁止妨碍义务教育实施的若干规定》，现印发给你们，请予以认真执行。

各地教育部门要提高政治站位，增强法治意识，进一步加强适龄儿童、少年接受义务教育工作，于2019年上半年尽快部署开展一次全面排查，对机构或个人违法违规导致适龄儿童、少年未接受义务教育的行为，坚决予以纠正，依法依规严厉查处问责，切实保障适龄儿童、少年接受义务教育。

教育部办公厅

2019年4月1日

禁止妨碍义务教育实施的若干规定

一、校外培训机构必须按照教育行政部门审批、市场监管部门登记的业务范围从事培训业务，不得违法招收义务教育阶段适龄儿童、少年开展全日制培训，替代实施义务教育。

二、校外培训机构不得发布虚假招生简章或广告，不得诱导家长将适龄儿童、少年送入培训机构，替代接受义务教育。

三、校外培训机构不得有违反党的教育方针和社会主义核心价值观的培训内容，不得以"国学"为名，传授"三从四德"、占卜、风水、算命等封建糟粕，不得利用宗教进行妨碍国家教育制度的活动。

四、适龄儿童、少年的父母或者其他法定监护人要切实履行监护人职责，除送入依法实施义务教育的学校或经县级教育行政部门批准可自行实施义务教育的相关社会组织外，不得以其他方式组织学习替代接受义务教育。

五、适龄残疾儿童、少年因身体原因无法到校接受义务教育的，家长或其他法定监护人不得擅自决定是否接受义务教育及具体方式，应当向当地教育行政部门提出申请，教育行政部门可委托残疾人教育专家委员会对其身体状况、接受教育和适应学校学习生活的能力进行评估，确定适合其身心特点的教育安置方式。

[文章来源：教育部官网 http：//www.moe.gov.cn/srcsite/A06/s3321/201904/t20190411_377511.html]

印发性通知的结构比较简单，说明缘由，提出要求，将印发的文件作为附件印发下去即可。

例文3：

辽宁省教育厅办公室转发《教育部办公厅关于加快问题学籍处理和建立数据质量核查机制》的通知

辽教办发〔2015〕51号

各市教育局：

现将《教育部办公厅关于加快问题学籍处理和建立数据质量核查机制的通知》（教基

一厅〔2015〕2 号)转发给你们,并提出如下工作要求,请认真贯彻执行。

一、各地教育行政部门和中小学校要高度重视中小学生学籍管理工作,学籍业务主管部门要落实责任,加快处理问题学籍,各市应于 6 月 15 日前完成问题学籍处理(含省内问题学籍处理)。

二、建立个体学生数据核查机制。每学期学校要通过学籍系统复核学生学籍,在此基础上每年 6 月 30 日前要对新生基本信息核对一次,将《全国中小学生学籍基础信息确认表》打印发放到每一位学生家长(监护人)审核、修改、补充,家长(监护人)签字确认后交还学校。重要身份信息变更,须提交身份证件佐证;信息更新或补录的,班主任要确认家长提交的《确认表》中手写信息项字体工整、字迹清晰、易于辨认。之后,由学籍管理员在学籍系统内完成修改操作,学校和学籍主管部门按照程序及时核准。学校应将学生家长(监护人)签字确认的《确认表》和纸质佐证材料作为学籍档案存档。

三、要认真做好首次数据核查工作,各级教育行政部门和中小学校要按照工作要求,在 5 月 1 日前全面启动数据核查工作,6 月 15 日前完成各项具体工作。各市每月 1 日、15 日前分别报送数据核查进度表,作为对各市该项工作的考核。

四、各市要按照省、市学籍管理办法全面应用学籍日常管理功能,加强学籍信息变动管理,学校要及时更新全国学籍系统中有关信息,学籍主管部门及时核办,确保学籍信息准确完整。

联系人:于　玲 024-86896725　y26901866@126.com

卢国忠 024-86591026　ln86591026sy@126.com

附件:教育部办公厅关于加快问题学籍处理和建立数据质量核查机制的通知

辽宁省教育厅办公室

2015 年 4 月 9 日

[文章来源:辽宁省教育厅官网 http://www.lnen.cn/zwgk/zwtz/279974.shtml,有改动]

例文 4:

国务院办公厅转发国家发展改革委关于深化公共资源交易平台整合共享的指导意见的通知

国办函〔2019〕41 号

各省、自治区、直辖市人民政府,国务院各部委、各直属机构:

国家发展改革委《关于深化公共资源交易平台整合共享的指导意见》已经国务院同意,现转发给你们,请认真组织实施。

国务院办公厅

2019 年 5 月 19 日

（此件公开发布）

关于深化公共资源交易平台整合共享的指导意见

（略）

［文章来源：中华人民共和国中央人民政府官网 http：//www.gov.cn/zhengce/content/2019-05/29/content_5395735.htm］

转发性通知结构相对比较简单，说明缘由，提出要求，将需转发的文件附于其后即可。

例文5：

国务院关于批转发展改革委等部门法人和其他组织统一社会信用代码制度建设总体方案的通知

各省、自治区、直辖市人民政府，国务院各部委、各直属机构：

国务院同意发展改革委、中央编办、民政部、财政部、人民银行、税务总局、工商总局、质检总局制定的《法人和其他组织统一社会信用代码制度建设总体方案》，现转发给你们，请认真贯彻执行。

国务院

××××年×月×日

（此件公开发布）

法人和其他组织统一社会信用代码制度建设总体方案

（略）

［文章来源：中国政府网 http：//www.gov.cn/zhengce/content/2015-06/17/content_9858.htm，有改动］

请注意批转性通知的标题除了发文机关、事由、文种以外，又增加了“原发文机关”，同时还出现了“批转”的字样。批转性通知正文的写作顺序是先“批”后“转”，先以发文机关的身份简要写出对批转文件的基本意见或态度，写批语“同意”等字样，而后“转发”给下级机关，并根据所批转文件的性质及重要性写出“请参照执行”之类的要求。而事项部分则简述所发文件的意义，贯彻执行的时限、方法、目标，最后提出希望。因此，批转性通知的结构比印发和转发性通知要复杂。

3. 任免性通知

用于任免和聘用干部的通知，一般只写决定任免、聘用的机关、依据，以及任免、聘用事项，对任免、聘用人员的姓名、具体职务及时间要写清楚。标题中体现“任免”字样。

例文1：

教育部关于江嵩任职的通知

教育部高等学校社会科学发展研究中心：

经2015年7月5日部党组会研究决定:

江嵩任教育部高等学校社会科学发展研究中心副主任(试用期一年)。

教育部

2015年7月20日

[文章来源:教育部官网 http://www.moe.edu.cn/srcsite/A04/s8021/201507/t20150731_197071.html]

例文2:

中共教育部党组关于郭鹏同志试用期满正式任职的通知

部内各司局:

郭鹏同志任财务司司长,试用期满,考核合格,经研究决定正式任职。任职时间从试用之日起计算。

中共教育部党组

2019年6月5日

[文章来源:教育部官网 http://www.moe.gov.cn/srcsite/A04/s8020/201906/t20190626_387714.html]

例文3:

教育部关于刘立国免职的通知

教育部考试中心:

经2015年7月5日部党组会研究决定:

因另有任用,免去刘立国的教育部考试中心副主任职务。

教育部

2015年7月8日

[文章来源:教育部官网 http://www.moe.edu.cn/srcsite/A04/s8021/201508/t20150818_200919.html]

例文4:

教育部关于钱锋等职务任免的通知

华东理工大学:

2015年7月21日研究决定:

任命钱锋、吴柏钧、刘昌胜、辛忠为华东理工大学副校长;

免去马玉录、陈英南、于建国、涂善东、杨存忠的华东理工大学副校长职务。

教育部

2015 年 7 月 29 日

[文章来源：教育部官网 http：//www.moe.edu.cn/srcsite/A04/moe_673/201508/t20150817_200608.html]

4. 知照性通知

知照性通知用于告知某一事项或某些信息。通常由发文缘由和具体事项两部分组成，也可根据实际情况提出要求。发文缘由写明发通知的原因、目的或根据，不必展开分析；具体事项只告知受文机关需了解、知照的事项；结尾一般以“特此通知”作结或没有结尾。

例文 1：

辽宁省教育厅关于公布辽宁省第十九届中小学电脑制作活动评选结果的通知

各市教育局：

按照《辽宁省教育厅办公室关于举办辽宁省第十九届中小学电脑制作活动的通知》(辽教办〔2018〕32 号)文件要求，我厅组织了辽宁省第十九届中小学电脑制作活动评审工作，现将有关结果公布如下：

本次活动分为评选类、创客类和竞赛类三个项目。

评选类项目分为常规评选类和“和教育”专项制作两个类别。在常规评选类项目中，共 966 件作品入围省级评审。经组织评审，419 件作品分别获得省级一、二、三等奖(见附件 1)。在“和教育”专项制作中，全省征集作品 321 件。经组织评选，45 件作品分别获得省级一、二、三等奖，6 所学校获得优秀学校组织奖(见附件 2)。

在创客类项目中，36 件作品入围省级评审，24 件作品分别获得省级一、二、三等奖(见附件 3)。竞赛类项目中，全省共有 513 支队伍参赛，313 支队伍分别获得省级一、二、三等奖(见附件 4)。综合整个活动的组织参与情况，授予大连市教育信息技术中心等 9 个单位最佳组织奖(见附件 5)。同时，评选出杨绍梅等 9 人为活动先进个人(见附件 6)。

(附件请到省教育厅网站下载)

附件：1.“评选类”项目获奖名单
2.“和教育专项制作”项目获奖名单
3.“创客类”项目获奖名单
4. 竞赛类获奖名单
5. 最佳组织奖名单
6. 活动先进个人名单

辽宁省教育厅

2018 年 11 月 17 日

[文章来源：辽宁省教育厅官网 http：//www.lnen.cn/zwgk/zwtz/291843.shtml]

此篇为知照性通知,对于辽宁省第十九届中小学电脑制作活动评选结果做了详细告知,条理清晰,语义明确。

例文 2:

教育部关于取消一批证明事项的通知

各省、自治区、直辖市教育厅(教委),各计划单列市教育局,新疆生产建设兵团教育局,部属各高等学校、部省合建各高等学校,部内各司局、各直属单位:

为贯彻落实党中央、国务院关于减证便民、优化服务的决策部署,根据《国务院办公厅关于做好证明事项清理工作的通知》要求,教育部结合教育领域工作实际,对各类证明事项进行了清理。经研究,现将有关事项通知如下。

一、取消部门规章设定的10项证明事项

(一) 取消《小学管理规程》(国家教育委员会令第26号)第十二条规定的,小学学生因病休学时提交的医疗单位证明,改为出示县级以上医院病历。

(二) 取消《特殊教育学校暂行规程》(教育部令第1号)第十一条规定的,特殊教育学校学生因病休学时提交的医疗单位证明,改为出示县级以上医院病历。

(三) 取消《〈教师资格条例〉实施办法》(教育部令第10号)第十二条规定的,申请教师资格时提交的身份证复印件。

(四) 取消《〈教师资格条例〉实施办法》(教育部令第10号)第十二条规定的,申请教师资格时提交的学历证书复印件。

(五) 取消《〈教师资格条例〉实施办法》(教育部令第10号)第十二条规定的,申请教师资格时提交的普通话水平测试等级证书复印件。

(六) 取消《〈教师资格条例〉实施办法》(教育部令第10号)第十二条规定的,申请教师资格时提交的思想品德情况的鉴定或者证明材料,改为《个人承诺书》。其中,涉及需要申请人提交的无犯罪记录证明材料,改为政府部门核查。

(七) 取消《高等学校知识产权保护管理规定》(教育部令第3号)第二十一条规定的,高校教职员工和学生的非职务专利证明。

(八) 取消《中华人民共和国中外合作办学条例实施办法》(教育部令第20号)第三十七条规定的,申请举办中外合作办学项目时提交的验资证明(针对有资产、资金投入的)。

(九) 取消《中华人民共和国中外合作办学条例实施办法》(教育部令第20号)第三十七条规定的,申请举办中外合作办学项目时提交的评估报告(针对外国教育机构已在中国境内合作举办中外合作办学机构或者中外合作办学项目的)。

(十) 取消《社会力量办学印章管理暂行规定》(国家教育委员会、公安部令第17号)第五条规定的,学校刻制印章时由教育部门出具的资质证明。

二、取消部门规范性文件设定的12项证明事项

(一) 取消《教育部 财政部关于认真做好高等学校家庭经济困难学生认定工作的指导意见》(教财〔2007〕8号)以及《教育部办公厅关于进一步加强和规范高校家庭经济困难学生认定工作的通知》(教财厅〔2016〕6号)规定的,高校学生申请资助时需由家庭所在地乡、镇或街道民政部门对学生家庭经济情况予以证明的环节，改为申请人书面承诺。

（二）取消《教育部 中国残联关于印发〈残疾人参加普通高等学校招生全国统一考试管理规定〉的通知》（教学〔2017〕4号）第七条规定的，残疾人参加普通高等学校招生全国统一考试申请合理便利时提交的身份证件复印件（扫描件）。

（三）取消《教育部关于普通高中学业水平考试的实施意见》（教基二〔2014〕10号）规定的，普通高中学生跨省（区、市）转学时提交的学业水平考试成绩证明，改为内部核查。

（四）取消《教育部关于印发〈中等职业学校学生学籍管理办法〉的通知》（教职成〔2010〕7号）第七条规定的，中等职业学校新生延期报到时提交的延误事由证明，改为延误说明。

（五）取消《教育部关于印发〈中等职业学校学生学籍管理办法〉的通知》（教职成〔2010〕7号）第十六条规定的，中等职业学校学生因病转专业时提交的县级以上医院证明，改为出示县级以上医院病历。

（六）取消《教育部关于印发〈中等职业学校学生学籍管理办法〉的通知》（教职成〔2010〕7号）第十七条规定的，中等职业学校学生因病休学提交的县级以上医院诊断证明，改为出示县级以上医院病历。

（七）取消《教育部 财政部关于印发〈国家公派出国留学研究生管理规定（试行）〉的通知》（教外留〔2007〕46号）第十三条规定的，公派研究生向留学目的地使领馆提交的《国家公派留学人员报到证明》，改为网上留存电子证照。

（八）取消《教育部 财政部关于印发〈国家公派出国留学研究生管理规定（试行）〉的通知》（教外留〔2007〕46号）第二十一条规定的，公派研究生申请提前回国时向使领馆提交的相关证明，改为申请人书面承诺。

（九）取消《教育部 财政部关于印发〈国家公派出国留学研究生管理规定（试行）〉的通知》（教外留〔2007〕46号）第二十三条规定的，公派研究生因病休学康复后申请返回留学国继续完成学业时提交的国内医疗机构体检合格证明，改为出示县级以上医院病历。

（十）取消《教育部关于印发〈关于首次认定教师资格工作若干问题的意见〉的通知》（教人〔2001〕4号）附件第四条和《教育部关于印发〈中小学教师资格考试暂行办法〉〈中小学教师资格定期注册暂行办法〉的通知》（教师〔2013〕9号）中《中小学教师资格考试暂行办法》第七条规定的，申请中小学、幼儿园教师资格考试和认定时提交的工作单位或者人事关系证明，改为居住证。

（十一）取消《教育部 人力资源和社会保障部 工商总局关于印发〈营利性民办学校监督管理实施细则〉的通知》（教发〔2016〕20号）第十一条规定的，社会组织申请筹设或者正式设立营利性民办学校时提交的由会计师事务所出具的该社会组织近2年的年度财务会计报告审计结果。

（十二）取消《教育部 人力资源和社会保障部 工商总局关于印发〈营利性民办学校监督管理实施细则〉的通知》（教发〔2016〕20号）第十一条规定的，民办学校举办者再申请举办营利性民办学校时提交的近2年年度检查的证明材料和有资质的会计师事务所出具的学校上年度财务会计报告审计结果。

除上述两类证明事项,经地方、基层反映,实践中还存在无明文规定但在部分地区或学校实施的以下7项证明事项,按照国办文件要求,予以取消:

(一)取消普通高等学校学生因遗失、损坏学历证书或者学位证书申请补办相应证明书时提交的登报遗失证明。

(二)取消中小学生转学或升学时提交的学籍证明,改为学校通过统一电子平台核验。

(三)取消申请举办民办学校时提交的完全民事行为能力证明,改为申请人书面承诺或者政府部门核查。

(四)取消申请举办民办学校时提交的无犯罪记录证明,改为申请人书面承诺或者政府部门核查。

(五)取消申请举办民办学校时提交的理事或董事具有五年以上教育教学经验的证明,改为申请人书面承诺并提交个人简历向社会公示。

(六)取消申请举办民办学校时提交的校舍建筑质量合格证明,改为政府部门核查。

(七)取消申请举办营利性民办学校时提交的信用证明,改为申请人书面承诺或者政府部门核查。

各地各校要坚决贯彻落实国务院文件精神,提高政治站位,将减证便民、优化服务作为办好人民满意教育的重要内容,认真执行。对本通知明确取消的证明事项,自通知发布之日起要不折不扣予以落实。在今后的日常管理中,应当进一步为广大群众办理事务提供便利,无法律法规依据不得设立证明事项,已设立的要自查自纠、立行立改,一律取消;有法律法规依据的也应当根据经济社会发展和实际需要进行简化,避免重复证明、循环证明。

此前教育部文件有与本文件不一致的,按照本文件规定执行。

教育部

2019年3月29日

[文章来源:教育部官网 http://www.moe.gov.cn/srcsite/A02/s7049/201904/t20190423_379235.html]

5. 会议(培训)通知

有关部门召开会议或举办培训,不宜用电话或其他形式通知的用公文的形式告知参加会议或培训的有关事项。会议(培训)通知标题的事由部分一般由“召开”和会议(培训)名称组成。正文部分要交代清楚缘由、会议的名称、内容、时间、地点、参加人员以及与会人员应做的准备和有关事项。其中,会议时间包括报到时间、开始时间和结束时间,也可将详细的时间安排做成会议流程以附件的形式下发或在正式开会之前发给与会人员;会议地点要详细,必要的话还要配上路线图,方便参加会议的人员找到开会地点;参加会议的人员要求要写清楚,不能模棱两可;会议(培训)通知必须写明联系人、联系方式;如果涉及食宿、往返交通以及会务(培训)费等问题都要写清楚。会议(培训)通知通常要有一个回执,以附件的形式随通知一并下发,回执要按通知要求及时返回,便于会务组统计人数，安排食宿等问题。

会议通知的时效性很强，要考虑参加会议的人员有充分的准备时间，一定要提前发出，要准确、及时。

例文 1：

教育部办公厅关于召开 2015 年高等学校科技工作会议的通知

各省、自治区、直辖市教育厅（教委），新疆生产建设兵团教育局，部属各高等学校，其他部委所属有关高等学校：

为加快实施创新驱动发展战略，贯彻落实国家科技体制改革重点任务，部署 2015 年高校科技工作，引领高校创新驱动和科技发展进入新常态，定于 4 月 22—23 日上午在陕西杨凌召开 2015 年高等学校科技工作会议，会期一天半。现将有关事项通知如下：

一、主要内容

1. 传达全国教育、科技工作会议精神，部署贯彻落实深化科技体制改革促进创新驱动发展系列文件工作；

2. 研讨高校科技服务支撑"一带一路"、京津冀一体化、长江经济带等国家战略的思路和举措；

3. 交流高校综合改革与现代大学制度、科技评价改革与科技成果转化、科技管理服务能力建设等方面的实践与经验。

二、参会人员

1. 各省（区、市）教育厅（教委）及新疆生产建设兵团教育局科技管理部门负责同志 1 人；

2. 教育部直属高校、其他有关中央高校科技管理部门负责同志 1 人；

3. 各省（区、市）地方高校科技管理部门负责同志代表 1 人（由各地教育厅（教委）自行确定）。

三、其他事项

1. 请于 4 月 15 日前将会议回执（见附件）传真至 029-87082962，回执电子版发送至邮箱 wangleis941@nwsuaf.edu.cn。

2. 请参会代表于 4 月 21 日至陕西省杨凌国际会展中心酒店报到。宾馆电话：029-87036888，地址：陕西省杨凌新桥北路 1 号。

3. 联系人：

西北农林科技大学：

王磊：029-87082928　15229885967

张建刚：029-87082928　15339098109

孙楠：029-87082846　15109274567

教育部科技司：

张晶晶　李人杰　李楠，电话：010-66096685　010-66096358

附件：2015年高等学校科技工作会议回执

教育部办公厅

2015年4月10日

附件

2015年高等学校科技工作会议回执

单位			
姓名		性别	
职务		手机	
交通方式		抵达时间（航班或车次）	
		返程时间（航班或车次）	
是否住宿			

[文章来源：教育部官网 http://www.moe.edu.cn/srcsite/A16/s7062/201504/t20150413_189425.html]

例文2：

教育部办公厅关于开展全国青少年校园足球骨干师资国家级专项培训的通知

各省、自治区、直辖市教育厅（教委），新疆生产建设兵团教育局，各省级青少年校园足球工作领导小组办公室：

为贯彻落实国务院办公厅印发的《中国足球改革发展总体方案》和全国青少年校园足球工作电视电话会议精神，加强青少年校园足球师资队伍建设，提高校园足球有关从业人员工作能力和综合素养，支持校园足球特色学校发展，不断提升校园足球教育教学质量，进一步推进校园足球的改革发展，经研究，决定开展全国青少年校园足球骨干师资国家级专项培训（以下简称专项培训）工作。现将有关事宜通知如下：

一、目标任务

按照国务院关于加强青少年校园足球师资队伍建设的总体要求，从2015年起到2020年，教育部会同有关部门持续开展专项培训。通过专项培训的开展，在全国范围内培养一大批青少年校园足球师资骨干，增强全国青少年校园足球特色学校的改革创新能力，引导各地开展本地区的校园足球师资培训，带动和帮助广大足球工作教师、教练员、裁判员等专业人才和相关管理者提高认识水平、业务能力和综合素养，努力打造一支讲政治、懂足球、善管理、有专长的青少年校园足球师资队伍，支撑青少年校园足球扎实普及、加快发展和提升水平。

二、培训内容

根据校园足球发展实际需要和教师素养标准，培训内容主要包括：国内外青少年足球发展现状及趋势分析；青少年校园足球发展政策规划解读；校园足球教育教学标准规范讲解；校园足球教学、训练、竞赛相关活动的设计与组织；校园足球技战术教材教法；足球教学能力提升与实践；校园足球管理能力策略和案例；足球竞赛规则与裁判法等。

三、培训方式

（一）集中学习。邀请全国有关专家作专题讲座，认真学习我国足球改革发展总体方案及国家加快发展青少年校园足球的战略规划和实施意见，把推进校园足球的普及发展与立德树人和践行社会主义核心价值观结合起来，把开展校园足球教学活动与深化体育课程改革结合起来，把发展校园足球与提高学生体质健康水平结合起来，着力提高足球师资的思想认识水平和坚定发展校园足球的信心。

（二）分组教学。以班为单位，以专题为单元，强化校园足球教学实践能力，着力提高足球运动技能和教学示范能力，掌握足球教学和足球人才成长规律，懂得开发足球教学资源和设计足球大课间及课外活动的方法，学习校园足球联赛的编排与组织和裁判法。

（三）实践实训。坚持学以致用，围绕培训主题，深入开展研讨，现场组织实践教学，分析解决问题，广泛交流经验。同时，现场观摩优秀足球教师的课堂教学，组织观摩足球特色学校、青少年足球俱乐部及高水平职业足球赛。

（四）组织联赛。将学员按一定标准分组编队，在培训期间组织开展足球联赛，着力提高学员的竞赛组织能力、裁判能力和竞赛管理能力。

四、培训类型

2015年专项培训采用分期、分批、分层集中培训的办法进行，根据培训对象的不同，培训类型主要有：

（一）骨干教师培训。以45岁以下中小学足球特色学校体育骨干教师为主，遴选15所左右高等学校承办培训班，分两批次，共34期，每期15天，计划共培训5 400人。其中，培训红军小学教师200人。

（二）优秀教练员培训。以在中小学足球特色学校长期从事足球课余训练的优秀教练员为主，分两批培训，每期10天，计划共培训300人。

（三）优秀裁判员培训。以在中小学足球特色学校长期从事足球课余训练的优秀裁判员为主，分两批培训，每期10天，计划共培训300人。

（四）优秀退役运动员培训。为缓解足球师资短缺问题，积极鼓励优秀退役足球运动员从事体育教学工作，将开展优秀足球退役运动员的培训，经过培训并考核基本合格后，推荐至有关学校从事体育教学工作。本年度计划举办一期，为期10天，共培训200人。

（五）中小学校长培训。主要以中小学足球特色学校校长为主，分8批培训，每期5天，计划共培训2 000人。其中红军小学校长200人。

（六）各地培训者培训。为支持各地开展本地区的足球师资培训，计划在各地选送的基础上开展全国青少年校园足球师资高级研修班，为各地开展教师培训工作建设一支高素质授课讲师团。

五、有关政策支持

凡参加培训的学员,经考核合格后颁发统一证书。培训学员参加培训的学时纳入国家培训计划学时数,计入教师继续教育学分。

六、组织与实施

专项培训由教育部统筹规划,各地教育行政部门负责协调和选送学员参加培训的组织工作,经遴选确定的北京师范大学等20所高等学校负责具体承办和实施,北京体育大学和北京教育学院负责培训总体协调工作。培训师资团队由教育部遴选的国内外专家、承办院校专家和中小学一线优秀教师共同组成。培训师资团队经过培训,统一备课后,上岗执教。承办院校经过统一培训后,按要求开展工作。

七、培训经费

培训经费由中央财政给予支持,按每人每天450元的培训标准包干使用,分培训前、培训后两次拨付承办学校和单位。参加培训的人员培训费、食宿费、资料费等由教育部承担,学员往返交通费由当地教育有关部门负责。

八、有关要求

(一)各地教育行政部门要充分认识校园足球师资培训的重要意义,高度重视本次培训工作,做好协调、组织和选派学员工作,确保学员按时参加各类培训班。同时,请有关省级教育行政部门支持本地承办培训任务的高校工作,并加强指导。

(二)请承办本次培训任务的高等学校要高度重视培训工作,做好精心准备,制订培训工作方案,加强培训过程管理,选派优秀授课师资,规范使用培训经费,细化培训绩效考核,加强与当地教育行政部门的联系,确保各项培训任务高效落实。

(三)培训期间教育部将组织专家对培训工作进行指导、抽查和评估。培训结束后15日内,请各承办培训任务的高校按要求将培训工作总结等材料(含电子版)报送北京教育学院。

九、其他事宜

(一)有关各类培训班举办和学员具体报到事宜另行通知。

(二)有关承办培训高校名单、承办培训人数、开班时间、各地分配情况及有关联系人见附件。

(三)培训工作联系方式:

黄春秀(北京教育学院),电话:13051307378。

韩金明(北京教育学院),电话:18810561443。

位伟(北京体育大学),电话:13811458573。

王小宁、刘海元(教育部体卫艺司),电话(传真):010-66097180。

附件:2015年全国青少年校园足球骨干教师培训有关承办高校名单及承办人数汇总表

教育部办公厅

2015年6月9日

[文章来源：教育部官网 http://www.moe.edu.cn/srcsite/A17/moe_938/s3273/201507/t20150702_192197.html]

本文为培训通知，性质与会议通知相似，应写明举办培训的原因、目的、名称，具体事项要详尽，尤其是时间、地点以及其他要求必须明确。

二、通报

（一）文种释义

通报是各级行政机关、社会团体、企事业单位等使用的知照性公文，主要用于表彰先进、表扬好人好事、批评错误和不良现象，从而达到宣传、教育和改进工作的目的，还可起到传达重要精神、通告情况、互通信息的作用。其目的是交流经验，吸取教训，教育群众，推动工作的进一步开展。

通报具有真实性、典型性和时效性的特点。

(1) 真实性。所谓真实性，是指所通报的材料完全真实，不虚构、不浮夸，必须经过慎重核实。

(2) 典型性。所谓典型性，是指通报的事实具有普遍性、代表性和针对性，即具有典型的教育或指导意义。

(3) 时效性。所谓时效性，是指通报要及时，以最快的速度发出，最大限度地发挥通报的效用，只有这样，通报才能起到应有的作用。

（二）基本格式

通报一般由标题、主送机关、正文、发文机关署名和成文日期组成。

1. 标题

一般来说，通报的标题都属于标准式标题，即由发文机关、事由、文种三部分组成。

2. 主送机关

通报一般都有主送机关，尤其是发文机关级别偏高，并要求下级机关特别注意或贯彻执行的，正文之前都要写主送机关。但也有不写的，如果不写，要在正文左侧下角注明“此件发至××”。

3. 正文

通报正文一般由主要事实、事实评析、决定和要求组成。主要事实部分包括时间、地点、事件主体(单位或人)、经过、结果等几大要素。概述事实要准确无误、简洁明了，切忌面面俱到，啰啰唆唆。对事实进行概括的叙述，不可详细描述。事实讲述清楚后，对通报的事实要进行恰如其分的分析和评价，指出事实的性质和产生的原因，阐明通报意图。在评析时，要注意实事求是，做到全面、客观、辩证，同时还要观点突出、态度明确，抓住实质性问题。对事实进行评析之后，要做出表彰决定或对错误者的处理决定，并由此引申出应当吸取的经验或教训，提出希望与要求。需要注意的是，正文中的四个部分并非固定不变，其中，表彰决定或对错误者的处理要根据实际情况的有无来写。有表彰(或处理)决定的要写明表彰(处理)机构名称、表彰(处理)对象、表彰(处理)的名目，也可将表彰或处理的决定放在正文开头部分，即把事实与决定放在一起写，事实陈述清楚后便写出决定,然后评析事实,提出希望和要求。

4. 发文机关署名和成文日期

正文右下方写明发文机关即发通报的机关、单位名称,还要标明日期,用阿拉伯数字标全年、月、日。

(三)文种的分类与写法

通报按内容性质分,可分为表彰性通报、批评性通报、传达性通报三种。

1. 表彰性通报

表彰性通报是对先进集体和个人予以表彰,其目的是树立榜样,宣传先进事迹,引导人们向先进学习。在内容上着重介绍先进典型的先进事迹,应写清四层内容:首先概述先进事迹,写明何人或何单位在何时何地有何先进事迹,并分析其精神实质、意义和影响,便于学习和借鉴,在此基础上做出表彰,写明表彰内容,如立功受奖、授予荣誉称号等,最后发出号召,提出学习的要求或意见。

例文:

教育部办公厅关于表彰2014年度教育信息工作先进单位、先进个人的通报

各省、自治区、直辖市党委教育工作部门、教育厅(教委),各计划单列市教育局,新疆生产建设兵团教育局,部属各高等学校,有关省部共建、省部共同重点支持建设高校:

2014年,各地各高校认真贯彻落实党中央、国务院关于教育工作决策部署,围绕教育改革发展稳定大局,结合本地本校实际,收集报送了大量信息,为推动教育事业科学发展发挥了重要作用,涌现出一批先进典型。为充分调动各地各校加强教育信息工作的积极性、主动性、创造性,进一步推动教育信息工作,决定对四川省委教育工委、省教育厅等56个先进单位,北京市教委办公室聂荣等56名先进个人予以通报表彰。

希望受表彰的先进单位和个人珍惜荣誉,发扬成绩,不断总结经验、探索规律,着力提升教育信息收集报送水平。各地各校要坚持服务大局、及时高效、全面准确、开拓创新,加强信息综合加工,努力增强信息报送的时效性,更好地服务于教育科学决策、民主决策、依法决策,为推动教育事业科学发展,维护教育系统和谐稳定做出新的贡献。

附件:1. 2014年度教育信息工作先进单位名单

　　　2. 2014年度教育信息工作先进个人名单

教育部办公厅

2015年4月21日

[文章来源:教育部官网 http://www.moe.edu.cn/srcsite/A01/s7048/201504/t20150423_189461.html]

此篇表彰性通报的正文部分首先概括了2014年教育信息工作取得的成绩这一事

实，以及为推动这项工作而作出的表彰决定，最后发出号召，提出下一步工作目标。全文结构严谨，层次清晰，表达流畅。

2. 批评性通报

批评性通报是对有错误的典型(集体或个人)予以批评，其目的是通过批评防止类似错误的发生，提醒人们引以为戒。在内容上，着重叙述错误典型的问题或错误事实，分析其产生的原因、性质和造成的危害，最后做出处理意见和决定，指出人们应当从中吸取的教训。这类通报应用面广，数量大，惩戒性突出。

例文：

教育部办公厅关于湖北省老河口市发生一起学生严重踩踏事故的紧急通报

各省、自治区、直辖市教育厅(教委)，新疆生产建设兵团教育局：

2013 年 2 月 27 日 6 点 15 分，湖北省老河口市薛集镇秦集小学(农村寄宿制学校)在进行早晨锻炼集合时，因值班教师没有按时打开宿舍楼一层铁门，致使急于出门的学生下楼时相互拥挤，发生踩踏，造成 4 名学生死亡，7 名学生受伤。事故发生后，湖北省有关部门迅速组织开展伤员救治和善后工作，并对有关责任人进行了严肃处理。

各地教育部门和学校要从这起事故中充分吸取教训，全面落实《教育部关于做好 2013 年春季开学工作的通知》(教办〔2013〕1 号)有关要求和学校安全各项部署，落实安全管理责任制，强化责任追究，加强学校管理，坚决避免拥挤踩踏等各类安全责任事故的发生，并举一反三，查找管理漏洞，及时消除隐患，切实把各项安全防范措施落实到位，确保学生生命安全，维护教育系统和谐稳定。

教育部办公厅

2013 年 2 月 28 日

[文章来源：教育部官网 http：//www.moe.gov.cn/srcsite/A06/moe_717/201302/t20130228_148368.html]

此篇为批评性通报，先简要叙述湖北省老河口市薛集镇秦集小学发生踩踏事故的基本情况，并对行管部门提出期望、要求。全文叙事简洁，分析透彻，分寸感强，具有教育和警示的作用。

3. 传达性通报

传达性通报主要用于传达重要精神或情况，将全局性或某一方面的重要情况，或者上级领导机关和会议的重要精神予以通报，目的是引起下级机关或有关方面的注意和重视，及时采取必要的措施，更好地开展工作。在内容上，一般要求讲清精神或者情况，阐述有关道理，最后提出指导性意见和解决问题的措施及办法，对下级机关工作进行指导，使下级机关与上级协调一致，统一认识、统一步调，克服存在的问题，开创新的局面。

例文：

辽宁省教育厅 辽宁省司法厅关于开展全省高校非法律专业学生法律知识竞赛情况的通报

各市教育局、司法局，省内各高等院校：

为落实《青少年法治教育大纲》，丰富创新大学生法治宣传教育的内容与形式，以竞赛方式激发大学生学习法治知识的积极性、主动性，引导和促进大学生学习法治知识、增强法治意识，倡导自觉守法、遇事找法、解决问题靠法的意识与习惯，2017 年 6 月至 11 月，省教育厅、省司法厅组织开展了全省高校非法律专业学生法律知识竞赛。现通报竞赛结果：

锦州师范高等专科学校、东北财经大学代表队获得一等奖，大连医科大学中山学院、大连大学、沈阳工程学院、大连理工大学代表队获得二等奖，沈阳体育学院等 7 支高校代表队获得三等奖。50 名学生获选手个人奖，26 名教师获优秀指导教师奖，25 所高校获优秀组织奖。

鉴于沈阳师范大学承办此次大赛做出的贡献，给予通报表扬。

望各市、各高校以获奖单位为榜样，进一步加强青少年法治宣传教育，全面落实《青少年法治教育大纲》各项要求，促进青少年健康成长、全面发展，培养社会主义合格公民。

附件：1. 决赛获奖名单

2. 优秀组织奖获奖名单

辽宁省教育厅　辽宁省司法厅

2017 年 11 月 30 日

[文章来源：辽宁省教育厅官网 http：//www.lnen.cn/zwgk/zwtz/289673.shtml]

此文为传达性通报。正文部分首先点明通报内容，将有关情况进行概括，内容清楚，点面结合。这类通报具有沟通和知照的双重作用。

三、通知与通报的区别

通知与通报虽同属于知照性公文，但二者之间的差别也非常明显，具体区别是：

(1) 内容不同。通知的内容是印发、转发和批转文件，安排部署工作，通知相关事宜；通报则是对现实生活中具体的正、反事例或客观实际情况的反映。

(2) 要求不同。通知要求办理、执行，具有权威性；通报则要求了解情况和精神，起教育宣传作用。

(3) 作用不同。通知无奖惩作用；通报可用于奖惩有关单位和个人。

(4) 表现方法不同。通知主要是叙述，告诉做什么，怎么做；通报兼用叙述、分析和议论，带有感情色彩。

(5) 制作时间不同。通知都在事前发；通报则在事后发。

知识链接

“通知”溯源 “通知”在古代公文中没有相应的名称和类似的文体。直到民国初年，在湖北军政府的公文程式中有一种对下级行文的文体“传知”，与通知在文体上相类似。此后，国民政府的公文程式条例中新增过“通知”这一文体，但并未实际使用。1949年，华北人民政府在《公文处理暂行办法》中正式明确了通知的主要功能。1951年，中央人民政府政务院在《公文处理暂行办法》中把通知列为正式公文沿用至今。

“通报”溯源 古代的“露布”可算是通报的最早萌芽。清代唐彪在《作文谱·诸文体式》中说：“露布者，军事奏捷之词也。”刘勰在《文心雕龙·檄移》中也下过定义：“明白之文，或称露布，播诸视听也。”可见，“露布”实际用于军事上奏传捷报并公之于众，但在功能上与通报类似。通报作为正式公文最早见于1948年华北人民政府秘书厅发布的《华北人民政府公文处理暂行办法(草案)》中，后中央人民政府政务院将通报与通知归为一类，自1981年起又将二者分开，1993年进一步明确了通报的使用范围，至今未有改变。

习题训练

一、改写下列错误标题

××学院关于××同学先进事迹的通知

××市人民政府关于饮水问题的通知

××关于招收农民工子女就业，进行合理安排，确保社会稳定的通知

关于印发《辽宁省行政机关公文处理实施细则》的通知

二、病文分析(指出毛病，写出修改稿)

1.

关于××××总公司召开开展节约增效、劳动竞赛会议的通知

各分公司、分厂、各车间党支部、总公司各直属部门：

为贯彻上级精神，提高我公司的工作效率和经济效益，培养广大职工的主人翁精神，经总公司董事会研究决定，在全公司范围内广泛开展节约增效、劳动竞赛活动。现将会议有关问题通知如下：

一、会议时间：6月6日至9日。

二、会议地点：总公司招待所。

三、与会人员：各分公司、分厂、总公司各直属部门主管生产的负责人、工会主席等。

四、请各单位准备好本单位开展劳动竞赛活动的经验材料，限5 000字，报到时交给会务组，并请与会人员于6月5日前来报到。

××××总公司

二〇一九年六月一日

2.

学院游泳馆办证的通知

学院各单位：

我院游泳馆定于9月1日正式开放，9月10日开始办理游泳证。请你们接此通知后，按下列规定，于8月30日前到游泳馆办理游泳手续。

一、办证对象：仅限本单位干部或职工身体健康者。

二、办证方法：由各单位统一登记名单、加盖印章到游泳馆办理，交一张免冠照片。

三、每个游泳证收费伍元。

四、凭证入馆游泳，主动示证，遵守纪律，听从管理人员指挥。不得将此证转让他人使用，违者没收作废。

五、家属游泳一律凭家属证，临时购买散票，在规定的开放时间内入池。

大连财经学院游泳馆

二〇一九年八月二十日

3.

××市煤气公司关于发生煤气爆炸的通报

各街道、各工厂、企业单位：

今年8月12日，市煤气公司值班检修工擅自离岗，在煤气管发生漏气时，不在值班室，因此，未能及时处理漏气问题，以致造成爆炸，4人受伤，直接经济损失达300万元。

这次严重事故，尽管责任在检修工，但也与厂领导管理不严有关，为严肃纪律，教育本人，给予厂长撤销职务，给予党委书记撤销书记职务处分。

××市新区政府

二〇一九年八月二十日

写作训练

1. 根据下列材料写一份规范的会议通知

辽宁省教育厅拟于2019年11月5—8日在大连理工大学召开辽宁省高等院校远程教育教学工作会议，研究进一步加强现代远程教育试点高校网络高等学历教育学历证书和学位证书规范管理工作，要求各市教育主管部门、各试点高校派一人出席会议。

2. 根据下面的材料写通报

(1) 2018年5月2日下午，承德中兴矿山工程有限公司的孙吉良先生在承德兆丰酒店办事，进入电梯时他不小心将工人工资40万元遗忘在电梯里，发现现金丢失后，孙先生懊恼不已，庆幸的是大连财经学院17级会计12班孟凡阔同学恰巧拾到了丢失的现金，并与当地民警联系，及时找到了孙吉良先生，将40万元现金当面还给了失主。孙先生对孟凡阔同学拾金不昧的精神进行了高度赞扬，表达了自己的无限感激之情。请以大连财经学院的名义撰写一份通报，表彰该名同学拾金不昧的先进事迹。

（2）2019 年 3 月 18 日晚，大连财经学院 2018 级××系×班李××在学生宿舍使用劣质电热毯，次日清晨，李××在未关闭电源的情况下离开宿舍去上课。上午 9 时，电热毯因短路而起火，烧毁铁床木床板一张，衣柜一个，幸亏宿舍管理员及时发现，才避免造成更大的火灾。为此，学院对李××记大过处分一次，并责令按价赔偿火灾造成的损失，取消一切评优资格。

第三节　请示　批复

一、请示

（一）文种释义

请示是请求性公文，属于上行文，且使用频率极高，具有强制回复的性质。《党政机关公文处理工作条例》规定，请示“适用于向上级机关请求指示、批准”。请示的内容多涉及“人、财、物、机构、编制、出境出国”以及工作中遇到的需要上级机关做出决定的重大问题或应由上级机关加以审批的事项等问题。具体来说，下级机关一般需要请示的问题有：对有关方针、政策、指示、决定中不了解的问题；工作中发生重大问题和原无规定、难以处理的问题；由于本单位、本地区的特殊情况而造成的难以处理或需要变通处理的问题；不属于本单位权限范围内，须经上级批准后方可决定的问题等；在工作中遇到困难需要帮助。

请示具有请求性、单一性、提前性的特点。

（1）请求性是指请示是向上级机关请求批准，请示的事项一般自己无法解决或自己要解决但没有把握的事项，只有请求上级机关决断、指示、批准、支持才能解决，因此请示具有请求性的特点。

（2）单一性是指请示的内容必须“一文一事”或者“一事一请”，即一份请示只能向上级请示批准一个问题，这样便于上级机关对所请示的事项做出及时、专一的处理和批复。此外，单一性还指请示的主送机关也只能有一个，不能多头请示，以免需要批复的事项过多牵涉多个机关分别辗转办理而延时误事。

（3）提前性是指请示必须是事前行文，这是请示的时间性特点。

（二）基本格式

与其他公文一样，请示主要由标题、主送机关、正文、发文机关署名和成立日期组成。

1. 标题

请示的标题通常由发文机关、事由和文种三要素组成。请示标题的拟写，重在写好“事由”，要简明、扼要地表述出请示的中心意向，以便上级机关准确了解和把握。请示的标题中一般不再出现“申请”“请求”这一类的词语，避免与文种“请示”在语意上重复。

2. 主送机关

根据《党政机关公文处理工作条例》第十五条规定，请示“一般只写一个主送机关，除领导直接交办的事项外，‘请示’不得直接送领导者个人”。所以请示要根据隶属关系主送一个直属上级机关，不要多头请示。多头请示容易出现因职责不明而相互推诿，无法及时批复;或因几头批复意见不一造成请示单位无所适从。受双重领导的机关向上级机关请示,主送可以批复请示内容的上级机关,另一个上级机关则用抄送的形式,由主送机关负责批复。请示时,要按隶属关系逐级请示,不得越级行文。如遇非常特殊的情况,需要越级请示的,应将请示同时抄送给越过的上级机关。此外,请示的同时不抄送下级与同级机关。

3. 正文

请示的正文一般由缘由、请示事项和结尾三部分组成。

请示的要求一般从标题上就能反映出来,如《××省人民政府关于边境贸易继续给予扶持和照顾的请示》,上级机关一看就知道请示的要求是对边境贸易继续给予扶持和照顾。但请示的要求是根据什么问题提出的、其理由是什么,必须在请示的开头先做具体陈述。

正文开头即缘由部分,简要写明请示的原因、目的或依据,理由要充分,要言之有据。只有让上级了解到请示的问题轻重如何、属于什么性质、是否非解决不可,才能为上级机关提供指示或是否批准的依据,才能获得上级机关的同意或批准。所以撰写这部分内容一定要做到问题明确,理由充分。在写法上,陈述与说理相结合。

请示事项是请示正文的主体部分,要针对前面的问题及理由,向上级机关提出具体的请示事项,这是上级机关予以答复和审批的直接依据,因此必须写明具体的请示事项以及请求上级机关具体办什么和怎么办。首先,请示事项必须具体,切忌含混晦涩、语焉不详,避免使用“大概”“可能”“左右”等模糊笼统的词语。请求拨款的应附预算表;请求批准规章制度的,应附规章制度的内容;请示处理问题的,本单位应先明确表态。其次,应根据实际情况,对所请示的问题提出解决的初步意见与方案,供领导批复时参考。因此,请示前要经过周密的调查研究,使提出的意见与方案准确切实。再次,向上级机关提出请示,既要从请示机关的实际问题和需要出发,又要考虑到上级机关的批准权限和解决问题的能力。任意提高解决问题的要求,或不考虑上级机关是否能够解决,都不利于实现请示的目的。因此,在写请示批准的事项时,要抱着客观实际的态度,向上级机关提出合理可行的请求。最后,请求的内容若涉及其他部门或地区时,在正常情况下应事先进行协商,必要时还可联合行文,如有关方面意见不一致,应如实在请示中反映出来。在请示批准事项这部分,内容多可分条列出,内容少可集中陈述。

正文的结尾为请示的要求,常以简短的文字加以概括,语气要谦恭,一般有较为固定的结语,通常为“当否(妥否或是否可行),请批示(批复)”“以上意见,请予批示”“以上要求,请予批准”或“如无不当,请批转……”等。请注意,结语要尽可能根据请示的目的、要求、类型等的不同使用最为贴切的词语,比如,请求上级机关明确指示的可用“请指示”作结;请求上级机关表态的可用“请指示”或“请批复”作结;请求上级机关同意、批准的可用“请批准”作结;请求上级机关审核的可用“请审批”作结。请示的结语不能省略。

4. 发文机关署名和成文日期

最后签署发文机关名称和成文日期,并加盖公章。

联合行文时还要搞好会签。会签时,应将主办机关排在首位。

（三）文种的分类与写法

请示按其行文的目的、作用不同，基本分为四类：一是请求指示性请示；二是请求批准性请示；三是请求帮助性请示；四是请求批转性请示。

1. 请求指示性请示

请求指示性请示是请求上级机关对有关的方针、政策、规定中的难以理解或不明之处，以及在执行过程中需做变通处理的问题或涉及其他机构职权范围的问题予以回复。当本部门对上级机关文件中规定的某些政策把握不准，而本部门又无权解释或不能擅自决定时，请求上级机关给予相应政策；当本部门在工作中遇到新情况、新问题，而在本部门的职责权限中从未处理过，请求上级机关指明具体办法。

此类请示在写作上要把请示的原因、事项写清楚。如果属于前一种情况，要把政策、法规出自上级的具体来文，标题、发文字号以及所需原文都要一一引述清楚，再交代存在的问题；如果是后一种情况，要把工作中出现的新情况、新问题具体是什么，产生的原因、情况等交代清楚。

例文：

辽宁省人民政府法制办公室关于职工在上下班途中因违章受到机动车事故伤害能否认定为工伤的请示

国务院法制办公室：

我省大连市在审理有关工伤认定的复议案件过程中，对职工在上下班途中因违章受到机动车事故伤害能否认定为工伤问题认识不一致。一种意见认为，根据《工伤保险条例》第十四条第（六）项的规定，只要职工在上下班途中，受到机动车事故伤害的就应当认定为工伤，不需要考虑职工是否违章。另一种意见则认为，虽然《工伤保险条例》第十四条明确了认定工伤的七种行为，但同时受到第十六条规定的限制。虽然职工是在上下班途中，但因其违反交通规则，属于违反治安管理的情形，因此不能认定为工伤。

以上哪种意见为妥，请予明示。

辽宁省人民政府法制办公室

××××年×月×日

［文章来源：百度文库 https：//wenku.baidu.com/view/8bf7b1d8d15abe23482f4d72.html，有改动］

本例文是因为对相关政策把握不准，及时向上级部门提出请示。

2. 请求批准性请示

请求批准性请示是指请求上级机关批准、允许的请示，如超出本机关单位处理范围的事项、因情况特殊需要变通处理的事项及按照上级规定应当请示的事项等。如下级机关要增设机构、增加编制、确定领导班子组成、干部任免等，不能擅自行动，向上级机关请求批准后方能实施。

例文:

××市计委关于暂缓调高旅游专项资金在交通建设附加费中分配比例的请示

市人民政府:

今年4月7日,××市委、市政府公布了《关于加快发展旅游业的决定》(×字〔××〕8号),同意建立旅游建设发展专项资金,其部分资金来源于交通建设附加费的分配,并将此分配比例从原来的5%调高到10%。对此,我委认为该措施无疑有利于筹集资金,促进旅游业发展。但当初决定征收旅游业交通建设附加费的目的,主要是筹集地铁资金,现要提高旅游专项资金在交通建设附加费中的分配比例,必然减少地铁资金的来源。地铁工程建设年度投资高达30亿元,筹资任务十分艰巨,而今年地铁资金缺口更大,需开拓更多的资金来源。因此,任何减少筹集地铁资金的做法都会导致工期拖长和投资增大,不利于工程建设。

鉴此,我委建议在地铁建设期内,暂缓调高旅游专项资金在交通建设附加费中的分配比例,仍执行旅游专项资金在交通建设附加费中占50%的分配比例不变。

专此请示,请批复。

××市计委

××××年×月×日

[文章来源:http://edu.casd.cn,有改动]

这是一则请求批准性的请示。原因、理由阐述得非常清楚,也很充分,数据翔实,并提供具体方案,有利于上级机关根据有关规定做出批示。

3. 请求帮助性请示

当下级机关在工作中遇到困难,针对某些具体事宜向上级机关请求帮助,就需要写请求帮助性请示。简言之,就是向上级机关要人、要钱、要物。此类请示的重点在于请求的原因一定要充分,有说服力。在此基础上,写明具体要求,涉及人、钱的,要写明准确数字;涉及具体物品的,要写清楚名称、品牌、规格、型号、数量、金额等信息。

例文:

××镇人民政府关于修缮镇政府办公楼资金的请示

县政府:

××镇政府办公楼建于1979年9月,迄今40年,由于该楼建筑时间长,加之建筑质量不好等原因,部分房间的墙体出现裂缝,虽小有修缮但仍存在屋顶掉块、墙围脱落等现象,该楼已存在安全隐患,不适宜继续办公,必须进行修缮。经多方论证,修缮费用预算为100万元,因镇政府资金短缺,特向县政府申请修缮办公楼经费,我们一定加强对招投标和工程质量的管理,指派专人负责办公楼修缮事宜,做到专款专用,严格质量、严格纪律,请予以支持为盼。

当否,请批示。

附件：××镇政府办公楼修缮预算开支一览表

××镇人民政府

××××年×月×日

这则请示是典型的请求帮助性的请示，理由阐述充分，请求事项清晰，因涉及钱，所以附有预算表。

4. 请求批转性请示

下级机关就某一涉及面广的事项提出处理意见和办法，需各有关方面协同办理，但按规定又不能指令平级机关或不相隶属部门办理，需上级机关审定后批转执行，就需要写请求批转性请示。批准行政规章的请示，要在正文中说明制定此项规章的必要性及主要内容，而后将拟制发的规章作为请示的附件，一并报送。最后结语多用“以上如无不妥，请批转有关单位执行”等。

例文：

国家经济委员会等三部门关于对执行经济合同法若干问题的意见的请示

国务院：

第五届全国人民代表大会第四次会议通过的《中华人民共和国经济合同法》(以下简称《经济合同法》)，将于今年7月1日起施行。为保证经济合同法如期顺利实施，最近国务院经济法规研究中心会同国家经委、国家工商行政管理局、最高人民法院经济审判庭等单位共同研究了执行经济合同法的有关问题，并提出了对执行经济合同法若干问题的意见。现择要报告如下：

(1) 关于经济合同法施行以后，国务院及国务院各部门和省、市、自治区人民政府过去颁发的有关经济合同方面的法规的效力问题。根据第五届全国人民代表大会常务委员会《关于建国以来制定的法律、法令效力问题的决议》精神，凡经济合同法施行前颁发的有关经济合同方面的法规，除同经济合同法相抵触者应当修订或废止外，其余均继续有效。

(2) 关于经济合同法施行以前签订的经济合同，在该法实施以后发生纠纷，是否按经济合同法的规定处理的问题。根据经济合同法不溯及既往的原则，以及为便于经济司法起见，凡在经济合同法施行以前所签订的经济合同，延续到该法施行以后还在继续执行的，发生纠纷时应按照签订经济合同时所依据的法规或政策处理。

以上请示，如无不当，请批转各省、市、自治区人民政府和国务院各部门执行。

国家经济委员会

国家工商行政管理局

国务院经济法规研究中心

××××年×月×日

[文章来源：论文90分，http://www.lw90.com，有改动]

这份请示写得简练、明确，主要分两个层次，先交代请求的缘由，理由充分，在此基础上提出相关意见。全文态度明确,结语要求上级机关予以批转。

(四) 请示与报告的区别

使用请示最重要的一点就是不要与报告混淆使用,切忌用报告代请示行文。请示与报告虽同属于上行文,但两者之间有着严格的区别。具体如下。

(1) 批复要求不同。报告对上级没有肯定性的批复要求;而请示则相反。

(2) 行文时间不同。报告是事中或事后行文;而请示则是事前行文。

(3) 性质内容不同。报告是陈述性的,一般篇幅较长,可以写有多个事情;而请示则是呈请性的,篇幅较短,且必须一文一事。

(4) 回复文种不同。上级对下级报送的报告,可做批示也可以不做批示,一切全由上级酌情处理;而请示则不然,无论所请示的事项上级同意与否,都应及时做出批复。

二、批复

(一) 文种释义

批复是用于答复下级机关请示事项的回复性公文,是与请示唯一相互对应的文种。其制作和应用一般以下级的请示为条件,因此属于被动行文,是典型的下行文。如遇以下情况,上级机关应予以批复:下级机关的工作涉及方针、政策等方面的重大问题,报请上级机关审核批准;下级机关在工作中遇到新情况、新问题,无章可循,报请上级机关给予明确指示;下级机关遇到无法解决的具体困难,报请上级机关给予指导帮助;下级机关对现行方针政策、法规等有疑问,报请上级机关予以解答说明;下级机关因重大问题有意见分歧,报请上级机关裁决等。除此之外,有时批复还被用来授权政府职能部门发布或修改行政法规和规章。

批复具有针对性、单一性、批复性、权威性的特点。

1. 针对性

批复是针对性最强的一种公文,其针对性主要反映在两个方面:一是批复必须针对请示机关行文,而对非请示机关不产生直接影响;二是批复的内容必须针对请示事项,不涉及请示事项以外的内容。

2. 单一性

批复的单一性主要是由请示的性质决定的,请示要求一文一事,与之对应的批复自然也就一请示一批复了。因此,下级机关请示什么事项,上级机关就批复什么事项。

3. 批复性

请示必须予以批复,批复是以下级机关的请示为条件,下级机关请示什么事项,上级机关就批复什么事项。并且,上级机关对请求事项无论同意与否,都必须予以明确的回答,不能含糊其辞、模棱两可,批复的意见要具体可行,以免使下级机关无所遵循。批复问题应持慎重态度,要加强调查研究与磋商,如果不了解情况不宜轻率定夺。有的批复如需要其他所属机关周知时,亦可批转给有关的下属机关或在文件公报上刊登。

4. 权威性

批复属于指挥性公文,答复下级机关请求的事项,提出处理意见和办法,代表上级机关对问题的决策意见，体现上级机关的意图和权威，因此，对下级机关具有行政约束力。特别是对一些重大事项的答复，体现了党和国家的有关方针、政策，具有权威性。所以请示一经批复，下级机关必须严格遵照执行。

（二）基本格式

批复由标题、主送机关、正文、发文机关署名和成文日期等组成。其各部分的格式、内容和写法要求如下。

1. 标题

批复的标题有多种构成形式：第一种是由发文机关名称、批复事项、行文对象和文种构成；第二种是由发文机关名称、事由和文种构成；第三种是由发文机关名称加原件标题和文种构成。批复的标题可以表明态度。

2. 主送机关

批复必须写明主送机关，而且是与批复相对应的请示的发文机关。应为直属下级机关，即向本机关发出请示的机关。

3. 正文

正文是批复的主体，其内容比较具体单一，层次构成相对固定。一般由引语、主体和结语三部分组成。引语引出请示，阐述批复的起因或依据，主要说明应什么请示而批复，点明批复的下级机关并写明来文日期、来文标题或发文字号，常用语有“你单位×月×日×号文收悉”“你单位×字〔20××〕×号请示收悉”“你局××××年×月×日关于×××问题的请示收悉”等。再通过文种承启语引出下文，如“现批复如下”“根据××规定，现作如下批复”“经研究，批复如下”等。主体部分主要说明批复事项。应当根据国家的方针、政策、法令、法规和实际情况，针对请示事项给予明确肯定（或否定）的答复或具体的指示。必须有问有答，问什么答什么，避免泛泛而谈。一般有三种情况：一是予以同意或批准；二是“基本同意”“原则上同意”，但有些事项需要修正或给出补充处理办法；三是不同意或不批准，但需要给出理由和依据。对请求指示事项的批复，则要针对请求指示的事项，做具体、准确的回复，以便于下级机关执行。主体部分避免阐发议论。也有的批复在批复事项后面概括提出希望和要求，进一步强调批复的主旨。最后，尾语一般用“此复”“特此批复”等习惯用语作结，也可以没有结语。

4. 发文机关署名和成文日期

署名写上批复机关单位名称，还要写明年、月、日，并加盖公章。

（三）文种的分类与写法

根据内容、性质的不同，批复可分为以下两类。

1. 指示性批复

指示性批复主要是针对方针、政策性问题进行答复。这一类批复是对请示机关提出请示事项的答复，同时批复的指示性内容，在其管辖范围内具有普遍的指导、规范和指示作用。另外，授权政府职能部门发布或修改行政法规和规章的批复，也属于指示性批复。

例文:

国务院关于同意设立大连金普新区的批复

国函〔2014〕76号

辽宁省人民政府:

《辽宁省人民政府关于设立大连金普新区的请示》(辽政〔2012〕309号)收悉。现批复如下:

一、同意设立大连金普新区。大连金普新区位于辽宁省大连市中南部,范围包括大连市金州区全部行政区域和普兰店市部分地区,总面积约2 299平方公里。大连金普新区地理区位优越,战略地位突出,经济基础雄厚。建设大连金普新区,有利于进一步深化改革开放,引领辽宁沿海经济带加速发展,带动东北地区振兴发展,进一步深化与东北亚各国各领域的合作。

二、大连金普新区建设要以邓小平理论、"三个代表"重要思想、科学发展观为指导,以加快转变经济发展方式为主线,认真落实党中央、国务院的决策部署,进一步释放改革红利,增强开放动力,激发创新活力,充分发挥比较优势,增强综合实力,在东北地区率先实现全面振兴和现代化。要提升产业层次,完善服务功能,提高国际竞争力,努力将大连金普新区建设成为我国面向东北亚区域开放合作的战略高地、引领东北地区全面振兴的重要增长极、老工业基地转变发展方式的先导区、体制机制创新与自主创新的示范区、新型城镇化和城乡统筹的先行区,为将大连建设成为东北亚国际航运中心和国际物流中心,带动东北地区等老工业基地全面振兴,深入推进面向东北亚区域开放合作发挥积极作用。

三、辽宁省人民政府要切实加强对大连金普新区建设的组织领导,明确思路、落实责任,完善工作机制,加大支持力度,积极探索创新体制机制。要认真做好大连金普新区发展总体规划的编制工作,大连金普新区规划建设必须符合土地利用总体规划、城市和镇总体规划、环境保护规划、水资源综合规划等相关专项规划的要求。要着力优化空间布局,落实最严格的耕地保护制度和最严格的节约用地制度,统筹土地利用,切实节约集约利用土地,合理开发利用资源、有效保护生态环境,抓紧开展环境影响评价,切实保护和节约水资源。要进一步明确发展思路,突出发展重点,创新发展方式,执行国家统一财税政策,统筹推进大连金普新区发展,涉及的重要政策和重大建设项目要按规定程序报批。

四、国务院有关部门要按照职能分工,加强对大连金普新区建设发展的支持和指导,在规划编制、政策实施、项目布局、体制创新、对外开放等方面给予积极支持,为大连金普新区发展营造良好的环境。发展改革委要会同有关部门做好有关重大发展政策的落实工作,协调解决大连金普新区建设过程中的困难和问题。

设立并建设好大连金普新区,对于促进东北地区等老工业基地全面振兴、深入推进面向东北亚区域开放合作具有重要意义。各有关方面要统一思想、密切配合、勇于创新、扎实工作,共同推动大连金普新区持续健康发展。

国务院

2014年6月23日

（此件公开发布）

[文章来源：中国政府官网 http：//www.gov.cn/zhengce/content/2014-07/02/content_8916.htm]

此批复简洁明了，开头简要说明应什么来文而批复，有针对性地对下级机关提出的设立金普新区的请示予以批准，同时也明确指出了相关事项，强调了有关政策。提出了原则性意见和要求，全面、具体，有很强的指导性，也便于下级单位遵照执行。

2. 批准性批复

批准性批复主要是针对下级机关请示的公务事宜，如关于机构设置、人事安排、项目设立、资金划拨等事项，经审核后所做的批准性答复。

例文 1：

国务院关于同意福州市科技园区更名为福州高新技术产业开发区的批复

福建省人民政府：

你省《关于恳请将福州市科技园区更名为福州高新技术产业开发区的请示》（闽政文〔2013〕233 号）收悉。现批复如下：

同意福州市科技园区更名为福州高新技术产业开发区。

国务院

2013 年 3 月 5 日

[文章来源：http：//finance.ifeng.com/a/20140314/11891530_0.shtml]

例文 2：

国务院关于《中国公民自费出国旅游管理暂行办法》的批复

国家旅游局、公安部：

国务院原则同意《中国公民自费出国旅游管理暂行办法》，由你们发布施行。

附件：中国公民自费出国旅游管理暂行办法

国务院

××××年×月×日

[文章来源：西祠胡同 http：//www.xici.net，有改动]

三、请示与批复的关系

请示与批复的关系是一来一往的必然组合，也就是说，有一份请示就应有一份批复。按照公文规则，上级机关不管对请示的事项是否同意，都应明文做出批复。所以，无论请示还是批复，都必须坚持“一文一事”的原则。

知识链接

“请示”溯源 在古代,没有“请示”这一公文名称,功能上相类似的是“奏”“呈”“上书”等。其中“奏”是臣子上帝王的文书,“呈”则是古代下级报告上级的文件,而“上书”则是向君主进呈书面意见,如著名的“公车上书”。这些不同称谓的文体都兼具请示和报告的双重成分。1938年,晋察冀边区行政委员会发布的《关于改变公文格式的通知》,最早规定了请示和报告的格式,但未作为两种文种使用。此后的很长时间内,请示和报告在分类上分分合合,直到1993年才正式分为两个不同的文种。

“批复”溯源 “批复”源于古代的“批”。所谓“批”,就是“示”,即裁决是非而示之的意思。古代皇帝对大臣的“奏”“疏”表示意见,用“批”或“批答”来回复,就相当于现在的批复。在国民政府中一直都有“批”这种公文形式。1949年,在华北人民政府颁布的《公文处理暂行办法》中正式出现“批复”,后作为正式公文沿用至今。

习题训练

病文分析(指出毛病,写出修改稿)

1.

关于要求解决学生宿舍拥挤等问题的请示

市人民政府、市教育局:

我校今年由于扩招,住宿生急剧增加,已有的学生宿舍已无法容纳,现在住宿生基本上是一个床位两个人睡,严重影响学生的身心健康。为解决这一困难,我校决定再建一栋学生宿舍楼。另外,我校图书馆也尚未达到省“两基”标准,望上级部门给予适当支持。

特此请示,请回复。

××市职业技术学校

二〇一三年二月十五日

[文章来源:百度百科 http://baike.baidu.com/view/1300505.htm,有改动]

2.

请　　示

市教委:

在改革大潮面前,在以经济为中心的形势面前,我们不甘落后。我们要做时代弄潮儿。所以我们决定筹建印刷厂。

我们有技术力量,不是吗?我们有三名老师家属是印刷厂的退休工人,这还不够吗?我们有36个班,将近2 000名学生,而且还有周围四五所兄弟学校愿做我们未来的“上帝”,这不是产品的好销路吗?

我们学校去年建立了一所教学楼,学生空出平房喜迁高楼,这不是工厂场地吗?如果上级不予答复我们的请求,那学校的经费紧张,教委就不得不多拨给一点,我们的教师子弟没活干，由此造成的教师队伍不稳定，我们也不负责任。

立新中学

二〇一五年六月十五日

3.

凯悦公司关于凯悦制造厂翻建房屋的请示报告

总公司：

我公司下属凯悦制造厂于2018年10月开始翻建汽车库，且已经拆除了司机宿舍、装卸工宿舍、武装部办公室、基建科办公室等共计500平方米。因为以上办公用房的拆除，以致汽车无处停放，有关职工无处办公，严重影响正常工作。为缓和厂区占地紧张状况及结合全厂长远规划，故决定一层为汽车库，二层为办公用房。

为解决当前办公用房之急需，决定把已拆除的500平方米面积加在汽车库顶层，资金由本公司自行解决。

妥否，请批示。

凯悦公司

二〇一九年五月二十日

4.

批　　复

会计学院党委：

二〇一九年×月×日你院的请示中所提出的增补会计学院党委委员的事项我们已经收到。经校党委七名常委在×月×日的常委会上反复讨论，并举手表决，最终一致通过。现将决定告知你们，我们原则上同意你们上报的两名同志为你院党委委员。

特此决定。

中共××大学委员会

二〇一九年×月×日

[以上三篇文章来源：百度百科 http://baike.baidu.com/view/1303299，有改动]

写作训练

1. 辽宁省对外经贸学校因资金缺乏，新开设的国际贸易和会计两个专业实习场地无法建设，影响了这两个专业学生操作技能的基本训练和教学计划的完成。据此，学校拟向其上级主管部门辽宁省教育局物资管理处写一份请示，建议从局物资管理处以无偿或缓期付款方式，调给学校部分教学设备，以解决燃眉之急(附《教学设备明细表》一份)。根据上述材料替辽宁省对外经贸学校向其上级主管部门写一份请示。

辽宁省教育局物资管理处收到辽宁省对外经贸学校的请示后，即做批复。请你替辽宁省教育局物资管理处给辽宁对外经贸学校写一份批复。

2. ××市荣泰化工厂因地处郊区，离中心区较远，治安情况较差，为保障国家和全厂职工的财产及生命安全，该厂欲加强厂内警卫力量，成立一支护厂队，负责厂内厂外所属地段的治安，护厂队人员由厂内保卫处招收的保安人员组成。荣泰化工厂向××市公安局写了一份请示，请求公安局给予政策上的答复。

××市公安局收到荣泰化工厂的请示后，根据国发〔2015〕310号文件和市政办公〔2015〕7号文件精神给荣泰化工厂批复。可以成立护厂队，并提出一些具体的要求。请你替××市公安局给荣泰化工厂写一份批复。

3. ××商贸学校经过几年的发展已升为高等职业技术学院，在校生人数已超过3 000人。但是学校的一些必要的教学设施一时不能适应其发展规模的需要，特别是缺乏一座独立的图书馆。为解决这一问题，学校决定建造一座独立的图书馆。为此，学校向省计委计财处写一份请示，请示拨款500万元修建一座3 500平方米的图书馆，并抄报省教委计财处、省财政厅计财处。请你代拟这份请示。

省计委计财处接到××商贸学校的请示后，请你代省计委计财处给××商贸学校写一份批复。

第四节　函

一、函的概念、适用范围与特点

函也称为公函，是使用范围最宽、内容最广的一种公文。《党政机关公文处理工作条例》规定："函，适用于不相隶属机关之间商洽工作，询问和答复问题，请求批准和答复审批事项。"函，从广义上讲，就是信件，是人们传递和交流信息的一种常用的书面形式。但作为公文法定文种的函，早已超出了一般书信的范畴。凡是直属上下级之间隶属关系外的一切不相隶属机关之间商洽工作、询问和答复问题，甚至请求批准和答复审批事项，一律用函。函不仅用途广泛，还被赋予了法定效力。国务院办公厅《关于实施〈国家行政机关公文处理办法〉涉及的几个具体问题的处理意见》在阐述"函的效力"时特别强调指出："函作为主要文种之一，与其他主要文种同样具有由制发机关权限决定的法定效力。"

函是公文中唯一的一种平行文种，没有与之对应的文种。在行文方向上，不仅可以在平行机关之间行文，而且可以在不相隶属的机关之间行文，其中包括在上级机关或者下级机关之间行文。不相隶属的部门包括一个系统内部的平级机关，如一个学校内部的教务处、科研处、人事处；双方在组织上或行政上无领导与被领导关系，同时，业务上无指导与被指导关系，无须考虑双方级别高低的机关，如大连市政府与沈阳市教育局。在适用的内容方面，它除了主要用于不相隶属机关相互商洽工作、询问和答复问题外，也可以向有关主管部门请求批准事项，向上级机关询问具体事项，还可以用于上级机关答复下级机关的询问或请求批准事项，以及上级机关催办下级机关有关事宜，如要求下级机关函报报表、材料、统计数字等。此外，函有时还可用于上级机关对某件原发文件做较小的补充或更正。

函具有单一性、灵活性、沟通性的特点。

1. 单一性

函的内容一般只适于写一件事项，因此具有单一性的特点。

2. 灵活性

灵活性主要体现在两个方面：一是行文关系灵活。函基本不受行文方向的限制，这在公文中是很少见的。虽然函的主项是平行文，但也可用于上行文和下行文，上下左右皆可行文，较其他公文更为自由灵活。二是格式灵活。除了国家高级机关的主要函必须按照公文的格式、行文要求行文外，其他一般的函，可以按照公文的格式及要求行文，也可以没有版头，不编发文字号，甚至可以不拟标题，在形式上比较灵活。

3. 沟通性

函主要用于不相隶属机关之间相互商洽工作、询问和答复问题，起着联系和沟通的作用。这是函作为平行公文最为重要的特征。

二、函的基本格式

1. 标题

公函的标题由发文机关名称、事由和文种构成；如果是便函，只写文种即可。公函标题的文种前一般会体现函的性质，如“告知函”“商洽函”“复函”等。

2. 主送机关

主送机关即受文并办理来函事项的机关单位，于文首顶格写明全称或者规范化简称，其后用冒号。

3. 正文

正文是函的最主要部分，其结构一般包括开头、主体、结尾等部分。开头主要说明发函的缘由，概述交代发函的目的、根据、原因等，然后用“现将有关问题说明如下”等过渡语转入下文。复函的缘由部分则首先引叙来文的标题、发文字号，再交代根据，以说明发文的缘由，然后以承启语“现将有关事项函复如下”过渡。主体部分是函的核心内容，主要说明致函事项。函的事项部分内容单一，一函一事，行文要直陈其事。无论是商洽工作、询问和答复问题，还是向有关主管部门请求批准事项等，都要用简洁得体的语言把需要告诉对方的问题、意见叙写清楚。如果属于复函，还要注意答复事项的针对性和明确性。

结尾一般用礼貌性语言向对方提出希望：或请对方协助解决某一问题，或请对方及时复函，或请对方提出意见，或请主管部门批准等。如“烦请予以大力支持为盼”“……为荷”等。通常应根据函询、函告、函商或函复的事项，选择运用不同的结束语。如“特此函询（商）”“请即复函”“特此函告”“特此函复”等。有的函也可以不用结束语，如便函，可以像普通信件一样，使用“此致”“敬礼”；如只是告知事项，则可无结语。

4. 落款

最后在右下角署明机关单位名称，写明成文时间年月日，并加盖公章。

三、函的分类与写法

（一）函的分类

函可以从不同角度进行分类。

1. 按性质分类

函按性质可以分为公函和便函两种。

公函用于机关单位正式的公务活动往来;便函则用于日常事务性工作的处理。其中,便函不属于正式公文,没有公文格式要求,没有发文字号,甚至可以不要标题,只需要在尾部署上机关单位名称、成文时间并加盖公章即可。

2. 按行文方向分类

函按行文方向可以分为去函和复函两种。

去函即主动提出公事事项向对方所发出的函,也称发函、问函;复函则是为回复对方所发出的函,既可回复对方的询问,也可回复对方来函所商洽的事项,还可回复对方请批函中所提出的回复请求。

3. 按内容和用途分类

函按内容和用途可以分为告知函、商洽函、询问函、催办事宜函、邀请函、请批函、转办函、催办函、委托函、报送材料函、批复函、答复函,等等。

(二) 函的写法

1. 告知函

告知函是用于告知对方有关事宜的函,不需要回复。

例文:

××医院关于电话变更告知的函

各相关单位:

由于新住院大楼的启用,我院对原办公电话大部分进行了更新,现将变更情况致函给贵单位,由此给您带来的不便,我们深表歉意。望多加强联系,并一如既往地对我院工作给予支持。

附件:××医院常用电话号码表

××医院

××××年×月×日

2. 商洽函

商洽函是不相隶属机关之间商洽工作的函。

例文:

××省××学校关于解决我校进修教师住宿问题的函

××大学校长办公室:

为了培养师资,提高教学水平,我校拟派×名教师到××学院进修学习,因该院宿舍紧张,无力解决宿舍问题,特向贵校联系住宿事宜。据悉,贵校宿舍尚宽余,恳切希望予以大力支持与帮助。如能解决这一问题,住宿教师尚可为贵校做些辅导和批改作业等义务工作。

谨请函复。

××省××学校

××××年×月×日

［文章来源：https：//max.book118.com/html/2017/1019/137456610.shtm，有改动］

这是一份工作商洽函。该函能够抓住要领，突出要求解决事宜，开门见山地直陈需要帮助的理由，且注意与不相隶属单位的关系，语气谦恭而婉转。

3. 询问函

询问函是向有关机关询问情况的函，要求一函一事，便于对方尽快办理与答复。

例文 1：

××市财政局给××省财政厅的问函

××省财政厅：

水利部 2000 年 8 月 15 日发布的《水政监察组织暨工作章程〈试行〉》第十三条规定："水政监察人员执行公务时应当着装、持证、佩戴标志。"现在此项规定是否执行？水政监察员着装的经费如何解决？特专函请求答复。

××市财政局

××××年×月×日

［文章来源：融资通·中国 http：//www.rztong.com.cn，有改动］

例文 2：

辽宁省教育厅关于征求对《辽宁省第三期学前教育行动计划（2017—2020 年）》意见的函

各市教育局：

根据教育部等四部门《关于实施第三期学前教育行动计划的意见》要求，我们在总结一期、二期行动计划成效和经验，分析学前教育改革发展面临的新形势新挑战的基础上，起草了《辽宁省第三期学前教育行动计划（2017—2020 年）》（征求意见稿）。现送你单位征求意见，请于 8 月 31 日前将意见（征求意见稿）反馈至省教育厅学前与高中教育处。

联　系　人：许会峰

电话及传真：024-26901255

邮　　　箱：lnsxqgzc@163.com

附件：辽宁省第三期学前教育行动计划（2017—2020 年）征求意见稿

辽宁省教育厅

2017 年 8 月 21 日

［文章来源：http：//www.lnen.cn/jcjy/xqjy/jggl/288806.shtml，有改动］

4. 请批函

请批函是不相隶属机关之间请求批准和答复审批事项的函。

例文:

××省人民政府关于请求免税进口物资的函

海关总署:

今年我省遭受特大干旱,大批农作物枯死,养殖水产品因缺淡水成批死亡。8月31日至9月2日又遭受了16号强热带风暴及特大海潮的袭击,仅××、××、××三市就冲毁盐田7.9万亩,虾池22万亩,冲跑对虾650万公斤,损坏渔船1 400多条;果树受灾140多万亩,农业遭受灾害面积达250多万亩,粮食减产2亿多公斤,直接经济损失达20多亿元。

灾情发生后,我省各级领导、各级有关部门以及全省人民积极行动,全力开展抗灾自救。为保护出口货源,帮助企业尽快恢复生产,我省经贸委安排进口钢材×万吨,胶合板××××立方米,木材×立方米,柴油×万吨,以发展灾后出口商品生产,确保完成今年出口××亿美元创汇任务。为此,特请海关总署减免我省经贸委统一安排进口的上述救灾物资的海关关税、产品增值税等税费。

当否,请审批。

××省人民政府

2019年9月10日

[文章来源:融资通·中国 http://www.rztong.com.cn,有改动]

5. 批复函

批复函是针对请批函做出审批意见、进行批复的函。写法与批复相似。

例文:

教育部关于同意大理学院更名为大理大学的函

教发函〔2015〕67号

云南省人民政府:

《云南省人民政府关于请批准将大理学院更名为大理大学的函》(云政函〔2014〕110号)收悉。

根据《高等教育法》《普通高等学校设置暂行条例》《普通本科学校设置暂行规定》的有关规定以及全国高等学校设置评议委员会六届四次会议的评议结果,经研究,同意大理学院更名为大理大学,学校标识码为4153010679;同时撤销大理学院的建制。现将有关事项通知如下:

一、大理大学系多科性本科学校,以本科教育为主,同时承担研究生培养任务。

二、学校由你省领导和管理,其发展所需经费由你省统筹安排解决。

三、学校全日制在校生规模暂定为20 000人。

四、学校现有专业结构的调整和新专业的增设,应按我部有关规定办理。

望你省加强对学校的领导，加大资金支持力度，引导学校科学定位，全面加强内涵建设，强化学校发展战略规划研究，提高教育质量、科研水平和办学效益，创新人才培养模式，重点培养服务区域经济社会发展所需要的应用型、技术技能型、复合型人才，促使学校办出特色和水平，为云南省的经济建设和社会发展做出更大贡献。

教育部

2015年4月28日

[文章来源：教育部官网 http：//www.moe.gov.cn/srcsite/A03/s181/201504/t20150429_189507.html]

本篇为函代批复，所以引述的是下级机关的请批函名称，内容也是针对请示的事项予以批复，但是以函的形式完成的。如果是回复上级的函时，不宜用复函，一般用报告，以示尊重。

6. 答复函

答复函是针对来函而进行回复的函，简称复函。答复函因是针对来函而进行回复，因此，在开头第一行要写明来函的标题、日期、发文号，如“你（贵）处（方）于××××年×月×日来函收悉”；或引述来函文号，如“你（贵）处（方）〔××××〕×号来函收悉”。引语后通常以文种承启语“现函复如下”引出下文，然后针对来函内容予以回复即可。

例文1：

商务部办公厅关于同意作为首届中国饭店文化节支持单位的复函

中国饭店协会：

你协会《关于请商务部作为中国饭店文化节支持单位的函》收悉，经研究，我部同意作为首届中国饭店文化节支持单位。

特此函复。

商务部办公厅

××××年×月×日

[文章来源：https：//www.meadin.com/80042.html，有改动]

例文2：

交通部关于××××年《货规》第九条解释的复函

黄石港务管理局：

你局《关于对××××年〈货规〉第九条解释的请示》（石港办字〔××××〕第023号）收悉。经研究，答复如下：

××××年《水路货物运输规则》（即你港来文所称《货规》）第九条中“除外条款”的含义是指：散装货物和无包装、不成捆的货物只按重量托运、承运，不计件数。相反，对于有色金属锭块、钢锭、钢轨、优质钢材和每件平均重量在500公斤以上的钢坯、钢材则只按件数托运和承运,不计重量。实际运输中,承运人在接收这些货物时,由于不具备法定计量手段,不可能衡重,因此,也只能按件交接。

交通部

××××年×月×日

[文章来源:刘世奇《应用文写作》教案,有改动]

答复函的主送机关即来函单位只能是一个;除了告知事项外,无论同意与否都应该复函,不同意的还要解释原因。本篇先引述下级机关的请示名称,再针对请示的事项予以答复,思路清晰。

四、函与请示的区别

函与请示都有向行文单位请求批准有关事项的功能。但请示是下级向上级行文,属于上行文;函则是用于不相隶属机关之间,属于平行文。请示的受文单位和制发单位之间的关系是领导与被领导的关系,函的受文单位与制发单位是平行或不相隶属的关系。对于请示,上级一般用批复答复,如果是同级业务主管部门答复,也可用函;对于函,对方一般用函答复。

知识链接

"函"溯源 函最早可追溯到春秋时期的"移书",是国与国之间、官署之间乃至官吏之间通书往来的一种公文,也称"遗书"。汉代虽有了"函"的称谓,但指的是私人信件。在古代公文中,与函的功能相近的还有"咨",是官府间商洽、征询事宜的一种平行文。函作为现代的正式公文始于1916年11月6日,南京临时政府制发的《公文程式令》中确定为"公函",此后,又有"函""公函"两种文种,之后又出现"便函"这一文种。1981年2月,国务院办公厅的《公文处理暂行办法》统称为"函",几经修改后,2001年1月1日实施的《公文处理办法》进一步明确了函的使用范围。

习题训练

病文分析(指出毛病,写出修改稿)

1.

问　函

××幼儿园:

兹有我校幼教专业学生毕业实习即将开始。经研究分配2019届一班学生到贵园实习,望能妥善安排。

可否?请火速回音。

××职业技术学院

2019年3月2日

2.

公　函

××市政府办公室：

据悉，贵市农药富足，我县目前化肥短缺，已严重影响我县农业春耕生产，为此，特去此函，请贵市支持我县化肥××吨。望能照此办理，并及时复函。

××县人民政府办公室

××××年×月×日

写作训练

1. ××市××化工厂缺乏得力的企业管理干部，拟从现有的技术人员中抽出四人参加培训。据悉××大学将举办一个短期企业管理干部培训班，于是该厂向××大学办公室发了一则询问是否同意代培本厂管理干部的公函，××大学办公室收到函后即给××化工厂回了函。请按上述的材料替××化工厂和××大学办公室各写一份询问函和复函。

2. 大连市职业技术学院2018届机械专业学生按教学计划要到大连市××工厂进行为期一个月的毕业实习。实习内容：机械知识；实习时间：2019年5月25日—6月25日；实习人数：25人；食宿无须对方安排；实习费用按有关文件规定付给对方。根据上述内容，以学校之名给大连市××工厂写一份公函，然后以大连市××工厂之名，给学校写一份回函。

第二章 事务文书

第一节 事务文书概述

一、事务文书的概念

事务文书是机关、团体、企事业单位为反映事实情况、解决问题、处理日常事务而普遍使用的文书。从广义上说，事务文书也是一种公务文书，目的是处理公务和传递信息。使用“事务文书”这一名称，是相对于正式公文而言的，因为它不具有法定的权威性和强制执行的作用。事务文书是应用文体中最具普及性的文体，主要形式有计划、总结、调查报告、述职报告、简报等。

二、事务文书的特点

（一）使用的广泛性

事务文书在工作和学习中使用最为广泛，我们可以运用事务文书制定科学的工作方法，总结经验、吸取教训，及时沟通信息，有效规范行为等；也可以用来处理各种日常事务，如安排活动、布置任务、倡议各种活动等。可以说，事务文书渗透到人们工作和学习的方方面面。

（二）格式的灵活性

事务文书的格式虽然不像公文那样有着非常严格的规定，但在长期的使用过程中，事务文书也都形成了比较固定的惯用格式。各种事务文书的构成要素以及写法，通常是有约定俗成的规则的。但事务文书的写作格式较行政公文更加多样，可根据行文需要灵活而定。如总结、计划、调查报告其落款可根据行文需要标注在文尾，也可落在标题之下；无主送抄送等划分；正文的形式可以文字为主，也可以表格为主，还可以二者结合。

（三）材料的真实性

事务文书的真实性是由它自身的实用性的特点决定的，各类事务文书都是为解决问题、处理事务而写的，因此撰写事务文书要以能够满足实际需要为原则。这就要求事务文书的材料来源必须真实，分析研究注重客观，观点的确立必须依据事实。如果事务文书所反映的情况、事实、意见、经验等不真实，怎么能达到了解、协调、指导、开展工作的目的呢？如计划的目标确定必须从事物发展的客观规律出发，制定切实可行的目标与措施，才能对社会实践活动发挥指导意义；调查报告应以客观事实为依据，提出科学、实用的结论和建议，才具有重要的参考价值。

（四）内容的公开性

与公文相比，事务文书的受众面更广，有时可公开面向社会发布，内容具有较强的公开性。如调查报告、经验总结、简报等就可以广泛地交流经验、讨论得失；再如，会议纪要、规章制度等还要张贴、登报，甚至通过网络、电视进行公开传播。相比较而言，事务文书不需要过度保密。

（五）语言的简洁性

事务文书在语言表达上要求简练、朴实，做到表达准确无误，逻辑性强，能够反映事物的真实面目。忌用过多的辞藻和艺术手法修饰，反对华而不实。在表达上，不能含糊其词，否则容易造成混乱和错误。为了增强语言的简洁性，有些文体也可适当加入某些文言句式或文言词语。

（六）工作的时效性

同法定公文一样，事务文书也是非常讲究时效性的。如工作计划必须在工作展开之前写出，否则就会失去意义；工作总结则必须在工作结束之后马上写出，否则它的价值就会大大降低；会议记录必须在会议结束时同时完成，否则就失去应有的作用。

以上这些特点都是相对而言的，作为一个大类，我们只抓住共性的特点，而每一具体的事务文书也会存在一定的差异。

三、事务文书的作用

（1）对领导决策具有参谋作用。

有些事务文书就是体现党和国家的方针政策，指导人们做好工作的重要工具，如计划、规章制度，等等。其他如调查报告、情况简报等都以反映情况为主，必然成为领导科学决策的重要依据，因此具有参谋的作用。现代化的管理者在决策时必须尊重事实，而那些最能反映情况的事务文书有助于管理者做出科学的决策。如反映基层情况的调查报告、简报等，规范性、指导性极强的计划，充满丰富经验的总结，都在充当决策者参谋的角色。

（2）对具体工作具有规定约束作用。

事务文书因事而制，是为了解决实际问题的。凡以法定作者名义制发的事务文书，在行政管理中具有规定约束的作用，有很强的自律性。如单位、部门乃至于个人制订的计划就是要求人们为完成某一工作，在一定的时间内如何实现目标的行动依据，对计划涉及的每一个人都具有规定和约束的作用，每一个成员都要按照计划行事。计划一旦形成，就不能随意更改。即使是对过去工作进行回顾的总结、述职报告等，其目的是在总结中积累经验、吸取教训，提出好的建议和意见，以便更好地开展未来的工作。

（3）沟通情况，留存备考。

事务文书是事务管理过程中一个重要组成部分，机关、团体、企事业单位为保证管理工作正常进行，常常通过事务文书落实工作、沟通情况、协调关系、传递信息、联系工作，事务文书自然成为实现这一目的的手段和凭借，如简报、调查报告等。事务文书，特别是具有留存价值的事务文书，一旦运用之后就作为归档稿本存档，从而成为人们工作最直接的“支撑材料”，不仅对当事人的工作做最直接的证明，也可备日后查阅，具有凭证和鉴定的功能。

(4) 宣传教育,检查督促。

事务文书通过分析形势,申明政策或者介绍经验、表彰先进或者揭露时弊、抨击丑恶,可以对群众起到宣传教育的作用,对工作进行检查和督促,提高人们的工作水平和工作热情。此外,事务文书还担任着宣传、贯彻、执行党和国家方针政策、法令法规的重任,对领导干部和广大群众都有极大的宣传和教育作用。

四、事务文书的种类

事务文书种类繁多,使用频率极高,但对事务文书的文种范围,至今并无明确规定,事务文书究竟包括哪些文种,很难一一说清。

事务文书按照不同的标准,可以分为不同的种类。常用的事务文书有以下几类。

(1) 计划类文书:规划、设想、计划、方案、安排等。

(2) 报告类文书:总结、述职报告、调查报告等。

(3) 简报类文书:简报、大事记等。

(4) 会议类文书:会议记录等。

五、事务文书的写作要求

(1) 以方针政策为指导,以法律规定为依据。

这是事务文书写作的前提。事务文书也同样肩负着传达贯彻党和政府的方针、路线、政策和处理日常机关公务的任务,必须具有极强的原则性和政治性,要严肃、认真地对待各项方针、政策,以及法律法规,否则就偏离了事务文书的正确走向。

(2) 以调查研究为手段,以获取真实材料为目的。

事务文书写作中运用的材料必须是具体、充分、翔实的材料,其获得的途径就是调查研究,从实际工作中了解真实情况。如果对基层工作缺少深入的研究,写出的事务文书只能停留在浅层,对工作的指导和总结也就很肤浅,其根本意义也会受到影响。所以,要经过深入的调查研究获取第一手材料,并且尽可能选择具有代表性和典型价值的材料,这样才能揭示事物的本质。所以,在事务文书写作的过程中,要始终坚持实事求是的态度。

(3) 行文以规范为原则,语言以简练为准绳。

虽然事务文书的格式相对比较灵活,但总体来说还是有自己约定俗成的格式,因此,要遵守,不能随意发挥。语言的使用本着言简意赅的原则,追求平实、朴素的语言。

思考题

1. 事务文书在写作上与公文有哪些不同?

2. 事务文书的作用有哪些?

3. 事务文书为什么要求材料必须真实?

第二节　计划　总结

一、计划

（一）文种释义

计划是在做某一工作前，根据需要预先对工作的指导思想、目标、任务、措施、时限、要求及方法、步骤等有关事项所做的安排和打算，并以书面的形式表现出来，指导工作的发展，促进工作的进程。

计划的使用范围非常广，生产、经营、科研、财务、教育、学习等各方面的工作都可用计划来进行指导。而且上到国家机关，下到社会团体，乃至于个人在工作和生活中也都需要计划以减少做事的盲目性。但不管在任何领域、任何层次上，一个完整的计划都必须具备目标、时限和主体三大要素。

在我国早就有“凡事预则立，不预则废”的古训，可见，在行动前对自己所做的事进行设想和部署是多么重要。事实上，工作的内容越是复杂，参与实施计划的行为主体和涉及的环节越多，越需要计划性。只有制订了计划，才能取得有序、协调、高效的效果。因为，一旦确定了目标，便可制订完成这个目标的步骤、重点、分工等，从全局出发，处理好计划实施过程中各种关系，努力调动行为主体的积极性，合理地挖掘并运用相关条件，有条不紊地展开工作，减少盲目性，避免操作中的重复浪费。就工作而言，制订计划是有效实施管理的必要内容。

计划具有预见性、针对性、具体性、可行性、约束性的特点。

1. 预见性

预见性是计划最明显的特点之一。计划不是对已经形成的事实和状况的描述，而是在行动之前对行动的任务、目标、方法、措施等所做出的预见性确认。但这种预想不是盲目的、凭空的，而是从客观环境和主观条件的实际情况出发，从事物发展的客观规律出发，对今后的发展趋势做出科学的预测。可以说，预见是否准确决定了计划写作的成败。这就要求计划的制订者具有前瞻思维和辩证思维，能用科学的态度、理论和方法预见未来，把握大势。

2. 针对性

计划的制订，一是根据党和国家的方针政策、上级部门的工作安排和指示精神；二是针对本单位的工作任务、主客观条件和相应能力。但无论哪种情况都是从实际出发，针对某一具体工作制订计划，这样才有意义、有价值。

3. 具体性

计划的主要功能就是对实践进行指导，使未来的工作在其规范下得以落实。因此，在制订计划时，从工作目标、工作内容到措施手段、时间安排、人员分工等都应具体明确，便于执行者操作，有利于计划的实现。

4. 可行性

计划的制订是为了实施,而计划的措施就是为了解决实施的问题,措施是否切实可行是制订和落实计划的关键。因此,计划的制订者应立足于实际,对现有的主客观条件,包括人力、物力、各种条件等进行全面分析,才有可能拿出切实可行的具体措施。计划的可行性其实是和预见性、针对性紧密联系在一起的,预见准确、针对性强的计划才真正可行。如果目标定得过高、措施无力,这个计划就很难达到效果;反过来,目标定得过低,措施方法都没有创见性,即使实施起来很容易,却不能取得有价值的成果,也算不上具有可行性。

5. 约束性

计划一经通过、批准或认定,在其所指向的范围内就具有了约束作用,因此,无论是集体还是个人都必须按计划的内容开展工作和活动,不能随意违背和拖延。特别是那种指令性计划,其约束性是非常强的。

(二) 基本格式

计划常见的格式有四种:表格式,主要用表格的形式体现计划的内容和项目;条文式,主要用文字叙述和说明的方式分条分项表述,以列出任务为主,较少涉及措施、步骤等,内容、形式比较灵活;综合式,主要以文字说明为主,辅以简要的表格;文件式,分目标、要求、措施、步骤等环节,写作严谨具体,内容重大并有一定篇幅。这里着重介绍文件式计划的写作,其篇章结构一般由标题、正文、附表、落款等组成。

1. 标题

正规、完整的标题包括四个要素,即单位名称、适用时限、计划内容和文种。

标题也可用省略式,如果计划仅限于本单位使用时,可省略单位名称。如果时限不明显,也可省略时限。需要注意的是,计划单位的名称要用规范的称呼,计划时限要具体,计划内容摘要要表明计划所针对的问题,计划的名称要根据实际确切使用。如果计划尚未定稿,仍处于讨论、修改、征求意见阶段,标题中应标明“征求意见稿”“讨论稿”“送审稿”“草案”等字样,并加圆括号。如果是个人计划,不必在标题上写名字,在正文结束后,右下方日期之上署名。

2. 正文

计划的正文包括前言、主体和结尾三个部分。

(1) 前言。计划的前言就是开头部分,是计划的总纲,一般用简短的语言概括制订计划的原因、目的、主导思想等,也可阐述党和国家的方针政策或者上级的指示精神,介绍本部门、本单位的具体实际情况以及实现计划的主要内容和指标等,重要的计划还要阐述编制的背景,这是写作计划的立足点和出发点。常用“为此,今年(或某一时期)要抓好以下几项工作”“为此,特制订本计划如下”“为此,要抓好以下几个方面的工作”“现作如下安排”“现提出具体计划如下”等作结,并领起下文的计划事项。开头部分不宜太长,但要看具体情况而定,如中长期计划就可以多说一些,年度工作计划或单项工作计划用几句话交代一下即可,内容简单的计划甚至可以省略这一部分。开头的文字也要力求简明,以讲清制订本计划的必要性、执行计划的可行性为要,力戒套话和空话。

(2) 主体。它是计划的核心,包括计划的目标、任务、措施、责任和步骤、进度,一般采用分条列项的形式展开内容。

计划的目标是解决"做什么"(what)的问题,也就是计划的总要求和要达到的最终目的,它体现的是计划的指导思想和总体原则。

计划的任务则是解决"做到什么程度"的问题,是最终计划所实现的具体指标、数量、程度等。必要时可将各项指标定质、定量分解,以求让总目标、总任务具体化、明确化。这一部分要写得主次分明,重点突出,具体明确,可设小标题,也可分条分项表述出来。

计划的措施是解决"怎样做"(how)的问题,是实施计划的具体办法和全局部署,也就是以什么方法、什么措施确保完成任务实现目标,这是计划最重要的环节和不可缺少的重要因素,因此,计划的措施一定要具体明确,可操作性强。具体来说,就是完成计划须动员哪些力量,创造哪些条件,排除哪些困难,采取哪些手段,通过哪些途径等。

计划的责任解决的是"谁来做"(who)的问题。如果计划涉及几个部门或单位,要写明完成任务的牵头单位、协办单位和责任领导,以防止其在计划执行的过程中推卸责任,影响计划的进程。

计划的步骤解决的是"先做什么,后做什么"(which)的问题,写明实现计划分哪几个步骤,每个阶段的任务、要求,安排好先后顺序。

计划的进度解决的是"什么时候做和什么时候完成"(when) 的问题,也就是计划的进展程度及完成期限,有的还说明实施计划应该注意的问题以及检查计划落实情况的具体办法。

为了强调计划实施的严肃性,有的计划往往还会增加检查与考核的内容,并写清楚"谁来检查""怎样检查""检查的结果如何处理"等。

(3) 结尾。计划一般没有明显的结尾,只有重要的计划才写结尾,是否写结束语应灵活掌握。结尾一般要简明扼要,就内容而言,可提出注意事项,或再一次强调工作的重点和主要环节,或为计划内容作补充,或展望前景提出希望和号召等。

3. 附表

正文写完,如果有附图或表格,另起一行写上。

4. 落款

落款要署名和写上日期,即制订计划的单位和时间,如果是个人要写上个人的名字。

例文:

2019 年文化体育旅游广电新闻出版工作计划

2019 年文化体育旅游广电新闻出版工作将继续巩固省级现代公共文化体系示范区创建成果,以乡村振兴战略为契机,以公共文化示范创建为抓手,全力推动文体旅融合发展,深入推进惠民工程建设,不断提升人民群众幸福感和满意度,重点抓好以下几方面工作:

一、巩固省级示范创建成果,完善公共文化服务体系

(一) 以实施乡村振兴战略为契机,加强文化阵地建设。

1. 继续推进村(社区)综合文化服务中心"七个一"建设,力争全县村级综合文化服务中心“七个一”建设合格率达90%。

2. 加快推进“五馆一中心”搬迁,继续完善各项基础设施建设。

3. 大力推进数字文化馆、图书馆数字馆及总分馆建设,确保文化馆通过第五次全国一级馆评估定级。抓好局机关数字文化平台、文化馆总馆及乡镇12个分馆建设工作。

4. 以文化行业扶贫为重点,对照国家基本公共文化服务保障标准和省级实施标准,整合资金、整合资源,解决乡镇综合文化站、文体小广场、村“文化家园”、农家书屋、体育设施设备健身器材等设施简陋短缺、利用率低等问题。

5. 继续推进广播电视“户户通”和农村广播“村村响”工程,实现农村广播电视信号全覆盖。

6. 积极向上争资,努力超过2018年争资任务(1 200万元)。

(二) 以丰富群众文化活动为抓手,提升文化服务效能。

1. 通过政府购买服务方式,以“百座戏台千场戏”“欢乐广场”“春陵飞歌”“水墨桂阳”等文化品牌活动为重点,继续开展“四送”和“四进”等系列文艺演出活动。充分利用五一、国庆等节庆日开展各类特色群众性文体活动,今年重点筹办好庆祝中华人民共和国70周年华诞、“桂阳第三届文化艺术节”等大型文化活动。

2. 全面推动文化馆、图书馆和体育馆等场馆对社会免费或低收费开放,同时实施好送戏下乡、送书下乡、送电影下乡等惠民活动,充分激活基层文体阵地的便民惠民服务效能,丰富群众文化生活,提升文化服务效能。

3. 推进我县公益电影放映惠民工程,推动完成公益放映中心的搬迁工作,并打造完成湖南唯一一个电影历史陈列馆。创新文化产业投资渠道,推动城北新区电影院有效运营,不断提高群众观影新标准。争取将《欧阳海》纳入省电影局公益传媒放映中心拍摄计划。

(三) 以繁荣舞台艺术为重点,打造文艺精品。

1. 恢复排练传统大戏湘剧《生死牌》,着力打造为我县文艺创作精品节目,争取参加湖南省基层院团调演。同时,县湘剧保护传承中心计划招收30名小演员与省艺校联合办学,以确保湘剧后继有人。

2. 继续打造好“百座戏台千场戏”“水墨桂阳”等文化品牌项目,在全县各乡镇举办“我请大家来看戏”的传统剧团入户的互动活动。

3. 继续抓好群舞《相框里的爷爷》节目打磨排练,积极做好湖南省艺术节复赛的各项准备工作,力争参加在上海举办的第十二届中国艺术节进行文华奖的角逐。

二、加强文物保护利用,积极开展非遗申报

(一) 加强文物保护利用。计划举办一次特色矿冶文化展;做好刘家岭宋代壁画墓陈列馆和欧阳海故居陈列馆、苏维埃政府旧址免费开放工作和桂阳郡县文化博物馆展陈工程前期准备工作;进一步完善省、市、县三级文保单位的“四有”档案工作;全力做好桐木岭矿冶、古戏台群、欧阳海故居、庙下古村等冲刺第八批全国重点文物保护单位申报工作,实现保一争二望三目标;做好庙下古村二期修缮、城北欧阳海宗祠利用、下阳欧阳宗祠修缮、邓三雄故居修缮、古书院保护利用(湘山阁、船山书院、凤鹿书院、丰加学校)等文物保护工程。

（二）做好非物质文化遗产传承和申报。积极推动“桂阳花灯戏曲”“清水湾陶艺”等项目申报为湖南省第六批非遗项目；做好文化馆新馆非遗展厅的布展工作；组织举办“第十四个桂阳县非物质文化遗产日”民俗动态展示活动。

（三）加大非物质文化遗产宣传推介力度。为进一步传承及宣传推介桂阳湘剧，提升桂阳湘剧的知名度和影响力，县湘剧保护传承中心与电视台签订协议，目前正在制定《“湘剧非遗”专题电视片》《“湘剧非遗”专题教学片》以及出版一本《湘剧基本功训练》书籍。

三、以重点领域为抓手，加强文化市场执法

（一）开展高危体育项目的预防性执法检查、督办，并进行地毯式排查、轰炸式宣传，严格对标检查，对不合格的项目业主及时下达停业整顿通知书。加大对旅游景区、星级酒店、星级农庄及文物安全的巡查和执法力度，确保不发生安全事故。

（二）积极开展“扫黄打非”，实施严格执法，确保文化、体育、旅游场所安全运营，全面推动文化与产业融合发展，认真组织开展新闻出版市场专项整治行动。

（三）深入开展打击非法出版物、非法印刷经营行为整治行动，做好从源头治理的工作，对发现的问题依法处理。计划出台“关于扶持桂阳县本土文化人作家出版作品以及宣传推介桂阳的管理暂行办法”。

（四）继续加大对网吧市场监管力度，组织开展以查处违规接纳未成年人上网为重点专项整治行动，以净化社会文化环境为重点，认真组织新闻出版市场专项整治行动。

（五）以落实各项安全生产制度为重点，加大对娱乐场所的消防、噪音污染执法力度，不断规范公共娱乐场所和演出市场经营秩序，确保全县文化市场领域安全有序。

四、推动全民健身，发展竞技体育

（一）认真实施全民健身“月、周、日”主题活动，组织开展千人长跑赛、象棋围棋赛、五一职工篮球赛等全民健身运动，充分发挥全民健身服务中心功能，进一步丰富群众文体生活，不断增强群众幸福感和获得感。

（二）积极筹备参加全国第二届青年运动会，桂阳籍运动员王佳丽、罗诗芳有望获得前三名；组织参加郴州市第二届市运会，力争保三争二。并积极参加国家、省、市举办的各类竞技体育赛事，力争取得优异成绩。

（三）继续抓好竞技体育人才的挖掘及训练、体校教练员业务培训等工作，全力打造“湖南省高水平体育后备人才基地”。

（四）完善网点布局，继续抓好体育彩票发行工作，出台《桂阳县体彩公益金规范使用管理办法》。争取2019年体育彩票销量达5 000万元，为全县发展体育事业争取更多的资金。

（五）继续完善村级文体基础设施，争取100户人口以上的自然村和行政村建设文体广场，配齐各类体育器材。

五、稳步推动旅游产业持续发展

利用湖南省精品旅游线路重点县平台，规范和完善全县旅游产业健康发展，发挥旅游资源优势和引导社会资本参与,促进全域旅游可持续发展。

(一)继续深入推进全域旅游发展。配合北京制源江山旅游规划公司尽快推进我县全域旅游总体规划出台,并制定出台《桂阳县加快推进全域旅游发展扶持奖励办法》。

(二)推进一批旅游重点项目。

1. 在桂阳文化园设立1个区域性的旅游咨询集散中心,提供旅游停车、参观购票、游客集散、观光咨询、线路导览、餐饮购物、充电上网等服务功能,并完善文化园至东塔公园之间的通道连接线。

2. 推进西河风光带基础设施建设,增设标志标牌、配套观光小景、增加绿化景观,在徐行故居等处建设精品民宿。

3. 推动红色之旅研学旅游基地建设。在欧阳海故居建设红色研学旅游景区,并按照国家4A景区要求配套建设游客服务中心、停车场、露营基地、采摘体验区,配套开发民宿,开发建设邓三雄故居红色旅游。

4. 引导宝山景区及阳山古村提质升级,加快望湖生态农庄、神农蜂庄园、西溪田园综合体、融康乐瓜蒌庄园、瑞祥乡村旅游区、长安庄园等旅游项目建设。创建一批等级旅游品牌。继续抓好等级景区、星级乡村旅游区(点)的申报创建工作。推动欧阳海故居、辉山旅游区、樱花园等景区创建国家级3A旅游景区,实现保一争二的目标。积极推动交粮口、八千亩等乡村旅游项目创建星级乡村旅游区(点)。

5. 培育一批旅游新业态。培育旅游民宿、低空旅游、研学旅游、露营旅游等旅游新业态。重点打造望湖庄园精品民宿和奇秀山庄、九竹园、蜂宝瑜、交粮口等民宿项目建设。

6. 抓实5个旅游行业扶贫村。继续实施旅游精准扶贫工程,把辉山景区作为贫困村旅游示范带动项目,引导当家村、溪岗村、灌江民族村、濂溪村旅游行业扶贫工作纵深发展。办好系列旅游节会活动。继续办好全年四季活动,主要办好樱花节、桃花节、美食节、女娲祭祀节和露营季、徒步季、寻宝季等营销宣传活动。

湖南省桂阳县人民政府

2019年2月25日

[文章来源:http://www.hngy.gov.cn/8993/9002/9010/content_2884963.html,有改动]

(三)计划的分类

计划的主体是多层次的,计划的对象也是多层次的,因此计划可以按多重标准进行划分。按照时间分,计划可以分为长期计划、中期计划和短期计划。具体还可以称为十年计划、五年计划、年度计划、季度计划、月份计划等。按照制订计划的主体分,计划可以分为国家计划、部门计划、单位计划、科室计划、班组计划和个人计划。按照性质分,计划可以分为工作计划、学习计划、生产计划、教学计划、训练计划、作战计划、执勤计划、考核计划等。按指挥性的强弱不同分,计划可分为指令性计划、指导性计划。按涉及面大小的不同分,计划可分为综合性计划、专题性计划。

其实,计划不是单一的文种,还有“设想”“纲要”“规划”“工作要点”“安排”“方案”等,均属于计划的范畴。

(1) 设想。设想属于工作的初步构想，是粗线条的、长远的计划，具有远景性、理想性、可变性，时间大都在10年以上。

(2) 纲要。纲要是提纲挈领式的计划，虽是远景发展设想，但具有较强的政策性、思想性、指导性。纲要多用于全局或某一方面(主要是经济和社会发展方面)重要工作的发展设计，时间跨度多在5～10年，文字表述常为条款式。

(3) 规划。规划是具有全局性、方向性的中期(三五年)计划。与一般计划比，一是内容不同，规划属于全局性部署，是科学展望，计划则是具体方案；二是时间要求也不同，规划时间较长，计划多为一年或半年；三是要求不同，规划主要定方案、定规模，富于理想，计划定指标、定任务、定措施、定时限，现实性强，具有约束力；四是计划从属于规划，但对规划起到补充、完善的作用。

(4) 工作要点。通常在一个时期的工作计划尚未正式出台之前，先做出一个工作要点，相当于"准计划"。待正式的计划出台后，工作要点的使命也就结束了。

(5) 安排。安排是针对短时间(周、月、季度)内的工作所做的计划。

(6) 方案。方案是计划中内容最为复杂的一种。它是对某一项中心工作或重要工作，从目的、方式、方法到进度等做出全面设计，提出具体要求，做全面部署，内容构成比较烦琐。

例文1：

×县教师进修学校2018年度重点工作安排

2018年，我校将继续全面贯彻党的教育方针，紧紧围绕推进义务教育均衡发展开展各项工作。认真落实上级教育部门关于教师培训工作的有关部署，以全面提高教师素质、促进教师专业化发展为重点，坚持"面向全员、突出骨干，面向全县、倾斜农村，面向课堂、服务教学"的原则，紧紧抓住有利时机，积极开展各级各类的培训，为×县教育的发展尽责尽力。

一、深入贯彻学习党的十九大精神

组织全体教职工继续全面学习、深入研究习近平新时代中国特色社会主义思想，并结合工作实际，准确把握教育历史定位、明确教育根本任务、理解教育本质要求。全校教职工要以党的十九大精神为工作和行动指南，勤奋工作，以昂扬饱满的精神，创新进取。要以习近平总书记提出的"四有"标准为准绳，做一名新时代"有理想信念、有道德情操、有扎实知识、有仁爱之心"，受领导肯定、社会欢迎、学员好评的好老师、名教师。

学校领导班子要切实把党的十九大精神转化为推动工作的正确思路和加快发展的重要举措，在坚决贯彻中推动落地见效，开启教师进修学校加快发展的新征程。

二、加强培训者队伍建设

完善学习制度，不断加强思想政治学习和业务学习，提高培训者自身素质。不断提高教师队伍的业务素质，加大教师外出学习培训力度，2018年计划选派优秀教师30余人参加国培计划、省培计划以及其他各级各类业务培训，使他们在业务上都有不同程度的提高,为搞好我县的各级、各类培训打下坚实基础。

三、推进中小学教师职务培训

中小学教师职务培训是教师进修学校的重点工作。为保障×县中小学职务培训顺利开展,要做好以下几项工作:

1. 要召开全县继续教育主管校长会议,动员所有符合条件的教师全部参加此类培训,以使教师在个人的职称评定、评优评模中不受影响,同时通过学习培训使教师个人的文化程度和业务素质都会不同程度的提高。预计 2018 年我县注册教师 5 000 余人。

2. 开展培训者培训工作。按照市教育局的要求,选派了优秀教师参加了由市教育局组织的培训者培训。回来后组织同学科的教师共同研究,确定培训方案,然后由参加培训的教师写出教案,再进行交流研究、不断完善,最后面对全体教师试讲后确定讲课教师及培训方案,确保了培训的实效性。

3. 做好二级培训。利用暑假组织好三个层次不同学科的二级培训,计划参训教师 400 余名。做好培训过程中的管理工作,确保培训实效。

4. 做好督导工作。为使三级培训更好地开展,10 月份我校安排教师到各乡镇中小学和县办学校,督查中小学教师的三级辅导工作、作业的完成以及论文的撰写情况。11 月下旬组织考试考核。

四、继续开展特色工作"心理小康工程"

该培训项目采取网络学习、自学、面授相结合的模式,学员利用业余时间通过自主学习网上课程、参与在线主题研讨活动、参与论坛辅导答疑、阅读相关材料,最终提交实践作业报告。

2018 年,×县教师进修学校将进一步强化教研、培训、指导和服务职能,积极进取,团结奋斗,务实创新,培训合格、优质的教师,为×县教育的发展做出更大的贡献。

×县教师进修学校

2018 年 1 月 1 日

[文章来源:百度文库 https://wenku.baidu.com/view/99e34bd5b1717fd5360cba1aa8114431b90d8ec3.html? rec_flag=default&sxts=1559623010318,有改动]

例文 2:

大连市水务局关于开展"工作创新年"活动的实施方案

根据中共大连市委办公厅印发《关于开展"工作创新年"活动的实施意见》的通知(大委办发〔2018〕8 号)的文件精神,为进一步巩固作风建设成果,围绕水生态文明建设,全面深化改革,打造全域水务现代化等中心工作,以创新理念和务实的作风推进各项水务工作任务的落实,局党委决定,2018 年在全局开展"工作创新年"活动。现制定活动方案如下:

一、指导思想

开展"工作创新年"活动,是进一步巩固大讨论、软环境建设年、作风建设年、工作落实年活动成果,持续深化作风建设的重要载体。是引导和激励全局广大党员干部特别是领导干部自觉强化创新意识，提高领导水务改革发展的能力和水平的重要手段。以工作创新推动水务各项任务落实，要在重点领域、重点工作的改革创新上取得实质性突破，在体制机制创新上破解发展难题、在激发水务发展活力上见成效；达到推进党风政风和干部作风持续好转，创新动力持续增强，工作效能持续提升，发展环境持续优化，水务现代化建设和水务改革创新持续健康发展的目的。

二、组织领导及任务分工

今年是全面深化改革的关键之年，是全面推进依法治市、依法治水的开局之年，也是全面完成“十二五”规划任务的收官之年。要正确处理好开展活动与做好当前工作的关系，统筹安排“工作创新年”活动各个阶段的工作，确保活动有序展开并取得实效。

（一）机构组成

成立水务局“工作创新年”活动领导小组并设小组办公室，组成如下。

组　长：郎连和

副组长：刘兆坤　宋庆生　吴　澜　张大力　李卫国

组　员：崔玉国　李海波　王金芳　朱太维　侯远禄

活动领导小组办公室设在局党委办公室，崔玉国兼任办公室主任，孟霞兼任办公室副主任，刘世佩、张鸿、张玲为办公室成员。

（二）任务分工

领导小组组长负责组织全局“工作创新年”活动的领导工作，并对市委、市政府负责；副组长按照工作职责分工负责所属单位、部门的创新活动工作，并对组长负责。各组员负责组织本单位、本处室开展创新活动的全面工作，并对分管领导负责。领导小组办公室负责全局“工作创新年”活动的日常指导、工作安排和评议考核等工作，定期向活动领导小组报告活动进展情况。

三、内容安排

按照市委、市政府提出的重点抓好推进人才政策创新、深化管理体制改革、进一步扩大开放、大力发展服务业、加大城市建设和管理力度、破解企业发展难题、加强和创新社会治理等七个方面的专题研究，拿出切实可行的创新举措，结合本单位本处室工作实际，制定“工作创新年”活动方案，明确全年工作创新方向，确立工作创新目标；细化创新任务，列出年度工作创新清单，实行工作创新台账式管理，明确分工和流程、责任主体、工作措施和完成时限等。

（一）活动时间

“工作创新年”活动从2018年1月开始，到2018年12月底结束。

（二）活动内容

坚持问题导向，紧扣水务工作任务，根据各自职责，聚焦本单位本处室中心工作、水务改革发展重点领域和关键环节，明确创新工作重点，以理念创新带动思路创新，以体制机制创新激发活力，以工作方式方法创新提高效能，以载体创新整合资源，以评价体系创新检验绩效，防止为创新而创新，避免创新与工作偏离、与实践脱节，真正让“工作创新年”活动实实在在落实到具体行动上,体现在工作业绩中。

1. 理念创新。保持思想的敏锐性和开放度,打破常规,突破现状,敢为人先,实现思想认识的新飞跃。着重强化全局理念、法治理念、市场理念、服务理念、竞争理念、超前理念、风险理念等方面的创新,突出新思想、新观点对实际工作的指导作用。

2. 思路创新。转变思考问题的路径,转换解决问题的角度,着重提高战略思维、历史思维、辩证思维、创新思维和底线思维水平,变管理为服务,变被动为主动,变堵防为疏导,变层层转办为层层解决,变各自为战为协同合作,推动水务工作有新起色。

3. 体制机制创新。着眼推进水务治理体系和治理能力的现代化,打破行政壁垒、权力本位、部门割据、条框束缚等障碍,转变职能、理顺关系、优化结构、提高效率,充分发挥主观能动性,整合资源,发掘潜力,增强内生动力,构建充满活力、富有效率、更加开放、有利于水务科学发展的体制机制。

4. 方式方法创新。运用信息化技术和扁平化管理等方法,推进工作程序化、标准化和科学化;通过平等、相互沟通和民主协商等途径,改变简单行政命令的工作方式;以课题式设计增强工作的前瞻性,以项目式管理、台账式督查增强工作的实效性,以工程式推进提高工作的系统性,从而实现工作效率最高化、效能最佳化、成果最大化。

5. 载体创新。(略)

四、工作要求

全局上下要高度重视,统一思想,提高认识,以昂扬向上的精神状态,迅速行动,精心组织,扎实推进,确保“工作创新年”活动取得实效。

(一) 加强领导,落实责任

各单位各处室一把手要亲自抓、负总责,分管领导要具体抓,要加强协调、协同创新,涉及全局性体制机制创新,要相互支持、主动配合,明确责任、各司其职,形成工作合力。对行动迟缓、敷衍塞责、推诿扯皮的,将进行通报批评,追究责任。

(二) 统筹兼顾,抓好结合

要统筹安排好“工作创新年”活动各个阶段工作,把解放思想、改革创新贯穿始终,把解决问题、改进工作贯穿始终,把依靠群众、发扬民主贯穿始终,切实做到有机衔接、稳步推进。要正确处理好开展活动与做好当前工作的关系,把活动融入到工作中去,把工作结合到活动中来,用水务科学发展的实际成果衡量和检验活动成效,真正做到开展活动与日常工作两手抓、两不误、两促进。

(三) 严密组织,按时完成

各单位各处室要按照方案的要求,建立机构,确定方案,列出清单,明确分工、制定流程,于3月底前将“工作创新年”机构、方案和清单报送局“工作创新年”活动小组办公室。

附:“工作创新年”活动清单(表样)

大连市水务局

2018年6月29日

[文章来源:http://www.swj.dl.gov.cn/html/2015-05/15060.html,有改动]

例文3：

辽宁大学2018年工作要点

2018年学校工作的总体思路是：以习近平新时代中国特色社会主义思想和党的十九大精神为引领，紧紧围绕统筹推进“五位一体”总体布局和协调推进“四个全面”战略布局，认真落实省委省政府决策部署，聚焦辽宁新一轮振兴发展要求，落实学校“十三五”发展规划，贯彻落实学校第十二次党代会精神，坚持党对高校的领导，严格落实党委管党治党、办学治校的主体责任，坚持立德树人根本任务，全力推进“双一流”建设，推进人才强校，强化内涵发展，深化教育改革，着力提升教育质量和水平，推动学校各项事业再上新台阶。

2018年，学校在全面推进各项工作的同时，重点做好以下工作：

一、深入学习宣传贯彻习近平新时代中国特色社会主义思想和党的十九大精神

1. 持续推进学习宣传。把学习宣传贯彻习近平新时代中国特色社会主义思想和党的十九大精神作为当前和今后一个时期首要政治任务，在学懂弄通做实上下功夫，在凝心聚力上下功夫，在抓落实求实效上下功夫，切实推进习近平新时代中国特色社会主义思想进教材、进课堂、进头脑。建设学习贯彻党的十九大精神示范课堂。深入开展宣讲对谈活动，做到班班讲、人人懂。深入开展以“牢记时代使命，书写人生华章”为主题的党团日活动，以“重走改革开放路，砥砺爱国奉献情”为主题的社会实践活动，以“传播正能量，弘扬主旋律”为主题的网络教育活动，以“凝聚青春力量，闪耀青春光彩”为主题的典型人物宣讲活动。

2.（略）。

二、以世界一流学科建设为牵引，提升学校学科整体水平

1. 全力做好世界一流学科建设。落实《辽宁大学一流学科建设高校建设方案》，出台《关于加快推进〈辽宁大学一流学科建设高校建设方案〉的实施办法（试行）》和《辽宁大学2018年世界一流学科建设任务书》，编制世界一流学科项目经费使用计划书，进一步明确2020年世界一流学科考核条件、建设方向和建设任务，遴选相关学科参与世界一流学科建设，按计划做好“双一流”建设的宏观指导、过程管理和动态管理研究工作。

2.（略）。

3.（略）。

三、强化内涵建设，稳步提升学校教育质量

1. 提升本科人才培养质量。做实、做精、做细、做好教育部本科教学工作审核评估各项准备工作，确保5月份学校顺利通过审核评估。根据本科专业类教学质量国家标准，修订完善人才培养方案，及时将企业需求融入人才培养环节，推行面向企业真实生产环境的任务式培养模式，健全学生到企业实习实训制度。落实教授为本科生上课的基本制度，继续推进部分二级学院成建制转型和专业集群向应用型转变工作、“金课工程”建设计划、授课方式改革和本科教学管理数据库建设工作，完善教育教学质量保障体系。深入推进协同育人，进一步把创新创业教育贯彻人才培养全过程。

2. 提升研究生教育水平。通过硕博连读和申请考核制扩大博士生导师招生自主权。加大招生宣传,开展多种形式的生源组织工作,建立生源质量与招生计划衔接的考核机制。积极推进博士研究生国际学术交流和国际联合培养。修订研究生培养方案和相关制度性文件,引入更加科学完善的研究生教务管理系统,完善研究生培养质量保障体系。开展专业学位研究生教育综合改革,探索跨学科、跨机构协同培养学术学位研究生和联合行业企业、专业组织开展专业学位研究生培养体制机制,建设专业学位研究生联合培养基地。探索以科研项目为依托的博士生导师遴选办法,完善导师考核和考评机制。

3.(略)。

4.(略)。

四、强化人才队伍建设,打造高素质师资队伍

1. 加大人才引进和培养力度。围绕学校世界一流学科建设,结合学校学科发展需求制定专项人才发展规划,重点引进"长江学者""万人计划""千人计划"和"杰青"等学术领军人才2～3人,引进教育部"新世纪优秀人才支持计划"入选者、国家级重大项目首席专家等学术带头人2～3人。开拓海外人才招聘市场,通过精准定位制定对海外优秀人才有吸引力的政策,引进国际排名前100名的国外知名大学经济学海归博士4～5人。

2. 优化人才工作机制。坚持党管人才,引育并举、量质并重,建立健全党委人才工作责任制,完善人才项目管理办法和专项资金管理办法。增强人才队伍可持续发展能力,建设师德高尚、业务精湛、数量充足、结构合理、充满活力的高素质人才队伍。

3.(略)。

五、深化综合改革,推进学校治理体系现代化

1. 深化人才培养模式改革。建立健全党委领导、校长和分管负责人全面负责、教务部门和院系具体负责的课堂教学管理体系。改革教学模式,推广问题导向式、探究式等教学方法,探索基于信息技术的新型教学模式,建设与互动型教学方式相适应的网络教室和研讨型教学环境。突出个性化培养,建立以学为主的教学管理新模式,构建多层次、多类型、多领域的高校人才培养体系。

2. 深入推进分配制度改革。健全和完善学校绩效管理办法,与现行校内分配制度有机结合,兼顾效率与公平,在保证教职工现有收入的情况下,开展校内各部门奖励性绩效工资分配核定发放工作,实行"按劳分配、优绩优酬",充分调动和激发教职工积极性、主动性和创造性。

3.(略)。

六、完善公共服务体系,进一步优化办学条件

1. 推进信息化建设。实施"互联网＋"和智慧校园建设工程,全面升级下一代互联网、移动互联网和校园网国际出口宽带,加强"互联网＋"管理及服务的信息资源平台建设,维护网络空间安全稳定。

2. 做好校区规划和服务保障工作。科学规划校区协调发展,进一步明确校区功能定位,研究推进辽阳校区整体转型。

3.(略)。

七、全面加强党的建设，为学校事业发展提供坚强保障

1. 加强宣传思想工作。落实党委中心组理论学习会制度，推动理论学习的规范化、制度化。以社会主义核心价值观为引领，把思想政治工作贯穿教育教学全过程，深化课堂育人、全学科育人、文化育人、网络育人和服务育人健全激励机制。完善舆情应对机制，创新宣传思想方式，建立网络思想工作机制。

2.（略）。

3. 实施"好干部队伍建设工程"。深入开展"选用促优工程、培育提质工程、管理创效工程、示范引领工程"，切实抓好干部的培育、选用和管理。制定相关实施方案和实施细则，推进专职组织员工作落实到位，抓好培训管理，抓实党务工作队伍专业化职业化建设。

4.（略）。

5. 做好工会工作。组织召开七届四次教职工代表大会。加强基层民主政治建设，推进二级教代会标准化建设。

辽宁大学

2018 年 3 月 19 日

［文章来源：http：//www.lnu.edu.cn/info/15026/75047.htm，有改动］

二、总结

（一）文种释义

单位或个人对某个阶段或某个方面的问题进行全面系统的回顾、分析、研究，从中找出经验教训，引出规律性认识，并写成系统的文字材料，用以指导今后的工作，就是总结。总结有助于改进工作，有助于提高我们的认识水平和工作能力，也有助于上级了解本单位的实际情况及单位间的信息交流。

总结具有客观性、回顾性、经验性、理论性的特点。

1. 客观性

总结是对过去工作的检查、回顾和评价，这决定了总结有很强的客观性特征。因而要尊重客观事实，以事实为依据，不能夸大、缩小、随意杜撰、歪曲事实，所列举的事例和数据都必须完全可靠，确凿无误。

2. 回顾性

回顾性是总结与计划完全相反的地方。计划预想未来，而总结回顾过去；计划是总结的标准和依据，总结则为制订下一步工作计划提供借鉴和参考。通过工作总结，肯定过去的工作成绩，查找出失误及其原因，吸取经验教训，避免以后犯错误，能更好地指导今后的工作。

3. 经验性

总结的内容是完成时、过去式，而总结的最终目的是着眼未来。通过总结，借鉴已取得的成绩与宝贵经验，继续发扬和创新。同时，决策的失误、运作的偏差、完成过程中出现的各种问题等，都需要在今后的工作中加以借鉴和改正。

4. 理论性

总结的过程就是由感性认识上升到理性认识的过程。总结一定是在分析材料的基础上进行的,通过比较、归纳、提炼,得出正确观点,从理论的高度概括出基本的、突出的、本质的经验教训,从而提高认识。

(二) 基本格式

总结一般由标题、正文和落款三部分组成。

1. 标题

总结的标题大体上有两种构成形式:一类是公文式标题;另一类是新闻式(非公文式)标题。

(1) 公文式标题。这种标题比较规范,属于常规标题。

① 由单位名称、时间、事由、文种组成。如《××学院 2019 年度思想政治工作总结》《××市上半年普法工作总结》。

② 由单位名称、事由、文种组成。如《××关于东盟产品交流会总结》。

③ 由事由、文种两部分组成。如《关于组织首届校园文化艺术节的工作总结》。

④ 只体现文种,如《工作总结》。

(2) 新闻式(非公文式)标题。这种标题比较灵活,直接揭示总结的中心。

① 单标题,概括总结的主要内容,如《一年来的谈判及前途》(《周恩来选集》)、《推动人才交流,培植人才资源》等,虽没有"总结"字样,但一看内容就知道是总结。

② 双标题,正题概况总结的主旨或重心;副标题具体说明文章的内容和文种。如《增强体质,全面贯彻执行教育方针——开展多种形式的体育活动》《加强医德修养 树立医疗新风——南方医院精神文明建设的经验》。

2. 正文

总结正文的结构由前言、主体和结尾组成。

(1) 前言。前言即正文的开头,是总结的基本情况概述。一般简明扼要地交代背景,点明主旨或说明成绩,以及总结目的、主要内容提示等,为主体内容的展开做必要的铺垫。总结的开头部分要求用语精练,文字不可过多,概括性较强。常用"现将有关工作总结如下"等引出下文。

(2) 主体。它是总结的核心部分,包括做法和体会、成绩和问题等。这一部分要求在全面回顾工作情况的基础上,深刻、透彻地分析取得成绩的原因、条件、做法,揭示工作中带有规律性的东西。这部分篇幅大、内容多,要特别注意做到层次分明、条理清楚,而且回顾要全面,分析要透彻。可以依据以下顺序进行写作。

① 基本情况概述。简明扼要,提纲挈领。

② 主要工作及体会。这是总结的重点和中心,包括工作情况及成绩、经验及体会。

③ 问题和教训。指明工作中的缺点和不足,并分析原因,吸取教训。注意篇幅不宜过长。

④ 今后打算和努力方向。分析形势、提出任务、展望前景、表明决心,提出今后努力的方向或改进意见。

对于总结的内容,在结构安排上也有多种形式,常见的结构形态有以下三种。

① 纵式结构。就是按照事物或实践活动的过程安排内容。按时间顺序，把总结所包括的时间划分为几个阶段，分别叙述每个阶段的成绩、做法、经验、体会等。这种写法的优点是对事物发展或社会活动的全过程能有一个非常清晰的认识。

② 横式结构。按事实性质和规律的不同分门别类地依次展开内容，各层之间属于并列对等的关系。这种写法的优点是各层的内容比较集中，能给人留下十分鲜明的印象。

③ 纵横式结构。它是一种综合的结构方式，既考虑到时间的先后顺序，又体现事物的发展过程。注意内容的逻辑联系，从几个方面总结出经验教训。这种写法多数是先采用纵式结构，写事物发展的各个阶段的情况或问题，然后用横式结构总结经验或教训。

除了合理安排主体内容结构外，还要注意主体部分的外部形式。一般来说，有以下三种形式。

① 贯通式。贯通式围绕主旨在形式上全文前后贯通、一气呵成。适用于篇幅短小、内容单纯的总结，全文之中不用外部标志来显示层次。

② 小标题式。小标题式将主体部分分为若干层次，每层加一个概括核心内容的小标题。此种形式的优点是中心突出，条理清楚。

③ 序数式。序数式也将主体分为若干层次，各层用“一、二、三……”的序号排列，层次一目了然，但不概括层次内容。

(3) 结尾。结尾是正文的收束，要与开头相照应，篇幅不宜过长。一般概述全文，在总结经验教训的基础上说明好经验带来的效果，也可以提出今后努力的方向或改进意见，表明决心、展望前景等。如果这些内容在主体部分已表达过了，就不必再写结尾。

3. 落款

落款包括署名和时间两项内容，写在正文右下方。总结的署名还可以署在标题的正下方，如果标题下已署名，正文后不再写。如果是个人总结则要署上个人姓名。

（三）总结的分类

总结可以划分为不同的类别。

总结按内容分可分为工作总结、学习总结、思想总结、科研总结等；按性质分可分为综合性总结、专题性总结等；按范围分可分为地区总结、部门总结、单位总结、个人总结等；按时限分可分为年度总结、季度总结、月份总结、阶段总结等。

下面介绍几种不同类型的总结。

1. 工作总结

例文：

河镇乡2018年政务公开工作总结

今年以来，河镇乡按照《中华人民共和国政府信息公开条例》等相关文件要求，认真落实政务公开的各项内容，依法行政，努力构造阳光型政府，现将2018年政务公开工作情况汇报如下：

一、政务公开工作开展情况

一是加强组织领导。2018年，我乡明确了政务公开工作责任分工，由分管办公室领导负总责,并安排了办公室1名专职人员专人负责信息公开工作的收集、审核和发布。

二是健全工作机制。我乡为提高政府信息公开工作的规范化、法制化水平,2018年继续进一步完善政府信息公开工作制度,建立健全主动公开和依法申请公开制度、政务公开工作监督员制度和信息主动公开目录等工作,逐步建立健全政府信息公开的制度体系。

三是拓宽公开渠道。通过政务公开网站,向社会公开乡政府的机构设置、职能简介、领导简介、政务公开、联系方式等信息,按季度公开镇政府财政收支情况和重点工作目标完成情况,同时还在政府大楼内设置党委政府信息公示专栏,定期或不定期张贴国家、省、市、区、乡各级政府公告、通知等其他政务信息。

四是完善公开内容。根据河镇乡政务信息主动公开目录,及时更新完善政务公开内容,按时上传政府工作动态。为确保政务信息的时效性,我乡根据《赫章县2018年政务公开工作实施方案》制订了《河镇乡2018年政务公开工作实施方案》和信息报送任务分解表。一年来,全乡共上传政务信息44条。

二、存在的问题和不足

一是各部门对主动公开的信息内容上的理解和把握不尽相同,对内部管理和有些主动公开内容的界定上还有待进一步研究明确。

二是对主动公开信息规范性、准确性和完整性的标准和要求还有待进一步深化。

三是政务公开专职人员不稳定,新负责同事业务还跟不上,亟待加强。

三、下一步工作打算

一是加强对信息报送工作人员的培训力度,提高其对政务信息公开工作重要性的认识,加强政府信息公开的社会效果,提高工作人员素质和业务水平。

二是借助新媒体等渠道,创新政务公开工作途径,加大政务信息公开范围、提升政务信息公开效果。

三是强化监督管理,有序推进政务公开工作。建立行之有效的监督管理制度,定岗定责,确保政务信息的及时公开和上报。

2019年1月10日

[文章来源:http://www.gzhezhang.gov.cn/zwpt/XZGOV/hzx/zwgk/60374.shtml,有改动]

不同类型的总结,内容有所侧重。这篇工作总结全面、详细,但并没有面面俱到,选取了工作中最有成绩的方面重点总结。不足之处也很中肯,结尾考虑周全。

2. 专题总结

专题总结是针对某一方面的单项工作所做的单项总结。

例文:

北京理工大学继续教育学院学生入党积极分子培训班总结

一、培训的基本情况

按照北京理工大学党委关于"学校党的建设和思想政治工作要以邓小平理论和'三

个代表'重要思想为指导，认真贯彻党的十六大和十六届三中、四中全会精神，认真落实16号文件和全国加强和改进大学生思想政治教育工作会议精神，牢固树立和全面落实科学发展观，以加强党的执政能力建设和大学生的德育工作为重点，从思想、组织、作风和制度上全面加强党的建设，为胜利实现今年学校发展、改革各项任务提供坚强的政治和组织保证"的总要求，在学校党委组织部、党校、直属单位分党委、继续教育学院党支部的领导和大力支持下，继续教育学院于××××年11月27日至12月31日成功举办了有70余名学生参加的入党积极分子党课培训班。学院为培训班制订了详细的课程计划，准备了培训教材；培训班开班后，继续教育学院党支部书记弭晓英副院长、直属单位党委张民生书记做了动员报告；学校党委组织部副部长杨惠萍老师、党校校长赵粤生老师、学生工作处处长刘明奇老师分别作了党的基础知识和党章总纲以及怎样要求入党的辅导报告；教务处张慧峰老师作了树立正确的人生观、世界观和价值观的"三观教育"的报告。这些辅导报告，从理论联系实际的角度，深入浅出，对同学们进行了一次较为系统的党的基本理论和基础知识的教育和培训，使学生获益匪浅。在党课培训过程中，同学们都早早来到教室等候，认真听课，认真做笔记。居住较远的同学克服了许多困难，坚持到课听讲，表现出积极要求加入党组织的愿望。

在党课培训期间，学院组织学生入党积极分子利用课余时间观看了最新的多媒体党课辅导教材，同学们在每次听完党课或观看多媒体辅导教材后，结合学习中共中央、国务院《关于进一步加强和改进大学生思想政治教育的意见》，各马列主义学习小组组织学生针对所学内容进行认真的讨论；在讨论过程中，同学们回顾了党的成立、发展、壮大的历史，了解党在各个革命历史时期领导中国人民进行推翻三座大山，进行社会主义革命和社会主义建设，特别是领导中国人民进行改革开放、建设社会主义市场经济的伟大事业的光辉历程，围绕党的性质、党的指导思想、党的纲领、党的宗旨，以及如何树立正确的人生观、世界观、价值观，从思想上入党等问题各抒己见，进行了热烈的讨论。有些同学还向党组织递交了思想汇报，谈了自己参加党课教育培训后的思想感受和对一些问题的新的认识和看法。

为了加强党课培训的效果，学院于12月30日组织全体入党积极分子到北京武警总队第二支队即张思德同志生前所在部队参观了张思德纪念馆和武警战士的营房内务。通过听取讲解员深入细致的解说，看了一幅幅介绍张思德同志生平的照片、画面和文字资料，同学们被张思德同志忠于党、忠于人民、不怕艰苦、不怕牺牲、全心全意为人民服务的伟大精神所感动。武警战士整洁的营房内务、严明的纪律和积极向上的作风也给同学们上了生动的一课，许多同学参观后都写了观后感。

××××年1月3日下午，我院组织70名参加了党课培训教育的学生入党积极分子进行了党的基础知识考试，同学大都取得了较好的成绩。主考教师还出了一道自主性命题的作文题，让同学们写一篇《我最××的一件事》。同学们各自吐露心声，讲述自己难忘的事情。这些文章从侧面反映了同学们热情向上、积极进取的精神风貌。

党课培训班结束以后，同学们积极向学院党组织汇报思想，有48名同学向党组织递交了入党申请书。

总的来说,在学校党组织的关怀和支持下,在学院和同学们的共同努力下,同学们通过党课培训,受到了很大的教育,党课培训达到了预期的目的。

二、党课教育培训的主要特点

这次学生入党积极分子党课教育培训班概括起来有如下特点:

(一)培训计划安排周密,准备工作细致充分是使党课培训工作取得预期效果的基础。

(略)

(二)授课老师整体素质高,是保证党课培训工作取得成功的关键。

(略)

(三)采取了理论教学和学习讨论以及与实践环节有机结合的有效方式。

(略)

(四)同学们的政治热情高,对参加党课教育培训主动积极,体现了继续学院学生整体的健康向上的精神面貌。

(略)

三、对积极要求加入党组织同学的希望和要求

本次学生党课教育培训取得了预期的效果,为积极要求进步,希望早日加入党组织的同学构建了一个比较好的基础。学院党组织希望同学们在党课教育培训之后,思想上不要放松对自己的要求,要更加自觉地、始终如一地朝着自己既定的目标去努力奋斗。为此,在这里向各位同学提出一些要求和希望,并与同学们共勉:

(一)进一步提高自身的思想政治素质,坚持全面发展的目标,不断充实和完善自己。

邓小平理论和"三个代表"重要思想,党的十六大确定的路线方针政策为我们指明了前进的方向。作为当代的大学生,仍然应该把坚定正确的政治方向放在首位,把自身的成长发展与祖国的发展建设有机地结合起来,找准自己的定位,把握前进的方向。中国共产党是全中国人民的领导核心,是国家进行社会主义现代化建设的中流砥柱,我们每一位积极要求入党的同学,一定要在学习和工作中,进一步学习党的基本理论和基本知识,学习马克思列宁主义、毛泽东思想、邓小平理论和"三个代表"重要思想,提高政治理论水平和辨别是非的能力;要努力学习科学文化知识,不断提高自己的知识和技能;努力学习和借鉴人类文化的一切优秀成果,丰富自己的头脑,陶冶自己的情操,做到又红又专,把自己锻炼成为国家的栋梁之材。

(二)进一步端正入党动机,为早日成为一名光荣的共产党员而努力。

党课过后,不少同学请组织考验自己,希望尽快加入党组织。这是非常可喜的思想变化。中国共产党是伟大的党、光荣的党、正确的党,每一位想加入中国共产党的人,要坚信马克思主义关于人类社会必然走向共产主义这一基本原理,共产主义只有在社会主义充分发展和高度发达的基础上才能实现。要牢固树立共产主义的远大理想,坚定信念,以高尚的思想道德要求和鞭策自己,脚踏实地地为实现党的最高纲领和在现阶段的基本纲领而不懈努力,扎扎实实地做好自己的每一项工作。对于在座的每一位同学当前就是要认真学好专业技术知识。

忘记远大理想而只顾眼前,就会失去前进的方向;离开现实工作而空谈远大理想,就会脱离实际。志向远大，立足学习政治理论和专业知识，立足于一点一滴，应该是每一位要求入党的同学所具备的精神境界。

要求入党是我们党的先进性所感召的，党的先进性是中国十三亿人民所公认的。“三个代表”重要思想是中国共产党先进性的具体体现。学习贯彻“三个代表”重要思想，要紧密联系实际，树立正确的世界观、人生观、价值观。为什么要加入共产党，这是大家必须回答的一个核心问题，一个严肃的问题，这是入党的动机问题。动机不纯、利益驱使，就不能摆正自己的位置，为人民服务也只能是一句空话，不会长久。正确的入党动机很重要，要想加入党组织必须首先树立正确的世界观，把为人民服务的思想付诸实际行动，从身边一点一滴的小事做起，在日常生活中时刻以党员的标准严格要求自己，这样才能离党组织的大门更近一步。

入党动机问题，就是为什么要入党的问题。在没有接受正规系统的党课教育培训之前，同学们的想法可能是多种多样的。在经过教育培训之后，这个问题也不能说就完全得到了解决。因此，我们要在积极要求加入党组织的过程中，不断地端正自己的入党动机，只有这样，才能使自己保持持久不衰的精神动力，才能经受住党组织的考验。为了不断端正自己的入党动机，就要具有坚定的共产主义的理想信念，就要加强思想改造，努力实践党的全心全意为人民服务的宗旨，保持和发扬党的艰苦奋斗的优良作风，勤奋学习，勇于创新，正确处理各种利益关系，努力从思想上首先入党。

（三）主动向党组织汇报自己的思想、学习情况。

每一位积极要求入党的同学，应该主动地向党组织汇报自己的思想和学习情况。这既有利于加深党组织对你本人的了解和有针对性地进行帮助和教育，使你能在党组织的培养教育下尽快地成长，同时也是考验你的组织观念的重要途径。要经常地、实事求是地汇报自己的思想、学习情况和对一些重要问题的看法和认识，自觉接受党组织的教育和考查，努力完成组织交给自己的工作任务，在实践中去锻炼和提高自己。绝不能既要求入党又长时间不和组织接触。

（四）加强实践锻炼，以实际行动争取入党。

当前学生的思想状况总体上思想道德素质是好的，学生们热爱祖国，拥护党的方针、政策、基本路线，拥护社会主义制度，遵守国家的法律、法规，努力学习，积极进取，思想主流是积极向上的。但我们必须看到，学生当中还存在一些问题，有的人理想、信念动摇，不相信马列主义，对建设有中国特色社会主义的学习不够；有的学生缺乏社会责任感和诚信意识，缺乏集体荣誉感，思想境界不高，过分看重和追逐个人利益；有的精神空虚，不思进取，学习无动力，整天迷恋于网上生活，白白浪费学习的大好时光；有的不注意遵守校规校纪，迟到、早退，甚至旷课；有的不遵守公共道德，没有良好的卫生习惯，极个别学生还有违法乱纪的现象，如此等等。这些问题产生的原因是社会上的各种错误思潮和腐朽落后的资产阶级自由化思想对校园造成了冲击和影响。这些问题虽然不是主流，但必须引起我们每一个人的足够重视。这更说明了我们在座的每一位要求加入党组织的积极分子责任重大，有很多工作在等待着我们去做、去实践。我们要积极配合学院和班主任做好班级管理工作，按照中共中央、国务院16号文件要求，团结全体同学爱国爱校，遵纪守法,营造良好的校风学风和学习氛围;要带领同学们认真学习马列主义、毛泽东思想、邓小平理论和"三个代表"的重要思想,大力弘扬理论联系实际的马克思主义的学风,努力做到学以致用,不是背诵他们的警句,不是炫耀,而是密切联系我们实际存在的问题,密切联系个人本身存在的问题,用革命理论指导自己的行动,解决问题,推动学习和工作;要引导学生树立正确的世界观、人生观和价值观,树立建设中国特色社会主义的共同理想,弘扬爱国主义精神,以"为人民服务"为核心,以团队精神、集体主义为原则,以诚实守信为重点,加强对学生的政治责任心、社会责任感和社会公德教育;要以英雄人物、先进分子为楷模,以雷锋为榜样,组织团委及学生会、各班班委发扬爱国主义、集体主义、社会主义思想,发扬勤劳、勇敢、自强不息的伟大民族精神,弘扬延安精神,提高学生的思想道德水平,为祖国培养德、智、体、美全面发展的社会主义建设者和接班人;要在全体同学中树立准备为祖国的建设贡献自己的青春和力量而刻苦努力学习的思想,认真学习专业知识和技能,要树立学习的典型和标兵,在同学中起到榜样和带头作用,杜绝混文凭和考试作弊的消极现象;要积极开展适合青年学生特点的课余文化体育活动,增强集体主义精神和集体荣誉感,要把我院一批思想上要求进步、乐于为同学服务、踏实肯干、有一定业务能力的同学推荐到学校社团中去,让大家在学校大的环境中学习锻炼成长,不断提高自己的综合素质。

中国共产党是马克思主义的政党,党的队伍需要我们青年大学生,青年大学生的成长更离不开党的教育和培养,党只有赢得青年人,才能赢得未来。加强对青年的教育培养,相信和重视青年,关心和爱护青年是党的事业成功的保障。一切有抱负的年青大学生,积极行动起来,在党的阳光雨露下,加强政治学习,加强思想修养,努力学习专业知识,投身社会实践,服务祖国人民,把自己培养成为有理想、有道德、有文化、有纪律,对党、对国家、对人民有用的人才。

北京理工大学
继续教育党支部
××××年3月12日

[文章来源:刘世奇《应用文写作》教案,有改动]

专题性总结一般以经验为轴心去组织材料。这篇专题总结专门对学生入党积极分子培训班的情况进行总结,首先介绍了基本情况,再介绍培训班的特点,然后突出介绍成绩和经验,最后提出希望。

3. 个人总结

例文:

工 作 总 结

回顾近一年的工作,对照德能勤绩四项标准,能尽心尽力做好各项工作,较好地履行了自己的职责。现将一年以来个人工作总结报告如下:

一、主要工作情况

1. 重视理论学习,坚定政治信念,明确服务宗旨。认真学习党的十九大精神和习近平总书记新时代中国特色社会主义理论，积极参加局机关组织的政治活动，能针对办公室工作特点，挤出时间学习有关文件、报告和辅导材料，进一步明确中国共产党代表中国最广大人民的利益是我党的立党之本，执政之基，力量之源，是推进新时代建设中国特色社会主义的根本保证。通过深刻领会其精神实质，用以指导自己的工作。时刻牢记全心全意为人民服务的宗旨，公道正派，坚持原则，忠实地做好本职工作。

2. 做好个人工作计划，加强业务学习，提高工作能力，做好本职工作。重视学习业务知识，积极利用参加培训班等机会聆听专家的指导，向专家请教学习，提高自己的业务能力。紧紧围绕本职工作的重点，积极学习有关经济、政治、科技、法律等最新知识，努力做到融会贯通，联系实际。在实际工作中，把政治理论知识、业务知识和其他新鲜知识结合起来，开阔视野，拓宽思路，丰富自己，努力适应新形势、新任务对本职工作的要求。

3. 勤奋干事，积极进取。认真做好本职工作和日常事务性工作，做到腿勤、口勤，使票据及时报销，账目清楚，协助领导建立健全各项制度，保持良好的工作秩序和工作环境，使各项管理工作日趋正规化、规范化。完成办公日常用品购置、来人接待、上下沟通、内外联系、资料报刊订阅等大量的日常事务，各类事项安排合理有序，为办公室工作的正常开展提供了有效保证。

4. 成绩斐然，有长足进步。几年来，坚持工作踏实，任劳任怨，务实高效，不断自我激励，自我鞭策，时时处处严格要求自己，自觉维护办公室形象，高效、圆满、妥善地做好本职工作，没有出现任何纰漏，取得了一定成绩。

二、存在的不足

一是政治理论学习虽有一定的进步，但还没有深度和广度。二是事务性工作纷繁复杂，减少了调研机会，从而无法进一步提高自己的工作能力。三是工作中不够大胆，总是在不断学习的过程中改变工作方法，而不能在创新中去实践，去推广。

三、今后努力方向

不断加强个人修养，自觉加强学习，努力提高工作水平，适应新形势下本职工作的需要，扬长避短，发愤工作，克难攻坚，做好办公室工作计划，力求把工作做得更好，树立办公室的良好形象。

×××
××××年×月×日

[文章来源：http：//6084.xiaofantian.com/，有改动]

写作训练

1. 选择一个你一直想实现的愿望，然后写一份计划。无论你的愿望最终能否实现，这份计划一定要有可操作性、可行性。

2. 根据学院状况、专业特点制订一个学生活动计划。

3. 请根据本专业需求筹备并组织举办一个活动。活动结束后，负责人根据活动实际组织情况写一份活动总结。

4. 通过本学期应用写作课的学习,你有哪些收获?你是如何用科学的方法进行学习的?请把你的感性认识上升到理性认识,总结出具有规律性的经验,写一份应用文写作课学习总结。

第三节　述职报告　调查报告

一、述职报告

(一) 文种释义

述职报告是党政机关、人民团体、企事业单位的干部,向主管领导部门、人事部门或选区的选民或本单位的职工群众,陈述自己在一定时期内工作实绩、问题和设想的自我述评性的事务文书。

述职报告是近几年广泛使用的一种新型应用文书,最初曾以"总结"或"汇报"的形式出现。述职报告在促进和监督干部忠于职守,组织、人事部门正确选拔、任用、考核干部,克服主观主义、官僚主义,提高干部的政策、思想水平等方面,具有不可替代的作用。

述职报告具有自我性、报告性的特点。

1. 自我性

就其内容讲,述职者不仅需要述说自己在一定时期内履行职责的情况,而且还要依据岗位规范和职责目标,对自己任期内的德、能、勤、绩等方面的情况,做自我评估、自我鉴定、自我定性。因此,述职报告使用的是第一人称自述自己的工作实绩。这个自述要具体、真实,切忌弄虚作假。做自我评价时必须持严肃、认真、慎重的态度,切忌华而不实的空谈,切勿引经据典地论证。

2. 报告性

述职报告要求报告人以被考核、被监督的人民公仆的身份接受评议。对履行职责做报告,是极为严肃的、庄重的、正式的汇报,是让组织了解自己,评审自己工作的过程。因此,述职报告的语言必须得体、礼貌、谦逊、诚恳、朴实,要掌握分寸,切不可傲慢、盛气凌人。

(二) 基本格式

述职报告没有固定的写作模式,根据其不同类型和主旨,可灵活安排结构。它一般由标题、抬头、正文、落款四部分组成。

1. 标题

述职报告标题的常见写法有以下三种。

(1) 文种式标题,只体现文种,直接写《述职报告》。

(2) 公文式标题,包括述职者姓名、任职期限、所任职务、文种等,如《王××2018—2019年试聘期述职报告》《李××2018年至2019年任教育局长职务的述职报告》。

(3) 文章式标题,用正题或正、副题配合,如《2019年述职报告》《思想政治工作要结合教学工作一起抓——××学院教务处处长王××的述职报告》。

2. 抬头

抬头即称呼，分书面和口述两种。

(1) 书面报告的抬头，写主送单位名称，如“××党委”“××组织部”或“××人事处”等。

(2) 口述报告的抬头，是听者的称谓，如“各位代表”“各位委员”“各位同志”或“各位领导”等。

3. 正文

述职报告的正文由开头、主体和结尾三部分组成。

(1) 开头。开头又叫引语，一般交代任职的自然情况，包括何时任何职、变动情况及背景；岗位职责和考核期内的目标任务情况及个人认识；对自己工作尽职的整体估价，确定述职范围和基调。这部分要写得简明扼要，给读者或听者一个大体印象。

(2) 主体。主体是述职报告的中心内容，侧重于个人岗位职责履行情况，主要写实绩、做法、经验、体会和教训、问题，要强调写好以下几个方面：对党和国家的路线方针政策、法纪和指示的贯彻执行情况；对上级交办事项的完成情况；对分管工作任务完成的情况；在工作中出了哪些主意，采取了哪些措施，做出了哪些决策，解决了哪些实际问题，纠正了哪些偏差，做了哪些实际工作，取得了哪些业绩；个人的思想作风、职业道德、廉洁从政和关心群众等情况；写出存在的主要问题，并分析问题产生的原因，提出今后改进的意见和措施。

这部分要写得具体充实、有理有据、条理清楚，要实事求是地评价自己。由于这部分内容涉及面广、量多，要处理好重点与“面”的关系。可根据具体情况，选择不同的结构形式，如条文式(将工作项目归类分条列项写出)、阶段式(按时间发展顺序组织材料)、条块结合式(内容分类集中写出)。

(3) 结尾。结尾一般写结束语，常用“以上报告，请审阅”“以上报告，请审查”“特此报告，请审查”“以上报告，请领导、同志们批评指正”等作结。

4. 落款

述职报告的落款，写上述职人姓名和述职日期或成文日期，写在报告的右下角。署名和日期也可放在标题之下。

(三) 述职报告的种类与写法

述职报告可以从几个不同的角度进行划分，因而存在着交叉现象。

1. 从内容上划分

(1) 综合性述职报告：报告内容是一个时期所做工作的全面、综合的反映。

(2) 专题性述职报告：报告内容是对某一方面的工作的专题反映。

(3) 单项工作述职报告：报告内容是对某项具体工作的反映。

2. 从时间上划分

(1) 任期述职报告：对任现职以来的总体工作进行报告。一般来说，时间较长，涉及面较广，要写出一届任期的情况。

(2) 年度述职报告：写本年度的履职情况。

(3) 临时性述职报告：担任某一项临时性的职务任职情况的报告。比如，负责了一期的毕业生就业工作，或主持了一项科研项目，或组织了一场体育竞赛等，写出自己的履职情况。

3. 从表达形式上划分

(1) 口头述职报告：需要向选区选民或本单位职工群众述职的，虽可写成书面报告，但是以口头形式进行述职，因此，语言要求口语化、通俗化。

(2) 书面述职报告：以书面形式向上级领导机关或人事部门进行述职的报告。

述职报告如果用口头报告表述，一般不超过30分钟；如果用书面报告表述，一般不超过3 000字。

要注意将工作总结同述职报告区别开来。工作总结可以是单位的、集体的，也可以是个人的，其写作角度是全方位的，即凡属于重大的工作业绩、出现的问题、经验教训、今后工作设想等都可以写；而述职报告却不同，它要求侧重写个人执行职守方面的有关情况，往往不与本部门、本单位的总体业绩、问题相掺杂。

例文：

述 职 报 告

长葛市人大副主任、河南黄河实业集团股份有限公司

董事长、党委书记×××

(2018年12月)

一年来，在中共长葛市委和人大常委会党组的领导下，我坚持以党的十九大精神为指导，认真贯彻党的各项路线、方针、政策，在做好人大工作的同时，努力带领黄河一班人攻坚克难，各项工作取得了较好的成绩。现将本人一年来的工作总结如下：

一、认真学习，加强领导

通过学习贯彻党的十九大精神和中纪委全会以及省、市纪委四次全会精神，使我从理论上、思想上认识到开展党风廉政建设的重要性，进一步清楚地认识到党风廉政建设是关系到我们党生死存亡的大事，是端正党风、提高执政能力的重要前提。作为单位一把手，我在公司工作中，带头宣传党的廉政建设要求，及时传达贯彻执行各级党、政和纪检、监察部门有关党风廉政建设的文件精神，号召党委成员带头廉洁自律，守法经营；严格遵守"四大纪律八项要求"，认真贯彻党的政治纪律、组织纪律、法制纪律，做员工的表率。通过党员先进性教育活动和"讲正气树新风"教育活动的有利时机，组织全体党员、干部认真学习邓小平、江泽民、胡锦涛、习近平同志关于党风廉政建设的理论，学习党纪、政纪条规和有关法律法规，规范党员干部的行为，明确什么应该做，什么不应该做，以身边的案例、活生生的实践为教材，使党员干部接受教训，得到警示，增强了党员干部坚持党的宗旨的信念，激发了党员干部勤奋工作，兢兢业业创造一流工作业绩的精神风貌。

二、建章立制，强化责任

在贯彻执行《廉政准则》《党内监督条例》和《党纪处分条例》的基础上，公司出台了党风廉政建设目标责任制度，党委对整个公司党风廉政建设负总责，坚持"两手抓、两手都

要硬"的方针;公司党委与厂部级党员干部签订《廉洁自律保证书》,把廉洁自律工作与经济工作紧密结合,一起部署,一起落实。完善了领导班子民主评议制度;健全了财务制度,规范了物资采购行为和工程项目招投标制度,大宗物资采购必须遵循公开原则,防止供应过程中的营私舞弊现象。公司取消了手机费用,同时对电话费用、小车费用、招待费用等实行定额制度,与经营效益挂钩。2018 年,公司严格执行了《关于公司厂部级以上党员干部廉洁自律的有关规定》《关于公司干部职工举办婚丧嫁娶、小孩满月喜宴等的有关规定》,同时公司专门下发通知要求开展勤俭节约过双节、不请客、不送礼、不串门、不乱发奖金,发扬艰苦奋斗精神,反对铺张浪费现象。

三、加强监督,严格考核

根据党内监督条例,公司进一步加强了内部监督的力度。监察部、审计部双管齐下,坚决查处员工反映属实的损公肥私现象。在经营过程中,取得了市公检法等单位支持,对业务人员进行市场跟踪,开展防腐拒变活动。对党员干部坚持平时检查与集中考核相结合的办法,加强对党风廉政建设责任制落实情况的考评工作。严肃认真、客观公正、实事求是地评价领导班子成员和厂部级党员干部履行党风廉政建设职责的情况。通过检查和考核,总结经验,查找薄弱环节,表扬先进,警示后进,推动责任制工作平衡发展。对检查和考核中发现的问题一查到底,公开曝光,严肃处理。

四、以人为本,强化教育

公司积极开展有黄河特色的企业文化教育,用企业文化铸造"黄河"员工的灵魂。以此为载体,大力开展党的思想政治教育工作,把党的反腐倡廉和廉洁自律精神贯穿其中。首先,从 2018 年开始在员工中广泛开展了"三个一(提一个好建议,培养一个人才,读好一本书)"、"百名榜样"评比、"技术大比武"、"党员挂牌上岗"、新招员工和大学生思想教育、劳模报告会、安全质量演讲比赛等系列活动,从而使思想政治教育与业务技能培训紧密结合起来,现已取得了很好的效果。其次,在基础设施建设中为员工创造条件,公司在原有的四室(阅览室、健身室、电教室、党员活动室)两厅(荣誉厅、卡拉 OK 厅)一堂(大礼堂)等文化设施基础上,新建了职工俱乐部和大型文化休闲广场,先后投资 50 余万元新添各类实用书籍上千册,订阅杂志 30 多种、报纸 11 种,为员工提供了良好的学习环境,极大地丰富了职工的业余文化生活。再次,围绕生产经营,积极开展争先创优活动,开展文明车间、先进班组、文明员工和质量红旗评比活动。最后,在生产经营过程中坚持尊重人、理解人、关心人,有针对性地解决企业职工的思想问题,以对员工的情,换取员工对企业的爱。在公司内部举办"公司员工一家亲"活动,公司领导率先垂范,中层领导纷纷响应,在公司员工工作调动、受到挫折、取得荣誉、情绪低落时,坚持做好员工的交流谈心工作;在职工生病、家庭纠纷、逢年过节、亲属死亡、生活困难,在没有特殊的情况下,公司领导亲自登门慰问。公司在建立之初就提出了要一保国家税收,二保员工工资,三保企业发展的建厂宗旨,多年来坚持这一做法,不仅为员工办理了各种社会统筹,而且使员工的工资翻了数倍,职工福利不断提高,许多员工享有公司为他们配备的轿车和楼房。这些举措不仅仅是解决了员工后顾之忧,并且使企业长期保持了向心力、凝聚力,为企业持续、稳定、快速发展奠定了基础。

以上是我在公司履行党风廉政建设责任制的一些做法,今后仍然要不断加强党风廉政建设理论、党风廉政法规的学习,进一步提高对党风廉政建设重要性的认识,在工作中带领公司一班人,坚持廉洁从政,严格按“准则”的要求约束自己的行为,做到防微杜渐,警钟长鸣。

[文章来源:http://www.change.gov.cn,有改动]

这是一篇典型的述职报告,反映出自己任期内的工作实绩和问题。述职者对自身在岗位上的工作效率、具体做法、任务完成情况等都有介绍。既理直气壮地摆成绩,也诚恳大胆地谈失误。抓住最能显示工作实绩的大事件或关键事来重点介绍,而对一般性、事务性工作,则概括说明。

二、调查报告

(一) 文种释义

调查报告是一种通过对某件事情或者某个问题进行调查研究,写出反映客观情况、评价事实是非曲直和报道功过利弊的书面报告。调查报告要求能够充分反映事实的本来面目,有理有据,有材料,有观点,有分析。

调查报告是我们生活中经常会用到的文体,既可以用于机关内部,也可以在报刊上公开发表;既可以用于向上级机关汇报工作、反映情况、提出建议,也可以用来推广经验、吸取教训、沟通信息、宣传政策,还可以进行市场调查。

调查报告具有真实性、针对性、明理性的特点。

(二) 基本格式

调查报告的结构布局要根据报告的内容需要来安排。其常见的写法是由标题、正文和落款三个部分组成。

1. 标题

标题一般包括调查对象、内容范围和文种名称等几项内容。

(1) 公文式标题:如《关于××事故的调查报告》。

(2) 一般文章式标题:如《中学生早恋问题的调查与分析》。

(3) 提问式标题:如《怎样做好军校大学生离校前的思想政治工作》。

(4) 正副标题:正标题揭示调查报告的思想意义,副标题表明调查的对象、事项、范围和文种名称,如《阅读兴趣转移明显,新的问题需要引导——对本地区中学生业余阅读兴趣的情况调查》。

2. 正文

正文通常由前言、主体和结尾三个部分组成。

(1) 前言。前言有多种写法:第一种是写明调查的起因或目的、时间和地点、对象或范围、经过与方法以及人员组成等调查本身的情况,从中引出中心问题或基本结论;第二种是写明调查对象的历史背景、大致发展经过、现实状况、主要成绩、突出问题等基本情况,进而提出中心问题或主要观点;第三种是开门见山,直接概括出调查的结果,如肯定做法、指出问题、提示影响、说明中心内容等。前言起到概括全篇的作用,要精练概括,直切主题。

(2) 主体。主体是调查报告的核心,是全文内容或基本观点的详细展开,既是前言的引申发展又是结论的前提和依据。这部分详述调查研究的基本情况、做法、经验,以及分析调查研究材料中得出的各种具体认识、观点和基本结论。简单地说,就是要说明调查的主要内容是什么,说明了什么,为什么会这样。主体部分的内容要注意现实针对性,在深入调查、充分占有材料的基础上,分析研究材料,用事实说话,用典型材料阐明观点,揭示事物本质。

调查报告主体的结构形式主要有以下三种。

① 纵式结构。按照事情发生发展变化的过程顺序来安排材料。一种是按调查事件的顺序安排结构,起因—发展—结局;另一种是按事理的发展顺序安排结构,即成绩或事故(变化、特点、效果或影响)、原因(经验、做法、作用)、结论(意见、建议、启示)的方式建构文章。这种结构条理清楚,有助于读者全面了解事情的来龙去脉。一般适用于内容比较单一的调查报告。

② 横式结构。即把调查所得到的结论按其性质或角度的不同分成几个并列的部分依次展开,每一部分加一个小标题,分别说明论述。这种结构一般是并列的,也有递进的、连贯的,读起来条理清楚,层次分明,观点突出。一般适用于涉及面较广,问题比较复杂的调查报告。

③ 综合式结构。综合式结构兼有纵式和横式两种特点。在一篇调查报告中,常以一种结构为主,交错使用其他,从而更好地反映主体的内容。

(3) 结尾。结尾主要用来总结全文,深化主题。结尾是调查报告分析问题、得出结论、解决问题的必然结果。调查报告结尾的方式有很多种,主要有:

① 归纳式。简要归纳,总体评价全文内容,以深化主题,加深人们对全篇的印象。

② 引申式。事情的发展,情况的继续,问题的尚未解决;或补充交代前文没有提及的内容;或提出解决问题的方法、对策或下一步改进工作的建议。

③ 强调式。进一步指出或强调此项调查的意义,或这些问题、经验的重要性,引发人们的进一步思考。

④ 希望式。展望前景,发出鼓舞和号召。

3. 落款

落款包括署名和日期,写在正文右下方。署名也可署在标题正下方。调查报告如果是以组织名义做的,署组织的名称;如果是个人行为,署作者姓名。

(三) 调查报告的分类

1. 按调查研究的对象和内容分

(1) 新生事物的调查报告。这类调查报告主要介绍社会发展过程中的新事物、新制度、新办法等,说明其作用和意义。

(2) 典型经验的调查报告。这类调查报告主要是介绍先进单位或先进个人的典型经验,写作时要列举成绩、介绍做法、总结经验、阐明意义等。

(3) 历史进程的调查报告。这类调查报告对某一历史事件或某一重要史实进行周密考察并核实,以还历史本来面目,得出应有结论。

(4) 揭露问题的调查报告。这类调查报告主要以揭露各种矛盾问题为内容。

(5) 说明情况的调查报告。这类调查报告主要采用统计和调查的方法,以事实和数据说明某种情况,以引起有关部门的重视。写作时以叙述事实为主,同时加以精当的分析和议论。在某些时候,这类调查报告会成为政府制定政策的参考。

(6) 基本情况的调查报告。这类调查报告是针对特定的地区、部门或者某种特殊情况,进行深入、系统的调查研究后写成的书面报告。其内容广泛、全面、深入,包括生活中的方方面面,可以为党政领导提供了解情况的渠道。

(7) 研究性和预测性的调查报告。这类调查报告主要是为了有关单位和部门制定政策服务的。所以该种报告不仅包括对有关事项的现状描述和分析,还包括评价以及建议,并根据情况做出未来发展趋势的预测。

2. 其他分类

(1) 按涉及的范围层次分:宏观问题的调查报告、中观问题的调查报告、微观问题的调查报告。

(2) 按调查研究的侧重点分:澄清事实型调查报告、思路启发型调查报告。

(3) 按调查研究的方式分:调查报告、研究报告、调查研究报告。

例文:

吕梁高等专科学校大学生思想状况调查报告

——学习实践科学发展观专题调研报告

为了深入了解我校学生的思想状况,增强大学生思想政治教育的科学性、时效性和针对性,切实贯彻以人为本的大学生思想政治教育的工作理念,促进我校大学生思想政治工作科学发展、和谐发展,我们在深入研讨、充分论证的基础上,精心组织和策划了学生思想状况调查活动。本次调查内容涉及学生的政治态度、理想信念、价值观、道德品质、心理状况等各个方面。调查工作以校园网上无记名回答问卷为主,结合座谈、走访等多种形式进行。为强化调查结果的回收和统计分析工作,学工(部)处会同计算机系和网络中心,组织有关专业教师编制了专门的网络调查软件。调查工作受到各教学系的大力支持和积极配合。

通过调查我们了解到了我校大学生的一些思想规律和在组织开展思想政治教育工作中存在的一些问题,并及时组织相关人员,针对存在的问题开展了认真、深入的研究和讨论,提出了具体可行的解决办法。现就本次调查研究的有关情况报告如下:

1. 调查对象的基本情况

为了增强调查结果的可靠性和真实性,本次调查中由各系在不同专业、不同年级、不同性别的学生中以及学生党员、学生干部、普通学生、城镇学生和农村学生等各类学生中抽取具有代表性的调查对象。调查人数超过在校生人数的1/10(学校现有学生总人数7 016人;2008届毕业生总人数2 031人,大部分外出实习)。调查对象的基本信息见表1.1。

表 1.1　调查对象基本信息汇总表

个人基本信息		人数/人	所占比例/%	总人数/人	占在校生人数比/%	备注
年级	一年级	311	51.1	609	≥10	
	二年级	226	37.1			
	三年级	68	11.1			
	四年级	4	0.7			
性别	男	183	30			
	女	426	70			
政治面貌	中共党员	37	6.1			
	团员	450	73.9			
	入党积极分子	102	16.7			
	其他	20	3.3			
学生干部		222	36.5			
非学生干部		387	63.5			
独生子女		50	8.2			
非独生子女		559	91.8			
生源地	城镇	142	23.3			
	农村	467	76.7			

2. 总体情况

当前我校大学生的思想主流呈现出积极、健康、向上的良好态势，坚决拥护中国共产党的领导，坚定中国特色社会主义信念；高度认同以人为本和全面协调可持续的科学发展观；对以胡锦涛同志为总书记的中央领导集体非常信任，对党和政府领导人民进行改革和建设取得的成绩高度肯定；关注国际国内经济政治形势，对中央提出的保增长、保民生、保稳定充满信心；人生观、价值观主流积极向上、务实进取，爱国热情很高，竞争意识和维权意识明显增强，成才愿望非常强烈；能够比较客观、理智地观察分析问题。98%的同学认为“校荣我荣”，自己有责任为我校“强校升本”努力做出贡献，充分体现了我校大学生高度的责任感和集体主义精神，也反映了我校坚持以“吕梁精神”教育学生取得的成效。我校大学生具有较好的思想道德素质，创新和创业意识明显增强，价值判断的主流积极、务实、健康。积极关注和正确利用网络信息资源；许多大学生认为，要多学多问，积极参加各类社会实践活动，努力培养创新能力，特别是要全面提高思想道德素质，在奉献社会和服务人民的过程中，实现自我价值和社会价值的统一。

3. 问题分析与对策

3.1　部分大学生产生了信仰危机

在个人信仰问题上，选择信仰“共产主义”的占 64.7%，信仰“宗教”的占 5.09%，而选择“没有明确的政治信仰”的占 30.2%(见图 3.1，略)。在选择信仰“共产主义”的同学中，大部分为学生干部。也还有部分学生干部选择了没有明确的政治信仰。据个别访谈的结果显示，一些同学之所以没有选择信仰“共产主义”，原因主要有二：一是对共产主义持怀疑态度;二是一些同学对现实中共产党员的模范带头作用表示怀疑。

由此看来,我校的大学生对我国主导的意识形态及共产主义信仰还是持认同态度。但同时也要看到,由于思想多元化的影响,西方意识形态的侵扰,部分大学生产生了信仰危机。对此,我们应该进一步加强大学生的理想信念教育,特别要加强对学生骨干和入党积极分子的教育,进一步延伸党建工作的链条,切实加强党的建设,以学生党员的模范形象带动全体大学生树立坚定的理想信念。吕梁是著名的革命老区,有着丰富的红色资源,把这项宝贵资源充分利用到我校大学生的理想信念教育中来,是加强我校大学生思想政治教育的重要途径。

3.2 思想政治教育的渠道需要进一步拓宽

调查中我们了解到,绝大多数同学不喜欢灌输式的思想政治教育,更乐于接受形式多样的社会实践活动。所以,我们必须重视和发挥社会实践的教育功能,引导学生走向社会、走向生活。定期组织大学生深入农村、工厂、机关体验生活。充分利用学校所在地的革命史迹、场馆、人物进行革命传统和爱国主义、社会主义教育,深入开展“三下乡”和“有志大学生下基层”活动,为大学生实践教育搭建舞台。

3.3 学习观有待转变,学习动机需要进一步引导和培养

调查结果显示,90.3%的学生不认为“大学里最快乐的事”是“上课学习”,而选择“交友”和“参加集体活动”的人数占调查总人数的 56.0%(见图 3.2,略)。充分说明我校大学生缺乏足够的学习兴趣和学习动机,究其原因,主要有以下几个方面:

一是学习目的不明确,不能充分认识课堂学习的重要性,认识不到课堂教学不仅仅是获取专业基础知识的主要渠道,更为重要的是对自身能力培养和训练的一条重要途径。

二是对学校的培养计划和老师上课的方式不满意,感觉书本知识太枯燥(调查结果显示,23.7%的学生感觉书本知识太枯燥,34.6%的学生对学校的培养计划和老师上课的方式不满意。见图 3.3,略)。

三是学习的压力不够大。我校历年的招生分数在全省同类学校中偏低,再加上“准出制”实施不力,学习成绩的好坏对毕业和就业影响不大,使学生感到学习没有足够的压力。

学习动机是直接推动学生学习的一种内在动力,因此,对学习动机的改进对我校大学生的学习就显得异常重要。从调查和分析结果来看,需要从以下几个方面加以改进大学生的学习动机。

第一,学校要正确定位。“实用”是地方高校大学生的一个重要的学习动机。这与我国高校发展现状是密切相关的,主要表现为地方高校没有进行正确的定位,不能很好地适应市场需求,从而不能很好地解决大学生最关心的就业问题。因此,地方高校要进行正确定位,强调其应用型特点,适应学生的“实用”的学习动机,提高学生的综合素养,切实解决学生就业的实际问题。

第二,要积极开展课程改革和课堂教学改革,紧密结合社会对人才的需求状况实行课程改革,强化实践环节,转变传统的“灌输式”教学模式,实行“互动式”教学,充分调动

学生自主学习的积极性和主动性，真正把课堂还给学生。

第三，要培养学生正确的学习观。大学学到的知识能在将来的工作岗位上得到充分利用固然重要，但其利用率是非常有限的。所以，在大学掌握学习知识的方法，提高学习知识的能力，通过某一门课程或者某一专业的学习，使自己各方面的能力得到训练，综合素质得到提高，这比知识本身更为重要。这就要求我们的学生工作者和教师，在教育教学过程中注重培养学生正确的学习观，引导学生树立良好的学习态度，养成良好的学习习惯，形成正确的学习动机。

第四，适当增加学习压力，使压力转化为动力。压力与动力是矛盾的两个方面，既对立又统一，没有压力就没有动力，压力可以转化为动力。常言道，“井无压力不出油，人无压力轻飘飘”。当前，生活节奏不断加快，竞争日渐广泛激烈，追求的失落，下岗的痛苦，生计的危机，爱情的困惑……都在人们的精神和心理上构成了种种压力。因此，可以通过实行“课程重修制度”“末位警示制度”、严把“出口关”等途径适当增加学生的学习压力，同时也是对学生将来适应社会的一种锻炼。

3.4　队伍建设亟待加强

3.4.1　外延建设还不能满足学生工作的需求

目前，我校辅导员、班主任总人数为95人，与学生人数的比例为1∶74，按我校目前的班容量计，一名辅导员或班主任平均要带两个班。这个比例离教育部24号令要求的“高等学校总体上要按师生比不低于1∶200的比例设置一线专职辅导员岗位，每个班级都要配备一名兼职班主任”还有较大的距离。针对此现状，我们应积极采取措施，开发学校现有的人才资源，建立“离退休干部、教师兼职辅导员制度”和“学长辅导员制度”，充分利用离退休干部、老教师和高年级学生的优势。离退休干部和教师在思想政治上有着坚定的共产主义信念，具有强烈的事业心和责任感，在业务上具有渊博的知识和丰富的工作经验，在工作态度上谦和认真。这些鲜明的优势必将对学生产生不可忽视的影响。聘任政治觉悟高、成绩优秀、有一定工作经验的高年级学生，在对口帮扶、指导、教育新生，帮助新生尽快适应大学的学习和生活，帮助新生规划总体和不同时期的奋斗目标，调动其学习积极性等方面具有他人无法替代的优势。辅导员和班主任也可以通过被聘任的学长及时了解新生的家庭状况、心理活动、生活困难、情感挫折等问题。在学生工作队伍中，聘用老干部、老教师和优秀学长参加，将会使我校大学生思想政治工作收到事半功倍的良好效果。

3.4.2　内涵建设需要进一步加强

调查中，绝大多数的学生认为：班主任队伍需要在责任心、敬业精神、业务能力和服务意识方面加强（见图3.4，略），同时认为学生干部的管理能力也很一般（见图3.5，略）。

针对以上调查结果，结合我校的实际情况，我们认为，学生工作队伍的内涵建设应从以下几个方面入手：

一是强化对班主任的考核和管理，建立科学、全面的考核和管理机制，把对班主任工作的考核与教学工作考核结合起来，将考核结果与班主任的评优、评模、职称职务晋升以及系（部）责任制考评结合起来，督促班主任按照考核体系的要求开展学生工作。

二是加强对辅导员、班主任的培养培训工作。采取“引进来、走出去”、定期组织培训班、“传、帮、带”等方法，开展对辅导员、班主任的培养培训工作，不断提高队伍的业务水平和工作能力，以适应和满足学生思想政治工作的需求。

三是培养和建立一支高素质的学生干部队伍。高校的学生干部主要包括党支部干部、团干部、学生会干部、班级干部以及社团干部等，这五个群体在高校学生工作中扮演着十分重要的角色。他们有着高度的历史责任感、积极进取的精神状态和较好的自我教育、自我服务、自我管理的能力。学生干部与普通学生在一起学习、生活，他们面临着和普通学生一样的实际问题，普通学生也更愿意向他们敞开自己的心扉。通过学生干部，我们可以准确了解学生的实际思想状况。同时，学生干部也是联系学校各部门的纽带，传达各项任务的桥梁，贯彻和落实各项工作的骨干。一个优秀的学生干部就是一个榜样、一面旗帜，对周围的同学起着不可替代的示范作用。因此，我们要高度重视充分发挥学生干部在政治上的核心作用、组织上的凝聚作用、道德上的表率作用、学习上的标兵作用。进而充分发挥学生干部在联系、团结、教育大学生方面得天独厚的优势，使其成为加强和改进大学生思想政治教育的重要力量。

四是加大投入力度、改革用人机制，不断提高辅导员和班主任的经济和政治待遇，充分调动辅导员、班主任的工作积极性。

3.5　心理健康水平和心理自救能力有待进一步提高

调查发现，有较多的同学(34.3%)经常处于无聊、郁闷、焦虑或悲观状态(见图3.6，略)。还有相当一部分同学(25.5%)在遇到挫折和困惑，或在承受压力时采取独自承受方式，不能采取有效的自救措施，顺利走出心理困境(见图3.7，略)。

由此可见，我校急需建立科学、完备的校园心理素质教育体系，进一步加强大学生的心理健康教育和指导。这一体系的教育者应既包括专职的心理学教师，也包括各级学生管理人员、学科任课教师和班级心理委员；被教育对象则应包括从一年级新生到即将毕业的所有在校学生；教育形式在以群体性的上课、做报告和个体性的心理咨询为主的同时，还可充分利用校园网、校报和广播站等媒体及其他各种途径营造良好的氛围，以努力改善学生的心理状态，不断提高学生心理自救的能力，力求实现预防问题发生和及时解决心理问题的教育目标。

3.6　就业和择业观念仍需进一步转变

如图3.8(略)所示的择业标准调查统计结果显示，88%的同学不愿意选择“条件艰苦，但大有可为”的职业；98.4%的同学不愿意去农村就业。表明了我校大学生缺乏吃苦精神，还不明白“甘从苦中来”的深刻含义，还不能深刻理解个人价值与社会价值密不可分的关系。

为此，我们还需要进一步加强就业教育和指导，通过加强就业指导教师队伍建设、开设就业指导课、聘请成功人士“现身说法”等途径，教育大学生以事业为重，个人服从国家需要，鼓励到国家、社会最需要的工作岗位上去，为国家的发展、社会的进步、经济的繁荣做出自己应有的贡献，真正实现自己的人生价值。

学生是学校的主体，学校肩负着把学生培养成高素质专门人才的艰巨任务。通过对我校学生思想状况的调查分析，我们深刻认识到当前学生思想政治工作所面临的挑战以及加强学生思想政治工作的紧迫性和重要性。我们将按照科学发展观的要求，全面贯彻以人为本的工作理念，针对存在的问题及时进行整改，以推动我校学生思想政治工作的科学发展，为社会主义建设输送高素质的专门人才。

2019 年 4 月 21 日

[文章来源：http：//www.llhc.edu.cn，有删改]

（四）调查的方式

调查研究是人们深入现场进行考察，以探求客观事物的真相、性质和发展规律的活动。它是人们认识社会、改造社会的一种科学方法。新闻工作者根据新闻报道的特殊要求进行采访，也是一种调查研究。调查研究是对客观实际情况取得真实了解和分析研究的方法。调查的方式比较多，主要有普遍调查和非普遍调查两种。

1. 普遍调查

普遍调查也叫全面调查，简称普查，就是专门组织的对所有的有关调查对象逐一进行的一次性调查。它多用于需要进行全面了解、对全局有重大影响而其他调查方法又不能解决的事项。它常以表格这一具体形式体现出来，是一种了解基本情况的办法。实施普查要有周密的组织工作，对调查所采取的步骤、方法和要求要有统一的明确规定，调查任务要按时落实到调查对象，对所获资料要及时集中进行分析处理。

2. 非普遍调查

非普遍调查是在一定的调查总体范围内只选取部分样本为对象所进行的调查，通过样本来了解总体。非普遍调查的常用方式有以下几种：

（1）典型调查式。典型调查式就是根据调查的目的，从总体调查对象中，选出具有代表性的一个或几个对象进行系统、周密的调查，从中总结出经验，认识这类事物的发展变化规律。这是一种“解剖麻雀”的方式：麻雀虽小，五脏俱全，解剖一例，可知其他。搞好典型调查的关键是选好典型，要先在同类中选出一批对象，通过比较鉴别，选出典型调查对象。

（2）专题调查式。专题调查式是指在部署工作、制订计划、做出决定前，就面对的重大问题按一定的方法分成若干专题，组织力量进行调查。这种调查方法与典型调查类似，但专题调查的对象不是单一的，只是调查的内容专一、重点明确，是若干个同类事物的综合反映。

（3）综合调查式。综合调查式即对调查对象进行多项目、多角度的综合调查研究，力求把握事物的全貌和各部分之间的联系以及发展趋势。综合调查是系统论在调查方法上的科学应用。其特点是，有分类、有综合；从个别到一般，从部分到整体；整体之和大于各部分简单相加，整体可能得出与个别或部分事物不同的结论，因而具有整体性和科学性。

（4）抽样调查式。它是从被调查的对象中抽取一部分样本进行研究，并以其研究结果来推论总体的一般情况的调查方法。这一方法具有非全面性的特征，是介于普查和典型调查之间的一种比较科学、经济而又能得出量的统计的调查方法。对于那些不可能也没有必要普查的事物,通常可以采取不同的抽样的方法进行调查,从中推论、研究整体的情况。抽样调查常因调查目的、调查对象性质的不同,可对样本采取多种多样的抽取方法。常用的有随机抽样、等距抽样、整群抽样等。

随机抽样是任意选择若干单位作为样本。等距抽样是在总体调查范围内通过有规律的间隔进行抽取。如整体排序后,规定间隔5人抽取,1、6、11…,2、7、12…,3、8、13…,以此类推。整群抽样是将总体分成若干群,以群为单位作为样本。

(5) 对比调查式。对比调查法可以说是典型调查法的进一步发展。其调查的对象不是单个的典型,而是一组同一类的事物或性质相异的事物构成的,可以进行对比和鉴别的典型。或者是对同类事物的不同侧面进行比较研究,目的在于通过对比发现差距,以便取长补短,发挥优势,防患于未然。对比调查常用列表列项的方式进行对比,既可以进行定性研究,也有利于量化对比。

(6) 定点调查式。定点调查式是指对某一事物的发生、发展全过程进行长期的、连续的、系统的调查和了解,发现其发生、发展、演变的一般规律和进程,从而总结出可以指导认识整体工作的经验。定点调查是“专题调查”的进一步发展,是一种固定的典型调查。定点调查可以通过对某点档案资料的收集分析,进行追踪了解或通过一定时期的蹲点方式进行。

(7) 公开调查式。公开调查式即采用发通知、通告,印发问卷,投票或召开座谈会等方式,就党委、政府关注或科技工作者关心的问题,在一定单位范围内进行调查的方法。这一方法对于了解一定范围内不同人的各种思想倾向,对于集中不同人的智慧极为有利。进行这种调查要做好组织准备工作,采取适当的方法,以利于收集调查所得的意见、建议、要求,在分析时要注意不同意见的价值和作用,予以重视。

(8) 内部调查式。内部调查式是指在特定的环境和条件下,对某一问题或某类现象,在一定的范围内进行的调查。这种调查要指定专人或专门机关负责,必须经过领导机关做出决定或经过领导批准备案。对于调查的对象、范围和工作方法等都必须做严格的保密规定。在调查中,调查人员要做好完整的工作记录以便检查,不得超越授权范围行事。在调查中遇到意外问题和重大问题,要及时向上级请示汇报。

(9) 个别调查式。个别调查式是与某一事项的有关人员进行个别谈话的调查方法,目的在于了解某些不宜公开讨论或需要深入了解的问题。个别谈话要求调查人员事先应对调查的内容,调查对象的基本情况、特点有所了解,对谈话的方法、技巧有所准备。谈话中要谦虚、平等、亲切,不要随意表态定调,给对方造成心理压力;提问要适度,不能采取“审问式”;记录方式也要注意,不要轻易使用录音机或要对方签字;要适时做好思想工作,取消顾虑。

(五) 调查的方法

(1) 访谈法。访谈法是与调查对象进行直接交流,分个别访谈和集体访谈两种形式。个别访谈基本以访问的形式进行面对面对话交流;集体访谈的基本形式是开调研会。采取访谈法要做好访谈记录,条件允许时还可录音。

（2）实地考察法。它是调查者凭借感官或仪器以及其他技术手段到现场对调查对象直接进行考察的方法。这是获取第一手材料的最佳途径，直接、快速。

（3）文献调查法。它是通过文献资料获取调查对象信息的方法。文献是指记录知识的信息资料，是调查资料的重要来源，要求调查者具备文献检索的能力。目前，通过网络进行检索最为快速、便捷。

（4）问卷调查法。它是以问卷的形式提出若干固定问题来询问调查对象的方法，具有客观、标准、间接的特点，可控性强，便于信息的量化与统计。

问卷调查的关键是设计调查问卷。调查问卷通常包括前言和主体：前言简明扼要地说明调查目的、意义、要求及有关事项；主体是问题部分，一般采用客观题的形式，便于调查对象回答和选择，也有利于统计结果。问题要先难后易，数量适中。

问卷调查可通过邮件、网络等方式进行，不受时间、地点的限制，是大型调查的常用有效方式。

例文：

"大学生职业生涯规划"课程基本情况
调查问卷

您好！

本问卷用于了解当前高校大学生职业生涯规划课程的基本情况，从而为课程的开发和改革提供依据。问卷填答不记名，结果无对错之分，我们将您的意见统一归纳整理，形成调研报告。在此写下您的 E-mail ________，我们将把初步统计结果告知您。感谢您的参与、合作！

请在符合您意见的选项序号前用"√"标明，如√1。

您的性别：1. 男　2. 女

您的年级：1. 一年级　2. 二年级　3. 三年级　4. 四年级

您的专业：1. 理工科　2. 文科和社会学科　3. 其他________

一、单选题（每道题只能选择一项，如选择其他，请在"________"上写出具体内容）

A1. 您参加过关于大学生职业生涯规划有关的课吗　1. 是　2. 否

A2. 关于《职业生涯与发展规划》

A2.1 您是否参加过：1. 是　2. 否

A2.2 课的类型是：1. 公共必修课　　2. 公共选修课

A2.3 这堂课持续上几个学期：________学期

A3. 关于《职业素养提升》

A3.1 您是否参加过：1. 是　2. 否

A3.2 课的类型是：1. 公共必修课　　2. 公共选修课

A3.3 这堂课持续上几个学期：________学期

A4. 关于《就业指导》

A4.1 您是否参加过：1. 是　2. 否

A4.2 课的类型是：1. 公共必修课　　2. 公共选修课

A4.3 这堂课持续上几个学期：________学期

A5. 除以上三种课程外，您还参加过于大学生职业生涯规划有关的课程是

A5.1 课的名称是：________

A5.2 课的类型是：1. 公共必修课　　2. 公共选修课

A5.3 这堂课持续上几个学期：________学期

A6. 您为什么选择参加该类课程，最重要的原因是

1. 学校或老师要求必须选　　2. 修学分而已

3. 掌握与职业规划相关的知识和技能　　4. 丰富自己的职业综合素质和资源

5. 了解职业生涯规划的作用和意义　　6. 其他________

A7. 您希望此类课程的教师应具备的条件中最重要的是

1. 职场经验丰富　2. 学术水平高　3. 教学技巧灵活多样　4. 年龄要年轻化

A8. 您会建议大学生从什么时候就开始学习相关内容

1. 一年级　2. 二年级　3. 三年级　4. 四年级

A9. 在该课程的所有资源中，你对哪种最感兴趣

1. 职业测评工具　2. 图书资料　3. 外聘专家　4. 成功校友　5. 职场人物专题

A10. 通过分析，您确定自己毕业后的职业类型是

1. 技术型　2. 管理型　3. 安全型　4. 自由独立型　5. 创造型　6. 不确定

A11. 下列教学组织形式，您认为最有效的是

1. 知识讲授　2. 典型案例分析　3. 情景模拟训练或角色扮演

4. 小组讨论　5. 社会调查　6. 实习见习

A12. 在上课时您最喜欢做的事情是

1. 认真听课和记笔记　　2. 参加课堂活动

3. 寻找能解决自己疑问的答案　　4. 就课程内容与同学交流

5. 忙个人事务，如发短信、听私人音频资料、休息，等等

A13. 如果重新调整课程，您希望持续多长时间

1. 一学年　2. 两学年　3. 三学年　4. 四学年　5. 维持原样　6. 其他________

二、观点题(以下观点您持怎样的态度，请在对应的数字前用“√”标明)

观　　点	赞同	基本赞同	不清楚	基本反对	反对
B1.课程满足了我的需求	1	2	3	4	5
B2.授课教师的指导帮助自己实现合理规划职业生涯	1	2	3	4	5
B3.现在的专业学习与以后的职业发展关系不大	1	2	3	4	5
B4.教学内容满足了自己职业生涯规划的需要	1	2	3	4	5

续表

观　　点	赞同	基本赞同	不清楚	基本反对	反对
B5.两耳不闻窗外事，一心只读圣贤书	1	2	3	4	5
B6.大学四年对职业目标感到迷茫是正常的	1	2	3	4	5
B7.职业生涯规划一旦定了就不能更改	1	2	3	4	5
B8.测评工具对职业生涯规划的作用不大	1	2	3	4	5
B9.只要学习成绩好，就能找到理想的职业	1	2	3	4	5
B10.参加培训无助于提高自身职业发展能力	1	2	3	4	5
B11.找工作就要找最热门的职业	1	2	3	4	5
B12.职业只是物质生活的重要经济来源	1	2	3	4	5
B13.对面试充满信心	1	2	3	4	5
B14.简历在求职中很重要	1	2	3	4	5

三、排序题（请根据题目内容进行排序，如有其他渠道可在“________”上直接写出）

C1.根据就业信息获取渠道的使用频率从多到少进行排序

i 网络搜索　　ii 向目标行业内人员了解情况　　iii 借助名人访谈中的信息

排序：1.________ 2.________ 3.________

C2.根据职业与您的关系的重要程度从最重要到不重要进行排序

i 职业要求与自身素质的匹配　　ii 职业发展与自我追求的匹配

iii 职业回报与自我付出的匹配

排序：1.________ 2.________ 3.________

C3.为了自己的职业理想，以下内容请按重要到不重要的顺序排序

i 参加实习和面试，丰富职场技能

ii 开始规划自己的学业和生活，与理想职业不断接近

iii 参加各种获取资格证的培训（如外语、行业资格、计算机等通用技能）

iv 通过各种渠道搜集就业信息，并向有关人咨询

排序：1.________ 2.________ 3.________ 4.________

C4.根据对您目前需求的重要程度从重要到不重要进行排序

i 就业信息　ii 简历撰写与面试技巧　iii 心理调适　iv 法律法规

排序：1.________ 2.________ 3.________ 4.________

C5.根据与您职业生涯的关系从重要到不重要的顺序排序

i 专业学习对职业生涯的影响　ii 社会活动对职业生涯的影响

iii 课外兼职对职业生涯的影响

排序：1.________ 2.________ 3.________

C6.根据您对下列法律法规的了解程度,从[最了解]到[不了解]的顺序进行排序

i 违约　ii 争议　iii 侵权　iv 违法　v 社会保险　vi 就业协议与劳动合同

排序:1.________ 2.________ 3.________ 4.________ 5.________ 6.________

我们的调查结束了,再次向您表示感谢!您对我们的调查有什么建议、意见和要求,欢迎写在下面!

[资料来源:http://ishare.iask.sina.com.cn/f/14455998.html]

(六) 调查的步骤

第一步,明确调查动机、调查目的、调查意图、调查任务。第二步,制订调查计划。一个完善的调查计划一般包括调查目的、调查要求、调查对象、调查内容、调查问卷、调查范围、调查方法、资料的收集和整理方法、调查分工等。第三步,根据调查计划组织实地调查。第四步,对调查资料进行整理和分析。第五步,写成调查报告。第六步,进行修改,最后定稿。

通过调查手段获取所需材料后,要对材料进行梳理、筛选和鉴别,分辨材料的价值和效用,对材料进行归并,并从材料的联系中提炼出认识和观点。

在材料的整理中,要对材料进行分析研究,通过对比、定量、定性、预测等方法从材料中探究原因、剖析事物的本质、寻找规律。尽可能站在科学的高度分析问题,避免主观臆测。

写作训练

成立一个调查小组(不少于3人为宜)。调查内容:我院学生的生活消费情况(或其他大家关注的问题)。要求:在调查分析的基础上,写出一份调查报告。

第四节　简报　会议记录

一、简报

(一) 文种释义

简报,顾名思义,就是情况的简明报道,主要用于机关单位团体及时简要地报道工作情况,通报有关信息,也称为"工作动态""情况反映""情况交流""通讯""内部参考""快报""信息摘编""简讯"等。也可以说,简报就是简要的调查报告、简要的情况报告、简要的工作报告、简要的消息报道……可以用来汇报工作、交流经验、沟通情况、传递信息、指导工作等。

简报具有内部性、新闻性和规范性的特点。

1. 内部性

简报是党政机关、企事业单位、社会团体为及时反映情况、汇报工作、交流经验、揭示

问题而编发的一种内部文件。

2. 新闻性

简报与新闻报道十分相似，具备新闻真、新、快、简的特点。“真”是指内容真实，时间、地点、人物、事件、原因、结果，所有要素都要真实，所有的数据都要确凿；“新”是指内容新鲜，要反映新事物、新动向、新思想、新趋势；“快”是指报道快速及时，尽量让读者在第一时间了解到最新的现实情况；“简”是指内容集中、篇幅短小。

3. 规范性

作为事务文书的一种，简报在形式上有规范的格式，一般由报头、目录、编者按、正文、报尾等部分组成。其中，报头、正文、报尾是必不可少的，而且报头和报尾都有固定的格式，需要遵守。

（二）基本格式

简报由报头、报核和报尾三部分组成。

1. 报头

简报的报头有些类似于公文的“红头”，一般也是套红印刷。报头一般占首页 1/3 的上方版面，用间隔红线与刊登的文章部分隔开。它由简报名称、期号、编发机关、日期、密级等项目组成。

(1) 简报名称。简报除用“××简报”“××动态”“情况反映”等常用的四字名称之外，还可加上单位名称、专项工作等内容。简报名称用大号字套红印刷，居中布局。

(2) 期号。排在简报名称下方正中，加括号。如果是综合工作简报，一般以年度为单位，统编顺排；如果是专题简报，按本专题统编顺排。如果是增刊，就标明“增刊”字样，即“（第×期）”“（总第×期）”“（增刊）”。

(3) 编发机关。一般是“××办公室”或“××秘书处”，位于期号下面、红色分隔横线上方左侧。

(4) 日期。位于编发机关右侧、红色分隔线上方，写明具体日期，年月日齐全。

(5) 密级。如果需要保密，在首页报头左上角标明密级，如“机密”“绝密”或“内部刊物”字样。如有必要，还可在首页报头右上角印上份号。

2. 报核

报头以下、报尾以上的部分都是正文，包括四项内容：按语（可有可无，视具体情况而定）、目录（有多篇文章时才使用）、标题、正文。

(1) 按语。按语是简报的编者围绕所编发的稿子，提出看法，表明态度，或提供背景材料，让读者加深对问题的理解。简报的按语可分编者按和编后两种。

① 编者按属于评论性文章，可长可短，长可达几百个字，短可以只有一句话。编者按是编者代表简报的主办机关对一些重要事实表明态度、看法或介绍有关情况，因此不能随便发言表态，并且要简洁。简报编者按的功能和写法，与新闻编者按的功能和写法基本相同。编者按大多放在文前，也可放在文中。编者按没有题目，在其开头用比正文稍大一点的字，用“按语”“编者按”或“编者按语”加以显示。

② 编后。简报的编者，在编完一篇文章之后，感到有话可讲，就可以将其整理成文，

形成编后。

编者按较为正规,不可盲目使用,而编后相比之下则较为随便,有触景生情、借题发挥之意。编后可单独成篇,放在文章之后,可有题目,也可以不要题目。尽管编后较为灵活、随便,但也要有的放矢,要善于分析问题、阐述道理。

(2) 目录。一期简报可以只有一篇报道,但更多情况下,一期简报要将若干篇报道集结在一起发表,一期中有多篇的可编排目录。由于简报内容单纯,容易查找,目录一般无须标序码和页码,只需将编者按、各篇标题排列出来即可,为避免混淆,可以每项前加一个五星标志。

(3) 标题。简报的标题跟新闻的标题有些类似,必须反映出文章的主要内容,表达出文章的中心思想,而且还需要精练,不落俗套,能够吸引读者,给人以深刻的印象。它可分为单标题和双标题两种基本类型。

① 单标题。概括主要内容作为标题,如《教学工作今年重点抓好五件事》《我校通过“211 工程”专家审查验收》。标题中间可以用空格的方式表示间隔,也可以用标点符号。

② 双标题。双标题有两种情况:一是正题后面加副题。如《再展宏图创全国一流城市——××市荣获文明城市荣誉称号》,前一个标题是正题,概括事实的性质,后一个标题是副题,补充叙述基本事实。二是正题前面加引题。如《尽责社会　完善自身——华东师大团委开展“把知识献给人民”的活动》,前一个标题是引题,指出作用和意义,后一个标题是正题,概括主要内容。

(4) 正文。正文是简报最重要的核心,可分为开头、主体和结尾三部分。

① 开头。简报的开头部分类似于消息的导语,但又有区别。消息的导语注重直接点题,更强调生动形象,而简报的开头则特别注重直接点题,强调能够反映出简报所述的主要内容。也就是说,要尽可能运用简洁的语言准确说明报道的宗旨,引导读者阅读全文。导语写作总的要求是“开门见山”,即一开始就切入基本事实或核心问题,给人一个明确的印象。导语的具体写法可根据主题需要、稿件特点,采用叙述式、描写式、提问式、结论式等几种形式。叙述式是用概括叙述的方法介绍简报的主要内容;描写式是把简报里的主要事实或某个有意义的侧面加以形象地描写,以引起读者的阅读兴趣;提问式是把简报反映的主要问题用设问的形式提出来,以引起读者的思考;结论式是先将结论用一两句话在开头点出来,然后在主体部分做必要的解释和说明。

② 主体。主体是简报的主要部分,它的任务是用足够的、典型的、富有说服力的材料把导语的内容加以具体化,用材料来说明观点。写好主体是编好简报的关键。主体的内容,或是反映具体的情况,或是介绍具体的做法,或是叙述取得的成绩和经验,或是指出存在的问题,或是几项兼而有之,要视具体情况而定,没有固定的框框。

简报应当主题集中,一事一报。一篇简报只能有一个主题,要围绕主题安排材料。选择与主题关系紧密的材料,在数量上有广度,在质量上有深度。因此,简报要体现并宣传国家的方针、政策,要为政策的贯彻落实服务,这是编写简报的基本要求。但所选取的材料必须真实,不能虚构编造、歪曲事实。编写简报还要考虑反映什么问题、提出哪些建议、介绍哪些经验、达到什么目的等,从而对当前的工作起到推动作用。

简报千万不要写成工作总结,面面俱到,一味地写工作背景、工作过程、经验措施、工作成效等,就会将一些新情况、新经验、新风尚掩盖在文字当中,起不到简报的作用。简报是针对一些动态事实编发的,只要将某一问题说清写透就可以,不应当把动态性的东西,东拼西凑硬写成经验性简报。

主体部分是简报的重头"戏"。在此部分要用典型事实富有逻辑性地将文章的主要内容说清写透。简报的写法比较灵活,既可以采用新闻稿的写作方法,也可以参照公文的写法,分条分项布局结构,还可兼收并蓄,将两者融为一体,形成简报的独有风格。主体部分的写法应视简报的具体内容而定,以有利于表现主题、突出主题、深化主题为原则。主体的层次安排有纵式和横式两种形态。纵式结构按事件发生、发展的时间顺序来安排材料;横式结构按事理分类的顺序安排材料。如果内容比较丰富,各层可加小标题。

③ 结尾。结尾是文章的结束部分,可以只有一两句话,给人以希望或引起人们的深思,也可以省去不写。简报要不要结尾,因内容而定。事情比较单一,篇幅比较短小的,可以不单写结尾,主体部分话说完就结束,干净利落。事情比较复杂,内容较多的,可以写个结尾对全文做一个小结,以加深读者印象。有些带有连续性的简报,为了引起人们注意事态的发展,可用一句交代性的话语作为结束,如"对事情的发展我们将继续报告""处理结果我们将在下期报告"等。

特别提请大家注意的是,在很多情况下,一期简报会有多篇文章,因此,要遵守编排原则:各篇文章要围绕一个中心,从不同角度反映某一个问题;最突出中心的文章排在前头;每篇文章疏密间隔要恰当,标题字大小要一致。

3. 报尾

报尾在简报末页,用间隔横线和报核分开。在一条黑线下面或两条平行黑线内左侧注明本期发送的范围,写明报、送、发单位的名称或个人姓名、职务。有些简报的最后还注明印发份数、编审、责任编辑等,写在右侧。

简报格式样本如下:

(密级)　　　　　　　　　　　　　　　　　　　　　　　　(份号)

中共××大学委员会

简　　报

常务第35期

党委办公室编　　　　　　　　　　　　××××年×月×日

(按语)

标题

正文 ………………………………………………………………

………………………………。

报:国家教委党组、中共北京市委、中共北京市委教育工委。
送:党委书记、副书记、总务长、教务长,各党总支、直属党支部,各系、所,机关各部、处及附属单位。

共印××份

(三)简报的分类

简报的种类繁多,按照不同的分类标准,可以划分为很多不同类型。按时间划分,它可分为定期简报和不定期简报;按发送范围分,有供领导阅读的内部简报,也有发送较多、阅读范围较广的普发性简报;按形式分,它可分为新闻式简报、总结式简报和综合式简报;按内容划分,它可分为工作简报、生产简报、会议简报、信访简报、科技简报、教学简报、典型经验性简报、动态性简报、反馈性简报,等等。下面主要介绍四种类型。

1. 工作简报

工作简报是为推动日常工作而编写的简报。它的任务是反映工作开展的情况,介绍工作经验,报告工作中出现的问题等。工作简报又可分为综合工作简报和专题工作简报两种。

2. 会议简报

会议简报是专门报送、交流有关重要会议内容、筹备和进展情况,反映与会者意见和建议的简报。一些规模较大的重要会议,如全国人民代表大会、全国政协会议、中央各种重要会议、地方上的“两代会”、各种重要的专门会议都要编发会议简报。之所以要编写简报,是因为会议规模较大,会议代表并不能了解会议的整体情况,譬如分组讨论时的重要发言、有价值的提案等,需要依靠简报来了解会议的基本面貌。

会议简报分为综合简报和进程简报两种。前者是整个会议编一期简报,在会议后期发送;后者是编发多期简报。一般重大的、时间较长的会议都发进程简报,即每个小阶段编发一期,有时天天编发,将会议进程中的情况接连不断地反映出来,以供与会者阅读、互通情报、交流思想经验。会议简报一般由会议秘书处或主持单位编写。

3. 动态简报

动态简报是为反映本单位、本系统在思想、政治、经济、文化等方面的情况、信息而编写的综合性简报。它着重反映与本单位工作有关的正反两方面的新情况、新动向、新问题,体现工作、学习、生产、思想的最新动态,为领导和有关部门研究工作提供资料。

4. 综合简报

综合简报是反映本部门、本系统各方面工作情况和问题的简报,也称情况简报。其内容主要是本部门、本系统管辖范围内发生的重大问题、事件及其处理方法;工作中的重要情况;工作中出现的新人、新事、新气象、新动态、新经验、新办法等。重在发现典型、推广经验、解决问题。这种简报一般是连续不断地编发,或定期或不定期,以指导、推动本部门、本系统的工作。

例文 1:

工 作 简 报

第 3 期

××大学党委办公室 ××××年×月××日

适应教学改革的需要 加强干部队伍的建设

教学工作作为系统工程,牵涉学校的各项工作,干部队伍建设也是一个重要方面。我校由于“文化大革命”停办,队伍断档十分突出,使得干部队伍建设任务更加紧迫繁重。对此,学校党委十分清醒,采取了一系列措施,主要从两方面加强了这项工作:

一是大胆提拔使用中青年干部,较好地实现了新老干部的交替。我校现有 88 个处级单位,除 4 个单位外,各处级领导班子都配有 1～3 名 50 岁以下的中青年干部。正处干部中 50 岁以下的同志的比例已由 1991 年的 15%,提高到目前的 31%;副处干部中 50 岁以下的同志已占 80%。全校 24 个系中,中青年干部任正系主任的有 7 人,几乎占了 1/3。机关部处长正职干部中 40 岁以下的同志占一半以上。

二是重视对中青年干部的培养,为中青年干部的成长创造条件。近几年,学校坚持按照干部“四化”方针和“德才兼备”原则选拔任命中青年干部,坚持对新上岗的中青年干部进行岗位培训,目前已举办培训班四期,共有 125 名同志参加了学习。学校把中青年干部的培养纳入后备队伍建设的整体规划,对他们扬长补短,有计划有针对性地进行上下交流、内外交流和岗位交换,及时把他们放在关键岗位上锻炼,为他们的成长搭桥铺路。学校对中青年干部在评定职称、出国进修、夫妻分居、住房困难等方面给予必要的考虑和照顾,尽力解除他们的后顾之忧。

党委组织部

抄送:×××××,××××。

分送:××××,×××××,××××××。

共印××份

[文章来源:刘世奇《应用文写作》教案,有改动]

例文2:

情况反映

(第×期)

中共××市委×××办公室　　　　××××年×月×日

医药局实施竞争战略取得显著的经济效益

医药局紧紧围绕搞活企业这个主题,在广泛调研的基础上制定并实施竞争战略,发挥技术优势,发展规模经营,走以内涵为主求发展的路子,取得明显效果,形成利润增长幅度高于产值增长幅度的势头。其做法是:

一、建立规模较大、技术领先的全国性医药生产基地。他们依据国家的产业政策,扬长避短,大力调整产业结构和产品结构,使×××、×××、×××、××等药品器械的生产在全国形成技术、规模优势。

二、发展有特色的拳头产品,使小产品形成大气候。今年,医药局坚持围绕市场需求和升级换代进行产品的适应性和开发性调整,短线产品由××种增至××种,重点产品由××种增至××种。一批质优价廉、适合消费者心理的药品畅销不衰,市场覆盖面不断扩大。截至×月底,仅××××一个产品就增产值××万元,×××、×××××、××××等产品均增产值×××万元以上,并增销增利。

三、建立与商品经济相适应的销售队伍和网络。该局自去年成立局强化销售指挥部以后,始终把经营销售工作放在突出的位置。一方面,发挥工商一体的优势。利用商业主渠道,积极扩大产品购销;另一方面,不断壮大销售力量、拓宽外地市场。去年以来,全局新增了×××名专业销售人员,聘用了×××名兼职销售人员,新辟信息点、代销点和三级批发点××××个。这就适应了“大销售”的要求,通过开展多形式、多层次、多方位的营销活动,起到了以销促产、以销促效的作用。上半年,全局完成工业销售额×××××万元。

报:市委 市政府领导

送:×××× ×××× ××××

发:××× ××××

共印80份

[文章来源:昆仑网 http://www.xjkunlun.cn]

二、会议记录

(一) 文种释义

会议记录是记录人员把会议的基本情况、讨论问题、发言内容、形成决议等如实记录下来所形成的书面材料。会议记录是反映会务活动的重要材料,是传达、贯彻、执行会议精神的主要依据,同时也是会议相关情况的备查材料。在会议记录的基础上,可以进一步形成会议纪要等文件。

会议记录是会议的正式文件,有很重要的作用。它可以作为落实会议精神,检查、督促办理事情的依据,具有记载、查考的作用;也可以作为总结工作的参考,是编写会议纪要的重要资料,也是重要的档案材料。

(二)基本格式

会议记录通常采用专用稿纸进行记录,因此,有较为固定的格式。一般来说,它包括三部分内容。

1. 会议的基本情况

会议的基本情况部分主要包括会议名称、开会时间、地点、主持人、出席者、缺席者、列席者和记录人。

记录要求:准确写明会议名称(要写全称)、开会时间(年、月、日、钟点)、开会地点(具体到房间号)。详细记下会议主持人、记录人姓名,出席会议应到和实到人数及姓名、职务,缺席、迟到或早退人数及其姓名、职务,还要写明缺席原因。如果是群众性大会,只要记参加的对象和总人数,以及出席会议的较重要的领导成员即可。如果某些重要会议的出席对象是来自不同单位,应设置签名簿,请出席者签署姓名、单位、职务等。

2. 会议内容

会议内容包括会议议题、讨论过程、会议发言或讲话内容、传达的问题或做出的决议等。

会议记录应该突出的记录重点有:会议中心议题以及围绕中心议题展开的有关活动;会议讨论、争论的焦点及其各方的主要见解;权威人士或代表人物的言论;会议开始时的定调性言论和结束前的总结性言论;会议已议决的或议而未决的事项。记录者要忠实记录会议上的发言和有关动态。会议发言的内容是记录的重点。其他会议动态,如发言中的插话、笑声、掌声,临时中断或中途休会以及别的重要的会场情况等,也应予以记录。

对于发言内容的记录,有两种记录方法。一是详细记录,主要用于比较重要的会议和重要的发言。要尽量记录原话,记录的项目必须完备,记录的言论必须详细完整。某些特别重要的会议或特别重要人物的发言,需要记下全部内容。应由速记人员担任记录,没有速记人员,可以多配几个记得快的人担任记录,以便会后互相校对补充。最好的方法则是使用现代化手段,可用“录”的方式,如音录和影像录等,但都只是手段,最终还是要将录下的内容还原成文字。二是摘要性记录,只要记录发言要点,即把发言者讲了哪几个问题,每一个问题的基本观点与主要事实、结论,对别人发言的态度等,做摘要式的记录,不必“有闻必录”。

会议记录结束时,习惯上另起一行写“散会”“完”“结束”等字样作为标示,有的还注明散会时间,写明会议记录共几页。

会议记录要求忠于事实,不能夹杂记录者的任何个人情感,更不允许有意增删发言内容。会议记录还要快速。会议记录一般不宜公开发表,要注意保密,如需发表,应征得发言者的审阅同意。

3. 结尾

主持人和记录人签名。

例文 1:

会 议 记 录

会议名称:××市开发区管委会办公会议

时间:××××年×月×日 14:00

地点:管委会六楼会议室

主持人:×××(管委会主任)

出席者:×××、×××、×××、×××、×××、×××、×××

缺席人:×××(因病缺席)、×××(出差)

列席人:管委会全体干部

记录人:×××(秘书)

会议内容:

1. 会议议题:如何平抑菜价

2. 主体报告:×主任报告市场现状

休会十分钟

3. 发言讨论:按发言顺序

×××:……

×××:……

×××:……

4. 决议事项:与会人员经过讨论、协商,一致决定:………………………

散会

主持人:(签名盖章)

记录人:(签名盖章)

××××年×月×日

例文 2:

××市政府第×次市长办公会议记录

时间:××××年×月×日×时

地点:第一会议室(办公楼三楼 501)

出席人:王××(市长) 汪××(副市长) 刘××(副市长) 陈××(副市长)

张××(市长办公室主任)

缺席人：李××（到省里开会）

列席人：孙××（市文明办主任）

主持人：王××（市长）

记录人：张××（市长办公室主任）

议题：

1. 贯彻落实“城市文明”教育工作的计划和步骤

2. ××市文明小区的评优工作部署

发言内容：

汪××：……………………………………………………………………………………………

刘××：……………………………………………………………………………………………

决定事宜：……………………………………………………………

散会

主持人：王××（签名）

记录人：张××（签名）

例文3：

会议记录专用纸	
会议名称	
时间	
地点	
出席人	
主持人	
列席人	
记录人	
议题	
会　议　内　容	

知识链接

“简报”溯源 简报是一种比较古老的文体。最早可以追溯到汉代,武帝初年出现了名为“邸报”的手抄报,简明扼要地反映情况、交流信息。到了唐代,已经出现了印刷的邸报。“邸报”,不同的朝代有不同的名称,比如,“状”“状报”“报”“邸吏报”“朝报”“邸抄”“阁抄”等,都通称为“邸报”。邸报发展到现代,形成了公开出版的报纸和内部传阅的简报两种形式。

习题训练

病文分析(指出毛病,写出修改稿)

××学院2019年第二次会议记录

时间:2019年3月12日

地点:××学院六楼

出席人:王××、李××、孙××、张××及各系部主任、副主任

缺席人:秦××、周××

主持人:王××

记录人:刘××

1. 报告

(1) 李××报告学院教学改革进展情况(略)

(2) 主持人王××传达省教委《关于加强学科建设的通知》(略)

2. 讨论

王××:今天会议主要讨论我院如何按照省教委的《通知》精神,抓好我院的学科建设工作,合理配置教学资源,推进我院的学科建设工作。下面请大家发表一下意见。

张××:(略)

孙××:(略)

写作训练

1. 根据校园生活,写一份关于我院大学生学习或生活方面的动态简报。

2. 在你参加某个会议时(可大可小),按格式要求试做会议记录。

第二单元

专业应用文书

第三章　财经文书

财经文书是指在社会经济活动中使用的各种与财经相关的应用文体。财经文书的范围很广，本章选择企业文书和商务决策文书两类来进行介绍。前者侧重于市场活动的主体——公司企业，从成立到运转所涉及的主要应用文书；后者侧重于主体的行为——面对市场进行决策时，涉及的主要应用文书。

第一节　企业文书

一、公司章程

（一）文种的概念与特征

公司章程是由设立公司的股东制定并对公司、股东、公司经营管理人员具有约束力的调整公司内部组织关系和经营行为的自治规则。

公司章程是公司的组织及运作的基本规范，是规定公司的性质、宗旨、经营范围、组织机构、内部权利义务、分配等内容的文件。公司章程对于公司如同宪法对于国家，公司章程是公司设立的必备条件，也是公司经营行为的基本准则，还是公司制定其他规章的重要依据，因此明晰公司章程的写法十分重要。

公司章程具有以下特征。

第一，公司章程的法定性。公司章程的法定性表现在公司章程制定的法定性、内容的法定性、效力的法定性、修改的法定性。例如，《公司法》第十一条规定：“设立公司必须依法制订公司章程。”可见，公司章程是成立公司的必备条件之一。《公司法》第四十四条规定，股东会会议做出的修改公司章程的决议必须经代表2/3以上表决权的股东通过。也就是说，公司章程修改通过的表决程序也必须符合法定的要求。

第二，公司章程的公开性。公司章程的公开性具体表现在公司章程需在公司登记机关备案登记；股东有权查阅公司章程，公司应当将公司章程置备于本公司。《公司法》第三十四条规定：“股东有权查阅、复制公司章程、股东会会议记录、董事会会议决议、监事会会议决议和财务会计报告”；第九十七条规定：“股份有限公司应当将公司章程、股东名册、公司债券存根、股东大会会议记录、董事会会议记录、监事会会议记录、财务会计报告置备于本公司”；第九十八条规定：“股东有权查阅公司章程、股东名册、公司债券存根、股东大会会议记录、董事会会议决议、监事会会议决议、财务会计报告，对公司的经营提出建议或者质询。”这种公开性还表现在公司章程是公司公开发行股票时必须信息披露的文件之一。

第三，公司章程的自治性。公司章程的内容除了法律所规定的必备条款外，还有一些任意性条款，即根据本公司的行业属性、股东构成、资本规模等不同特点，确立有“有本公司特色”的公司章程。因此,可以说公司章程是公司自治规则和自治手段,公司应充分利用公司章程的自治性,制定出既不违反法律规定,又体现股东自治意思的公司章程。

(二) 文种格式

1. 首部

在居中位置写明“×××有限公司(股份有限公司)章程”。

2. 正文

正文是公司章程的内容部分。

有限公司的章程包括:

(1) 决定公司的经营方针和投资计划;

(2) 选举和更换非由职工代表担任的董事、监事,决定有关董事、监事的报酬事项;

(3) 审议批准董事会的报告;

(4) 审议批准监事会或者监事的报告;

(5) 审议批准公司的年度财务预算方案、决算方案;

(6) 审议批准公司的利润分配方案和弥补亏损方案;

(7) 对公司增加或者减少注册资本做出决议;

(8) 对发行公司债券做出决议;

(9) 对公司合并、分立、解散、清算或者变更公司形式做出决议;

(10) 修改公司章程;

(11) 公司章程规定的其他职权。

股份有限公司的章程包括:

(1) 公司名称和住所;

(2) 公司经营范围;

(3) 公司设立方式;

(4) 公司股份总数、每股金额和注册资本;

(5) 发起人的姓名或者名称、认购的股份数、出资方式和出资时间;

(6) 董事会的组成、职权和议事规则;

(7) 公司法定代表人;

(8) 监事会的组成、职权和议事规则;

(9) 公司利润分配办法;

(10) 公司的解散事由与清算办法;

(11) 公司的通知和公告办法;

(12) 股东大会会议认为需要规定的其他事项。

上述内容是公司章程必须写明的内容,也可以称为绝对必要记载事项。当然不同的公司还可以根据自己的意思自治,在不违反法律、行政法规和社会公共利益的前提下将事项记载于公司章程。

3. 尾部

一般为股东的签章和签署的时间。

例文：

有限责任公司章程

（不设董事会、监事会的有限责任公司）

第一章　总　　则

第一条　为维护公司、股东的合法权益，规范公司的组织和行为，根据《中华人民共和国公司法》（以下简称《公司法》）和其他有关法律、行政法规的规定，制定本章程。

第二条　公司名称：（以下简称公司）

第三条　公司住所：

第四条　公司营业期限：永久存续（或自公司设立登记之日起至××××年×月×日）。

第五条　执行董事为公司的法定代表人（或经理为公司的法定代表人）。

第六条　公司是企业法人，有独立的法人财产，享有法人财产权。股东以其认缴的出资额为限对公司承担责任。公司以全部财产对公司的债务承担责任。

第七条　本章程自生效之日起，即对公司、股东、执行董事、监事、高级管理人员具有约束力。

第二章　经营范围

第八条　公司的经营范围：

（以上经营范围以公司登记机关核定为准）

第九条　公司根据实际情况，可以改变经营范围，但须经公司登记机关核准登记。

第三章　公司注册资本

第十条　公司由　个股东共同出资设立，注册资本为人民币　万元。

股东姓名或名称	出资额/万元	出资方式	出资比例/%

（注：出资比例是指占注册资本总额的百分比；出资方式应注明为货币、实物、知识产权、土地使用权等）

股东以货币出资的，应当将货币出资足额存入公司在银行开设的账户；以非货币财产出资的，应当评估作价并依法办理其财产权的转移手续。

第十一条　股东应当按期足额缴纳各自所认缴的出资额，并在缴纳出资后，经依法设立的验资机构验资并出具证明。

第十二条　公司注册资本由全体股东依各自所认缴的出资比例分次缴纳。首次出资应当在公司设立登记以前足额缴纳（注：股东出资采取一次到位的，不需要填写下页表)。股东缴纳出资情况如下：

(一)首次出资情况

股东姓名或名称	出资额/万元	出资方式	出资比例/%	出资时间

(二)第二次出资情况

股东姓名或名称	出资额/万元	出资方式	出资比例/%	出资时间

(注：出资比例是指占注册资本总额的百分比；出资方式应注明为货币、实物、知识产权、土地使用权等)

第十三条　公司可以增加或减少注册资本，公司增加或减少注册资本，按照《公司法》以及其他有关法律、行政法规的规定和公司章程规定的程序办理。

第十四条　公司成立后，应当向股东签发出资证明书。

第四章　股　东

第十五条　公司置备股东名册，记载下列事项：

(一)股东的姓名或名称及住所；

(二)股东的出资额；

(三)出资证明书编号。

记载于股东名册的股东，可以依股东名册主张行使股东权利。

第十六条　股东享有如下权利：

(略)

第十七条　股东承担如下义务：

(略)

第十八条　自然人股东死亡后，由合法继承人继承其股东资格，其他股东不得对抗或妨碍其行使股东权利。

第五章　股权转让

第十九条　股东之间可以相互转让其全部或部分股权，无须征得其他股东同意。

第二十条　股东向股东以外的人转让股权，应当经其他股东过半数同意。股东应就其股权转让事项书面通知其他股东征求同意，其他股东自接到书面通知之日起三十日内未答复的，视为同意转让。其他股东半数以上不同意转让的，不同意的股东应当购买该转让的股权；不购买的，视为同意转让。

第二十一条 经股东同意转让的股权，在同等条件下，其他股东有优先购买权。两个以上股东主张行使优先购买权的，协商确定各自的购买比例；协商不成的，按照各自认缴的出资比例行使优先购买权。

第二十二条 依本章程第十九条、第二十条、第二十一条的规定转让股权后，公司应当注销原股东的出资证明书，向新股东签发出资证明书，并相应修改公司章程和股东名册中有关股东及其出资额的记载。对公司章程该项修改不需再由股东会决议。

第六章 股 东 会

第二十三条 股东会由全体股东组成，是公司的权力机构，行使下列职权：

（一）决定公司的经营方针和投资计划；

（二）选举或者更换执行董事、非由职工代表担任的监事，决定有关执行董事、监事的报酬事项；

（三）聘任或者解聘公司经理，决定其报酬事项；

（四）审议批准执行董事的报告；

（五）审议批准监事的报告；

（六）审议批准公司年度财务预算方案、决算方案；

（七）审议批准公司年度利润分配方案和弥补亏损方案；

（八）对公司增加或者减少注册资本做出决议；

（九）对发行公司债券做出决议；

（十）对公司的合并、分立、解散、清算或者变更公司形式做出决议；

（十一）修改公司章程；

（十二）对公司向其他企业投资或者为他人提供担保做出决议；

（十三）决定聘用或解聘承办公司审计业务的会计师事务所；

（十四）国家法律、行政法规和本章程规定的其他职权。

第二十四条 股东可以自行出席股东会，也可以委托代理人出席股东会并代为行使表决权。委托代理人出席会议的，其代理人应出示股东的书面委托书。

第二十五条 首次股东会会议由出资最多的股东召集和主持。

第二十六条 股东会会议分为定期会议和临时会议。

定期会议每年召开一次，并于上一会计年度完结之后三个月之内举行。经代表十分之一以上表决权的股东、执行董事、监事提议，应当召开临时会议。

第二十七条 召开股东会会议，应当于会议召开十五日前通知全体股东。经全体股东一致同意，可以调整通知时间。

股东或者其合法代理人按期参加会议的，视为已接到了会议通知。该股东不得仅以此主张股东会程序违法。

第二十八条 股东会会议由执行董事召集和主持；执行董事不能履行职务或者不履行职务的，由监事召集和主持；监事不召集和主持的，代表十分之一以上表决权的股东可自行召集和主持。

第二十九条　股东会会议由股东按照认缴出资比例行使表决权。

第三十条　股东会会议对所议事项作出决议,须经代表过半数以上表决权的股东通过,但是对公司修改章程、增加或者减少注册资本以及公司合并、分立、解散或者变更公司形式作出决议,须经代表三分之二以上表决权的股东通过。

第七章　执行董事、经理、监事

第三十一条　公司设执行董事,由股东会选举或更换。执行董事任期每届　年。(注:不超过三年)任期届满,可连选连任。

第三十二条　执行董事对股东会负责,行使下列职权:

(略)

第三十三条　公司设经理,由股东会决定聘任或者解聘。经理行使以下职权:

(略)

第三十四条　公司设监事一名(注:或两名)。股东代表出任的,由股东会选举或更换;职工代表出任的,由公司职工通过职工大会(注:或职工代表大会)民主选举产生。

执行董事、高级管理人员不得兼任监事。

监事任期每届为三年。监事任期届满,可以连选连任。

第三十五条　监事行使下列职权:

(略)

第八章　公司财务、会计

第三十六条　公司分配当年税后利润时,应当提取利润的百分之十列入公司法定公积金。公司法定公积金累计额为公司注册资本的百分之五十以上的,可以不再提取。

公司的法定公积金不足以弥补以前年度亏损的,在依照前款规定提取法定公积金之前,应当先用当年利润弥补亏损。

公司从税后利润中提取法定公积金后,经股东会决议,还可以从税后利润中提取任意公积金。

公司弥补亏损和提取公积金后所余税后利润,按照股东的实缴出资比例分配红利。

第九章　公司的解散和清算

第三十七条　公司有下列情形之一的,可以解散:

(一)公司章程规定的营业期限届满;

(二)股东会决议解散;

(三)因公司合并或者分立需要解散;

(四)依法被吊销营业执照、责令关闭或者被撤销;

(五)人民法院依据《公司法》第一百八十三条的规定予以解散。

公司有前款第(一)项情形的,可以通过修改公司章程而存续。

第三十八条　公司因章程第三十七条第(一)、(二)、(四)、(五)项的规定而解散的,应当依法组建清算组并进行清算;公司清算结束后,清算组制作清算报告,报股东会确认,并报送公司登记机关,申请注销公司登记,公告公司终止。

第三十九条 清算组由股东组成，依照《公司法》及相关法律、行政法规的规定行使职权和承担义务。

第十章 附 则

第四十条 本章程所称公司高级管理人员指公司经理、副经理、财务负责人。

第四十一条 公司章程的解释权属股东会。本章程如与国家法律、法规相抵触的，以国家法律、法规为准。

第四十二条 本章程所称“以上”含本数；“过半数”不含本数。

第四十三条 公司根据需要或因公司登记事项变更而修改公司章程的，修改后的公司章程应送公司原登记机关备案。

全体股东签名(盖章)：

××××年××月××日

[文章来源：北大法律信息网 http://dllawyers.chinalawinfo.com]

二、股权转让协议

股权转让是公司在运营过程中经常会遇到的变动情况。有限公司是资合性与人合性兼具的公司形式，股份有限公司可能更偏重于资合性。总之，无论是哪种类型的公司，股权转让可能都是常态。

(一) 文种特征

股权转让协议是当事人之间依照法律或公司章程的规定就转让一方持有的有限公司或股份有限公司的股权事宜而达成的关于确定他们之间权利义务关系的协议。其主要特征为：

第一，股权转让的实质是一种股权买卖行为。股权转让中的转让方将股权的控制权即股权的所有权让渡给受让方，受让方通过支付股权转让的对价获得股权的所有权。

第二，股权转让后公司的股本不发生变化，公司的法人资格也未发生改变。我国实施的是公司资本充实制度。股权转让完成后，公司的股东发生了变化，如果是部分股权发生转让，则只是增加了股东；如果是全部股权发生了变化，出让方的原股东身份就被受让方所取代。在这个过程中，总股本从未发生改变，公司的法人资格也没有任何改变。

第三，股权转让是要式行为。原因在于股权转让除符合实体条件外，还得完成法律规定的股权转让的法定程序。

(二) 文种制作的基本知识

在制作股权转让协议前应明确是股东内部转让还是股东向非股东转让。因为二者程序上的要求对股权转让协议效力存在着影响力。

(1) 公司内部转让没有专门的限制，除非公司章程对股权转让另有规定。“有限责任公司的股东之间可以相互转让其全部或部分股份。”我国法律对股东向公司的其他股东转让股份采取的是自由主义原则，只要转让方与受让方协商一致，转让协议即可生效。

(2) 股东向公司外部转让,我国法律设定了一系列的限制,主要体现在以下几个方面:

第一,同意人数限制。股东向非股东转让股权必须经其他股东过半数同意。这里的"过半数同意"是指股东人数的过半数,并不是指持股数额的过半数,即实行"股东多数决",并非"资本多数决"。

第二,程序限制和推定规定。股东就其股权转让事项书面通知其他股东征求同意,其他股东自接到书面通知之日起满30日未答复的,视为同意转让。其他股东半数以上不同意转让的,不同意的股东应当购买该转让的股权;不购买的,视为同意转让。这里要求所有的通知和答复应采用书面形式,答复期限为30日,推定结果皆为购买。只有满足了所有的程序,才可能保证股权转让协议的有效性。

第三,"优先购买权"的赋予。意指经股东同意转让的股权,在同等条件下,其他股东,包括同意该项转让的股东和不同意该项转让的股东都有优先购买权。这种权利是以"在同等条件下"为限制条件的。所谓的"条件",指股权转让方提出的对价,主要是股权转让的价金,也包括其他的附加条件。

(三) 文种格式

1. 首部

在居中位置写明"股权转让协议"。

2. 正文

应写明当事人的自然情况、股权转让份额、价款、支付方式、违约责任、争议解决,等等。

3. 尾部

尾部为当事人的签章和时间。

例文:

股权转让协议

出让方:________(以下简称甲方)

受让方:________(以下简称乙方)

鉴于:

A. ________公司(以下简称一公司)系乙方控股的子公司,乙方持有一公司________%的出资额。主营公路桥梁工程建设。

B. 甲方系一公司的股东之一,持有乙公司________%的出资额。

C. 甲方拟将其持有一公司的全部出资(以下统称股权)转让给乙方。

为了维护双方的合法权益,保障股权转让行为的正确和顺利实施,双方依照中华人民共和国有关法律、法规的规定,在平等自愿、协商一致的基础上,签订本协议,共同遵照执行。

第一章 协议双方的主体资格

第一条 甲方为经批准登记的社团法人,注册登记号为:________。甲方出让一公司全部股权的行为已获得股东会的批准。

第二条　乙方为一家主营公路桥梁建设业务的有限责任公司，持有一公司________%的股权。工商登记注册号为：________。乙方对外投资，受让一公司股权的行为已获得本公司董事会及省国资委的批准。

第二章　股权转让的数额及比例

第三条　甲方现持有一公司________元（人民币，下同）股权，占一公司注册资本的比例为________%。

第四条　甲方将其持有的________元股权转让给乙方，占转让前一公司注册资本的比例为________%。

第三章　股权转让的价格确定

第五条　股权转让的价格为双方协议价。

第六条　双方协议确定股权转让的价格主要考虑截至________年________月________日，一公司注册资本与净资产的比值，并经________国资委批准。

第七条　股权转让的价格确定为乙方以________元的单价购买甲方________元的股权。即乙方出资________元，受让甲方________元的股权。转让完成后，乙方持有一公司100%的股权。

第四章　价款支付及所有权转移

第八条　乙方以现金方式支付价款。

第九条　本协议生效后________日以内，乙方将全部价款________元一次划入甲方指定的账户内。

第十条　从工商变更登记之日起，受让股权的所有权正式发生转移。

第五章　工商变更登记

第十一条　有关股权转让的工商变更登记手续及其他有关部门的批准或同意由甲方与一公司协商后负责办理。

第十二条　办理上述手续需要乙方给予的协助，乙方应按甲方不时提出的要求及时完成。

第六章　双方的保证

第十三条　甲方保证其转让的股份不存在担保、抵押及法律争议，并有权转让其股份。

第十四条　乙方保证其为依法成立并合法存续的企业法人，有权受让甲方转让的股份。成为一公司的股东后履行股东的责任和义务，遵守一公司的章程。

第七章　违约责任及免责条款

第十五条　任何一方违反本协议，均应承担对方因此造成的一切损失（直接损失、间接损失及有关索赔的支出及费用）。

第十六条　任何一方因战争、自然灾害或其他人力不可抗拒的原因不能履行本协议的，均不承担对方因此造成的损失。

第八章　争议的解决

第十七条　因本协议产生的任何争议，由双方协商解决，协商不成时，任何一方均可依法向有管辖权的人民法院提起诉讼。

第九章　其　　他

第十八条　本协议未尽事宜,由双方协商解决。

第十九条　本协议自双方法人代表或授权代表签字盖章后生效。

第二十条　本协议一式四份,双方各执一份,其余报有关部门备案,具有同等法律效力。

甲方(公章):________　　　　乙方(公章):________

法定代表人(签字):________　　　　法定代表人(签字):________

________年____月____日　　　　________年____月____日

[文章来源:北大法律信息网 http://dllawyers.chinalawinfo.com]

三、上市公司年度报告

(一) 文种的概念与特征

上市公司年度报告是指上市公司应当在每个会计年度结束之日起 4 个月内编制并公布的,反映某一会计年度中公司总体经营与财务状况的报告。上市公司的年度报告具有如下特征。

第一,公开真实性。上市公司年度报告作为一种制度和形式把公司经营、财务情况向股东公开,向社会公众公开,内容必须真实、准确、完整,不得有虚假隐瞒或者重大遗漏。

第二,规范性。关于上市公司的年度报告,我国相关法律、法规比如《证券法》《公开发行证券的公司信息披露内容与格式准则第 2 号——年度报告的内容与格式》从报告写作的格式、报告的时间、报告的公布方式到报告的内容都有较为明确的规定,因此规范性是上市公司年度报告最显著的特点。

(二) 文种格式

正如上文所述,对于上市公司的年度报告国家法律有专门、具体、明确的要求,故上市公司年度报告的写作应严格遵循法律、法规和部门规章的规定。

1. 标题

标题由上市公司名称、年份加年度报告构成。

2. 正文

首先,正文的编制应符合下列要求。

(1) 年度报告中引用的数字应当采用阿拉伯数字,有关货币金额除特别说明外,指人民币金额,并以元、千元、万元或百万元为单位。

(2) 公司可根据有关规定或其他需求,编制年度报告外文译本,但应努力保证中外文文本的一致性,并在外文文本上注明:“本报告分别以中、英(或日、法等)文编制,在对中外文文本的理解上发行歧义时,以中文文本为准。”

(3) 年度报告印刷文本应采用质地良好的纸张印刷,幅面为 209mm×295mm(相当于标准的 A4 纸规格)。年度报告封面应载明公司的名称、“年度报告”的字样、报告期年份，也可以载有公司的外文名称、徽章或其他标记、图案等。年度报告的目录应编排在显著位置。

(4) 年度报告可以刊载宣传本公司的照片和图表，但不得刊登任何祝贺性、恭维性或推荐性的词句或题字，不得含有欺诈和误导的行为。

其次，正文的编制应包括下列内容。

(1) 重要提示及目录。公司应在年度报告文本扉页刊登如下(不限于)重要提示。

本公司董事会、监事会及董事、监事、高级管理人员保证本报告所载资料不存在任何虚假记载、误导性陈述或者重大遗漏，并对其内容的真实性、准确性和完整性承担个别及连带责任。如有董事、监事、高级管理人员对年度报告内容的真实性、准确性、完整性无法保证或存在异议的，应当声明：××董事、监事、高级管理人员无法保证本报告内容的真实性、准确性和完整性，理由是……请投资者特别关注。

如有董事未出席董事会，应当单独列示其姓名。

如果执行审计的会计师事务所对公司出具了非标准审计报告，重要提示中应增加以下陈述：

××会计师事务所为本公司出具了带强调事项段的无保留意见(或保留意见、无法表示意见、否定意见)的审计报告，本公司董事会、监事会对相关事项亦有详细说明，请投资者注意阅读。

公司负责人、主管会计工作负责人及会计机构负责人(会计主管人员)应当声明：保证年度报告中财务报告的真实、完整。

年度报告目录应标明各章、节的标题及其对应的页码。

(2) 公司基本情况简介。公司应披露如下内容。

① 公司的法定中、英文名称及缩写。

② 公司法定代表人。

③ 公司董事会秘书及其证券事务代表的姓名、联系地址、电话、传真、电子信箱。

④ 公司注册地址，公司办公地址及其邮政编码，公司国际互联网网址、电子信箱。

⑤ 公司选定的信息披露报纸名称，登载年度报告的中国证监会指定网站的网址，公司年度报告备置地点。

⑥ 公司股票上市交易所、股票简称和股票代码。

⑦ 其他有关资料：

a. 公司首次注册或变更注册登记日期、地点；

b. 企业法人营业执照注册号；

c. 税务登记号码；

d. 组织机构代码；

e. 公司聘请的会计师事务所名称、办公地址。

(3) 会计数据和业务数据摘要。公司应披露本年度实现的营业利润、利润总额、归属于上市公司股东的净利润、归属于上市公司股东的扣除非经常性损益后的净利润、经营活动产生的现金流量净额。已发行人民币普通股(指A股)，又发行境内上市外资股或境外上市外资股的公司,应披露按不同会计准则计算的净利润、净资产并说明其差异。公司在披露"扣除非经常性损益后的净利润"时,还应同时说明扣除的项目、涉及金额。

公司应采用数据列表方式(可以附有图形表),提供截至报告期末公司近3年的主要会计数据和财务指标,包括以下各项:营业收入、利润总额、归属于上市公司股东的净利润、归属于上市公司股东的扣除非经常性损益后的净利润、总资产、所有者权益(或股东权益)、经营活动产生的现金流量净额、每股经营活动产生的现金流量净额、归属于上市公司股东的每股净资产、净资产收益率、每股收益等。计算公式(不须披露)如下:

归属于上市公司股东的每股净资产=年度末归属于上市公司股东的所有者权益/年度末普通股股份总数

每股经营活动产生的现金流量净额=经营活动产生的现金流量净额/年度末普通股股份总数

净资产收益率、每股收益的计算公式参照《公开发行证券的公司信息披露编报规则第9号——净资产收益率和每股收益的计算及披露》执行。

(4) 股本变动及股东情况。

公司应按以下要求披露股本变动情况:

① 股份变动情况表(按照《公开发行证券的公司信息披露内容与格式准则第5号——公司股份变动报告的内容与格式》表1或表2规定的格式进行编制)。

② 证券发行与上市情况。

a. 介绍到报告期末为止的前3年历次证券发行情况,包括股票、可转换公司债券、分离交易的可转换公司债券、公司债券及其他衍生证券的种类、发行日期、发行价格(或利率)、发行数量、上市日期、获准上市交易数量、交易终止日期等。

b. 对报告期内因送股、转增股本、配股、增发新股、非公开发行股票、权证行权、实施股权激励计划、企业合并、可转换公司债券转股、减资、内部职工股上市、债券发行或其他原因引起公司股份总数及结构的变动、公司资产负债结构的变动,应予以说明。

c. 介绍现存的内部职工股的发行日期、发行价格、发行数量等。

公司应按以下要求披露股东和实际控制人情况。

① 按照《公开发行证券的公司信息披露内容与格式准则第5号——公司股份变动报告的内容与格式》表5或表6规定的格式披露以下内容:

a. 报告期末股东总数。

b. 持有本公司5%以上(含5%)股份的股东的名称、年度内股份增减变动的情况、年末持股数量、所持股份类别及所持股份质押或冻结的情况。若持股5%以上(含5%)的股东少于10人,则应列出至少前10名股东的持股情况。如所持股份中包括已上市流通股份(或无限售条件股份)、未上市流通股份(或有限售条件股份),应分别披露其数额。

如前10名股东之间存在关联关系或属于《上市公司收购管理办法》规定的一致行动人的,应予以说明。

如果有战略投资者或一般法人因配售新股成为前10名股东的,应予以注明,并披露约定持股期间的起止日期。

以上列出的股东情况中应注明代表国家持有股份的单位或外资股东。

② 公司控股股东情况。若控股股东为法人的,应介绍名称、单位负责人或法定代表人、成立日期、注册资本、主要经营业务或管理活动等;若控股股东为自然人的,应介绍其姓名、国籍、是否取得其他国家或地区居留权、最近5年内的职业及职务。如报告期内控股股东发生变更,应列明披露相关信息的指定报纸及日期。

③ 公司实际控制人情况。公司还应比照上述内容,披露公司的实际控制人情况,并以方框图及文字的形式披露公司与实际控制人之间的产权和控制关系。实际控制人应披露到自然人、国有资产管理部门,或者股东之间达成某种协议或安排的其他机构或自然人,包括以信托方式形成实际控制的情况。

④ 其他持股在10%以上(含10%)的法人股东,应介绍其法定代表人、成立日期、主要经营业务或管理活动、注册资本等情况。

⑤ 公司前10名无限售流通股股东的名称全称、年末持有无限售流通股的数量和种类(A、B、H股或其他)。如前10名无限售流通股股东之间,以及前10名无限售流通股股东和前10名股东之间存在关联关系或属于《上市公司收购管理办法》规定的一致行动人的,应予以说明。

⑥ 报告期末完成股权分置改革的公司还应当按照《公开发行证券的公司信息披露内容与格式准则第5号——公司股份变动报告的内容与格式》表4规定的格式披露公司前10名股东中原非流通股股东持有股份的限售条件。

(5) 董事、监事、高级管理人员和员工情况。公司应披露董事、监事和高级管理人员的情况,包括:

① 基本情况。基本情况包括现任董事、监事、高级管理人员的姓名、性别、年龄、任期起止日期、年初和年末持有本公司股份、股票期权、被授予的限制性股票数量、年度内股份增减变动量及增减变动的原因。如为独立董事,需单独注明。

② 现任董事、监事、高级管理人员最近5年的主要工作经历。董事、监事、高级管理人员如在股东单位任职,应说明职务及任职期间,以及在除股东单位外的其他单位的任职或兼职情况。

③ 年度报酬情况。董事、监事和高级管理人员报酬的决策程序、报酬确定依据以及报酬的实际支付情况。披露每一位现任董事、监事和高级管理人员在报告期内从公司获得的税前报酬总额(包括基本工资、奖金、津贴、补贴、职工福利费和各项保险费、公积金、年金以及以其他形式从公司获得的报酬)。全体董事、监事和高级管理人员的报酬合计。另外,将获得的股权激励按照可行权股数、已行权数量、行权价以及报告期末市价单独列示。公司应列明不在公司领取报酬、津贴的董事、监事的姓名,并注明其是否在股东单位或其他关联单位领取报酬、津贴。

④ 在报告期内被选举或离任的董事和监事、聘任或解聘的高级管理人员姓名,及董事、监事离任和高级管理人员解聘原因。

公司应披露员工情况,包括在职员工的数量、专业构成(如生产人员、销售人员、技术人员、财务人员、行政人员)、教育程度及公司需承担费用的离退休职工人数。

(6) 公司治理结构。

① 公司应对照中国证监会发布的有关上市公司治理的规范性文件,说明公司治理的实际状况与该文件要求是否存在差异,如有差异,应明确说明。

② 公司应介绍独立董事履行职责情况。履行职责情况具体指独立董事出席董事会的情况;独立董事对公司有关事项曾提出异议的,需披露该事项的内容、独立董事的姓名及所提异议的内容等。

③ 公司应说明其与控股股东在业务、人员、资产、机构、财务等方面是否做到分开,并说明公司是否具有独立完整的业务及自主经营能力。如做到分开,应明确说明;如不能完全独立于控股股东,应具体说明这种状况对公司产生的影响,并提出改进措施。

④ 公司应披露报告期内对高级管理人员的考评及激励机制、相关奖励制度(如有)的建立、实施情况。

(7) 股东大会情况简介。公司应介绍报告期内召开的年度股东大会和临时股东大会的有关情况,包括:会议届次、召开日期、会议决议刊登的信息披露报纸及披露日期。

(8) 董事会报告。公司董事会报告中应当对财务报告与其他必要的统计数据以及报告期内发生或将要发生的重大事项,进行讨论与分析,以有助于投资者了解其经营成果、财务状况(含现金流量情况)。公司可以运用逐年比较、数据列表或其他方式对相关事项进行列示,以增进投资者的理解。讨论与分析不能只重复财务报告的内容,应着重于其已知的、可能导致财务报告难以显示公司未来经营成果与财务状况的重大事项和不确定性因素,包括已对报告期产生重要影响但对未来没有影响的事项,以及未对报告期产生影响但对未来具有重要影响的事项等。内容包括但不限于:

第一,报告期内公司经营情况的回顾。这包括报告期内总体经营情况,列示公司营业收入、营业利润、净利润的同比变动情况,说明引起变动的主要影响因素;分析公司主营业务及其经营状况。公司应当根据自身实际情况,分别按行业、产品或地区说明报告期内公司主营业务收入、主营业务利润的构成情况;若报告期公司资产构成(应收款项、存货、投资性房地产、长期股权投资、固定资产、在建工程、短期借款、长期借款等占总资产的比重)同比发生重大变动的,应当说明产生变化的主要影响因素。若报告期公司销售费用、管理费用、财务费用、所得税等财务数据同比发生重大变动的,应当说明产生变化的主要影响因素;结合公司现金流量表相关数据,说明公司经营活动、投资活动和筹资活动产生的现金流量的构成情况,若相关数据同比发生重大变动,公司应当分析主要影响因素。若报告期公司经营活动产生的现金流量与报告期净利润存在重大差异的,公司应当解释原因;公司可以根据实际情况对公司设备利用情况、订单的获取情况、产品的销售或积压情况、主要技术人员变动情况等与公司经营相关的重要信息进行讨论与分析;公司主要子公司、参股公司的经营情况及业绩分析;公司控制的特殊目的主体情况。应介绍公司对其控制权方式和控制权内容,并说明公司从中可以获取的利益和对其所承担的风险。另外,公司还应介绍特殊目的主体对其提供融资、商品或劳务以支持自身主要经营活动的相关情况。公司控制的特殊目的主体为"《企业会计准则第 33 号——合并财务报表》应用指南中所规定的特殊目的主体”。

第二，对公司未来发展的展望。公司应当结合回顾的情况，分析所处行业的发展趋势及公司面临的市场竞争格局；公司应当向投资者提示管理层所关注的未来公司发展机遇和挑战，披露公司发展战略，以及拟开展的新业务、拟开发的新产品、拟投资的新项目等；公司应当披露为实现未来发展战略所需的资金需求及使用计划，以及资金来源情况，说明维持公司当前业务并完成在建投资项目的资金需求、未来重大的资本支出计划等，包括未来已知的资本支出承诺、合同安排、时间安排等。同时，对公司资金来源的安排、资金成本及使用情况进行说明；公司应当遵循重要性原则披露可能对公司未来发展战略和经营目标的实现产生不利影响的所有风险因素(包括宏观政策风险、市场或业务经营风险、财务风险、技术风险等)，公司应当针对自身特点进行风险揭示，披露的内容应当充分、准确、具体；公司董事会报告中应介绍报告期内的投资情况，分析报告期内公司投资额比上年的增减变动数及增减幅度，被投资的公司名称、主要经营活动、占被投资公司权益的比例等。

除此之外，公司应披露董事会日常工作情况，包括：

① 报告期内董事会的会议情况及决议内容，如对公司信息披露事务管理制度的决议等。相关董事会决议已作为临时报告在指定报纸披露，只需说明会议届次、召开日期、信息披露报纸及披露日期。

② 董事会对股东大会决议的执行情况(包括董事会对股东大会授权事项的执行情况，报告期内公司利润分配方案、公积金转增股本方案、股权激励方案执行情况，报告期内配股、增发新股等方案的实施情况)。

③ 董事会下设的审计委员会的履职情况汇总报告，包括对公司财务报告的两次审议意见、对会计师事务所审计工作的督促情况、向董事会提交的会计师事务所从事上年度公司审计工作的总结报告，以及对下年度续聘或改聘会计师事务所的决议书。

④ 董事会下设的薪酬委员会的履职情况汇总报告，包括对公司董事、监事和高级管理人员所披露薪酬的审核意见，对公司股权激励计划实施过程中的授权是否合规、行权条件是否满足的核实意见。

(9) 监事会报告。公司应披露报告期内监事会的工作情况，包括召开会议的次数，各次会议的议题等。监事会应对下列事项发表独立意见：

① 公司依法运作情况。公司决策程序是否合法，是否建立完善的内部控制制度，公司董事、高级管理人员执行公司职务时有无违反法律、法规、公司章程或损害公司利益的行为。

② 检查公司财务的情况。监事会应明确说明财务报告是否真实反映公司的财务状况和经营成果。

③ 公司最近一次募集资金实际投入项目是否和承诺投入项目一致，实际投资项目如有变更，变更程序是否合法。

④ 公司收购、出售资产交易价格是否合理，有无发现内幕交易，有无损害部分股东的权益或造成公司资产流失。

⑤ 关联交易是否公平,有无损害公司利益。

⑥ 如果会计师事务所出具了非标准审计报告的,或者公司报告期利润实现数较利润预测数低20%以上或较利润预测数高20%以上的,监事会应就董事会对上述事项的说明明确表示意见。

(10) 重要事项。

① 重大诉讼和仲裁事项。公司应披露重大诉讼、仲裁事项,包括发生在编制本年度中期报告之后的涉及公司的重大诉讼、仲裁事项,应陈述该事项基本情况、涉及金额。已在本年度中期报告中披露,但尚未结案的重大诉讼、仲裁事项,应陈述其进展情况或审理结果及影响。对已经结案的重大诉讼、仲裁事项,还应说明其执行情况。如报告期内公司无重大诉讼、仲裁事项,应明确陈述"本年度公司无重大诉讼、仲裁事项"。

② 公司应披露报告期内收购及出售资产、企业合并事项的简要情况及进程,说明上述事项对公司业务连续性、管理层稳定性的影响,对财务状况和经营成果的影响,说明所涉及的金额及其占利润总额的比例。

③ 公司应披露股权激励计划在本报告期的具体实施情况,包括但不限于:实施股权激励计划履行的相关程序及总体情况;激励基金提取情况;股权激励股份购买情况;对激励对象的考核情况;对激励对象范围的调整情况及履行的程序;股权激励股份授予数量及解除锁定情况;股票期权授予及行权情况;股票期权行权价格及期权数量等的调整情况及履行的程序;实施股权激励计划对公司本报告期及以后各年度财务状况和经营成果的影响;涉及股权激励的其他事项。

④ 公司应披露报告期内发生的重大关联交易事项。若对于某一关联方,报告期内累计关联交易总额高于3 000万元且占公司最近一期经审计净资产值5%以上的,须披露详细情况。本准则中对有关关联方的确定按上市规则规定的标准执行。

⑤ 公司应披露重大合同及其履行情况。包括(但不限于):

a. 在报告期内发生或以前期间发生但延续到报告期的托管、承包、租赁其他公司资产或其他公司托管、承包、租赁公司资产的事项,且该事项为公司带来的利润达到公司当年利润总额的10%以上(含10%)时,应详细披露有关合同的主要内容,如有关资产的情况、涉及的金额和期限、收益及其确定依据等。同时还应披露该收益对公司的影响。

b. 重大担保。披露报告期内履行的及尚未履行完毕的担保合同,包括担保金额、担保期限、担保对象、担保类型(一般担保或连带责任担保)、担保的决策程序等。对于未到期担保合同,如有明显迹象表明有可能承担连带清偿责任,应明确说明。公司还应披露本年度发生的公司对子公司提供担保的金额,担保总额占公司净资产的比例,公司为股东、实际控制人及其关联方提供担保的金额,公司直接或间接为资产负债率超过70%的被担保对象提供的债务担保金额,以及公司担保总额超过净资产50%部分的金额。

c. 在报告期内或报告期继续发生委托他人进行现金资产管理事项,公司应披露委托事项的具体情况,包括受托人名称、委托金额、委托期限、报酬确定方式,以及当年度实际收益或损失和实际收回情况等；公司还应说明该项委托是否经过法定程序，未来是否还有委托理财计划；公司若就该项委托计提投资减值准备的，应披露当年度计提金额。若公司有委托贷款事项，也应比照上述委托行为予以披露。

d. 其他重大合同。公司或持股5%以上股东如在报告期内或持续到报告期内有承诺事项，包括股改承诺、收购报告书或权益变动报告书中所作承诺、资产置换时所作承诺、发行时所作承诺和其他对公司中小股东所作承诺等，公司董事会应说明该承诺事项在报告期内的履行情况。

⑥ 公司应披露聘任、解聘会计师事务所情况，报告年度支付给聘任会计师事务所的报酬情况，以及目前的审计机构已为公司提供审计服务的连续年限（年限从审计机构与公司首次签订审计业务约定书日开始计算）。

⑦ 公司及其董事、监事、高级管理人员、公司股东、实际控制人、收购人如在报告期内有受有权机关调查、司法纪检部门采取强制措施、被移送司法机关或追究刑事责任、中国证监会稽查、中国证监会行政处罚、证券市场禁入、认定为不适当人选被其他行政管理部门处罚及证券交易所公开谴责的情形，应当说明原因及结论。如中国证监会及其派出机构对公司检查后提出整改意见的，应简单说明整改情况，披露整改报告书的信息披露报纸及日期。

⑧ 其他重大事件。公司还应披露其他在报告期内发生的《证券法》第六十七条、《公开发行股票公司信息披露实施细则（试行）》第十七条所列的重大事件，以及公司董事会判断为重大事件的事项。如前款所涉重要事项已作为临时报告在指定报纸披露，只需说明信息披露报纸及披露日期。

(11) 财务报告。对这一节法律要求公司应披露审计报告正文、经审计财务报表。这里所指的财务报表包括公司报告期末及其前一个年度末的比较式资产负债表、该两年度的比较式利润表、现金流量表、该年度所有者权益（股东权益）变动表和财务报表附注。其中，财务报表附注应对比较式报表的两个日期或期间的数据均做出说明。财务报表附注应当按照《公开发行证券的公司信息披露编报规则第15号——财务报告的一般规定》（2007年修订）和中国证监会发布的相关规定编制。

(12) 备查文件目录。公司应当披露备查文件的目录，包括：

① 载有法定代表人、主管会计工作负责人（如设置总会计师，须为总会计师）、会计机构负责人（会计主管人员）签名并盖章的财务报表。

② 载有会计师事务所盖章、注册会计师签名并盖章的审计报告原件。

③ 报告期内在中国证监会指定报纸上公开披露过的所有公司文件的正本及公告的原稿。

④ 在其他证券市场公布的年度报告。

公司应当在办公场所置备上述文件的原件。当中国证监会、证券交易所要求提供时，或股东依据法规或公司章程要求查阅时，公司应及时提供。

3. 尾部

尾部应注明公司名称和制作年度报告的时间。

知识链接

“公司章程”溯源 中国长期处在封建社会,商品经济不发达,当19世纪西方资本主义已经进入公司时代繁盛的时候,中国还处于封建时代的后期。因而现代公司形式的企业也发展较晚。清末帝国主义入侵后,清政府仿效英、美通过招商集股方式兴办轮船、电报等企业,著名的招商局就是当时以现代集股方式成立的最早的公司之一,而最早的成文公司法则是清政府于1870年12月颁布的《公司法》,其中对公司章程做出了简略的规范。

写作训练

1. 根据下文所提供的拟成立公司的信息写一篇有限公司的章程。

该公司的名称为大连×××自动化有限公司;该公司位于辽宁省大连市甘井子区×××路×××号;该公司的注册资本为3 600万元,由4个股东组成,分别是王××、李××、赵××、孙××;该公司的经营范围为机床及机床辅助设备的产品开发、机电一体化产品的开发、高智能游乐设施的开发,技术转让、咨询和培训,兼营机电、化工产品;该公司设有董事会,董事会成员为王××、李××、赵××,董事长为王××,同时王××兼任公司的总经理;该公司设有监事会,监事会的成员为孙××、吴××和范××;该公司预计每年召开两次固定的股东会。

2. A公司持有北京某科技公司30%的股权,北京某科技公司的注册资本为1 000万元,A公司欲将上述股权转让给B公司,B公司不是北京某科技公司的股东,此次股权转让的价格为每股1.5元,总额为4 500万元,B公司支付股权转让款的时间为签订协议后的10日内,双方的争议解决方式提交北京仲裁委员会仲裁。请根据以上表述写一份股权转让协议,要求格式规范、内容准确。

第二节 商务决策文书

一、市场调查报告

(一) 文种释义

市场调查是企业或企业代理人、专门的调查机构或研究人员,运用科学方法,对市场商品供求信息、市场营销活动信息、消费者信息等进行系统的收集、记录、整理、分析,提供基础性的数据和资料,以帮助企业营销管理人员解决营销管理决策问题的行为过程。市场调查报告是在市场调查基础上形成的以书面材料的形式,反映市场调查内容及工作过程,并提供调查结论和建议的报告。市场调查报告是市场调查研究成果的集中体现,其撰写得好坏将直接影响到整个市场调查研究工作的成果质量。

市场调查报告的作用在于帮助企业了解掌握市场的现状和趋势,增强企业在市场经济大潮中的应变能力和竞争能力,从而有效地促进经营管理水平的提高。

（二）文种分类

市场调查报告可以从不同角度进行分类。按调查对象的不同，它可以分为商品情况的调查报告、消费者情况的调查报告、销售情况的调查报告、市场竞争情况的调查报告；按其所涉及内容含量的多少，它可以分为综合性市场调查报告和专题性市场调查报告；按调查范围的不同，它可分为国际市场调查报告、全国市场调查报告、区域市场调查报告；按表述方法的不同，它可分为陈述型市场调查报告和分析型市场调查报告。

（三）文种格式

市场调查报告由标题、正文、落款三部分组成。

1. 标题

最常用的市场调查报告标题由调查内容与文种名称组合而成，例如，《大连市海产品市场调查报告》《2015 年中国草坪行业投资潜力与市场盈利预测分析报告》。同时，有的市场调查报告并不直接出现“市场调查报告”“市场预测报告”等字样，而是采用普通文章的标题，例如，《全国一线城市房地产市场量跌价滞》《首都自行车市场进入饱和期》，这种间接型标题，往往在标题中就已指出调查报告得出的结果或形成的观点。此外，还可以把上述两种标题组合使用形成复合标题，例如，《泥巴换外汇——陶瓷品出口情况调查报告》《竞争在今天，希望在明天——全国洗衣机用户问卷调查分析报告》。

2. 正文

市场调查报告的正文又分为引言、主体、结尾三部分。

（1）引言。引言又称导言、导语，是市场调查报告正文的前置部分。引言一般用简明扼要的文字说明调查报告撰写的依据，报告的研究目的，调查的范围、时间、地点及所采用的调查方法、方式。引言主要起到承接标题与正文主体的作用，例如，一篇题为《关于全市 2019 年空调市场的调查》的市场调查报告，其引言部分为“××市南方调查策划事务所受××委托，于 2019 年 6 月至 9 月在国内部分省市进行了一次空调市场调查。现将调查研究情况汇报如下：”。引言部分一般比较简短，甚至有时也可省略。但如果是以专著形式出现的大部头调查报告，那么其相应的引言部分也会较长。

（2）主体。正文主体是市场调查报告中的最主要部分，在这部分中，要客观、全面地阐述市场调查所获得的材料、数据，比如，市场规模、消费对象、竞争对手、市场环境等详细情况。并在此基础上进行分析论证，从而给出对市场发展变化的预测和判断。主体部分的写作要做到内容翔实、逻辑严密、层次清晰，而且优秀的市场调查报告，在罗列数据的同时还要综合运用图表、模型等多种工具加以辅助说明，以收到图文并茂的效果。

（3）结尾。结尾是全文的结束部分，要对整个市场调查的结果作一个小结。结尾首先要综述和重申主体部分得出的结论、观点，而且还要给出对策措施、具体建议。一般来说，应该提供多套方案供决策者参考，语言要做到条理清楚、言简意赅、易读好懂。有的调查报告还在结尾处加有附录，正文中不方便引入的数据、文件、材料等在结尾处以附录的形式列在最后。

3. 落款

全文结束之后,还要署上撰写调查报告的单位和人员姓名,并注明完稿日期,也有的调查报告在发表时将署名略去。

例文:

关于小米手机的市场调查报告

一、调研背景

目前我国手机产业在市场快速发展的依托下,继续保持了高速增长的发展势头。而手机商也在致力于手机的创新,更加地追求与众不同,以便在市场的竞争中占据优势。此前,智能手机就顺应时代的潮流问世了,安装谷歌安卓系统的HTC、安装苹果IOS系统的iPhone顿时风靡全球,在中国市场上有力地挑战了诺基亚市场份额第一的宝座。小米手机的问世使得国产手机取得了群体性的突破,但是作为一个新品牌想要在市场上占领一席之地,还要付出长期的努力。

二、调研目的

(一) 调查了解小米手机的市场知名度与影响力。

(二) 分析总结小米手机在当前市场环境下的优缺点。

(三) 研究小米手机的市场营销策略。

(四) 综合研究结论,提出自己的建议。

三、调研结果及分析

网上共有86人填写问卷,有83份有效问卷,有效率为96.5%,其中男女人数差别不大,男性占48.2%,女性占51.8%。由于投放的相关时间和发放的相关渠道不同,这里我们将重点讨论学生群体,采取的方法为抽样调查法。

(一) 小米在高校的市场

从调查数据来看,目前在学生手机用户中,占主流的是苹果、三星、小米,当然根据个人需求和消费行为以及对手机的依赖程度,也会有一些其他的手机受到人们的欢迎。尽管现在的手机市场竞争比较激烈,但同时机会也是比较多的,当今的消费者对一种产品的喜爱时间周期不会太长,他们都迫切地去追求更有特色的手机产品,如22.58%的人觉得自己所用的手机性能不好,有6.45%的人觉得自己手机的品牌不响亮,有3.23%的人觉得自己的手机外观不好看,有67.74%的人存在着各种各样的不满足。这对于手机商来说更是一个机会和挑战,只有迎合了消费者的个性需要,才能在市场上赢得一席之地。

同时,对于消费者来说,价格始终是个比较重要的因素,如调查所示,消费者在购买手机时的价格重视程度高,对于小米来说,这将会是一个很大的优势。

(二) 小米手机的优势和劣势

1. 优势

中国的手机市场巨大,在如今复杂的环境下,各个品牌相互竞争。而中国消费者的特点是追求物美价廉,价格千余元性价比比较高的手机将会占有中国普通智能手机消费市场的大部分份额。而小米手机是一款高性能发烧级智能手机,在我们所调查的人群中,80.65%的人购买和即将购买小米手机的主要原因都是觉得小米手机性价比高,同时新出品的国货小米更是在爱国情绪高涨的年代受到追捧,有38.71%的被调查者因为支持国货而购买,同时小米以其独特的MIUI系统和简约内敛的外观广泛受到消费者的喜爱。

2. 劣势

(1) 小米手机的做工和相应的设计还有待提高。有32.26%的人认为小米手机应该搭载多系统,有35.48%的人认为其抗摔能力不够强,有29.03%的人认为前置像头的像素有待改进。当然消费者所顾虑的还有其他原因,如小米手机的电池发热,等等。

(2) 售后服务没有保障。由于小米采用的是网上订购,零售渠道单一,有12.9%的人认为售后服务需要改善,而售后服务的好坏也会直接影响企业和产品在人们心中的形象。

(3) 国产手机的以往形象。由于以往的国货一向是以比较低劣的形象出现的,因此导致人们形成思维定式,要改变消费者的心理尚存在着一定的困难,所以小米必须以全新的形象出现,这就需要小米更加迎合消费者的需求,达到消费者的预期。

(4) 小米手机生产企业的品牌意识还不是很强烈,没有设置专门部门和专门人员研究品牌价值,没有多渠道进行品牌宣传和品牌提升,在顾客心中没有树立起鲜明、独特的企业品牌形象,没有运用品牌价值来拓展市场。

(三) 小米的营销方式和推广

通过调查发现,76.92%的人都对小米有个初步的了解,7.69%的人对小米非常了解,手机发烧友基本上很少有人没有听过小米这个品牌,说明小米在宣传方面做得比较好,消费者的认识度比较高。

1. 营销方式

(1) 事件营销:小米手机的创始人——雷军凭借其自身的号召力,自称自己是乔布斯的超级粉丝,一场酷似苹果的小米手机发布会于去年8月16日在中国北京召开。小米手机这招高调宣传发布会受到了众媒体与手机发烧友的关注。雷军在IT业以及投资领域的光环成功地将媒体的注意力转移到了小米手机之上,这就是名人效应。

(2) 饥饿营销:小米手机营销最成功之处当属其“半遮半露”的饥饿营销。小米发售其工程机时,没有资格参与活动的“米粉”们憋足了劲等待着9月5日的预订,而且规定9月5日具有500积分的米粉才有资格预定。“宁可信其有,不可信其无”,小米论坛里刷米的人都闹翻了天。虽然消费者对这种营销方式各持不同的意见,但不得不说这是一种成功的营销方式。

(3) 口碑营销:在调查当中,有70.97%的学生购买都是因为同学及周围的人的介绍。在用户越来越多地关心智能手机性价比的背景下,小米手机以其优越的配置和低廉的价格不断地制造话题,吸引人们的注意力,同时通过“发烧友”由点及面地逐渐扩大其在人们心中的影响力。小米手机口碑的形成主要在于其高性价比,以及人群的追捧和发酵,这种病毒式的口碑营销非常奏效,它为小米手机后期的在线销售奠定了基础。

(4) 微博营销:以微博为载体,跟“米粉”进行互动,拉近和用户之间的距离,提升用户的黏性,同时通过微博进行转发抽奖,进而达到宣传的目的。

(5)社区论坛营销:通过小米社区和论坛将“米粉”进行整合,交流小米手机的使用心得,发布各类小米手机的信息,举办各类活动,从而提升用户的黏性,培养大批小米手机的忠实用户。

2. 推广方式

根据调查发现,网络广告是最受欢迎的,66.67%的人都受到网络广告的吸引。同时有42.86%的人受到电视广告的吸引。如今的移动电商不断引领着时尚的潮流,充分利用好网络这个大平台将有助于小米迈上新的台阶。

(四)小米手机的前景

根据调查结果可以看出,58.06%的人十分看好小米,只有6.45%的人不看好小米。当然调查过程中可能带有消费者主观的情绪影响。小米以全线上售卖的方式,节约成本,具有强烈的时尚感,这是可以加分的。小米未来还会走线下的传统手机销售方式,也一样会走运营商定制的方式。只是目前小米还是个新生儿,渠道和运营商的谈判难度很大,没有那么快速达成合作。这两者也要观望小米的实际销售状况。至于物流和库存是凡客支持,对于小米,这肯定是节约成本的。同时,顺应大众的情绪,在恰当的时候顺应时代的潮流,小米也搭上了时代的顺风车。

四、建议

(一)发展建议

小米的手机上市计划比较成功。虽然目前处于比较复杂和激烈的竞争环境下,小米还存在着很多方面的不足。只要小米和一些公司进行服务对接,就有了其他手机厂商都不具有的优势——低成本,高效率,整合速度快和双向推动作用,可以形成一个以手机为纽带的移动互联网帝国。但是对接整合的速度一定要迅速,契合度一定要高,服务质量也要有一定高度,再在整合上面有所创新,如顾客在手机上就可以完成购物流程,等等。

(二)产品建议

多样化和用户自定义的MIUI系统是对小米的用户群体极大的扩充。MIUI是个不错的系统,能吸引不少用户。小米应该为尽可能多的用户定制适合他们的MIUI系统界面和操作方式(商务机、娱乐机、学生机、白领机、发烧机、老年机等),同时各种模式能自由切换和智能切换(如视工作性质、时间、日期、亮度、电池等情况自动转换),降低用户进入的门槛,让更多的普通用户加入小米互动开发模式。

[文章来源:一览文库 http://www.wk.yl1001.com,有改动]

二、可行性研究报告

(一)文种的概念与特征

可行性研究报告是指项目单位对拟建的工程项目、科学实验、经济活动项目进行情况调查、方案规划、技术论证和经济核算,从而提出技术上、财务上、经济上的可以进行可行性研究的书面材料。其具有如下特征。

第一，合法、合规性。可行性研究报告应符合主管部门、本行业、本产业的法律、法规、部门规章及相关的规范性文件。除此之外，它还应符合党和国家的路线、政策、方针。

第二，科学性。可行性研究报告应当秉承科学的态度，坚持实事求是的原则。这就要求可行性研究报告的制定者进行广泛的市场调查，获取大量的第一手材料并且对材料的分析要客观、冷静。

第三，时效性。可行性研究报告虽然需要大量前期的工作，但是制定者应尽可能快地完成，以便抓住机遇，把握时机，尽快实施项目，取得效益；如果可行性研究时间过长，则可能贻误商机，使可行性研究成果无法转换成生产力。

第四，综合性。可行性研究报告是十分复杂的系统分析工作，涉及市场需求、技术上的可能性、资金的预算、环境的测评等多方面的内容，因此其研究在内容上具有综合性，需要多方面人员的配合。

（二）文种格式

可行性研究报告一般由标题、正文、落款三部分组成。

1. 标题

标题通常由编写单位、项目名称加可行性研究报告构成。

2. 正文

正文的内容依据项目的大小、投资的规模、问题的难易程度有着很大的差别。一般来说，投资多、项目大、时间长的项目，报告的篇幅较长，内容也较复杂；投资少、项目小、时间短的项目，报告的篇幅较短，内容也相对简单。但基本上是从投资的必要性、技术的可行性、财务的可行性、组织的可行性、社会的可行性、风险及对策几个大的方面来考虑，合营企业的建设项目可行性研究报告包括以下几项内容：

（1）基本情况。中外合资经营企业名称、法定地址、宗旨、经营范围和规模；合营各方名称、注册国家、法定地址和法定代表人姓名、职务、国籍；企业总投资、注册资本股本额（自有资金额、合营各方出资比例、出资方式、股本交纳期限）；合营期限、合营方利润分配及亏损分担比例；项目建议书的审批文件；可行性研究报告的负责人名单；可行性研究报告的概况、结论、问题和建议。

（2）产品生产安排及其依据。要说明国内外市场需求情况和市场预测的情况，以及国内外目前已有的和在建的生产装备能力。

（3）物料供应安排（包括能源和交通运输）及其依据。

（4）项目地址选择及其依据。着重说明的问题有项目的地理位置和拟选地点的气象、水文、地质情况，以及周围的社会经济状况；交通运输及水、电、气的现状和发展趋势。

（5）技术装备和工艺过程的选择及其依据（包括国内外设备分批交货的安排）。

（6）生产组织安排（包括职工总数、构成、来源和经营管理）及其依据。

（7）环境污染治理和劳动安全保护、卫生设施及其依据。

（8）建设方式、建设进度安排及其依据。

（9）资金筹措及其依据（包括厂房、设备入股计算的依据）。

（10）外汇收支安排及其依据。

(11) 综合分析(包括经济、技术、财务和法律方面的分析)。要采用动态法和风险法(或敏感度分析法)等方法分析项目效益和外汇收支等情况。

(12) 必要的附件。如合营各方的营业执照副本;法定代表人证明书;合营各方的资产、经营情况资料;上级主管部门的意见。

3. 落款

正文之后署上编制单位的名称及编制时间。

例文(可行性研究报告模板):

东胜酒店建设项目可行性研究报告

第一部分　总论

总论作为可行性研究报告的首要部分,要综合叙述研究报告中各部分的主要问题和研究结论,并对项目可行与否提出最终建议,为可行性研究的审批提供便利。

酒店项目背景

项目名称(在本地工商行政机关注册的酒店建设工程项目的全称);

项目拟建地址[有与房(地)产证书和工商注册上相一致的项目建造地址];

项目业主方(有参与工程项目的合法投资企业和业主名称);

项目法人代表(酒店建设工程项目的企业法人代表姓名);

……

项目可行性研究依据

本地区政府职能部门的《城市总体规划说明》;

本地区政府职能部门颁发的《规划"红线""绿线(绿化)"图》和与酒店建造性质相应的规划部门颁布的相关文件;

政府职能部门,诸如建设、规划、财政、审计、环卫、市政等部门的相关政策与法规;

旅游权威部门或旅游专业人员对本市、本地区酒店行业的《旅游市场调查研究和报告》和《旅游市场年度报告》。

项目可行性研究分析

项目建设的必要性;

项目建设的可行性;

项目未来发展潜力。

项目可行性研究结论

在项目可行性研究中,对项目定位、建筑概念及规模、经营管理策略、劳动用工、投资总额及资金筹措、项目经济效益和社会效益等重大问题,都应得出明确的结论。

主要技术经济指标表

在总论部分中,可将研究报告中各部分的主要技术经济指标汇总,列出主要技术经济指标表,使审批和决策者对项目全貌有一个综合了解。

存在问题及建议

对可行性研究中提出的项目的主要问题进行说明并提出解决的建议。

第二部分　酒店项目背景和发展概况

这一部分主要应说明项目的发起过程，提出的理由，前期工作的发展过程，投资者的意向，投资的必要性等可行性研究的工作基础。为此，需将项目的提出背景与发展概况作系统叙述，说明项目提出的背景，投资理由，在可行性研究前已经进行的工作情况及其成果，重要问题的决策和决策过程等情况。在叙述项目发展概况的同时，应能清楚地提示出本项目可行性研究的重点和问题。

第三部分　项目市场分析

市场分析在可行性研究中的重要地位在于，任何一个项目，其生产规模的确定，技术的选择，投资估算甚至厂址的选择，都必须在对市场需求情况有了充分了解以后才能决定。而且市场分析的结果，还可以决定产品的价格、销售收入，最终影响到项目的盈利性和可行性。在可行性研究报告中，要详细阐述市场需求预测、价格分析，并确定建设规模。

一、城市宏观经济分析

城市地理区位和城市行政区划；

城市社会经济概况；

城市宏观经济发展分析；

未来两个经济计划年度内城市产业结构预测；

未来两个经济计划年度内城市经济增长速度预测。

二、城市酒店行业分析

市场预测是市场调查在时间上和空间上的延续，是利用市场调查所得到的信息资料，根据市场信息资料分析报告的结论，对本项目产品未来市场需求量及相关因素所进行的定量与定性的判断与分析。在可行性研究工作中，市场预测的结论是制定产品方案，确定项目建设规模所必需的依据。

（一）中国酒店业现状

（二）城市酒店业现状

（三）酒店业客源市场调查分析

三、项目分析

（一）项目区位分析

（二）项目周边配套分析

（三）项目周边环境分析

（四）项目周边个案分析

（五）项目地块价格分析

第四部分　市场预测分析

市场预测是市场调查在时间上和空间上的延续，是利用市场调查所得到的信息资料，根据市场信息资料分析报告的结论，对本项目产品未来市场需求量及相关因素所进行的定量与定性的判断与分析。在可行性研究工作中，市场预测的结论是制订产品方案，确定项目建设规模所必需的依据。

第五部分　项目建筑设计规划

项目实施时期的进度安排也是可行性研究报告中的一个重要组成部分。所谓项目实施时期,亦可称为投资时间,是指从正式确定建设项目到项目达到正常生产这段时间。这一时期包括项目实施准备,资金筹集安排,勘察设计和设备订货,施工准备,施工和生产准备,试运转直到竣工验收和交付使用等各工作阶段。这些阶段的各项投资活动和各个工作环节,有些是相互影响的,前后紧密衔接的,也有些是同时开展,相互交叉进行的。因此,在可行性研究阶段,需将项目实施时期各个阶段的各个工作环节进行统一规划,综合平衡,做出合理又切实可行的安排。

(一)设计规划

(二)工程施工计划

(三)项目建设投资估算

第六部分　项目环境保护与劳动安全

在项目建设中,必须贯彻执行国家有关环境保护和职业安全卫生方面的法规、法律,对项目可能对环境造成的近期和远期影响,对影响劳动者健康和安全的因素,都要在可行性研究阶段进行分析,提出防治措施,并对其进行评价,推荐技术可行、经济,且布局合理,对环境的有害影响较小的最佳方案。按照国家现行规定,凡从事对环境有影响的建设项目都必须执行环境影响报告书的审批制度,同时,在可行性研究报告中,对环境保护和劳动安全要有专门论述。

(一)建设地区的环境现状

(二)项目主要污染源和污染物

(三)项目拟采用的环境保护标准

(四)治理环境的方案

(五)对关于环境监测制度的建议

(六)环境保护投资估算

(七)环境影响评价结论

(八)劳动保护与安全卫生

第七部分　项目经营策略

在商品经济环境中,企业要根据市场情况,制订合格的销售战略,争取扩大市场份额,稳定销售价格,提高产品竞争能力。因此,在可行性研究中,要对市场营销战略进行研究。

(一)项目核心竞争力设计

(二)项目运营模式

(三)项目运营策略

(四)项目营销推广策略

第八部分　项目组织和人力资源

在可行性研究报告中,根据项目规模、项目组成和部门设置,研究提出相应的项目组织架构,人员定编及劳动力来源及相应的人员培训计划。

（一）项目组织架构

（二）人力资源安排

第九部分　项目投资分析

建设项目的投资估算和资金筹措分析，是项目可行性研究内容的重要组成部分。每个项目均需计算所需要的投资总额，分析投资的筹措方式，并制订用款计划。

一、项目总投资估算

建设项目总投资包括固定资产投资总额和流动资金。

二、资金筹措

一个建设项目所需要的投资资金，可以从多个来源渠道获得。项目可行性研究阶段，资金筹措工作是根据对建设项目固定资产投资估算和流动资金估算的结果，研究落实资金的来源渠道和筹措方式，从中选择条件优惠的资金。在可行性研究报告中，应对每一种来源渠道的资金及其筹措方式逐一论述，并附有必要的计算表格和附件。

三、投资使用计划

第十部分　项目财务评价及社会效益

财务评价是考察项目建成后的获利能力、债务偿还能力及外汇平衡能力等财务状况，以判断建设项目在财务上的可行性。财务评价多用静态分析与动态分析相结合，以动态为主的办法进行。并用财务评价指标分别和相应的基准参数——财务基准收益率、行业平均投资回收期、平均投资利润率、投资利税率相比较，以判断项目在财务上是否可行。

第十一部分　可行性研究结论及建议

根据前面各节的研究分析结果，对项目从规划、定位、效益等方面进行全面的评价，对建设方案进行总结，提出结论性意见和建议。凡属于项目可行性研究范围，但在研究报告以外单独成册的文件，均需列为可行性研究报告的附件，所列附件应注明名称、日期、编号。

一、结论和建议

（一）对推荐的拟建方案建设条件、项目定位、经济效益、社会效益、环境影响的结论性意见

（二）对比方案进行说明

（三）对可行性研究中尚未解决的主要问题提出解决办法和建议

（四）要对问题进行说明，提出修改意见

（五）提出不可行的主要问题及处理意见

（六）对可行性研究中主要存在争议问题的结论

（七）可行性研究报告附件

二、附件

（一）项目建议书（初步可行性报告）

（二）项目立项批文

……

三、附图

四、附录

××××公司

××××年×月×日

[文章来源:百度文库 http://wenku.baidu.com,有改动]

习题训练

1. 判断题

(1) 市场调查报告按照对象的不同,可以分为综合性市场调查报告和专题性市场调查报告。 ( )

(2) 财经文书是指在社会经济活动中使用的各种与财经相关的应用文体。 ( )

(3) 股权转让协议属于商务决策文书。 ( )

(4) 上市公司年度报告作为一种制度和形式把公司的经营及财务情况向股东和社会公众公开,内容必须真实、准确、完整,不得有虚假隐瞒或者重大遗漏。 ( )

2. 不定项选择题

(1) 市场调查报告按表述方法的不同可以分为( )。

A. 陈述型市场调查报告　　B. 分析型市场调查报告

C. 综合型市场调查报告　　D. 专题型市场调查报告

(2) ( )是市场调查报告中的最主要部分,在这部分中,要客观、全面地阐述市场调查所获得的材料、数据,并在此基础上进行分析论证,从而给出对市场发展变化的预测和判断。

A. 标题　　B. 引言　　C. 主体　　D. 结尾

(3) 企业文书和市场决策文书都属于( )。

A. 行政公文　　B. 传播应用文　　C. 经济应用文　　D. 事务应用文

(4) 下列标题属于复合式标题的有( )。

A.《北京市机动车市场调查报告》

B.《市场在哪里——天津地区三峰轻型客车用户调查》

C.《关于 2015 年保定市农村服装销售情况的调查报告》

D.《泥巴换外汇——陶瓷品出口情况调查报告》

3. 材料分析题

约翰·斯皮尔伯格经过 6 个月的研究,为美国一家最大的糖果制造商准备了长达 250 页的报告,并向公司最高决策者做口头汇报。一小时后,总经理不耐烦地说:“明天 8 点前把一份 5 页纸的摘要放到我办公桌上!”

请思考:市场调查报告不宜过长,但是否越短越好?市场调查报告的格式是怎样的?市场调查报告写什么内容?有什么写作技巧?

[材料来源:百度文库 http://wenku.baidu.com]

4. 根据下列材料写一篇市场调查报告

中国饮料工业协会统计报告显示，国内果汁及果汁饮料实际产量超过百万吨，同比增长33.1%，市场渗透率达36.5%，居饮料行业第四位，但国内果汁人均年消费量仅为1千克，为世界果汁平均消费水平的1/7，西欧国家平均消费量的1/4，市场需求潜力巨大。

我国水果资源丰富，其中，苹果产量居世界第一，柑橘产量居世界第三，梨、桃等产量居世界前列。

近日，我公司对××市果汁饮料市场进行了一次市场调查，根据统计数据，我们对调查结果进行了简要的分析。

追求绿色、天然、营养成为消费者和果汁饮料生产商的主要目的。品种多、口味多是果汁饮料行业的显著特点。据××市场调查显示，每家大型超市内，果汁饮料的品种都在120种左右，厂家达十几家，竞争十分激烈。果汁的品质及创新成为果汁企业获利的关键因素。品牌果汁饮料的淡旺季销量无明显区分。

目标消费群——调查显示，在选择果汁饮料的消费群中，15～24岁年龄段的占了34.3%，25～34岁年龄段的占了28.4%，其中，又以女性消费者居多。

影响购买因素——口味：酸甜味道的销得最好，低糖营养性果汁饮品是市场需求的主流。包装：家庭消费首选750ml和1L装的塑料瓶大包装；260ml的小瓶装和利乐包为即买即饮或旅游时的首选；礼品装是家庭送礼时的选择；新颖别致的杯型因喝完饮料后杯子可当茶杯用，所以也影响了部分消费者的购买决定。

饮料种类选择习惯——71.2%的消费者表示不会仅限于一种，会喝多种饮料；有什么喝什么的占20.5%；表示就喝一种的有8.3%。

品牌选择习惯——调查显示，习惯于多品牌选择的消费者有54.6%；习惯于单品牌选择的有13.1%；因品牌忠诚性做出单品牌选择的有14.2%；价格导向的消费者占据了2.5%；追求方便的比例为15.5%。

饮料品牌认知渠道——广告：75.4%；自己喝过才知道：58.4%；卖饮料的地方：24.5%；亲友介绍：11.1%。

购买渠道选择——在超市购买：61.3%；随机购买：2.5%；个体商店购买：28.4%；批发市场：2.5%；大中型商场：5.4%；酒店、快餐厅等餐饮场所也具有较大的购买潜力。

一次购买量——选择喝多少就买多少的有62.4%；选择一次性批发很多的有7.6%；会多买一点存着的有29.9%。

第四章　法律文书

第一节　法律文书概述

一、法律文书的概念和分类

（一）文种释义

法律文书是指我国的人民法院、人民检察院、公安机关、国家安全机关、监狱管理机关、行政执法机关、公证机构、仲裁机构等以及自然人、法人和其他组织，依据法定程序就具体案件或法律事务而制作的具有法律效力的规范性法律文件或者具有法律意义的非规范性法律文件的总称。

根据法律文书的概念，它具有以下含义：

第一，主体对应性。既包括专门机关，如国家司法机关、侦查机关、行政执法机关，又包括一般主体，即自然人、法人和其他组织。

第二，指向专一性。它与法律活动密切相关，无论从形式上还是从实质内容上都与法律事务具有相关性。

第三，依法制作性。法律文书必须根据我国的法律、法规及规范性法律文件制作。

（二）法律文书的分类

法律文书的种类繁多，纷繁复杂，因此必须用科学的标准对其分类。从不同的角度，按照不同的标准，法律文书可分为以下几类：

(1) 按照制作主体的不同，法律文书可以分为人民法院的法律文书、人民检察院的法律文书、公安机关的法律文书、国家安全机关的法律文书、监狱管理机关的法律文书、行政执法机关的法律文书、公证机构的法律文书、仲裁机构的法律文书以及自然人、法人和其他组织制作的法律文书，等等。

(2) 按照适用范围的不同，法律文书可以分为诉讼法律文书和非诉讼法律文书。诉讼法律文书又可以分为刑事诉讼法律文书、民事诉讼法律文书、行政诉讼法律文书；非诉讼法律文书包括公证文书 、经济合同、遗嘱以及行政机关的执法文书，等等。

(3) 按照写作和表达方式的不同，法律文书可分为文字叙述式法律文书、填空式法律文书、表格式法律文书和笔录式法律文书。比如，平等主体之间签订的股权转让协议即叙述式法律文书，检察机关制作的批准逮捕决定书即填空式法律文书，劳动仲裁申请书即表格式法律文书，而公安机关在侦查阶段对犯罪嫌疑人的讯问笔录即笔录式法律文书。

(4) 按照文种的不同，法律文书可以分为报告类法律文书、判决类法律文书、裁定类法律文书和决定类法律文书。

二、法律文书的特征

法律文书与本书的其他文书相比，具有以下特征：

（一）法律文书主体的特殊性

所谓主体的特殊性，表现在特殊主体和具有特殊法律诉求的一般主体。特殊主体是指有些法律文书只能由国家的司法机关、侦查机关严格按照法定程序制作，其他机关、团体、企事业单位和公民个人都无权制作；具有特殊法律诉求的一般主体是与法律诉求有着一定关系的合法主体，如主体是法律诉求所涉法律关系的当事人、代理人、监护人、辩护人等。

（二）法律文书内容的合法性

法律文书的合法性即应注重法律文书本身的性质和内容不能违反我国的强制性规定。《刑事诉讼法》第六条规定：“人民法院、人民检察院和公安机关进行刑事诉讼，必须依靠群众，必须以事实为根据，以法律为准绳。”具体指法律文书的特殊主体和一般主体，在制作法律文书时必须按照我国宪法和法律、法规的规定，所作的法律文书必须是合法的而不是非法的，是真实的而不是虚假的。

（三）法律文书格式的规范性

法律文书不仅要求内容合法，而且格式要求规范。规定格式是法律文书重要的构成要素。从结构上讲，司法机关的诉讼法律文书一般分为首部、正文、尾部三部分。首部一般包括标题、发文者、受文对象等；正文包括当事人的基本情况、事实与理由、结论等；尾部包括致送机关和相关人员、附注事项、发文机关的名称、日期。一般主体的诉讼法律文书在基本格式的规范性要求上与司法文书大同小异。总之法律文书不仅要求“合法”，而且要求“合规”。

（四）法律文书语言的严谨性

法律文书的语言应朴实无华、庄重严谨。法律文书记叙案件事实，要实事求是、忠于真相，既不能夸大也不能缩小，更不可虚构编造；阐述理由直截了当，一语中的，不可迂回曲折、晦涩难懂；说明要求明确具体，含义准确，不可语言含混，产生歧义。法律文书应语言精练、言简意赅。“精练”并不表明一味地缩略，无法表明事实的真相，让人无法了解其中的本意，而是应做到言简而意赅。

由上文的讲述可以看出，法律文书的涵盖范围相当广泛，本书的作者无法在一章中全部阐述所有的法律文书，只能撷取几种法律文书，撷取的角度是以具有特殊法律诉求的一般主体为出发点，毕竟本书是应用文写作，该书的受众大都是非“法律人”，因此以下几节会介绍起诉状、答辩状、上诉状、买卖合同、遗嘱几种法律文书的具体写作方法，使读者了解法律文书的写作脉络、思想精髓及写作技巧。

第二节 起 诉 状

一、文种释义

我国的诉讼分为三大诉讼程序,即民事诉讼程序、刑事诉讼程序和行政诉讼程序,故在不同的诉讼程序之中,起诉状存在不同的含义。

民事起诉状是指公民、法人和其他组织,在认为自己的民事权益受到侵害时,向人民法院提出诉讼并请求人民法院依法做出裁判的书面诉讼请求。

刑事自诉状是指被害人及其法定代理人或者近亲属为追究被告人的刑事责任,直接向人民法院提起诉讼所使用的法律文书。

刑事附带民事诉状是指有权提起附带民事诉讼的人,向人民法院提起的附带民事诉讼,要求在追究被告人刑事责任的同时判令被告人赔偿经济损失的书面请求。

行政起诉状是指公民、法人和其他组织不服行政机关的具体行政行为,而向人民法院提起诉讼的书面请求。

在法律关系中,民事法律关系的数量高居第一位,本节以民事起诉状的写作为样本,当然其他类型的起诉状会以例文的形式呈现给读者,让大家对没有详细阐述的其他类型的起诉状具有一定的感性认识。

二、文种制作的基本知识和制作要点

(一) 民事起诉的条件

根据我国《民事诉讼法》第一百零八条的规定,起诉必须符合下列条件:

(1) 原告是与本案有直接利害关系的公民、法人和其他组织;

(2) 有明确的被告;

(3) 有具体的诉讼请求和事实、理由;

(4) 属于人民法院受理民事诉讼的范围和受诉人民法院管辖。

如果原告的起诉不符合起诉条件,将面临法院的不予受理和驳回起诉的法律后果。根据最高人民法院《关于适用〈中华人民共和国民事诉讼法〉若干问题的意见》(以下简称《民诉意见》)第一百三十九至一百四十一条的规定,起诉不符合受理条件的,人民法院应当裁定不予受理。立案后发现起诉不符合受理条件的,裁定驳回起诉。当事人在诉状中有谩骂和人身攻击之词,送达副本可能会激化矛盾,不利于案件解决的,人民法院应当说服其实事求是地修改。坚持不改的,可以送达起诉状副本。对本院没有管辖权的案件,告知原告向有管辖权的人民法院起诉;原告坚持起诉的,裁定不予受理;立案后发现本院没有管辖权的,应当将案件移送有管辖权的人民法院。

(二) 民事起诉的时效

在制作民事起诉状时,制作主体应审查自己的诉讼是否已超过了诉讼时效。若确实超过了诉讼时效,又没有诉讼时效中止、中断的情形,应考虑放弃诉讼,否则会浪费诉讼成本及面临败诉的风险。我国《民法通则》第一百三十五条、第一百三十六条分别规定，向人民法院请求保护民事权利的诉讼时效期间为两年；对于身体受到伤害要求赔偿的，出售质量不合格的商品未作声明的，延付或者拒付租金的，寄存财物被丢失或者毁损的，诉讼时效期间为1年。对于诉讼时效中断和中止的情形参见《最高人民法院关于审理民事案件适用诉讼时效制度若干问题的规定》。

(三) 在原被告列举方面应注意的问题

(1) 无民事行为能力、限制行为能力人作为当事人的，应在当事人之下列明法定代理人。《民事诉讼法》第五十七条规定："无诉讼行为能力人由他的监护人作为法定代理人代为诉讼。法定代理人之间互相推诿代理责任的，由人民法院指定其中一人代为诉讼。"监护人是指对无民事行为能力和限制行为能力人的人身、财产和其他一切合法权益负有保护义务的人。一般来说，未成年人和精神疾患之人由其近亲属来担任其监护人。

(2) 个体工商户以营业执照上登记的业主为当事人；营业执照上登记的业主与实际经营者不一致的，以业主和实际经营者为共同诉讼人。有字号的，要注明执照上登记的字号。

(四) 离婚、收养案件又起诉的民事起诉状的制作要点

(1) 原告起诉距离上次诉讼的间隔时间要超过6个月。起算时间应从上次法律文书送达之日的第二天开始计算。因为对于离婚、收养案件，我国《民事诉讼法》第一百一十一条第七项规定："判决不准离婚、调解和好的离婚案件，判决、调解维持收养关系的案件，没有新情况、新理由，原告在六个月内又起诉的，不予受理。"《民诉意见》第一百四十四条规定："判决不准离婚、调解和好的离婚案件，判决、调解维持收养关系的案件的被告人向人民法院起诉的，不受民事诉讼法第111条第7项规定的条件限制。"据此，上述案子的原告再次起诉时必须注意时间上的限制条件，否则会得到法院不予受理的裁定。

(2) 该类案件的起诉原因必须有新的情况和新的理由。制作起诉状不仅要注意时间上的限制，而且要注意情况和理由的出现。

综上所述，制作要点一是原告形式上的注意要求，制作要点二是实质上的注意要求，原告在起诉时必须对以上两点给予特别关注。

三、文种格式

我国《民事诉讼法》第一百一十条规定，起诉状应记明下列事项：

(1) 当事人的姓名、性别、年龄、民族、职业、工作单位和住所，法人或者其他组织的名称、住所和法定代表人或者主要负责人的姓名、职务；

(2) 诉讼请求和所根据的事实与理由；

(3) 证据和证据来源、证人姓名和依据。

根据上述规定，民事起诉状的格式分为首部、正文和尾部三个部分。

(一) 首部

首部分为标题和当事人的基本情况。

1. 标题

标题应在居中位置写明“民事起诉状”。

2. 当事人的基本情况

这部分分别写明原被告双方的姓名、性别、年龄、民族、职业、工作单位和住址等,如果原被告是法人或其他组织的,应写明其名称和住所,以及其法定代表人(或主要负责人)的姓名和职务。如果被告为多个的,一般按照责任大小的顺序依次列明。如果有第三人,应在被告的下方写明第三人的姓名、性别、年龄、民族、职业、工作单位和住址,同样如果第三人是法人或其他组织的,应写明其名称和住所,以及其法定代表人(或主要负责人)的姓名和职务。

(二) 正文

正文分为诉讼请求、事实和理由两部分。

1. 诉讼请求

诉讼请求是原告希望通过诉讼所要达到的目的,即请求法院依法解决的有关民事权益争议的问题。诉讼请求分为确认之诉、变更之诉和给付之诉。诉讼请求的最基本的要求为明确、具体。

2. 事实和理由

在起诉状中事实和理由部分应先陈述争议的事实,再阐述原告起诉被告的法律依据。写事实部分时,应叙述当事人之间发生纠纷的前因后果,关键要写明事实的六大基本要素,即时间、地点、人物、事件、原因和结果。理由部分应该依据案件的事实,概括地分析纠纷的性质、危害、结果及责任,并依据法律、法规及相关的规范性法律文件证明自己的诉讼请求。

(三) 尾部

尾部应写明致送人民法院的名称、附项、起诉人姓名或名称、起诉状制作日期。其中,附项部分要注明副本的份数,如起诉时提交证据的,还要依次注明证据的名称和数量。

例文 1:

民事起诉状

原告:新西兰 THEATRELIGHT LTD.

住所地:ROWE STREET,P.O.BOX 13—159 ONEHUNGA AUCKLANDNEW-ZELAND

法定代表人:REX GILFILLAN　　　　职务:董事长

被告:珠海泰立灯光音响设计安装有限公司

住所地:珠海市吉大石花西路 42 号协和大厦五楼

法定代表人:郑大亨　　　　职务:董事长

被告:珠海泰立科技有限公司

住所地：珠海市吉大石花西路42号协和大厦六楼、九楼

法定代表人：XIN YU ZHENG　　　　职务：董事长

诉讼请求

1. 判令被告一、被告二变更公司名称，立即停止使用"泰立"名称及不正当竞争行为；

2. 判令被告一、被告二立即停止侵犯泰立调光设备有限公司的"TL"注册商标及不正当竞争行为；

3. 判令被告一、被告二立即删除"泰立灯光"网站（www.tllighting.com）上的不实宣传及不正当竞争行为；

4. 判令被告一、被告二公开赔礼道歉、消除影响并在"泰立灯光"网站（www.tllighting.com）及其各自公司网站的主页、"音响世界企业信息网"（http://pro163.com/）及《珠海特区报》上登载致歉声明；

5. 判令本案诉讼费由被告承担。

事实和理由

原告与中方股东珠海中粤新通讯技术有限公司（以下简称"中粤新公司"）于1994年合作成立中外合作企业——珠海泰立调光设备有限公司（以下简称合作公司），地址为珠海市吉大石花西路协和大厦六楼。1997年8月14日，合作公司取得注册"TL"商标。合作公司主要生产、销售调光台、数字化硅箱（柜）、周边设备、灯具等调光设备及其配套件产品，兼营影视、舞台、场馆工程的设计安装，先后承建了深圳大剧院灯光系统改造工程、辽宁艺术中心、天津大剧院、珠海电视中心、珠海市报业大厦、辽宁艺术中心等工程。经过多年的苦心经营，合作公司在舞台灯光设计、安装领域取得了良好的商誉。

被告一是合作公司总经理郑大亨与其儿媳投资设立的以舞台灯光、音响工程设计为主的有限责任公司，被告二是合作公司的总经理郑大亨之子郑新宇投资设立的从事调光设备、舞台灯具的研发、生产和销售，从事影视、舞台场馆的灯光系统设计安装的外商独资企业。被告一、被告二的经营范围均与合作公司相近似，但被告一、被告二却在未经合作公司允许的情况下，擅用合作公司——珠海泰立调光设备有限公司的名称"泰立"，将企业分别命名为"珠海泰立灯光音响设计安装有限公司""珠海泰立科技有限公司"。根据《中华人民共和国民法通则》第九十九条第二款"法人、个体工商户、个人合伙享有名称权……"的规定，被告一、被告二的上述行为分别侵犯了合作公司的名称权。

2004年，被告一、被告二共同以"泰立灯光"的名义在www.tllighting.com网站的首页及其他页面多次使用合作公司的"TL"注册商标对其产品进行宣传，并声称："'泰立灯光'的品牌是在中国注册的，商标注册证：中国国家商标局1078468号。"根据《中华人民共和国商标法》第五十二条规定，被告一、被告二的上述共同行为侵犯了合作公司的注册商标专用权。

不仅如此，被告一、被告二在www.tllighting.com网站上还进行了其他的大量不实宣传，如在介绍"泰立灯光"的历史时，完全盗用合作公司的历史，声称通过ISO 9000认

证,并将原本由合作公司承建完成的深圳大剧院灯光系统改造工程、辽宁艺术中心、天津大剧院、珠海电视中心、珠海市报业大厦、辽宁艺术中心等工程称为"泰立灯光"的业绩。网站上公布的"泰立灯光"的地址亦是合作公司地址:珠海市吉大石花西路协和大厦六楼。

原告认为被告一、被告二使用与合作公司相同的名称、地址,并在对外宣传中冒用合作公司的注册商标、公司历史,冒用合作公司 ISO 9000 认证标志的种种行为,已经足以使消费者将被告一、被告二销售的产品和提供的服务与合作公司的产品和服务相混淆。故根据《中华人民共和国反不正当竞争法》第五条的规定,被告一、被告二的行为亦构成不正当竞争,严重损害了合作公司多年来所取得的良好商誉。

对于被告一、被告二侵犯合作公司合法权益的上述行为,本应以合作公司名义起诉。但因合作公司的总经理——合作公司中方股东中粤新公司董事长郑大亨同时担任被告一的股东、董事长,亦为被告二的股东郑新宇的父亲;加之合作公司的中外合作双方于 2002 年 11 月发生纠纷,自此,合作公司完全被中粤新公司控制,无法召开正常的董事会、股东会,合作公章亦由中粤新公司掌管。因此,合作公司目前不可能对被告一、被告二提起诉讼。故原告以合作公司股东身份提起股东代表诉讼,请法院根据《中华人民共和国民法通则》第一百一十八条、第一百二十条第二款的规定,支持原告的诉讼请求。

此致

珠海市中级人民法院

具状人:新西兰 THEATRELIGHT LTD.

2004 年 11 月 5 日

[文章来源:http://www.sucaitianxia.com]

例文 2:

刑事自诉状

自诉人:李×燕,女,1975 年 3 月 2 日出生,汉族,××县人,××鞋厂工人,住××县××乡××村×组××号。

被告人:李×平,男,1948 年 5 月 5 日出生,汉族,××县人,农民,住址同自诉人。

诉讼请求

被告人李×平犯暴力干涉婚姻自由罪,请依法追究其刑事责任。

事实和理由

自诉人李×燕与本村赵×山系初中同班同学,毕业后先后进村办企业××鞋厂当工人。在工作中自诉人与赵×山联系密切,互相支持,互相帮助,共同进步。二人逐渐产生了感情,建立了恋爱关系,并商定一年后结婚。

8 月 10 日,自诉人把自己恋爱婚姻之事告诉父亲即被告人李×平,不料遭到被告人的坚决反对。因被告人与赵×山的父亲赵×和吵过一次架,至今二人见面不讲话。于是他抓住赵×和曾偷过生产队粮食一事，作为反对女儿与赵×山结婚的理由，粗暴地对自诉人说："我警告你，不许与赵×山这小子来往，更不许与他谈恋爱，与他结婚你做梦！"自诉人问父亲为什么不可以与赵×山结婚，被告人大声骂道："赵×和不是好东西，手脚不干净，1976 年偷生产队粮食被村里批斗过，臭名远扬！我绝不同意与这种人结为儿女亲家，绝不能让我女儿当这种人的儿媳妇！"自诉人对被告人说："赵×山是好青年，是厂先进生产者。他爸历史上犯过错误是他爸的事，我又不同他爸结婚！"被告人听了自诉人的话，火冒三丈，骂自诉人"没有出息，丢人现眼"，并举手猛击自诉人的头部两下，用脚踢了自诉人一脚，还想找工具伤害自诉人，被自诉人的母亲制止。

同年 10 月 2 日，李×平到××鞋厂有事，看见自诉人与赵×山在厂会议室内并肩坐在一起看电视，就大声命令自诉人回家。自诉人到家后，李×平操起一根三尺多长的木棍，朝自诉人乱打一气。有一次木棍击中自诉人的头部，打得头破血流。邻居李×英(同工厂工人)送自诉人到乡卫生院治疗，伤口有一厘米长，缝了七针。

10 月 3 日，自诉人请本村王村长和××鞋厂张厂长来劝说李×平同意自诉人的婚事。李×平非但不同意，还威胁说："只要我看到他们在一起就打，一直打到二人断绝来往为止。"

上述事实，充分证明被告人的行为触犯了《中华人民共和国刑法》第二百五十七条第一款之规定，已构成暴力干涉婚姻自由罪，且态度恶劣，情节较重，必须追究其刑事责任。为打击犯罪，保护恋爱婚姻自由，特向你院提起诉讼，请依法判处。

证人姓名和住址，其他证据名称、来源：

(1) 证人李×英写的一份书面证明，证明被告人以暴力干涉婚姻自由，情况属实。李×英住××乡××村×组××号。

(2) ××县××乡卫生院诊断书一张，证明自诉人头部系木棍所伤。

(3) 朱××(自诉人之母)到庭证明被告人以暴力干涉婚姻自由的犯罪行为属实。

(4) 请人拍摄的木棍照片一张，证明此木棍是施行暴力的凶器。

此致

××县人民法院

附：本状副本 1 份

起诉人：李×燕

××××年×月×日

[文章来源：http://www.yaaolaw.com]

例文 3：

刑事附带民事起诉状

附带民事原告人：莫××，男，汉族，19××年×月×日出生，住广东省××县××镇××街 59 号。系被害人莫受礼的大哥。

附带民事原告人：莫××，男，汉族，19××年×月×日出生，住广东省××县××镇

××街59号。系被害人莫受礼的二哥。

附带民事被告人：吴×平，男，汉族，19××年×月×日出生，住广东省××市××区××镇××路××号。

附带民事被告人：吴×洲，男，汉族，19××年×月×日出生，住广东省××市××镇××乡××路××巷××号，公民身份证号码：44058219××××××××32，系广州市番禺区××美容美发店法定代表人。

附带民事被告人：吴×斌，男，汉族，19××年×月×日出生，住广东省××市××区××路××巷××号，公民身份证号码：44058219××××××17，系广州市番禺区××美容美发店实际经营人。

诉讼请求

1. 请求法院依法追究被告人吴×平的刑事责任。

2. 依法判令三被告人共同向原告人赔偿因被告人吴×平造成被害人莫受礼死亡的死亡赔偿金：394 657.2元，丧葬费：20 387.5元，医疗费：800元，交通费：1 953元，住宿费：6 205元，误工费：9 800元，共计：433 802.7元。

3. 依法判令三被告人就上述第二项赔偿向原告人承担连带责任。

事实和理由

被告吴×平系广州市番禺区××街××村××休闲中心(广州市番禺区××美容美发店)收银员。2009年5月6日凌晨3时许，附带民事原告人的弟弟莫受礼与朋友们在××休闲中心沐足结束后，下到一楼大厅交费，因结账收费问题与被告人吴×平发生口角。期间，被告人吴×平突然拿起放在收银台的剪刀从后面冲过来，在莫受礼毫无防备的情形下，一手掐住其脖子，一手拿着剪刀朝莫受礼左胸部猛刺进去，致莫受礼心脏破裂合并心包填塞，抢救无效而死亡。

原告人认为，被告人吴×平已经构成故意伤害(致死)罪，且情节十分恶劣，后果极其严重，人民法院依法应当对其予以严惩。此外，原告人的父母早亡，三兄弟相依为命，原告人的弟弟莫受礼的死亡，更是给原告人带来极大的精神痛苦和悲哀。因此，被告人吴×平依法应当向原告人赔偿莫受礼死亡的全部损失。

此外，被告人吴×平系广州市番禺区××街××村××休闲中心收银员；被告人吴×洲系该××休闲中心(个体工商户)的法定代表人；被告吴×斌系该××休闲中心的实际经营者；被告人吴×平系在工作期间因与莫受礼产生消费付账纠纷而实施故意加害行为，致莫受礼死亡的结果发生，属于执行职务或从事雇佣活动的行为。根据《民法通则》和最高人民法院《关于审理人身损害赔偿案件适用法律若干问题的解释》等有关规定，三被告人应当对莫受礼被伤害致死的结果承担连带赔偿责任。另外，莫受礼虽然是农村户口，但自2005年年初就到广州市番禺区工作、经商、居住，和别人一起做过网吧、影吧、士多店，其经常居住地和主要收入来源地均为广州市番禺区。因此，有关损害赔偿费用应当根据当地城镇居民的相关标准计算。

综上所述，为维护原告人的合法权利，根据《民法通则》和《刑事诉讼法》等有关规定，特向贵院提起诉讼，望判如所请。

此致

广州市中级人民法院

具状人：莫××

××××年×月×日

［文章来源：http：//blog.sina.com.cn］

例文 4：

行政起诉状

原告：马××，女，27 岁，四川省××市人，四川省××市××医院护士，住四川省××市××区××路××号

被告：四川省××市卫生局

住所地：四川省××市××区××大街××号

法定代表人：刘×，局长

诉讼请求

1. 依法撤销被告(1993)×卫字第×号行政处罚决定；

2. 判决被告承担本案诉讼费用。

事实和理由

1993 年 1 月 27 日，患者栗××到我院治疗，需注射青霉素。当日下午 4 时 30 分，栗××到注射室，恰遇原告值班，原告由于急于去托儿所接孩子，并考虑到患者栗××多次在我院注射青霉素，从未见异常，故没有给栗××做皮下试验，即注射了一支青霉素。15 分钟后，栗××出现异常反应，我院立即组织抢救，但 30 分钟后栗××死亡。同年 1 月 31 日，我市卫生医疗事故技术鉴定委员会做出鉴定结论，认为原告的行为属于医疗事故。原告对此鉴定结论无异议。

1993 年 3 月 4 日，被告依据《医疗事故处理办法》第二十二条的规定，对原告做出如下行政处理：(1)原告给予死者家属经济补偿费 8 000 元；(2)吊销原告的行医资格。对此行政处理决定，原告表示不服。理由如下：

1. 被告适用法律错误。

《医疗事故处理办法》第二十二条规定，个体开业的医务人员所造成的医疗事故，由当地卫生行政部门根据事故等级、情节、本人态度，除责令其给病员或其亲属一次性经济补偿外，还可以处以 1 年以内的停止或吊销开业执照。该办法第十八条规定，确定为医疗事故的，可以根据事故等级、情节和病员的情况给予一次性经济补偿。医疗事故的补偿费，由医疗单位支付给病员或家属。

从以上规定可看出，在医疗事故的情况下，给予病员或其家属经济补偿费的主体应当是个体开业的医务人员或医疗单位。原告是××医院的护士，而不是个体开业的医务人员，所从事的医务活动均以××医院的名义，因此，原告出现的医疗事故所引起的经济补偿费应由所在的××医院支付。被告适用《医疗事故处理办法》第二十二条规定，做出

责令原告支付经济补偿费的处理决定，属于适用法律错误，应当适用该办法第十八条的规定。

2. 被告做出吊销原告行医资格的行政处罚决定不当。

根据《医疗事故处理办法》第二十条的规定，对造成医疗事故的直接责任人员，由医疗单位根据事故等级、情节轻重、本人态度和一贯表现，给予行政处分。这一规定明确了应由医疗单位对其造成医疗事故的工作人员按照行政隶属关系、分别不同情况给予相应行政处分，而不是由被告做出处罚决定，更不存在吊销行医资格的处罚办法。被告在无法可依的情况下擅自做出的对原告的处罚等决定应予纠正。

综上所述，根据我国《行政诉讼法》第五十四条第二项的规定，原告认为被告适用法律错误，做出的处罚决定不当，特请求人民法院依法做出撤销被告行政处罚决定的判决。

证据和证据来源，证人姓名和住址

1.《医疗事故处理办法》；

2.（1993）×卫字第×号行政处罚决定书，四川省××市卫生局1993年3月4日作出。

此致

四川省××市××区人民法院

附：本起诉状副本1份

起诉人：马××

××××年×月×日

［文章来源：http：//www.yaaolaw.com］

知识链接

“起诉状”溯源 秦代的诉讼已有明确的划分，依据诉讼主体的地位，一般分成两种：一是官吏代表官府对罪犯提起诉讼，相当于今天的公诉；二是当事人直接对罪犯起诉，相当于今天的自诉。直接起诉时一般要提供诉状。唐代时诉讼的提起主要有告诉、告发、举劾。告诉相当于今天的自诉，即当事人到官府控告，也可由亲属代告。控告犯罪行为一般要有诉状，诉状应注明年月，并如实陈述事实经过，“不得称疑，违者笞五十”，官府也不能受理“称疑”的诉状，同时，禁止诬告、教唆诉讼、投匿名书告人等行为。以上是当时对起诉状的要求。

第三节 答 辩 状

一、文种释义

答辩状是指被告或被上诉人针对起诉的事实和理由或上诉的请求和理由进行回答和辩解的一种法律文书。答辩是一种应诉行为，是被告人和被上诉人依法享有的诉讼权利。

《民事诉讼法》第一百一十三条规定，人民法院应当在立案之日起5日内将起诉状副本发送被告，被告在收到之日起15日内提出答辩状。被告提出答辩状的，人民法院应当在收到之日起5日内将答辩状副本发送原告。被告不提出答辩状的，不能影响人民法院审理。《最高人民法院关于执行〈中华人民共和国刑事诉讼法〉若干问题的解释》第九十三条第二款规定："人民法院送达附带民事诉讼起诉状副本时，应当根据刑事案件审理的期限，确定被告人或者其法定代理人提交民事答辩状的时间。"《行政诉讼法》第四十三条规定："人民法院受理行政诉讼案件后，应当在立案之日起五日内，将起诉状副本发送给被告。被告应当在收到起诉状副本之日起十日内向人民法院提交作出具体行政行为的有关材料，并提出答辩状。人民法院应当在收到答辩状之日起五日内，将答辩状副本发送给原告。在答辩期内不提出答辩状的，不影响人民法院审理。"三大诉讼法都对被告提出答辩状的时间及法律后果做出了规定。答辩状能表达被告或被上诉人对原告或上诉人的诉讼请求及事实理由的态度和观点，也有助于帮助法官厘清案件的争议焦点，从而加快庭审的进度，提高庭审的效率。

二、文种格式

答辩状的格式分为三部分，即首部、正文和尾部。

1. 首部

首部分为标题、答辩人基本情况和答辩缘由。

(1) 标题应在居中位置写明"××答辩状"。

(2) 答辩人和被答辩人的基本情况。写明答辩人和被答辩人的姓名、性别、出生年月日、民族、职业、工作单位和住址等，如果答辩人和被答辩人是法人或其他组织的，应写明其名称和住所，以及其法定代表人(或主要负责人)的姓名和职务。如双方为无诉讼行为能力人，应在其后写明法定代理人的姓名、性别、出生年月日、民族、职业、工作单位、住址及其与答辩人的关系。如双方有委托代理人的，应在其后写明委托代理人的具体情况。

(3) 答辩缘由，写明答辩人因××案进行答辩。答辩缘由一般为原告或上诉人的诉讼案由。

2. 正文

正文部分包括两项内容即答辩理由和答辩请求。答辩理由是答辩状的写作重点，在答辩理由之后自然引出答辩请求。

(1) 答辩理由。答辩理由的写作总体上采用反驳的方法，即应针对原告或上诉人的诉讼请求及其所依据的事实和理由进行反驳与辩解。答辩主要从实体方面针对原告或上诉人的事实、理由、证据和请求事项进行答辩，具体从事实和法律依据上展开答辩人的陈述，从而部分或全部否定原告或上诉人的诉讼请求；与实体方面相对，答辩人还可以从程序方面进行答辩，如提出原告不是适格主体，或原告起诉的案件不属于受诉法院管辖，或原告起诉不符合起诉的其他法定条件；无论是实体方面还是程序方面的答辩理由，都要实事求是、合法有据。

(2) 答辩请求。答辩请求在答辩状格式中没有单独列为一项,但答辩理由阐述之后,很自然地应该将被告的观点进行总结,提出自己的要求。一审民事答辩状中的答辩请求主要有:要求人民法院驳回起诉;要求人民法院否定原告请求事项的全部或一部分;提出新的主张和要求,如追加第三人。

3. 尾部

尾部应写明致送人民法院的名称;答辩人名字(答辩人是法人或其他组织的,应写明全称并加盖公章);答辩日期;附项应写明答辩状副本的份数,副本的份数应按原告的人数提供。

例文 1:

民事答辩状

答辩人:天津××电动自行车有限公司

住所地:天津市×××

法定代表人:×××,系该公司董事长

被答辩人:×××,女,××××年×月×日生,汉族,住北京市××区××路××号

因被答辩人提起产品质量损害赔偿一案,现依据事实和法律答辩如下,请求人民法院驳回被答辩人的诉讼请求:

一、被答辩人主张"该车车筐自行滑落",显然没有依据

被答辩人所主张的"该车车筐自行滑落",没有任何证据与之相印证,况且北京市公安局公安交通管理局的交通事故认定书也只是认定"A 车行驶时,A 从车上摔下",而并没有提到所谓的"车筐自行滑落",可见,被答辩人所谓的"车筐自行滑落"根本不是事实,所以没为交警所采纳。并且根据常识我们可以认定,应是被答辩人发生交通事故在前,车筐碰撞脱落在后。所以被答辩人的这一陈述没有任何依据。

二、被答辩人主张"因该车车筐自行滑落致前车轮受阻致原告发生交通事故",也显然没有依据

《中华人民共和国道路交通安全法》第七十三条规定:"公安机关交通管理部门应当根据交通事故现场勘验、检查、调查情况和有关的检验、鉴定结论,及时制作交通事故认定书,作为处理交通事故的证据。交通事故认定书应当载明交通事故的基本事实、形成原因和当事人的责任,并送达当事人。"可见,在交通事故认定书中"应当载明交通事故的基本事实、形成原因",可是,交通事故认定书并没有提到车筐的任何问题,也就是说交通事故的原因根本与车筐无关!并且被答辩人在驾驶过程中,车后座承载两人,被答辩人的不规范驾驶才是发生交通事故的根本原因。所以被答辩人对于交通事故原因的陈述,也没有任何依据。

三、被答辩人在起诉状中称我厂生产的电动自行车为"缺陷产品",要求销售者和生产者承担赔偿责任,对此我方根本不能予以认同

因缺陷产品致人损害的侵权诉讼中,虽然实行的是严格责任原则,产品的生产者或销售者只就法律规定的免责事由承担举证责任。但受害人仍需就投入流通时的产品存

在缺陷、使用缺陷产品所导致的人身伤害和缺陷产品外的其他财产损害、产品缺陷与受害人所受损害之间的因果关系负有举证责任。无论是《中华人民共和国产品质量法》第二十九条第一款(修订后的条款为第四十一条第一款),还是《中华人民共和国消费者权益保护法》第三十五条第二款都规定,产品生产者对消费者承担赔偿责任,要同时具备两个严格的前提条件:第一,必须是产品存在缺陷;第二,必须是因产品存在的缺陷造成人身或财产损害。查明的事实不能证明该产品存在缺陷,同时,查明的事实也不能证明×××的受伤与天津××电动自行车有限公司必然的因果关系。被答辩人要求天津××电动自行车有限公司赔偿因×××受伤所遭受的损失,没有事实根据和法律依据,应当驳回。

四、我方保留追究被答辩人损害我厂名誉权的民事责任的权利

此致

北京市××区人民法院

答辩人: 天津××电动自行车有限公司

××××年×月×日

[文章来源:http://blog.sina.com.cn,有改动]

例文2:

刑事附带民事答辩状

答辩人:郭××,男,汉族,1965年8月4日出生,住××县县城××小区2号楼5单元2楼。

户籍所在地:(略),现被××县公安局执行取保候审。

委托代理人:王×,男,陕西××律师事务所律师。

被答辩人:李××,女,汉族,出生于1976年1月26日,系死者马××之妻,住××县××小区C区2号楼1单元602室。

被答辩人:马×1,男,汉族,出生于2005年1月12日,系死者马××之子,住址同上。

被答辩人:马×2,男,汉族,出生于1931年10月2日,系死者马××之父,住址同上。

被答辩人:葛××,女,汉族,出生于1941年10月15日,系死者马××之母,住址同上。

附带民事诉讼原告人的《附带民事诉讼诉状》,答辩人已于2006年6月22日收到,为正视听,答辩人现提出答辩状:

第一,答辩人不应赔偿原告人因被害人马××死亡而造成的经济损失。

《中华人民共和国刑法》第三十六条规定,由于犯罪行为而使被害人遭受经济损失的,对犯罪分子除依法给予刑事处罚外,并应根据情况判处赔偿经济损失。

《中华人民共和国刑事诉讼法》第七十七条规定,被害人由于被告人的犯罪行为而遭

受物质损失的，在刑事诉讼过程中，有权提起附带民事诉讼。本案中：

1. 答辩人与被害人马××虽曾发生过厮打行为，但从未伤及胸腹部和面部。西安铁路分局××医院医护人员对被害人马××的现场检查和入院检查得出的检查结论和该院医护人员的证言，以及相关鉴定结论均证实了被害人马××肋骨骨折及胃壁挫伤的损伤与答辩人无关，被害人马××的死亡结果的发生与答辩人的行为之间没有因果关系。

2. 答辩人与被害人马××虽曾发生过厮打行为，但造成的后果连轻微伤都不构成(无相关鉴定结论)，答辩人的行为不构成犯罪。答辩人的行为既然不构成犯罪，原告人提起刑事附带民事诉讼缺乏前提。试问，皮之不存，毛将焉附？

第二，原告人的经济损失来自被害人马××因长期吸毒导致多器官功能衰竭死亡，与答辩人的行为之间无直接、必然的因果关系。

因答辩人的行为不构成犯罪，原告人的经济损失自然不应当由答辩人赔偿。如原告人认为答辩人的行为，西安铁路分局××医院的诊疗行为，缉毒干警、戒毒所、看守所工作人员的违法和渎职行为，诱发、导致或延误了对被害人马××的治疗，而要求答辩人对其因马××死亡而遭受的物质损失承担相应的赔偿责任，也因纯属民事纠纷性质而应另行提起民事诉讼予以解决。

第三，《民法通则》对于行为人承担民事责任必须具备的主观方面的要件建立了有过错责任和无过错责任两项原则。过错责任原则要求，行为人只有在具有故意或过失的情况下实施了某行为，并使他人的民事权利受到侵犯时，才能对此结果承担相应的民事责任。无过错原则无此要求，仅以条文列举的方式将其严格限制在极小的，诸如从事高度危险作业对周围的人身和财产造成的损害的无过错赔偿等范围之内，如《民法通则》第一百二十三条之规定。

显见，本案所及民事责任并不在《民法通则》所界定的无过错责任范围之内。由此，根据过错责任原则，答辩人的行为并不具备《刑法》规定的构成故意伤害罪必须具备的主观方面要件，同时答辩人的行为与被害人马××死亡结果之间没有《刑法》规定的构成故意伤害罪必须具备的因果关系。在民事责任上答辩人没有过错责任，不应当承担原告人的经济损失。

综上所述，答辩人认为，本案原告人、法定代理人提起附带民事诉讼不符合法定条件，其请求赔偿没有事实根据和法律依据，请法庭依法判决驳回原告人的诉讼请求。

此致

××县人民法院

答辩人：郭××

委托代理人：王×

××××年×月×日

[文章来源：http：//china.findlaw.cn，有改动]

例文3：

行政诉讼答辩状

答辩人：杨××，男，汉族，住××市××区××街××号。

答辩人因杨××和李××诉汉寿县蒋家镇人民政府和汉寿县人民政府不履行法定职责行政诉讼一案答辩如下：

一、原告起诉不合条件，应驳回起诉

1. 错列被告

《城市规划法》第四十条和《城乡规划法》第六十四条均规定，未按照建设工程规划许可证的规定进行建设，对城市规划有影响的，执法主体是城市规划主管部门而不是人民政府。即使本案第三人有违法行为，依法应受处理，也不应直接由人民政府处理。

2. 第三人不明确

按照诉讼法的规定，诉状所列全部当事人包括第三人应是明确的。起诉人在诉状中所列第三人为"杨征钦（未成年人）其父杨小东"，似乎杨征钦是第三人，杨小东是其代理人，又似乎杨小东直接就是第三人；在"事实与理由"部分的第三人似乎又是杨征钦。

3. 诉讼标的已为生效判决的效力所羁束。起诉人与答辩人一方因相邻权纠纷，已经历三次诉讼。常德市中级人民法院已于2009年做出生效判决，确认起诉人无权就相邻权向答辩人主张权利。根据最高人民法院《关于执行〈行政诉讼法〉若干问题的解释》（法释〔2000〕8号）第四十四条第一款第十项的规定，本案应裁定驳回起诉。

4. 起诉时间未到。法释〔2000〕8号第三十九条规定，公民申请行政机关履行法定职责，行政机关在接到申请之日起超过60日不履行的，才可向法院起诉，从诉状中一看便知，显然本案不满足这一条件。

二、本案应适用《城市规划法》而不应适用《城乡规划法》

最高人民法院《关于审理行政案件适用法律规范问题的座谈会纪要》明确指出，审查具体行政行为的合法性时，实体问题适用旧法规定，程序问题适用新法规定。

《城乡规划法》从2008年1月1日起才施行。本案建房事实发生在此之前。能不能处罚第三人，怎样处罚显然属实体问题。依上述规定，本案应适用《城市规划法》。

三、本案正确的行政处理结果

《城市规划法》第四十条对严重影响城市规划和一般影响城市规划的行为怎样进行处理做了规定，对不影响城市规划的行为怎样处理并没有做出规定。

1997年，湖南省人大常委会修正后的《湖南省实施〈城市规划法〉实施办法》对此予以了明确。该法规的第三十七条规定，不影响城市规划的可以补办手续。

所以，本案正确的行政处理结果应是由城市规划主管部门责令补办手续。

四、起诉人请求不当

1. 起诉人的请求违背行政权与司法权相分离原则。即使起诉人的要求有法律依据，其诉讼请求也只能是请求法院判决被告限期履行法定职责，而不能直接要求法院责令行政机关做出具体行政行为。这一权力，上一级行政机关可以行使，但当事人只能通过申诉的途径向上一级行政机关反映。

2. 起诉人的合法权益并没有受到侵犯。生效判决书已认定起诉人的所谓相邻权已通过给付对价的方式予以放弃。起诉人不侵占他人的土地,又何来相邻权受侵害一说。

五、本案不宜由中院直接审理

如前所述,汉寿县人民政府显然不是本案适格的被告;本案似乎也不属于在常德市有重大影响的案件。故本案不宜由中级人民法院直接审理。

据此,本案应驳回原告的起诉或驳回其诉讼请求。

此致

常德市中级人民法院

答辩人:杨××

××××年×月×日

[文章来源:http://news.9ask.cn,有改动]

第四节 上 诉 状

一、文种释义

上诉状是指当事人或当事人的法定代理人不服一审的判决或裁定,在法定的期限内,向上一级人民法院提起上诉,请求撤销、变更裁判或请求重新审理的诉讼文书。

上诉是法律赋予当事人的一种诉讼权利,是第二审人民法院进行审理的依据。我国的审级制度是两审终审制,即一个案件经过两级人民法院审理即告终结的法律制度。其内容是,如果当事人对地方各级人民法院审理的第一审案件所做出的判决和裁定不服,可以依法向上一级人民法院提起上诉,要求上一级人民法院对案件进行第二次审判;经第二审人民法院对案件进行审理,所做出的判决和裁定是终审判决和裁定,当事人不服不得再提起上诉,人民法院也不得按照上诉审理程序审理。

二、文种制作的基本知识

《民事诉讼法》第一百四十七条规定:"当事人不服一审人民法院民事裁判的,有权在判决书送达之日起15日内,向上一级人民法院提起上诉;不服地方人民法院第一审裁定的,有权在裁定书送达之日起10日内,向上一级人民法院提起上诉。"

《刑事诉讼法》第一百八十三条规定:"不服判决的上诉和抗诉的期限为10日,不服裁定的上诉和抗诉的期限为5日,从接到判决书、裁定书的第二日起算。"

《行政诉讼法》第五十八条规定:"当事人不服人民法院第一审判决的,有权在判决书送达之日起十五日内向上一级人民法院提起上诉。当事人不服人民法院第一审裁定的,有权在裁定书送达之日起十日内向上一级人民法院提起上诉。"

在撰写上诉状前,应当了解上诉的条件。根据三大诉讼法的相关规定,上诉应符合下列条件。

（一）上诉人的主体适格

主体适格指的是提起上诉的人符合法律、法规的相关规定。民事诉讼和行政诉讼中提起上诉的主体应为第一审诉讼的原告、被告，共同诉讼人、有独立请求权的第三人及一审法院的判决认定其承担责任的无独立请求权的第三人。刑事诉讼提起上诉的人应为被告人、自诉人和他们的法定代理人，附带民事诉讼的当事人和他们的法定代理人。

（二）上诉人必须在法定期限内提出

对一审人民法院所做的判决不服的，民事诉讼与行政诉讼的上诉人提起上诉的时限为在判决书送达之日起15日内提出；刑事诉讼的上诉人则为在收到判决书之日起10日内提出。对一审人民法院所做的裁定不服的，民事诉讼与行政诉讼的上诉人提起上诉的时限为在判决书送达之日起10日内提出；刑事诉讼的上诉人则为在收到判决书之日起5日内提出。

（三）上诉一般须交上诉状

上诉状的内容，应当包括当事人的姓名、法人的名称及其法定代表人的姓名或者其他组织的名称及其主要负责人的姓名；原审人民法院的名称、案件的编号和案由；上诉的请求和理由。

（四）符合提起上诉的程序

民事诉讼和行政诉讼中的上诉人可以通过原审人民法院提起上诉也可以直接向上一级人民法院提起上诉。上诉状应当通过原审人民法院提出，并按照对方当事人或者代表人的人数提出副本；当事人直接向第二审人民法院上诉的，第二审人民法院应当在5日内将上诉状移交原审人民法院。刑事诉讼的上诉人通过原审人民法院提出上诉的，原审人民法院应当在3日以内将上诉状连同案卷、证据移送上一级人民法院，同时将上诉状副本送交同级人民检察院和对方当事人。上诉人直接向第二审人民法院提出上诉的，第二审人民法院应当在3日以内将上诉状交原审人民法院送交同级人民检察院和对方当事人。

三、文种格式

上诉状的格式分为首部、正文和尾部。

（一）首部

首部分为标题和当事人基本情况。

（1）标题应在居中位置写明“××上诉状”。

（2）当事人的基本情况。分别写明上诉人和被上诉人的姓名、性别、年龄、民族、职业、工作单位和住址等，如果上诉人、被上诉人是法人或其他组织的，应写明其名称和住所，以及其法定代表人（或主要负责人）的姓名和职务。上诉人只对共同诉讼的被告人中的一人提起上诉，只把该人列为被上诉人，其他人以原审的诉讼地域管辖列明，即列为原审被告或原审第三人。

(二) 正文

正文分为上诉请求和上诉理由两部分。

(1) 上诉请求。写明上诉人不服原审裁判,要求第二审人民法院部分或全部撤销或者变更裁判,或者要求第二审人民法院重新审判。民事诉讼中的一审裁定只有三种可以上诉,即对不予受理、驳回起诉和管辖异议的裁定进行上诉,因此上诉请求对应为:撤销原审裁定,改判××××人民法院应受理本案;撤销原审裁定,改判由××××人民法院继续审理此案;撤销原审裁定,改判由××××人民法院管辖。

(2) 上诉理由。民事诉讼的上诉理由主要有以下几方面:第一,事实方面。看原审认定的事实是否真实,是否有证据证明。如果没有证据而认定了对上诉人不利的事实,或者对有证据证明对上诉人有利的事实而没有认定,导致认定事实错误的,可以作为上诉理由。第二,证据方面。一是看原审认定的事实是否运用了证据,所用证据是否真实有效,能否形成证据链条;二是看原审法院是否不恰当地确定了当事人举证责任。第三,法律适用方面。法律适用方面有错误,通常是由于认定事实有错误,但也可能是单纯的法律适用错误。

(三) 尾部

尾部应写明致送人民法院的名称、附项、上诉人姓名或名称、上诉状制作日期。其中,附项部分要注明副本的份数。

例文 1:

民事上诉状

上诉人(一)(一审原告):陆×,女,1981 年 1 月 13 日生,汉族,住址:上海市金山区×号　邮编:(略)

上诉人(二)(一审原告):陆××,男,1982 年 9 月 23 日生,汉族,住址:同上

上诉人(三)(一审原告):陶×,女,1954 年 8 月 18 日生,汉族,住址:同上

被上诉人(一)(一审被告):陶××,男,1960 年 6 月 28 日生,汉族,地址:上海市金山区×号　邮编:(略)

被上诉人(二)(一审被告):上海市××汽车运输队,地址:上海市金山区×村 邮编:(略)

上诉人陆×、陆××、陶×因与陶××、上海市××汽车运输队道路交通事故人身损害赔偿纠纷一案,不服上海市金山区人民法院(2006)金民一(民)初字第×号民事判决,现依法提出上诉。

上 诉 请 求

1. 判决撤销一审法院作出的(2006)金民一(民)初字第×号民事判决书;

2. 判决支持原告一审中提出的诉讼请求;

3. 判决被上诉人承担本案的全部诉讼费用。

事实与理由

一、一审法院认定事实有误，对案件主要事实避重就轻

一审法院认为“第一被告见状在制动途中其车正面左部与自行车左侧发生碰撞”与事实有所出入。真实的情况是，第一被告驾驶车辆快速沿健康南路由北向南行驶至事故地点时并没有采取制动措施，而是企图快速超车从左边车道避让陆×，但是由于车速过快，加上采取避让措施不当，发现没办法超过去的时候才采取了制动的措施，但是已经来不及，造成了本起事故的发生。事故的发生，完全是由于被上诉人(一)车速过快和没有采取合理的避让措施造成的，陆×在确保安全的情况下在斑马线内穿过马路，没有任何过错，被上诉人(一)应当承担事故的全部责任。

一审法院没有认真审查本案关键事实。第一，本案发生的地点是在斑马线也就是人行道范围内，人行道顾名思义就是让人(非机动车)通过的道路，非机动车在人行道内应当享有路权，否则也就失去了在道路上画上斑马线的意义。第二，本起事故的撞击点在斑马线内马路的左侧，也就是已经过了马路的中线，事故的发生完全是由于被上诉人(一)违反靠右行驶的交通法规造成的。对于以上两点，上诉人有交通事故现场勘测图作为证据。第三，肇事车辆当时的车速是非常快的，是超速的。对此，上诉人有证人朱小明的笔录和当庭证言作为证据。但是，很遗憾，一审法院对这些重要事实并没有在判决书中提及或者认定。

二、一审法院对交通事故认定书没有经过质证和审查就作为定案的依据，违反有关法律规定

2004年5月1日《道路交通安全法》颁布之后，交通事故认定书就被界定为一种证据，对于交通事故认定书认定的责任比例，法院在审理后，认为不符合事实和法律的，可以不采信，根据认定的事实重新确定民事赔偿的比例(上海市高级人民法院2004年第3期《民事法律适用问答》第4条也说到，公安交警部门的责任认定书并非判定民事赔偿的唯一依据，如果经审理后认为，行人的过失程度与责任认定不符合的，可调整双方承担责任比例)。同时，也取消了对交通事故认定书的复议程序和单独就交通事故认定书不服提起诉讼的程序。这样一来，当事人对交通事故认定书不服的唯一救济途径就寄托在法院的民事赔偿审理程序中。换句话说，也就是如果当事人对交通事故认定书不服，法院必须对交通事故认定书进行质证和审查，否则，当事人就丧失了唯一的救济途径。但是，遗憾的是，一审法院仅仅用“现原告虽对此提出异议，但没有新的充分证据加以推翻，且该认定并无不当，本院予以认同”这一句话就把上诉人提交的大量证据和充分的代理意见予以否定了。

交通事故认定书已经仅仅是一种证据，不是法院定案的依据，一审法院在没有经过质证和审查的情况下就作为定案的依据，是违反证据规则的相关规定的，是老一套审理交通事故案件思路的体现，不符合现行法律的规定。上诉人认为，第一，交通事故认定书既然作为一种证据，制作此交通事故认定书的交警部门必须出庭接受询问，否则不能作为定案的依据；第二，既然我们都不是交通事故认定的专家，那么对于交通事故认定书此种鉴定结论，可以委托上级交警部门重新认定；第三，交通事故认定书认定的事实有误，

适用的法律错误,一审法院却认为“且该认定并无不当”,明显对此交通事故认定书没有进行审查。

(一)交通事故认定书认定的事实是有误的,事情的真实情况正如上诉人上述第一大点所说。

(二)交通事故认定书上所适用的法律是错误的。

1. 交通事故认定书认为,陆×骑自行车未实行右侧通行,其行为违反了《道路交通安全法》第三十五条(第三十五条 机动车、非机动车实行右侧通行),本案中,在发生交通事故的时候,陆×是直行穿越马路,因此,不存在右侧通行的问题,交通事故认定书明显适用法律不正确。

2. 交通事故认定书认为,陆×未按照规定实行转弯的非机动车让直行的车辆通行,其行为违反了《道路交通安全法实施条例》第六十八条第一款的规定(第六十八条第一规定,非机动车通过有交通信号灯控制的交叉路口,应当按照下列规定通行:转弯的非机动车让直行的车辆、行人优先通行)。请法庭注意,第六十八条第一款适用的前提是“有交通信号灯控制的交叉路口”,而本案发生的金龙新街健康南路路口是一个丁字路口,并没有交通信号灯控制,因此,在这种情况下适用第六十八条第一款是严重错误的。而恰恰相反,陆×是在确认安全后通过,是一个符合《道路交通安全法》第六十二条规定的合法行为(第六十二条 行人通过路口或者横过道路,应当走人行横道或者过街设施;通过有交通信号灯的人行横道,应当按照交通信号灯指示通行;通过没有交通信号灯、人行横道的路口,或者在没有过街设施的路段横过道路,应当在确认安全后通过)。

3. 交通事故认定书认为,被上诉人(一)驾驶机动车未按操作规范安全驾驶文明驾驶,其行为违反了《道路交通安全法》第二十二条第一款之规定(第二十二条第一款 机动车驾驶人应当遵守道路交通安全法律、法规的规定,按照操作规范安全驾驶、文明驾驶)。上诉人认为,被上诉人(一)不但违反了第二十二条第一款的规定,还违反了第三十五条、第四十七条的规定(第三十五条 机动车、非机动车实行右侧通行。第四十七条 机动车行经人行横道时,应当减速行驶;遇行人正在通过人行横道,应当停车让行。机动车行经没有交通信号的道路时,遇行人横过道路,应当避让)。被上诉人(一)的以上三种违法行为才是导致本起事故的根本原因,理应承担事故的全部责任。

三、一审法院违背交通事故案件审理中应当坚持的以人为本审理原则,损害上诉人合法权益

交通事故赔偿案件是属于人身伤害侵权案件,法院在审理此类案件时不应当对当事人要求过于苛刻,要做到以人为本,这才是符合民法精神的审判原则。2003 年 3 月 26 日,在全国民事审判工作座谈会上,最高人民法院副院长黄松有就道路交通事故的损害赔偿问题提出了指导性的意见,指出:“近年来,交通事故案件大量上升,人民法院在审理交通事故损害赔偿案件时,遇到了一些具体适用法律的问题,在审理机动车致非机动车一方人员伤亡的案件时,应当贯彻以人为本,尊重人的生命价值的原则。机动车行为人在无过错的情况下造成非机动车一方人员伤亡的,除非出于受害人自杀等行为人难以控制的情形,行为人仍应给受害人适当的赔偿;在双方当事人都有过错的情况下,即使受害

人有重大过失，也只能按照过失相抵原则适当减轻机动车一方的赔偿责任，而不能免除其赔偿责任，更不能判决过错相抵后再要求受害人赔偿机动车一方损失。法院在审理交通事故损害赔偿案件时，要正确对待公安交通管理部门的责任认定。公安交通管理部门的责任认定实际上是对交通事故因果关系的分析，是对造成交通事故原因的确认。要避免将公安交通管理部门的责任认定简单等同于民事责任的分担，应将其作为认定当事人承担责任或者确定受害人一方也有过失的重要证据材料。”

但是，遗憾的是，在一审判决当中，我们看不到半点贯彻以人为本，尊重人的生命价值的原则。

（一）对上诉人的误工证明要求过于苛刻。一审法院认为：“家属处理事故及丧葬事宜误工费，原告为此均提供本单位证明加以证明，但第一被告与第三人提出异议，原告也未能就此提供其他证据加以补强，故本院对陆×、陆××的工资收入参照本市职工年平均工资26 823元计算”“并各计算10天”。本案当中，上诉人提供的证据很明确，误工1个月，造成误工损失多少，有单位公章和证明人签字。根据最高人民法院《关于民事诉讼证据的若干规定》第七十条规定，一方当事人提出的下列证据，对方当事人提出异议但没有足以反驳的相反证据的，人民法院应当确认其证明力：书证原件或者与书证原件核对无误的复印件、照片、副本、节录本。本案中上诉人提供的误工证明就是属于书证，法院在上诉人提供原件，对方仅仅提出异议却没有足以反驳的相反证据的时候，完全可以确认其证明力，但法院却要求上诉人“就此提供其他证据加以补强”，实在令人匪夷所思！上诉人的误工证明明确误工期限为1个月，但是一审法院却“并各计算10天”，不知道其依据为何？上诉人失去一位至亲，却仅仅误工10天，似乎不是很符合常理。

（二）对上诉人的合理产生的交通费用要求过于苛刻。一审法院认为：“原告乘坐出租汽车缺乏合理性，且提供的10元、20元、30元的定额收款发票均系无效票据。”上诉人认为，事实上，上诉人居住的地方到医院没公交汽车直达，在上海乘坐出租车不应当认为是奢侈消费；上诉人提供的定额收款发票是上诉人从市区单位赶往交警队和医院处理交通事故事宜时候产生，售票员给付的就是这样的票据，难道要上诉人要求售票员给付正式发票，这明显不符合常理，而且法院酌定291元在交通事故死亡案件中属于偏低。

综上，上诉人认为，上海市公安分局金山分局交通警察支队2006年×月×日作出的金山NO.060×××交通事故认定书认定事实有误，适用法律不正确，法院不应当予以采信；同时，本起交通事故中，被上诉人（一）的违法行为才是造成事故的根本原因，应当承担事故的全部责任，死者陆×正常在斑马线内穿越马路，没有过错，不应当承担事故的责任。因此，恳请二审法院查明事实，撤销一审判决，支持上诉人诉请，上诉人万分感激！

此致

上海市第一中级人民法院

上诉人：×××

××××年×月×日

［文件来源：http：//news.9ask.cn］

例文2:

刑事上诉状

上诉人:李×,男,1961年出生,汉族,户籍所在地:河北省石家庄市××号,经常居住地:北京市海淀区×号,现在押于重庆市第二看守所。

上诉人因辩护人伪造证据、妨害作证一案,不服重庆市江北区人民法院(2009)江法刑初字第711号刑事判决,现依法提起上诉。

上诉请求

1. 撤销(2009)江法刑初字第711号刑事判决,依法改判上诉人无罪。

2. 贵院通过重庆市高级法院,请示最高法院针对《刑法》第三百零六条、第三百零七条释法,据以界定该罪系属结果犯或行为犯。

3. 贵院通过重庆市高级法院,请示最高法院释法,据以界定辩护律师向被告人宣读或出示同案人口供是否违法。

事实与理由

一、一审判决程序违法

1. 一审判决未依法决定和送达上诉人提出的公诉人回避、审判长回避、审判员回避的申请,同时剥夺上诉人申请复议的权利。

2. 一审判决未依法提押或拘传上诉人已申请到庭作证的证人出庭作证。

3. 一审判决缺少前置程序,本末倒置。依法应在龚××案终审判决后庭审。

4. 一审判决送达前,公诉人庭审宣读的未提交法院、拒绝出示、承诺在休庭后三日内提交法院的若干证人证言至今未提交,对这些证言的真实性、合法性尚未经过上诉人、辩护人质证,而一审据此作出一审判决。

5. 本案公诉人幺×系重庆市检察院第五分院检察员,根据《检察官法》第十四条之规定,幺×依法不能同时在江北区检察院任职,故幺×依法不能担任本案的公诉人。显然,幺×参与本案的审查起诉和出庭公诉均存在违法情形。

6. 其他(详见二审辩护词)。

二、一审判决认定事实错误

1. 一审判决公然回避辩护人对一审证据的核心异议。

2. 一审判决无视公诉人未能依法举示定罪必须具备的上诉人伪造的"证据",在公诉机关举证不能的情形下认定上诉人构成伪造证据、妨害作证罪。

3. 一审判决无视公诉机关出示的及未出示的证据明显存在虚假、违法、矛盾及自相矛盾,依旧承继公诉机关的不能自圆其说的观点,依据上述不能作为定案根据的证据认定上诉人构成犯罪。

4. 一审判决无视龚××等证人证言之若干矛盾和多种说法,甚至不顾龚××在涉黑案庭审时已然翻供拒不承认其为黑社会团伙老大及多宗罪行的事实,认定上诉人教唆翻供。

一审判决无视辩护人举示的、由侦查机关提取的龚××在认识李×之前多次供述

“自己被敲诈”的白纸黑字的供述，公然认定龚××未言被敲诈，并据此认定上诉人编造龚××被敲诈的虚假证言，进而认定上诉人申请证人出庭作证即构成伪证罪。

一审判决无视上诉人介入龚××案时该案已进入刑事诉讼第三阶段，即审判阶段。此时证据已关门，已不存在警察再行侦查取证之可能，上诉人不可能指使龚××安排保利公司员工向警察作任何伪证。况且，龚××自相矛盾的证言又证实上诉人是让龚××安排员工遣散，以免作证。

5. 其他事实认定错误(详见二审辩护词)。

三、一审判决适用法律错误

1. 一审判决承袭公诉人的定论，任意解释《刑法》第三百零六条为行为犯，此举属无权解释，据此判决必然误判。

2.《刑法》第三百零六条第二款是对该条第一款之注释与说明，即必须有疑似伪造的证据出现，方有可能构成本罪。故，《刑法》第三百零六条应为结果犯而非行为犯。退一步，即使可以解释为行为犯，则本罪行为既遂或成就的标志，也必须要有疑似伪造的证据出现，本案核心问题是公诉人也承认没有疑似伪证出现。

3. 一审判决以公诉人出示或拒绝出示的明显或虚假或违法或矛盾的证言证据认定事实无法可依，且与《刑事诉讼法》冲突。

4. 一审判决认为侦查机关在看守所拘留证人取证，然后继续拘留证人，仍属合法收集证据，无法可依，且与《刑事诉讼法》冲突。

5. 一审判决对辩护人根据事实、依据法律提出的上诉人无罪的辩护意见一概不予采信无法可依。

6. 龚××案尚未庭审，其侦查、起诉两阶段均无上诉人介入。一审判决凭空认定司法机关的正常诉讼活动受到上诉人妨害，既无事实根据，也无法律依据。

7. 其他法律适用错误(详见二审辩护词)。

四、特别提示

1. 一审判决未查明和认定龚××是否被刑讯逼供。

一审法庭首先应查明龚××是否被刑讯逼供，如果龚××存在被刑讯逼供情形，则李×就是根据《律师法》维护犯罪嫌疑人合法权益的职责，而提示龚××在庭审时推翻原在侦查阶段因各种原因和压力所做的不真实供述。如此则李×的伪造证据、妨害作证罪的基础即不复存在。

需要向二审法庭说明的是，关于发生刑讯逼供来自龚××的自述，刑讯逼供的情节完整细致到有具体的时间、阶段、地点、实施人姓名、情节、实施期间曾制止刑讯逼供人的姓名和职务、治伤医生的姓氏和性别。其自述内容自然连贯。任何有判断力的律师甚至自然人，都很难相信这些情节是在有办案人员在场情况下，由于李×的突然眨眼暗示，而引起龚××突然起意的完整、连贯、有声有色的编造，除非龚××是故事大王。

有报道在此后龚××案的审理中，同案 34 名被告中实际还有多名被告声称受到类似的刑讯逼供。

实际辩护人在李×案一审开庭前也已获知上述龚××陈述或编造的被刑讯逼供情节，

但是出于本案已被媒体广泛关注和报道以及一审开庭有众多媒体旁听的原因,辩护人基于对重庆打黑除恶斗争整体大局负责等因素考虑,特别没有对此项证据进行举证也未对外披露相关情况。在二审阶段,辩护人也不准备披露,但将通过组织渠道向有关部门报告。

一审判决以“对质证意见的评判”取代认定是否发生刑讯逼供,以“重庆法医验伤所出具的司法鉴定检验报告不能证明龚××被刑讯逼供,且龚××本人供述未受到刑讯逼供”回避认定是否存在刑讯逼供太过轻率,如此而实际忽略了关键事实。

尽管司法验伤报告确实不能直接证明龚××被刑讯逼供,但其结论“龚××(除左腕外)未见确切伤情”,起码证明龚××左腕确有伤情,进而与龚××向李×陈述“被吊打多日”情节及证据对应。李×对发生刑讯逼供产生的合理怀疑,除根据龚××自述外,也因确实曾看到了伤情。

2. 一审判决未查明认定李×是故意伪造证据,还是因龚××被刑讯逼供的陈述产生合理怀疑。

《刑法》第三百零六条是故意犯罪,法庭应该查明认定李×是否存在犯罪故意。

根据本案公诉机关证据,可以确定李×会见龚××时的原话是:“从笔录看出刑讯逼供的现象”,进而询问龚××是否发生刑讯逼供,龚××关于受到刑讯逼供的陈述由此引起。

李×的上述询问属于正常履行律师职责。龚××此前并不是早有黑社会打砸抢等恶劣行径的恶徒,打黑斗争前龚××有多年正当生意,其本人是企业主,甚至被商业界称为摩托车销售奇才,龚××突然由商业界的奇才转变为被称为“杀人生产队”的黑社会组织第一号案犯的过程和原因是律师正常辩护中需要关注的。李×是出于职业感觉和合理怀疑而进行询问,李×没有故意伪造证据的动机,上述询问不构成威胁、引诱,更不构成教唆。李×与龚××存在先问后答的关系,有关龚××被刑讯逼供的情节全部是来自龚××陈述,而不是李×的编造。

要说明的是,在辩护人办理李×案期间,获知龚××自述被刑讯逼供的过程、情节和具体细节后,也自然产生了是否发生刑讯逼供的合理怀疑。辩护人由此联想推及李×同样作为辩护律师,因为龚××具体、生动的陈述,还看到其手腕的伤痕,进而引发是否发生刑讯逼供的怀疑,是正常合理的辩护人反应。

辩护人认为,李×起码是因龚××自述或编造的刑讯逼供情节太具体和逼真,由此产生职业性的合理怀疑,进而试图查明事实真相,以获得相应的证明。由此李×询问曾长期供职于公安部门的吴××,能否寻找知情办案人员作证,也只是为了查明是否发生刑讯逼供的事实。

因此李×的行为动机是出于职业性合理怀疑而试图求证,并无伪造证据的动机。而根据《刑法》第三百零六条的规定,辩护人不是有意伪造的,不属于伪造证据。

一审判决未查明李×并无伪造证据的故意,未查明李×思想、言行均是出于合理怀疑的重要事实和情节。

3. 一审判决对李×指使吴××贿买警察的认定存在错误。

李×询问吴××能否寻找知情警察作证的性质,与指使吴××贿买警察作伪证的性质完全不同,也与《刑法》第三百零六条有关威胁、引诱证人违背事实改变证言或者作伪证的构成要件完全不同。

2009年12月16日经重庆办案机关特批中国青年报对吴××的采访报道是："11月下旬，我和李×、龚××、马××几个人在大浪淘沙酒店的大厅商量，李×让我找公安作假证，说看到或曾经对龚××实行过刑讯逼供。龚××跟我说，会花钱把事情摆平。我那时候就断然拒绝了。"

由此报道起码可以确定，表示"贿买"警察意思的主体并不是李×，而是龚××。

而一审判决列示的公诉方证据21号吴××证言，却将此节关键事实改变为："李×让他去找几个参加龚××审讯的或是看到龚××审讯的警察出来作证，证明龚××被刑讯逼供了，最好找几个参加龚××审讯的警察来出庭作证，李×说要是能找到警察出庭作证，花几百万元也可以。当时龚××也在场。他没有去找。"吴××此时证言与此前对中国青年报采访时的陈述有了微妙和关键的改变。

由于吴××被重庆办案机关拘留，也未出庭作证，辩护人无法判断和设想吴××在前后两次陈述中出现关键性变化，将表示"贿买警察"的主体由龚××变换为李×的原因，但法庭有责任对吴××前后矛盾的陈述进行判断。

可以确定的是，李×在此节事实上，既未发生"威胁、引诱潜在警察证人"的结果，也没有行为，只有语言，李×甚至都不可能接触潜在警察证人。此节事实不符合《刑法》第三百零六条，威胁、引诱证人违背事实改变证言或者作伪证的构成要件。

五、请二审法院依法纠正一审判决的若干错误，依法撤销一审判决，以免一审错误判决继续影响备受群众拥护的重庆依法打黑的正面效果。

此致

重庆市第一中级人民法院

上诉人：李×

××××年×月×日

[文章来源：http://www.66law.cn]

例文3：

行政上诉状

上诉人(原审第三人)：榆林市××林业开发有限公司

法定代表人：王××，董事长

被上诉人(原审原告)：周××，男，1950年1月9日生，汉，住榆林市柳营西路××家属院。

被上诉人(原审原告)：×××

……

原审被告：榆林市工商行政管理局

法定代表人：薛××，局长

原审第三人：陕西省榆林林业学校

法定代表人:李××,校长

原审第三人:×××

……

上诉请求

1. 要求撤销榆林市榆阳区人民法院(2008)榆行初字第39号《行政判决书》;

2. 改判驳回一审周××等9名原告的诉讼请求。

事实与理由

一、一审周××等人采取欺骗的手段在法院立案,应驳回周××等人的诉讼请求

一审庭审查明,一审原告周××等41人在向榆林市榆阳区人民法院申请立案时采取了欺骗的手段,获得了立案。在周××等41人的《行政诉状》上,立案时已经有3人死亡,但周××等人并没有向法院说明这种情况,欺骗了法院。周××等人在欺骗被识破的情况下,竟然采取一部分人撤诉的方式来掩盖立案时3人已经死亡的事实,一审法院竟然下达《裁定书》同意三个死人撤诉,真是滑天下之大稽!

二、一审原告周××等人不具备诉讼主体资格

1. 一审原告周××等人不是本次具体行政行为的相对人。

本次具体行政行为是榆林市工商局核准林研中心变更法定代表人,林研中心是本次具体行政行为的相对人。一审原告周××等人如果认为林研中心的本次申请变更损害了自己的利益,可以状告林研中心,而不能直接状告榆林市工商局。

2. 本次具体行政行为对一审原告周××等人的权利义务没有实质性影响。

本次具体行政行为是核准了林研中心变更法定代表人的申请,而一审原告周××等人作为林研中心的股东的权利义务如表决权、选举权、被选举权、提案权、分红权等没有受到任何实质性影响,根据最高院关于执行《行政诉讼法》若干问题的解释第一条第(六)项规定,“对公民、法人或者其他组织权利义务不产生实际影响的行为”不属于人民法院行政诉讼的受案范围。因此,本案不属于人民法院受案范围,应驳回周××等人的诉讼请求。

三、本案的诉讼请求没有实际意义,应裁定驳回诉讼请求

一审原告周××等人要求撤销核准林研中心法定代表人的具体行政行为,并恢复周××林研中心法定代表人的身份。林研中心在2008年4月29日已经依法变更为榆林市华兴林业开发有限公司,林研中心在法律上已经不存在了,对一个不存在的企业如何撤销?如何恢复?原告等人的诉讼请求没有任何实际意义。因此,应驳回一审原告周××等人的诉讼请求。

四、一审法院认定林研中心为集体企业与事实不符

一审庭审已经查明,林研中心是由全部自然人出资的“假集体”企业,不能仅仅依据林研中心营业执照上的企业性质就认定林研中心为集体企业。毕竟连一审原告周××等人认为的所谓上级主管部门——榆林林校也不承认其为林研中心主管上级,在这种情况下,如何得到一审法院要求的“原主管部门审查同意的文件”?

五、一审法院认定榆林市工商局作出具体行政行为的依据超出了榆林市工商局的举

证范围

一审法院认为(判决书第19页),以中共榆林林业学校委员会做出的榆林林校发(2007)外法01号“关于周××免职的通知”文件,现已被确认系个人所为,属无效文件,对此事实,各方当事人也均予以认可。所以,被告做出的变更法定代表人之登记行为已经失去了变更登记的基础,该具体行政行为缺乏必要的条件,即证据不够充分。请二审法院一定查清楚榆林市工商局做出的变更登记的依据文件,看有没有一审法院所认定的(2007)外法01号“关于周××免职的通知”。一审法院以为只要在工商档案里面有的资料就是工商局做出某一具体行政行为的依据,真是笑话!

六、榆林工商局的核准行为程序公正、事实清楚、适用法律准确,应予以维持

本案榆林工商局在核准林研中心申请变更法定代表人的过程中,审查了林研中心递交的申请书、股东会决议、董事会决议、任免文件,根据《企业法人法定代表人登记管理规定》第六条的规定,进行了核准,程序公正、事实清楚、适用法律准确,应予以维持。怎能认定为“违法”呢?

综上所述,上诉人认为一审法院在审理行政案件过程中,忽视了行政案件与民事案件的不同,不仅全面审查了被告榆林市工商局的证据,而且全面审查了原告提供的与本案无关的全部证据,将原告的个别证据当成了被告榆林市工商局作出具体行政行为的证据,以至于误认定榆林市工商局没有基础依据,做出了错误的判决。

因此,上诉人希望二审法院查明案件事实,依法撤销一审判决,驳回周××等人的无理诉讼请求。

此致

榆林市中级人民法院

上诉人:榆林市××林业开发有限公司

法定代表人:王××

××××年×月×日

[文件来源:http://blog.sina.com.cn]

知识链接

“上诉状”溯源 上诉状肇端于清末的司法制度改革,虽然当时司法制度的改革步履维艰,但也初步引进了一系列西方近现代诉讼制度、审判原则和法律术语,特别是在诉讼程序上实行了四级三审制度,据此真正意义上的上诉状应运而生。

第五节 买卖合同

一、文种的概念和特征

买卖合同是出卖人转移标的物的所有权于买受人,买受人支付价款的合同。

买卖合同关系是民事主体在日常生活中经常遇到的法律关系,明确买卖合同中的必备条款及写作的注意事项对于商品交易的安全性有极大的保障作用。买卖合同具有如下特征:

(1) 出卖人须转移财产所有权于买受人。

通过买卖,出卖人失去财产的所有权,买受人取得财产的所有权。买卖合同的这一根本特征要求出卖人必须将财产交付给买受人。对于动产,转移占有即为交付;对于不动产,权属登记的变化才意味着交付。买卖合同所有权的让与性质使它区别于租赁合同,租赁合同的出租人虽然也将房屋交付给承租人,但是交付的目的并不是要将房屋的所有权转让给承租人。

(2) 买卖合同是双务合同。

在买卖合同中,买、卖双方均既享有权利,又负有义务,双方的权利和义务相互对应。出卖人负有交付标的物并转移标的物的所有权的义务,买受人负有向出卖人支付价款的义务。买卖合同是典型的双务合同,它区别于如赠与合同这样的单务合同。

(3) 买卖合同是有偿合同。

出卖人和买受人有着不同的目的、不同的利益需要,任何一方要实现自己的利益需要,都须支付一定的代价。出卖人取得价款,是以让与出卖物所有权为代价的,而买受人取得标的物的所有权,也必须以支付一定的价款为代价。因此买卖合同是典型的有偿合同。

(4) 买卖合同为诺成合同。

诺成合同是指当事人意思表示一致为成立要件的合同。诺成合同自当事人双方意思表示一致时即可成立,不以一方交付标的物为合同的成立要件,当事人交付标的物属于履行合同,而与合同的成立无关。除法律另有规定或当事人另有约定外,买卖合同自双方当事人意思表示一致,即双方达成协议之时起成立,并不以一方当事人交付实物或完成其他给付为合同的成立要件。

二、文种格式

买卖合同格式也可分为三个部分,即首部、正文和尾部。

(一) 首部

首部一般包括合同的标题、合同各方的基本情况,以及前言和鉴于部分。

(1) 标题应在居中位置写明“××买卖合同书(协议书)”。

(2) 合同各方的基本情况。写明合同各方的姓名、性别、出生年月日、身份证号等,如果合同各方为法人或其他组织的,应写明其名称和住所,以及其法定代表人(或主要负责人)的姓名和职务。注意不要遗漏各方当事人的联系方式。

(3) 前言和鉴于。该部分是买卖合同的开始部分,一般包括有关各方的合法产生和有效持续的依据,有关合同各方的合同目的,有关签署合同前提、背景和双方协商过程的陈述。除上述部分外,公司企业制作的合同大多写有合同编号,以方便公司进行合同管理。

(二) 正文

根据《合同法》第十二条和第一百三十一条的规定,合同正文内容一般包括标的;数量和质量;价款;履行期限、地点和方式;包装方式;检验的标准和方法;结算方式;合同使用的文字及其效力;违约责任及解决争议的方法等条款。

1. 标的

标的是买卖合同中的出卖人和买受人权利义务指向的对象。买卖合同不规定标的,就会失去目的,失去意义。因此,标的是买卖合同的必备条款。标的条款必须清楚地写明标的名称,以使标的特定化,能够界定权利义务的量。

2. 数量和质量

标的物的数量和质量是确定买卖合同标的物的具体条件和具体特征。标的物的数量要确切,应选择双方共同接受的计量单位,确定双方认可的计量方法。标的物的质量需约定得详细具体,如标的物的技术指标、质量要求、规格、型号等。若双方在合同中没有约定质量条款或约定不明确,应按照国家标准履行;没有国家标准的,按照通常标准或者符合合同目的的特定标准履行。

3. 价款

价款是买受人取得标的物所有权所应支付的代价,它通常指标的物本身的价款,但现在商品流通中有大部分商品需异地交货,便产生了运费、保险费、装卸费、报关费等一系列费用。这些费用由谁支付,应在合同中明确约定。若双方对价款约定不明确的,按照订立合同时履行地的市场价格履行;依法应当执行政府定价或者政府指导价的,在履行义务一方所在地履行。

4. 履行期限、地点和方式

履行期限直接关系到买卖合同义务完成的时间,涉及当事人的期限利益,也是确定违约与否的标准之一,十分重要。履行期限可以规定为即时履行,也可以规定定时履行,还可以规定为一定期限内履行。若双方对履行期限约定不明确的,债务人可以随时履行,债权人也可以随时要求履行,但应当给对方必要的准备时间。

履行地点常常是确定验收地点的依据,是确定运输费用由谁负担、风险由谁承担的重要依据,是确定标的物是否转移的依据,还是确定诉讼管辖的依据之一。如果是涉外合同,它则是确定法律适用的一项依据。若履行地点不明确的,给付货币的,以接受货币一方所在地履行;交付不动产的,在不动产所在地履行;其他标的,在履行义务一方所在地履行。

履行方式约定的内容包括是一次交付还是分期分批交货,是交付实物还是交付标的物的所有权凭证,是铁路运输还是空运、水运,等等。若履行方式不明确的,按照有利于实现合同目的的方式履行。

5. 包装方式

包装方式的约定内容应包括包装材料、装潢、包装物的交付、包装费用承担等内容。若双方对包装方式约定得不明确,应当按照通用的方式包装;没有通用方式的,应当采取足以保护标的物的包装方式。

6. 检验的标准和方法

买卖合同应对检验的标准、检验期限、凭封单检验还是凭现状检验以及对标的物的质量和数量提出异议和答复的期限做出明确的规定。若当事人没有约定检验期间的,买受人应当在发现或者应当发现标的物的数量或者质量不符合约定的合理期间内通知出卖人。买受人在合理期间内未通知或者自标的物收到之日起两年内未通知出卖人的,视为标的物的数量和质量符合约定,但对标的物有质量保证期的,适用质量保证期,不适用该两年的规定。

7. 结算方式

结算方式是指出卖人向买受人交付标的物后,买受人向出卖人支付标的物价款、运杂费和其他费用的方式。买卖合同的结算方式应当遵守中国人民银行办法的规定,除法律和行政法规另有规定的以外,必须用人民币计算和支付。为便于结算,合同中应注明双方当事人的开户银行、账户名称、账号和结算单位。

8. 合同使用的文字及其效力

合同使用的文字及其效力,是涉外买卖合同的重要条款。双方当事人应就合同所使用的文字做出明确约定,当事人应当使用约定的文字订立合同。如果合同文本采用两种以上的文字订立并约定具有同等效力的,对各文本使用的词句推定具有相同的含义。各文本使用的词句不一致的,应当根据合同的目的予以解释。

9. 违约责任

违约责任是指当事人一方不履行合同或者履行合同义务不符合约定,另一方当事人免受损失或者减少损失的法律措施。违约责任条款应明确违约的具体情形、违约金计算方法、赔偿范围。

10. 解决争议的方法

解决争议的方法是指有关解决争议运用什么程序、适用何种法律、选择哪家检验或鉴定机构等内容。当事人双方在买卖合同中约定的仲裁条款、选择诉讼法院的条款、选择检验或鉴定机构的条款、涉外合同中的法律适用条款、协商解决争议的条款等,均属于解决争议方式的条款。

(三) 尾部

尾部应写明合同双方当事人的名称、签订合同的日期。

例文:

北京市房屋买卖合同(参考文本)

订立合同双方当事人

出售人(以下简称甲方):

姓名:________

身份证号:________

住址:________

邮政编码:________

联系电话：________

委托代理人姓名：________

身份证号：________

住址：________

邮政编码：________

联系电话：________

买受人(以下简称乙方)：________

姓名：________

身份证号：________

住址：________

邮政编码：________

联系电话：________

委托代理人姓名：________

身份证号：________

住址：________

邮政编码：________

联系电话：________

根据《中华人民共和国合同法》《中华人民共和国城市房地产管理法》等有关法律法规及国家有关房改政策和《广泉小区二期经济适用住房配售办法》等有关规定，甲方和乙方在平等、自愿、协商一致的基础上，就买卖房屋达成如下合同：

一、出售房屋坐落、面积

甲方所出售的房屋位于北京市________区________号楼________号，建筑面积________平方米，其中阳台面积________平方米。

二、出售房屋价格

甲乙双方共同确认本合同第一条所列房屋的买卖价格为每平方米建筑面积________元。

房屋总价款为：

人民币________拾________万________仟________佰________拾元整；

小写￥________

三、付款方式和期限

乙方采用________方式(一次性付款或住房公积金贷款)支付房价款。甲方同意由本人所在单位代收房价款。

若采用一次性付款方式的，须在双方买卖合同签订日后________日内，乙方一次性将全部应交的房价款以存折转账方式交予甲方所在单位；

若采用住房公积金贷款方式的，乙方应按照中央国家机关住房资金管理中心的要求及时办理贷款手续，并于双方买卖合同签订日后________日内付清全部应缴的房价款，首付部分由乙方以现金或存折转账方式交予甲方所在单位，贷款部分由贷款经办银行划入甲方所在单位在银行设立的账户。

四、乙方逾期付款的违约责任

超过付款期限________日后,乙方向甲方一次性支付违约金________元;自超过付款期限日(含)起,乙方每日向甲方支付总房价款________的违约金。

五、房屋产权变更、交付期限

甲方在出示产权证等相关证件后,与乙方签订合同,同时双方委托________部房管部门协助办理房屋产权变更等相关手续,各自承担相应的税费、手续费等相关费用。

甲方在本人办理新购房屋入住手续________日内,将本合同项下所售房屋交付乙方。

六、甲方过期交付房屋的违约责任

超过交房期限________日,甲方向乙方一次性支付违约金________元;自超过交房期限日(含)起,甲方每日向乙方支付总房价款________的违约金。

七、甲方出售房屋设施的标准

甲方交付使用的房屋,应当保证房屋基础设施、相关配套设备完整。

八、取暖、物业费等费用的支付

甲方将所售房屋在交付乙方前,应当结清取暖费、物业管理费等相关费用。自房屋交由乙方之日起,取暖费、物业管理费等相关费用,由乙方缴纳。

九、合同争议的解决

本合同在履行过程中发生的争议,由当事人双方协商解决;协商不成的,依法向房屋坐落地人民法院提起诉讼。

十、合同的补充协议

本合同未尽事项,可由双方协商后签订补充协议,补充协议与本合同条款不一致的以补充协议为准。

十一、其他约定

1.(略)

2.(略)

3.(略)

4.本合同连同补充协议共________页,一式四份,甲方、乙方、________部(原房屋产权单位)、产权变更过户主管部门各一份。

5.本合同自双方当事人签订之日起生效。本合同签订后,任何一方不得解除合同,否则,违约方需向对方一次性支付________元违约金。因不可抗力等因素造成的解除合同除外。

甲方(签章):　　　　　　　　乙方(签章):

年　月　日　　　　　　　　年　月　日

所在单位意见:(本合同是否属实)

(所在单位盖章)

年　月　日

注：若甲方与乙方属不同单位的，由各自所在单位分别签署意见并盖章。

合同说明

1. 本合同文本为签约使用文本。签约之前，出售人和买受人应当仔细阅读本合同内容。

2. 本合同所称房屋是指职工腾退的已评估作价的将要出售的现有房屋(旧房)。

3. 为体现合同双方的自愿原则，本合同文本中相关条款中的空白，由双方自行约定或补充约定。双方当事人可以对文本中条款的内容进行修改、增补或删减。合同生效后，未被修改的文本印刷文字视为双方同意内容。

4. 本合同文本中涉及的选择填写内容以手写内容为准。

5. 对合同文本中选择空格部位填写及其他需要删除或添加的内容，双方应当协商确定。对于实际情况未发生或买卖双方不作约定时，应在空格部位打×，以示删除。

6. 在签订合同之前，出售人应当向乙方出示有关证书、证明文件等。

7. 本合同文本仅限于在广泉小区经济适用住房配售过程中腾退旧房的买卖时签约使用。

[文章来源：http：//dllawyers.chinalawinfo.com 有改动]

知识链接

“买卖合同”溯源　起源于商朝，商朝时主要用来买卖奴隶。在西周时有所发展，西周时的买卖契约称为“质”“剂”。这种契约写在简牍上，一分为二，双方各执一份。《周礼·地官·质人》记载：“质”“剂”有别。“质”用于买卖奴隶，“剂”是买卖兵器、珍异之物所使用的较短的契券。“质”“剂”由官府制作，并由“质人”专门管理。

第六节　遗　　嘱

一、文种的概念和特征

立遗嘱是立遗嘱人生前在法律允许的范围内按照法律规定的方式处分自己的财产或其他事务，并于遗嘱人死亡时发生法律效力的一种民事法律行为。

根据遗嘱的上述概念，遗嘱具有以下法律特征：

(1) 遗嘱是一种单方的民事法律行为。

遗嘱只要具备法定的形式，不违背法律的要求，只需要有遗嘱人单方的意思表示就具有法律效力，而无须事先征求遗嘱继承人的意见或征得受遗赠人的同意。遗嘱人在遗嘱生效以前，即遗嘱人死亡之前，可以随时按照自己的意愿撤销或者变更所立的遗嘱。正因为遗嘱具有上述特征，才会出现一个遗嘱人立有多份遗嘱，多份遗嘱之间效力的比较问题。

(2) 遗嘱是一种死因民事法律行为。

遗嘱虽是遗嘱人生前的意思表示，但只有到遗嘱人死亡后才发生法律效力，具有法律上的执行效力。在遗嘱人死亡前,遗嘱人可以随时变更或撤销遗嘱,遗嘱继承人、受遗赠人无权知道遗嘱内容,更不能要求执行遗嘱。也就是说,遗嘱在遗嘱人死亡之前,还存在不稳定的状态,遗嘱人所作的遗嘱随时可能发生变化。

(3) 遗嘱是一种要式的法律行为。

遗嘱非依法律规定的方式生成,不能发生法律效力,无论是自书遗嘱,还是代书遗嘱,无论是录音、口头遗嘱,还是公证遗嘱,都有各自的法律形式要求,只有符合这些要求,才是合法有效的遗嘱。

二、文种制作的基本知识

要制作一个合法有效的遗嘱,必须先了解遗嘱的实质要件和形式要件,只有两个要件兼而有之,遗嘱才能发挥其功效。

(一) 遗嘱的实质要件

遗嘱的实质要件具体如下。

(1) 遗嘱人在立遗嘱时必须具有完全民事行为能力。

我国《继承法》第二十二条第一款规定:“无行为能力人或者限制行为能力人所立的遗嘱无效。”民事行为能力是指公民以自己的行为,取得民事权利、履行民事义务的能力。我国的民事行为能力分为三类:无民事行为能力、限制民事行为能力、完全民事行为能力。影响民事行为能力的因素有两方面:一是年龄。我国法律规定,10周岁以下为无民事行为能力人,10～18周岁是限制民事行为能力人,18周岁以上为完全行为能力人。二是精神状态。我国法律规定,不能认识自己行为的的性质和后果,不能控制自己行为的精神病人为无民事行为能力人;不能完全认识自己行为的性质和后果,不能完全控制自己行为的精神病人为限制民事行为能力人;而健康人因能完全认识自己行为性质和后果,能完全控制自己行为,所以是完全民事行为能力人。据此,遗嘱人应为18周岁以上能够完全认识自己行为性质和后果,能够完全控制自己行为的人。

(2) 遗嘱必须是遗嘱人的真实意思表示。

遗嘱作为一种单方的民事法律行为,必须是遗嘱人完全自愿而作出的,必须是真实可靠的。《继承法》第二十二条规定:“遗嘱必须表示遗嘱人的真实意思,受胁迫、欺骗所立的遗嘱无效。伪造的遗嘱无效。遗嘱被篡改的,篡改的内容无效。”

(3) 遗嘱应当为缺乏劳动能力又没有生活来源的继承人保留必要的遗产份额。

缺乏劳动能力、没有生活来源、继承人是该项实质要件的三个关键词。缺乏劳动能力是指尚不具备劳动能力或已丧失了劳动能力;没有生活来源是指法定继承人本身不具备维持个人最低物质生活水平的经济条件;继承人是指法定继承人,我国的法定继承人是指配偶、子女、父母,这是第一顺位继承人;兄弟姐妹、祖父母、外祖父母,这是第二顺位继承人。因此,保留遗产份额的人必须符合上述三个关键词。

(4) 遗嘱只能处分遗嘱人的个人合法财产。

遗嘱是遗嘱人指定他人承受其个人合法财产的行为,对他人所有的财产,遗嘱人无权处分。因此,遗嘱人以遗嘱处分了属于国家、集体或他人所有的财产,涉及该部分的遗嘱内容无效。

(5) 遗嘱的内容不得违反社会公德和公共利益。

立遗嘱是一项民事法律行为,它势必受《民法通则》的调整。我国《民法通则》第七条规定:"民事活动应当尊重社会公德,不得损害社会公共利益……"即公序良俗原则。如遗嘱人在遗嘱中指定某人利用遗产进行违法犯罪活动,或把实施某种违法犯罪行为作为继承人接受遗产的条件,或把遗产指定由姘头承受等情形下,遗嘱都是无效的。

(二) 遗嘱的形式要件

根据我国《继承法》第十七条的规定,遗嘱分为公证遗嘱、自书遗嘱、代书遗嘱、录音遗嘱和口头遗嘱。这五类遗嘱都有其各自的形式要件,而且形式要件是否具备也决定了遗嘱的有效性。

1. 公证遗嘱

遗嘱公证是公证处按照法定程序证明遗嘱人设立遗嘱行为真实、合法的活动。根据我国的《继承法》《遗嘱公证细则》等规定,公证遗嘱需具备以下形式要件:

(1) 遗嘱人申办遗嘱公证应当亲自到其住所地和遗嘱行为发生地公证处办理,不得委托他人代理。如果遗嘱人确有困难不能亲自去公证处的,公证员可到遗嘱人所在地办理公证事务。

(2) 遗嘱人必须在公证员面前书写遗嘱内容,并且在遗嘱书上签名(按手印)和盖章、注明日期。如果遗嘱人无法亲笔书写遗嘱,可向公证员当面口述遗嘱内容,由公证员二人在场并做出记录。随后,公证员要向遗嘱人宣读遗嘱口述的记录,经遗嘱人确认没有错误后,记录人和遗嘱人签名盖章。

(3) 遗嘱公证应当由两名公证员共同办理,由其中一名公证员在公证书上署名。因特殊情况由一名公证员办理时,应当有一名见证人在场,见证人应当在遗嘱和笔录上签字。这里的见证人应具有完全民事行为能力、不在继承人范围之内,而且与继承人无利害关系(该见证人的条件适用以下几种类型遗嘱中的见证人)。

(4) 公证机关通过对遗嘱的审查,确认遗嘱真实、合法的,出具《遗嘱公证书》。公证遗嘱在众多遗嘱类型中具有最高的法律效力。若要变更或撤销公证遗嘱,只能通过公证遗嘱的形式进行撤销和变更,不能通过其他遗嘱类型进行撤销或变更。

2. 自书遗嘱

自书遗嘱是遗嘱人生前亲笔书写的遗嘱。自书遗嘱的形式要件为:

(1) 自书遗嘱必须由遗嘱人亲笔书写遗嘱全文。

(2) 遗嘱人必须在自己书写的遗嘱全文后写明书写的时间(年、月、日)。

(3) 遗嘱人应亲笔签名(按手印)。根据《最高人民法院关于贯彻执行〈继承法〉若干问题的意见》第四十条的规定,公民在遗书中涉及死后个人财产处分的内容,确为死者真实意思表示,有本人签名并注明了年、月、日,又无相反证据的,可按自书遗嘱对待。

3. 代书遗嘱

代书遗嘱是指由遗嘱人口述遗嘱内容,他人代为书写制作的遗嘱。我国《继承法》第十七条第三款规定:"代书遗嘱应当有两个以上见证人在场见证,由其中一人代书,注明

年、月、日,并由代书人、其他见证人和遗嘱人签名。”据此,代书遗嘱的形式要件为:

(1) 由遗嘱人口述遗嘱内容。

(2) 有两个以上见证人在场见证,由其中一人代书。

(3) 由代书人、见证人和遗嘱人签名,并注明年、月、日。

4. 录音遗嘱

录音遗嘱是指以录音的形式记录遗嘱人如何处分其遗产的遗嘱。我国《继承法》第十七条第四款规定:“以录音形式立的遗嘱应当有两个以上见证人在场见证。”录音遗嘱的形式要件为:

(1) 由遗嘱人亲自叙述遗嘱的全部内容。

(2) 要有两个以上的见证人在场见证。

(3) 以录音的方式记录下遗嘱人叙述的内容及见证人的姓名及录音时间和地点。

5. 口头遗嘱

口头遗嘱指遗嘱人以口头叙述所立的遗嘱。我国《继承法》第十七条第五款规定:“遗嘱人在危急情况下,可以立口头遗嘱。口头遗嘱应当有两个以上见证人在场见证。危急情况解除后,遗嘱人能够用书面或录音形式立遗嘱的,所立的口头遗嘱无效。”据此,口头遗嘱的形式要件为:

(1) 遗嘱人在危急情况下口述。

(2) 应有两个以上的见证人在场见证。

三、文种格式

遗嘱的格式分为首部、正文和尾部。

(一) 首部

首部分为标题和遗嘱人的基本情况。

(1) 标题应在居中位置写明“遗嘱”或“××遗嘱”。

(2) 遗嘱人的基本情况:遗嘱人的姓名、性别、出生日期、民族和住所。

(二) 正文

(1) 写明立遗嘱的原因。要根据遗嘱人的具体情况,简要写明遗嘱人立遗嘱的真实意图。

(2) 写明遗嘱人所有财产的名称、数量和特征。对于不动产,应写明财产的具体位置、面积等相关重要信息。

(3) 写明遗嘱人对其所有财产的处理意见。在这一部分中应分别写明每一个遗嘱继承人的基本情况,与遗嘱人之间的关系,以及他们各自继承遗产的名称、数额等事项。如果财产或者继承人过多,还可以附上遗产分配单。

(4) 写明遗嘱的份数。

(三) 尾部

尾部应写明遗嘱人、代书人、见证人等相关当事人的姓名,注明立遗嘱的时间和地点。

例文：

遗　　嘱

立遗嘱人：姓名、民族、性别、年龄、住址、身份证号等信息。

为了防止遗产继承纠纷，特请张甲和李丙作为见证人，并委托×××律师代书遗嘱如下：

一、由于本人经常出差且患有高血压，为防止意外死亡和遗产继承纠纷，特立本遗嘱。

二、本人现有主要财产如下：

1. 坐落于上海市西藏南路1899号××大厦3306室房屋一套，面积180平方米；

2. 建设银行定期存款30万元，账号：(略)；

3. 沃尔沃S40轿车一辆，车牌号：(略)；

4. 股票若干，银河证券公司，账号：(略)。

三、对于上述财产，本人处理如下：

1. ××大厦3306室房屋由妻子王××继承；

2. 建设银行存款30万元及利息由女儿丁×继承；

3. 沃尔沃S40轿车由儿子丁×继承；

4. 银河证券的股票由母亲谢×继承；

5. 其他财产由妻子王××继承。

四、希望大家尊重本人的遗愿，和平处理遗产继承事宜。

五、本遗嘱一式三份，由张甲、李丙、谭××各保存一份，具有同等法律效力。

立遗嘱地点：

立遗嘱人：(签字)　　年　月　日

代书人：(签字)　　年　月　日

见证人：(签字)　　年　月　日

见证人：(签字)　　年　月　日

[文章来源：http://china.findlaw.cn]

知识链接

"遗嘱"溯源　据《太平御览》卷八百三十六引应劭《风俗通》的材料，可知汉代已出现遗嘱继承，而且庶子、女儿也有财产继承权。在此之前，由于中国古代是宗法社会，实行的是嫡长子继承制度，而且主要是王、贵族身份的继承，土地、财产的继承居其次，可以说汉代以前的继承是法定继承。

习题训练

1. 简答题

(1) 上诉状、起诉状、答辩状各是由案件中的什么人来提出的？

(2) 起诉必须符合哪些条件?

2. 写作题

林××现年75岁,有两个儿子及后妻陈×(陈×无亲生儿女并且丧失劳动能力),原籍××省××县××乡××村,有瓦房四间,共83平方米;家具共有15件,其中双人床两张,单人床一张,大立柜两个,方桌两张,木凳八张。有××县银行定期存款一张,存有人民币60 000元(注:上述均为林××个人财产)。

林××的想法是房屋靠东的两间43平方米的,房内家具包括双人床一张、大立柜一个,木凳四张、方桌一张,存款30 000元归陈×继承;靠西两间房共40平方米,房内家具计有双人床一张、大立柜一个,方桌一张、木凳四张,由长子林×国继承。因二儿子林×栋承担了照顾后母的责任,其余30 000元存款归二儿子继承。

你作为此份遗嘱的代书人,为林××撰写一份代书遗嘱。要求该份遗嘱合法有效,符合代书遗嘱的写作格式和要求。

第五章 传播文书

传播是指社会信息的传递或社会信息系统的运行，是向公众进行有目的的宣传的各种方式和手段的总和。传播文书就是在传播社会信息时使用的应用文体。本章所讲的传播文书包括新闻文书、广告文案两类。

第一节 新闻文书

一、消息

（一）文种的概念与特征

消息是用简洁的文字对最近发生的新闻事件迅速进行报道的一种新闻文书。真实性、时效性、简短性是消息的主要特征。一篇完整的消息包括六大要素，即何时、何地、何人、何事、为何以及如何发生。我们平时在报刊或网上浏览的时政新闻，都属于新闻文书中的消息。

消息根据写作手法的不同，可以分成动态消息、综合消息、典型消息、述评消息四种。动态消息也叫动态新闻，能迅速及时报道国内外重大事件，重大新闻和简讯都属于动态消息。标题新闻、一句话消息是近年来涌现出来的最短小的动态消息，同简讯一样能更多、更快地反映最新动态，活跃版面。综合消息也称综合新闻，指的是综合反映带有全局性情况、动向的消息报道，常把不同地方、不同单位的若干事实，围绕着一个中心思想综合起来加以宣传报道。典型消息也叫典型新闻，是对某一部门或某一单位的典型经验或成功做法进行集中报道，用以指导全局，使党的路线、方针、政策得到更好的贯彻落实。述评消息也称新闻述评，除了具有动态消息的一般特征外，还要在叙述的同时由作者发表一些必要的议论，体现出夹叙夹议的特点。

除了根据写作手法划分为上述四种类型外，消息还有其他的分类方法。从内容的角度划分，消息可以分成政治消息、经济消息、科技消息、教育消息、军事消息、体育消息、娱乐消息等。从对象上分，消息可以分成人物消息、事件消息等。从篇幅上分，消息可分为长消息、短消息等。

（二）文种格式

一般地说，一篇消息由标题、导语、主体、背景、结尾五部分组成。

1. 标题

首行居中写标题。消息的标题，要能做到用简单的一句话准确概括消息内容。消息的标题对整则消息起画龙点睛的作用，一个好的消息标题，可以吸引读者的兴趣进而阅读整则消息。消息的标题分两种。一种是单行标题，即只有一个正标题，例如，"三亚楼市超80%空置　政协委员建议率先征空置税”“世界最大射电望远镜首批面板将在贵州安装”。另一种是多行标题。除了正标题外,还可以在正标题上一行加引题,引题也称眉题,其作用是交代形势,说明背景,烘托气氛,引出正题,例如,“今朝人物今朝曲,昨夜星辰昨夜风——神舟歌坛十二星授奖仪式暨演唱会隆重举行”“员工有钱挣 家人有房住 孩子有学上——天津开发区留人引才有一套”。还可以在正标题下方加副标题,副标题用来对正标题加以补充、注释,例如,“国务院新八条调控房地产市场——二套房贷首付比例将提至60%”“蒲松龄作品在美被侵权百年——众多学者携手讨还公道”。还可以有同时用引题、正标题、副标题三行标题的情况,例如,“天津港与天津机场签署战略合作协议——两港携手推进海空联运——天津机场将在天津港建立异地城市候机楼”。使用多行标题时,正标题要单独使用大号字、黑体字,以示区别。

2. 导语

标题下方第一行空两格是消息的电头,如“新华社某地某日电”“本报讯”“本台最新消息”等。紧接电头的第一句话或第一自然段是消息的导语。导语用简明生动的文字,概括出消息中最重要、最新鲜的事实,鲜明地提示消息的主题思想。导语与消息主体相比,要写得简洁。例如,1945年8月14日,美国杜鲁门总统宣布,日本已无条件投降。美联社在抢发这条爆炸性的新闻时,导语干脆利落:“日本投降矣!”这条短而有力的导语,当时就被新闻界公认为“最佳导语”。

导语是对标题中涉及事实的展开,即六要素中的“何事”,因此导语的第一个作用是让读者一看导语就知道这篇消息写的是什么。导语的第二个作用是吸引读者愿意读完这条消息,因此导语中只能点明“何事”这一要素,而不能涉及“为何”“如何”等要素。例如,“新华社驻美国记者任毓骏、王如君报道:9月11日上午9时48分,一架飞机撞到了纽约世界贸易中心大楼,飞机把大楼撞了个大洞,在大约距地面20层的地方冒出滚滚浓烟。就在楼内人员惊慌失措之际,18分钟后,又有一架飞机撞上了世贸大楼,这架飞机是从大楼的一侧撞入,由另一侧穿出,并引起巨大爆炸”。显然导语中只交待了“何时”“何地”“何事”,而并不说明“为何”“如何”,这样才能激发读者的好奇心而阅读全文。否则如果在导语中全交代了,也许读者看完导语就没兴趣再往下看了。

导语按类型可分为叙述式导语、描写式导语、评论式导语、提问式导语、引语式导语。

(1) 叙述式导语。叙述式导语又称直叙式导语,即直接交代重要事实,是最常见的。如“搜狐IT消息(文/宿艺)8月26日消息,搜狐IT曾于8月12日报道过联通增加50元3G预付费无线上网卡学生套餐的相关消息,近日经向中国联通营业厅咨询,普通用户也可以在营业厅办理,这意味着这款迄今最低价格的联通3G上网卡套餐已向所有用户开放”。

(2) 描写式导语。描写式导语是对消息的主要事实或某一有意义的侧面做简洁朴素而又有特色的描写,以酝酿气氛。例如,“新华网香港8月26日电(记者孙浩)　26日上午8时,香港金紫荆广场上,国旗和区旗徐徐升至旗杆顶端后,一同下半旗,在场数百名官员和市民的目光始终紧紧追随,并与这座城市其他地区的人们一起,为菲律宾人质事件中遇害的8名香港同胞默哀”。

(3) 评论式导语。评论式导语是把对事情的评价结论写在消息开头，提示报道这一事实的意义和目的。例如，“历史上曾以四大发明著称于世的中国，如今又成为世界发明大国了。中国发明协会会长武衡说，无论从发明的数量、质量看，中国都无愧‘发明大国’的称号”。

(4) 提问式导语。提问式导语也可以称为设问式导语，是先开宗明义把问题提出来，以引起读者的关注，然后引出下文，展开叙述。例如，“8 月以来，京、沪、深等国内一线城市再度收紧房贷政策，全面叫停三套房贷。就在这两天，又传来建行在全国叫停三套房贷的消息，那么这股第三套房停贷之风是否已经蔓延到大连？而昨天，记者从建行大连市分行获悉，目前本市建行尚未接到总行通知，仍按原政策执行。不过另外两家国有银行已经先于建行暂停发放第三套房贷款，并有部分银行虽未明确停贷，但也做出很严格限制”。

(5) 引语式导语。引语式导语是引用消息中人物的话语言论，点明消息的中心，给读者以启迪。例如，“新华网北京 8 月 26 日电（记者 江国成、周婷玉） 国家发展和改革委员会主任张平 26 日说，针对部分城市房价上涨过快、涨幅较高的问题，国家今年连续出台了一系列促进房地产市场平稳健康发展的政策措施，取得了初步成效，住房价格过快上涨势头得到初步遏制。目前，部分大中城市住房价格仍然过高，调控房地产市场的工作依然繁重”。

导语除了按以上方法分为五大类型外，还可以按切入主题的方式分为直接性导语和延缓性导语两种。直接性导语直接切入事实核心，体现出“硬”的特点；延缓性导语则通过铺叙现场情境或营造某种氛围，来烘托事件本身，体现出“软”的特点。例如，在对“中国将在全国范围内开设避孕套连锁店”的报道中，法新社的消息导语是“法新社北京 3 月 15 日电 据《中国日报》报道，中国计划在全国范围内开设卖品牌避孕套和其他避孕用品的连锁店，从而更好地反计划外受孕”。路透社的消息导语是“路透社北京 3 月 15 日电 对于在板着面孔的商店营业员那令人畏惧的目光下畏畏缩缩购买避孕套的顾客来说，他们的尴尬终于要有个结束了，帮助正向他们走来”。很明显法新社用的是直接性导语，路透社用的则是延缓性导语。

3. 主体

主体是位于导语之后的消息的主干部分，用具体、翔实的事实材料对导语进行全面的阐释。在消息的主体中，要完整地体现出新闻的六大要素。对于主体的作用，美国著名新闻评论家麦尔文·曼切尔说：“人们不仅满足于发生了什么，他们还想知道这件事为何发生，它们意味着什么。”

主体材料的组织，既可以按时间顺序，也可以按逻辑顺序。

4. 背景

消息的背景是指对消息中人物或事件起作用的背景材料，包括历史情况和现实环境。新闻报道中的背景材料可以是引用的资料，也可以是统计数据。它是为充实消息内容，烘托和发挥主题服务的。背景材料一般穿插在消息的主体部分，有时也穿插在导语或结尾当中。并非每一条消息都必须有背景，要根据需要决定。

背景材料的类型常见的有三种,即对比性的、说明性的、解释性的。

(1) 对比性背景材料。对比性背景材料,是对新闻人物或事件从正反、高低、今昔、中外等各方面与相关人或事进行对比,从比较中突出所报道人或事的重要价值与意义。对比性背景材料,也可以选择横向对比。

(2) 说明性背景材料。说明性背景材料是用来说明新闻产生的原因、条件、环境和人物行为活动等方面的材料。它可以说明新闻事实的发展变化及其与周围事物的相互关系,有助于增强新闻报道的深度。说明性背景材料主要包括历史背景、地理背景、人物背景、事物背景四种。

(3) 解释性背景材料。新闻报道叙述、传播的事实中,经常会涉及一些新鲜事物或不为常人所熟悉的生僻事物,从而影响受众理解新闻本身。因此需要记者引用相关材料对其做一番深入浅出、通俗易懂的解释,这种背景材料就属于解释性背景材料。解释性背景材料不仅能帮助受众更准确地把握新闻内容,还能使其增长知识和见闻。

5. 结尾

消息的结尾有多种写法,常见的有小结式、启发式、号召式、分析式、展望式等。不过很多消息并没有结尾,这是因为需要表达的意思在主体中已经写清了,无须再加结尾。

例文 1:

2019 年首月上海吸引外资实现“开门红”

新华网上海 2 月 20 日电(记者吴宇 陈爱平) 上海市商务委员会最新数据显示,上海吸引外资延续 2018 年增长势头:2019 年 1 月,上海新设外资项目 563 个,同比增长 69.1%。合同外资超过 100 亿美元,达到 100.97 亿美元,同比增长 197.6%,实到外资 14.22 亿美元,同比增长 33.5%,实现“开门红”。

外资服务业是上海吸引外资的第一大领域。1 月,上海新设外资服务业项目 552 个,实到外资 12.84 亿美元,同比增长 24.8%,占比为 90.3%。其中,商务服务业实到外资 6.45 亿美元,同比增长 66.5%,占比达到 45.4%;科技服务业实到外资 1.46 亿美元,同比增长 263.8%,占比为 10.3%。

上海吸引外资制造业延续增长势头。1 月,上海市新增外资制造业项目实到外资 1.26 亿美元,同比增长 315.7%,占比 8.8%。主要项目为,西萨化工(上海)有限公司增资 5 837 万美元,保隆霍富(上海)电子有限公司实到外资 1 691 万美元。

跨国企业的地区总部、研发中心继续加快在沪集聚。1 月份,上海新增跨国公司地区总部 4 家,其中埃珂森(上海)企业管理有限公司、固瑞克贸易(上海)有限公司 2 家为亚太区总部;新增投资性公司 2 家;新增耐克商业(中国)有限公司、澜起科技股份有限公司 2 家研发中心。截至 2019 年 1 月底,上海市累计引进跨国公司地区总部 674 家,其中亚太区总部 90 家、投资性公司 362 家、研发中心 443 家。

据上海市商务委员会统计,2018 年,上海新设外资项目 5 597 个,吸引合同外资 469.4 亿美元,实到外资 173 亿美元,比上年分别增长 41.7%、16.8%和 1.7%。服务经济、总部经济和研发经济,成为上海高质量吸引外资的升级动力。

专家分析，上海着力在降低制度性交易成本上下功夫，这是上海引进外资保持稳中向好的重要推手。上海已于今年2月初推出优化营商环境2.0版，包含开办企业、施工许可办理、获得电力等25个方面的内容。此外据了解，上海市商务委员会将进一步为外资企业提供贴心服务，包括年内组织10场政企合作圆桌会议、实施总部拜访计划、完善和推进外企维权机制等。

[文章来源：新华网 http://www.sh.xinhuanet.com/2019-02/20/c_137836569.htm]

例文2：

安徽积极推动长三角生态环境领域合作

中新网合肥6月4日电（记者 张强） 记者4日从安徽省生态环境厅获悉，安徽将以打好污染防治攻坚战为抓手，协同推进长三角区域生态环境共保联治水平，确保完成2019年区域大气和水污染防治协作14个方面重点工作，全面提升生态环境质量，为打造绿色美丽长三角做出贡献。

对此，安徽省生态环境厅相关负责人介绍，安徽将会同沪苏浙一市两省，完成蓝天保卫战和秋冬季大气综合治理攻坚任务。推进交通领域绿色发展，加强区域重污染天气联合应对，共同做好重大活动空气质量保障工作。加强重点河湖水环境治理，加强饮用水水源地协同保护，完善重点跨界河流协同治理和水资源联动调度。加快推进长江、淮河生态廊道建设，共筑皖西大别山区、皖南生态屏障。

同时，全面提升环境综合治理能力。安徽将综合运用行政、法治、市场、科技等多种手段，推进区域环境信息共享，推动区域排放标准统一对接。深入开展污染防治技术合作，加快建设区域生态环境联合研究中心，落实大气和水相关重点项目科研合作，研究构建区域多元化的生态补偿框架与技术支撑体系。全方位提升环境治理能力，突出加强智慧监管、源头管控，加快完善政府为主导、企业为主体、社会组织和公众共同参与的攻坚治理体系。

此外，加快完善区域污染防治协作机制。安徽将建立健全长三角区域市区县污染防治协作机制，完善环境联合执法互督互学长效机制，加快推进建立洪泽湖流域上下游横向生态补偿与联防联控机制。通过建立应急联动、共建共享和协同处置机制，推进长三角一体化国家战略创新制度建设，完善协作小组工作机制，着力构建长三角区域一体化污染防治格局，协同推进长三角一体化高质量发展。

积极推动长三角生态环境标准一体化进程。安徽将积极协同一市两省生态环境部门，完善生态环境标准征求意见和会商机制；推动区域环保标准信息全过程共享和互动；共同研究长三角区域环保标准建设规划；探索编制重点行业、重点领域环保标准。

[文章来源：中国新闻网 http://www.ah.chinanews.com/news/2019/0605/209011.shtml]

例文3：

辽宁去年新增发电能力　中超四成为清洁能源

新华社沈阳1月6日电（记者汪伟、张惠慧） 近年来，辽宁多措并举推动能源结构调整。2018 年辽宁电网清洁能源发电能力快速提升,清洁能源新增装机占全年新增装机的 41.30%,清洁能源合计发电量同比增加 23.11%。

国家电网辽宁省电力有限公司副总工程师马千说,清洁能源发电能力提升了,还要千方百计提高清洁能源发电的利用率。辽宁电网提前 2 年完成《清洁能源消纳行动计划(2018—2020 年)》中风电利用率达 95%的行动目标,新能源消纳达国际先进水平。

据介绍,为保障最大程度消纳清洁能源,辽宁省充分发挥特高压跨区输电能力,实现省内过剩的清洁能源跨区消纳。2018 年辽宁清洁能源合计送华北电量 37.72 亿千瓦时。同时,辽宁还全力推进火电机组灵活性技术改造,提升电力系统调节能力。截至 2018 年年底,辽宁电网完成 832 万千瓦火电机组改造,合计增加调峰能力 209 万千瓦,为清洁能源发展和消纳奠定坚实基础。

[文章来源:新华网 http://www.xinhuanet.com/2019-01/06/c_1123953354.htm]

二、通讯

(一) 文种的概念与特征

通讯是综合运用叙述、描写、议论等多种表现手法,具体、生动地反映新闻事件或典型人物的一种新闻体裁。真实性、时效性、生动性、评论性是通讯的主要特点。通讯的分类有两种方法。从内容着眼,通讯可以分为人物通讯、事件通讯、概貌通讯、工作通讯等。从形式上来看,通讯可分为专访、侧记、特写、速写、散记、札记、巡礼、记者来信、小故事等。

消息与通讯是最常用的两种新闻文体,两者的主要区别可以概括为以下三点:

1. 时效性不同

消息与通讯作为新闻文体而言虽然都讲求时效性,但消息的时效性要求比通讯更高。可以说,消息要求的是“迅速”,要争取在第一时间发布;而通讯做到“及时”就可以,只要距离新闻发生时间不是太久即可。

2. 表达方式不同

消息以叙述为主,一般不作抒情、较少议论,概括性强,一事一报,简洁明快。而通讯则要展开情节、描绘细节,反映人物事件要比消息更加细致详尽、形象生动,因此要综合运用叙述、描写、抒情、议论、说明等多种表达方式。相比较而言,通讯比消息具有更强的文学色彩。

3. 篇幅不同

消息一般是用简明扼要的文字概括地报道事实,而通讯则要求更完整、细致地反映人和事,因此篇幅比消息更长。很多通讯都是在消息的基础上,更加深入采访后写成的。消息一般都发布在报纸上,而通讯既可以登载于报纸,也可以登载于杂志。

(二) 写作要求

通讯作为一种新闻文体,本质上是记叙文的一种,格式由标题、正文构成。这里介绍通讯的写作要求。

1. 主题要明确

主题明确之后才能更好地选择材料,布局全篇,合理地安排起笔、过渡、高潮、结局。

2. 材料要精当

写作一篇通讯所掌握的一手材料肯定很多，但不能把所有材料都塞进通讯，要学会取舍，选择最能反映事物本质、最具典型意义、最能吸引人眼球的材料来组织文章。

3. 形式要新颖

通讯是一种新闻文体，要有新鲜感。因此写法上忌讳千篇一律的套话及墨守成规的老套路，要力求做到角度新颖、写法新颖，才能吸引读者的阅读兴趣。

例文 1：

爱人者，人恒爱之——廖俊波的大爱人生

姜　洁

"百佳书记因公殇，万人同哀悼逝波""丁酉春夜别廖公，悲恸肝肠万物空""仿佛你一如既往的浅笑，春风会不停地思念你"……采访中，无数认识或不认识廖俊波的人自发通过文章、诗歌、留言等各种形式怀念他，寄托哀思。许多受访者表示，听闻他的噩耗像失去亲人一样悲恸。

政声人去后，民意闲谈中。全国优秀县委书记廖俊波为何口碑如此之好？"爱人者，人恒爱之。"正因为廖俊波生前给予了别人太多的爱，他才会受到干部群众的爱戴。

他爱百姓

——只要是为了群众的利益，怎么干都不过分

廖俊波常说一句话："帮老百姓干活、保障群众利益，怎么干都不过分。"工作二十几年，无论在什么岗位，他都一心一意为群众谋福祉，但凡群众对他提出的要求，他都想方设法去满足。

钟巧珍是政和县出名的老上访户，与邻居曹某因宅基地纠纷长期上访。廖俊波到任政和县后，多次亲自接待钟巧珍，主动上门了解情况，并先后多次对他的信访件作出批示。在廖俊波的努力和重视下，2015 年 6 月 24 日，当事双方纠纷成功调解。如今，钟巧珍已经在调解成功的 162 平方米宅基地上盖起了新房。"没有廖书记，我现在肯定还在天天告状，他是我的大恩人！"一提起廖俊波，钟巧珍就很激动。

政和县石屯镇石圳村的余金枝老人至今随身珍藏着一张廖俊波和她的合影照片，生怕家里人弄丢。2015 年 4 月的一个下午，烈日当空，正在茶园里采茶的余金枝，没想到县委书记廖俊波突然出现在面前。"阿婆，我来帮你采茶。"余金枝一看，原来是常到村里调研的廖俊波，连忙说"谢谢"。"这样的茶现在采有点可惜啊""您估计这些茶能卖多少钱呢""我采得还算专业吧，我从小就采茶挣工分呢"……不知不觉，两个小时过去了，在愉快的交谈中，廖俊波既帮助了年迈的余婆婆干活，也完成了一次民意调查。

2013 年 5 月，铁山镇东涧村的几个村民在村口聊天，廖俊波来了，和他们拉起了家常："最近有什么困难需要我解决吗？"村民何天章直言，村里人平时喝山泉水，但一下雨，泉水就变浑，大家很苦恼。廖俊波当场就给县住建局负责同志打电话，要求他们帮助解决。两个月后，一个崭新的过滤池在山泉边建成，这下好了，村民们不管什么天气都能喝上清澈的水了。

廖俊波非常重视教育,对学生的生活十分关心。他任邵武市拿口镇镇长时,镇里只有初中没有高中,很多学生因家庭困难没法去县城读高中,不得不辍学打工。廖俊波看不下去了,他亲自牵头指挥复办镇高中。为了激励学生,高考冲刺时,镇政府还给每个学生每天发一个鸡蛋增加营养。政和一中校长魏明彦清楚地记得,廖俊波任政和县委书记时,2012 年的冬天遇上了极寒天气,天气预报第二天要下雪,当时一中有 1 000 名住宿生,但学生宿舍仅能容纳 100 人,剩下的学生都零散租住在学校附近的民房里。"不能让孩子冻着!"廖俊波连夜和分管教育的副县长余向红带队到学生宿舍和附近民房中,挨家挨户查访学生有没有受冻。"一定要尽快新建学生宿舍,给所有住宿生一个温暖的环境!"探访过后,廖俊波下决心筹措资金新建学生宿舍,如今,政和一中的住宿生搬进了崭新的学生宿舍,每个宿舍都有独立卫生间和洗衣房。

他爱干部

——对干部像亲人般春风拂面

早年,时任政和县拿口镇纪委书记的余道宗女儿突发脑部疾病,急需一大笔钱做手术,而他却因家庭拮据,凑不足手术费,急得像热锅上的蚂蚁。镇党委书记廖俊波得知此事,带头拿出了一个月的工资捐给余道宗。在他的带领下,其他镇党委班子成员纷纷慷慨解囊。手术如期进行,余道宗的女儿很快痊愈,如今已经考上了大学,她至今也忘不了廖叔叔曾经的雪中送炭。

时任政和县委副书记魏万进回忆起和廖俊波共事的情景,泪水涟涟:"我最过意不去的是,前些年省里支援我们县,送来一台崭新的迈腾车,本来是该给他用的。廖书记自己的车也很破,但他却说,老魏的车更旧,坚持让我坐这辆车。他总是这样,什么事都先想着别人。"

时任政和县常务副县长的南平市建阳区区长魏敦盛告诉记者,廖俊波任政和县委书记时,每逢市领导来政和,他常常中途借故"开溜",让一线干部有机会和上级领导"面对面"汇报工作。"就像女儿大了不能留,好干部要赶快推荐、提拔出去。"他总这么说。魏敦盛就是通过这种方式进入市领导视野,迅速成长为一名正处级干部。廖俊波坚持干部在一线培养、一线考查、一线使用。2011 年以来,全县向重点一线选派干部 230 多名,这些干部在参与重大项目的同时,个人素质也得到了进一步提升。2011 年 6 月至 2016 年 3 月提拔使用的 128 名干部,有七成来自重大项目、重点工作和基层一线。"干部从琢磨人向琢磨事转变,从怕啃'硬骨头'变为争着上抢着干,当时在 13 个分线项目负责的干部中,有 3 人提任处级领导岗位,5 人提任或转任科级重要岗位。"魏敦盛告诉记者,一次,一位老领导对廖俊波夫人林莉说,"廖俊波简直就是一个疯子",林莉笑着说:"我看,他是一个疯子领着一群疯子在干。"

他爱家人

——虽陪伴很少却用心呵护

在很多人眼里,廖俊波是个工作狂,一个月也回不了一趟家,他把自己奉献给了事业,亏欠家庭很多。可是他的妻子林莉、女儿廖质琪却不这么认为。

"我们仨有一个家庭微信群,平时我和妈妈都会在群里时不时发言,有什么觉得有意思的链接都往群里发，有什么想说的话都会在群里说。虽然爸爸很少发言，有时几天也不说一句话，但我知道他只要有空，就会‘爬楼’仔细看每条消息。”廖质琪说，“他很忙，但是偶尔空闲下来，他会用微信和我视频聊天，问问我最近的情况，经常会提起微信群里我们发过的内容。我的微博、QQ空间和微信朋友圈，虽然他从不留言，但他都会认真地看，觉得里面有什么需要和我交流的都会在电话里讲到”。今年3月4日，廖质琪刚刚到上海做毕业设计，父亲就在会议间隙和她微信聊天，问她感冒好了没有，毕业设计进展如何，不要太满足现状——这是父亲最后一次和她通话。

“他是个很会哄人开心的人。”忆起丈夫，林莉忘不了，每年她的生日，哪怕再忙，廖俊波也会备一份生日礼物，给她一个惊喜。时任政和县委办主任的叶金星记得，有一年恰逢林莉生日，廖俊波开了一天的会，回到市里已是晚上10点多钟，他急匆匆往回赶，趁着家附近的花店没关门，买了一大束鲜花，还手把手教店主如何配花束。“我记得很清楚，那天他很兴奋地发现店里有蓝色的满天星，他要求店主在红玫瑰、白百合周围围了一大圈蓝色满天星。”叶金星说着说着，眼眶红了，“当天他到家都已经快11点了，他像个小孩一样兴奋地拿着花就冲了回去。第二天早上5点，他又和我们一起去机场赶飞机，路上还得意地炫耀，说夫人收到礼物很开心”。

林莉告诉记者，以前夫妻俩即使不常见面，每天也会通一个电话。自从廖俊波任南平市副市长后，特别是兼任武夷新区党工委书记后，电话就越来越少。“近一两年，我养成了一个习惯，晚上11点半之前绝不通电话。等到11点半，我就给他发个微信，如果他忙完了就会给我来个电话；如果没忙完，就回一个字：忙。”任南平一中物理教师的她苦笑，“同事都说，林老师平时都会在学校从早忙到晚，如果突然有一天她按时下班，肯定是老公回家了”。

2009年暑假，林莉和女儿去桂林旅游，返程时是周末，到达南平已是凌晨3点多钟。母女俩刚从车上下来，眼尖的女儿突然发现公交站路灯下爸爸的身影。原来，廖俊波当天恰巧从浦城回到南平，他细心地记起她们回程的时间，在家煮好稀饭、炒好小菜，前来“接驾”：“你们怕黑，有我在，你们就不怕了。”

难得与父母在一起时，廖俊波会在厨房帮母亲做饭，陪父亲下下棋聊聊天。每年，他都坚持给父母买一套衣服、添一双鞋子。他跟林莉说：“我工作忙，家里你费心了，逢年过节，别忘了给咱爸妈买东西、发信息。”而父母却宽慰他：组织信任你，你把工作做好了，不辜负组织就是孝。为了不给儿子添麻烦，老人不顾水土不服、气候不适，选择住在北京的女儿家。

3月18日下午，在市里开完会回到家，廖俊波匆匆扒了几口饭，拎起林莉整理好的衣服和公文包，就要回武夷新区继续工作。临别前，林莉劝道：“雨下这么大，这个会又是你召集的，就不能推一推？”

“会议已经安排好了，不能改啊！”廖俊波笑着与妻子深情道别。

不曾想，这一别，竟成永别。

廖俊波走了，带着他的一腔热忱和无尽的爱。而他的故事，仍在神州大地广为流传，激励着更多的党员干部不忘初心、继续前行。

(此篇刊于《人民日报》2017年4月16日01版)

[文章来源:人民网 http://politics.people.com.cn/n1/2017/0416/c1001-29213381.html?from=timeline&isappinstalled=0]

例文2:

各美其美　美美与共

——北京世园会国际　展园印象

新华社北京4月29日电(新华社记者魏建华　李言)　4月的北京,妫水河畔百花齐放,春色满园。北京世园会29日开展,全球约110个国家和国际组织将通过风格各异的园艺展示,向世界呈上绿色之美、生态之美、文明之美。

本届世园会世界园艺展区开设了41个室外展园,包括34个独立展园和7个联合展园。这些展园各具风情,异彩纷呈,宛如一场鲜花与绿植的全球盛宴。

匠心独运见绿色

从园区3号门进入,步行约100米,迎面看到的第一个外国园区是德国园。右转前行,英国园、土耳其园、柬埔寨园、吉尔吉斯斯坦园、泰国园……一路走来,记者发现,34个独立展园中,大部分国家和组织都是选用木头作为主展馆的建筑材料,将"绿色"理念注入每一个细节。

德国园由纯木搭建,门口标有"播种未来"的醒目主题。据德国园施工方负责人介绍,为了打造纯绿色理念,就连园区最外面展示视频用的"数码树",也是用190个木质盒子耗时近一个月才搭建而成。

英国园外墙上大大的米字国旗全部用绿草铺就;土耳其园的主题"用绿色拥抱未来"也是用草修剪而成;而国际竹藤组织展园则由5 000多根楠竹搭建而成。名为"竹之眼"的主展馆内,金黄色的竹拱挑起高阔的屋梁,绿色花园悬于头顶。

法国馆内,鲜花绿草将园内建筑的墙壁装点成"植物家园",墙体上栽种植物处接有垂直水槽,通过主管道与地面小菜园的水平管道相连。下雨时,屋顶的雨水顺着垂直水槽流下,首先浇灌墙壁上的花草,余下的雨水则顺流到地面灌溉蔬菜。

法国展园负责人布尔多·格雷古瓦介绍,展园通过巧妙设计,收集雨水浇灌花卉和蔬菜,在园内构建了一个小型生态系统。

异国风情扑面来

漫步国际展园,随着也门、朝鲜、阿塞拜疆、俄罗斯……一个个展园次第映入眼帘,强烈的异国风情迎面扑来。

在悠扬的传统音乐中,热情的土耳其工程师们邀请记者一起品尝薄饼和土耳其咖啡。原木镂空门窗、银质细雕矮桌和土耳其红地毯相互映衬,带着记者穿越千里,感受着这个横跨欧亚大陆古老国度的神秘。

在俄罗斯园,三个象征生命和绿色的根垛状建筑标新立异。根垛用绿草覆盖,中间部分绘制着俄罗斯先锋派艺术家娜塔丽娅·冈察洛娃的手绘花朵作品,在突出人、自然、艺术和谐共生这一主题的同时,满溢着俄罗斯风情。

泰国园内，极富民族特色的宽顶多角塔楼和尖顶塔楼相映生辉。由热带兰花等装点的泰式庭院向人们展示着和谐、可持续的生活理念。泰国园主展馆中方施工经理国鹏飞介绍说，为原汁原味展示民族风情，泰国设计人员先在泰国搭建了这个木质建筑，再拆卸后将材料运到北京，然后一根根重新组装，可谓用心良苦。

继续前行，就会发现用茶室、“池泉式”水池和锦鲤展示的日本园，大量运用郁金香和传统木鞋装饰的荷兰园，以蒙古包式的草原建筑为中心的吉尔吉斯斯坦园，以展现亭台楼阁之美的燕子楼为主体建筑的韩国园等，各具传统特色。

交流互鉴润无声

对外国参展方来说，北京世园会不仅是一次展会，还是一次绝佳的交流和学习机会。

俄罗斯园负责布展的工程师娜塔莉亚告诉记者，她很早就“偷偷地”去参观了中国馆，感觉设计大气，细微处也令人惊艳，让她收获良多，“特别是细节的处理方面，让我赞叹”。

阿塞拜疆展园负责人娜敏说，阿塞拜疆文化与中国文化历史悠久，有很多共通之处。“比如我们传统的手工地毯就有龙的图案。”她说：“希望能通过世园会增进两国了解，也希望更多中国人来阿塞拜疆。”

土耳其园的设计师艾图告诉记者，中国馆的设计大气磅礴，融合多种文化因素。他说：“我从中国馆展示出的东方文明元素里吸取了很多有益的东西，使我有了更多的设计灵感。这趟来得值了！”

技术的交流显而易见，而理念的传递润物无声。

在参与园区建设的过程中，土耳其电子音响工程师侯赛因第一次听到了“绿水青山就是金山银山”的说法，为之深深折服。他说，他从来没有听到过如此形象的表述，也从没有想到绿色发展的理念在中国已如此深入人心。捷克副总理兼环境部长里哈德·布拉贝茨因世园会第一次来到中国，对中国的可持续发展理念“深感敬佩”。

28日晚北京世园会开幕式后，多个国家的参会人员告诉记者，中国举办了一次空前的世界园艺盛会，展现了中国坚持绿色发展的决心，也向世界表明中国和各国一起共建绿色未来的诚意。

［文章来源：新华网 http：//www.xinhuanet.com/2019-04/29/c_1124432732.htm］

三、新闻评论

（一）文种的概念与特征

新闻评论是舆论界通过新闻传播工具，对当前重大问题、新闻事件，发表议论、表明立场、做出分析、提出批评的一种论说文体。新闻评论是登载于一切新闻传播工具的各种评论形式的总称。新闻评论的特点包括政治性、新闻性、群众性、议论性。

新闻评论分类有不同的习惯，西方国家通常把新闻评论分为五类，即社论、专论、释论、短论、杂志评论。我国新闻界目前主要把新闻评论分为社论、评论员文章、短评、编者按和编后、专栏评论五种。

1. 社论

社论是最为重要的新闻评论和舆论工具，是以报纸编辑部的身份就国内外某一重大问题发表的权威性评论。社论具有三个明显特征：第一，社论是所有新闻评论中最重要、最有分量的评论形式；第二，社论代表的是登载它的报纸的立场主张，如果是党政机关报，那么社论就相当于同级党委的宣言，具有权威性；第三，社论所论述的问题，一定是重大而严肃的。回顾新中国的历史，我党发动的很多重大的政治运动，都是以在权威媒体上发表重要社论作为先导而开展起来的。

2. 评论员文章

评论员文章是一种中型的评论，重要程度和规格上要次于社论，在其他方面则没有太大差别。评论员文章分为本报署名评论员文章、本报不署名评论员文章、本报特约评论员文章三种。评论员文章在一定程度上也代表了报纸编辑部的观点，具有官方色彩。

3. 短评

短评是短小精悍的评论，一般从一篇新闻出发，就某一问题发表观点。它的特点是"攻其一点，不及其余"，论题集中，分析扼要，篇幅简短。

4. 编者按和编后

编者按和编后是一种最轻便、最简短的新闻评论形式，一般只有一二百字，甚至更短。编者按也写作编者案，是编辑人员对一篇文章或一条消息所加的意见、评论等，通常放在新闻或文章的前面，也可以放在文中或文后。编后是编辑部撰写的小型评论文章，一般配合新闻报道或文章发表，放在文后。编者按与编后大同小异，但两者不可同时出现。

5. 专栏评论

专栏评论是在报纸固定的版面、特定的专栏中发表的一种署名评论，例如，《解放日报》的"解放论坛"、《文汇报》的"文汇论坛"、《羊城晚报》的"街谈巷议"等。专栏评论具有稳定性、应时性、开放性的特点。

（二）文种格式

新闻评论的基本格式与一般议论文大体相似，除标题外，正文由引论、正论、结论三部分组成。

1. 标题

一篇好的评论，首先要有一个好的题目，要讲究艺术性，有吸引力，让读者看一眼就想读下去。

2. 引论

引论又称为开头，开头的方式可以有不同写法。如开宗明义，直入主题；设问不答，引人深思；托喻引语，饶有风趣；借事说开，别开生面，等等。

3. 正论

正论是一篇评论的主体部分。选择论据要做到准确、真实、典型、新鲜，要根据主题的需要，有层次地展开论证，要有逻辑性，有说服力。

4. 结论

结论即结尾，是用来概括全篇，表明结论的。常见的结尾方式有：挽结收口，总括全文；画龙点睛，卒章显志；妙语点拨，余味无穷；激励讽刺，褒贬鲜明，等等。

例文：新华社评论员文章

推动全球可持续发展的中国担当

——论习近平主席在第二十三届圣彼得堡国际经济论坛全会致辞

“可持续发展是破解当前全球性问题的‘金钥匙’”，在第二十三届圣彼得堡国际经济论坛全会上，习近平主席发表致辞，深刻阐释可持续发展的重要意义，提出加强国际合作的中国主张。讲话直面时代挑战，回应各国呼声，为全球发展注入新活力、增添正能量。

时代潮流浩浩荡荡，唯有从历史大势中看清规律，才能牢牢把握世界发展正确方向。当今世界正经历百年未有之大变局。新兴市场国家和发展中国家的崛起速度之快前所未有，新一轮科技革命和产业变革带来的新陈代谢和激烈竞争前所未有，全球治理体系与国际形势变化的不适应、不对称前所未有。习近平主席提出的三个“前所未有”，精辟总结了当今世界面临的新课题、新挑战，为站在历史十字路口的人类审时度势、破解难题指明了方向。

面对变局，群策群力、合作共赢是各方的正确选择。放眼世界，可持续发展是各方的最大利益契合点和最佳合作切入点。观大势，谋新局，习近平主席提出三点主张：坚持共商共建共享，合力打造开放多元的世界经济；坚持以人为本，努力建设普惠包容的幸福社会；坚持绿色发展，致力构建人与自然和谐共处的美丽家园。“三个坚持”与联合国2030年可持续发展议程经济增长、社会发展、环境保护三大任务一脉相承，体现了开辟可持续发展之路、推动人类发展繁荣的东方智慧和中国担当。

开辟可持续发展之路，中国是坚定不移的践行者。面对逆全球化和保护主义、单边主义抬头，中国不断扩大对外开放，旗帜鲜明推进经济全球化进程，维护多边贸易体制，同各方开展贸易合作，实现共赢；牢记“人民对美好生活的向往就是我们的奋斗目标”，持之以恒打好精准脱贫攻坚战，力争2020年实现农村贫困人口全部脱贫；秉持绿水青山就是金山银山的发展理念，坚决打赢蓝天、碧水、净土三大保卫战……作为世界最大的发展中国家和负责任大国，中国始终坚定不移履行可持续发展承诺，不仅促进了经济社会的巨大进步，也为各国提供了宝贵的经验启迪。

开辟崭新的可持续发展之路，中国是兼济天下的贡献者。“我们要发展，也要让别人发展”，中国是这样说的，也是这样做的。推动共建“一带一路”，旨在实现各国互利共赢、共同发展；承诺同各国分享包括5G技术在内的最新科研成果，就减贫、社保等课题加强交流合作；在对外合作中更加注重环保和生态文明，落实好应对气候变化《巴黎协定》等国际社会共识。中国“将自身发展寓于全球发展，在同各国良性互动中实现普惠共赢，将不断为世界经济提供市场、添加动力、创造机遇”，这是各方对中国担当的普遍赞誉，也是国际社会携手推动可持续发展的普遍心声。

“志之所趋，无远弗届。”各国人民对美好生活的向往，谁都无法阻挡。尽管当今世界霸权主义和强权政治依然存在，但推动国际秩序朝着更加公正合理方向发展的呼声日益高涨，和平、发展、合作、共赢的时代潮流不可阻挡。只要我们携手努力，秉持可持续发展理念，携手构建人类命运共同体，就能共同维护全球和平安宁，共同创造更加繁荣美好的世界。

[文章来源:腾讯网 https://news.qq.com/a/20190609/000852.htm]

知识链接

“邸报”溯源 “邸报”又称为“邸抄”“条报”“状报”等,是我国古代最早产生的报纸。据历史记载,汉代的郡国和唐代的藩镇,都曾在京师设“邸”,“邸”相当于地方的驻京办事机构。“邸”中的官吏要将一些重要的文告、奏章、人事任免、宫廷和边疆大事等收集抄写下来,再通过驿使送达本地方的长官供其阅读,这就是“邸报”。“邸报”最初是由朝廷内部传抄,后遂张贴于宫门,公诸传抄,故又称“宫门抄”“辕门抄”,这实际上就是最早的一种新闻发布方式。

大约到了宋代,出现了专门抄录邸报以售卖的牟利商人。官员们为求省事,都乐于花些钱去购买。大概后来由于花钱即能购到,无须再去缮抄,因此到了清代末期邸抄之外又有了“京报”,“京报”已有了专门的报房来管理经营,成为具有一定规模的发行部门了,开始有了初步的报纸的雏形。(百度百科)

习题训练

1. 判断题

(1) 导语是消息这一体裁特有的概念,是消息区别于其他文体的又一重要特征。 ( )

(2) 结尾是消息的最后一段或最后一句话,它不能省略。 ( )

(3) 新闻有广义、狭义之分,广义的新闻包括消息、通讯、特写等诸种新闻题材;狭义的新闻专指消息。 ( )

(4) 消息通常又称为新闻,是对社会生活中新近发生和正在发生的或早已发生却是最近发现的具有新闻价值的事实加以及时报道的一种文体。 ( )

(5) 按消息的倒金字塔形结构,写在消息第一层的是主体。 ( )

2. 不定项选择题

(1) 消息的特点有( )。

A. 新鲜性　　B. 真实性　　C. 时效性　　D. 简短性

(2) 按消息的倒金字塔形结构,写在消息第二层的是( )。

A. 标题　　B. 导语　　C. 主体　　D. 结尾

(3) 消息按照写作手法的不同,可以分成( )。

A. 动态新闻　　B. 综合新闻　　C. 典型新闻　　D. 新闻述评

(4) ( )是消息的重要组成部分,被称为“新闻的眼睛”。

A. 标题　　B. 导语　　C. 主体　　D. 结尾

(5) 一篇完整的消息应包括( )大要素。

A. 三　　B. 四　　C. 五　　D. 六

3. 指出下列新闻标题的题型构成(引题、正题、副题)以及运用的修辞方法。

（1）财力虽弱，投入不少；不设终点，持续发力——青海跑好民生“马拉松”。

（2）老骥伏枥铸魂兵工——追记99式坦克总设计师祝榆生。

（3）广东惠东大火：消防重点单位竟让消防车无处“下嘴”——一个打火机为何吞噬17条生命。

（4）走得出走得远走得稳——中国装备闯世界。

（5）干流封冻长达1 100千米——严防黄河闹“凌”灾——党中央、国务院高度重视，国家防总和水利部已派工作组赴现场协助抢险。

4. 仔细阅读下列这则消息的导语并指出该导语所交代的要素。

【新华社北京10月17日电】 17日凌晨4时33分，在经过115小时32分钟的太空飞行，完成中国真正意义上有人参与的空间科学实验后，神舟六号载人飞船返回舱顺利着陆，航天员费俊龙、聂海胜安全返回。

5. 有一种说法认为，凡是真实的事都可以写成消息，你怎么看？假设在昨日进行的大连市高等数学竞赛上，我校选派的代表队获得了团体一等奖的佳绩，请你以校广播电台记者的身份写一篇消息。

6. 通讯在写作特点上与消息有哪些区别？

7. 有人说，新闻是咖啡，评论则是咖啡伴侣，二者相伴，才能借助对新闻的解读，挖掘深化新闻的价值，对此你怎么看？

第二节　广告文案

一、文种的概念、功能与分类

“广告”一词是外来语，词源出自拉丁语advertere，原意是“我大喊大叫”，后来演变为英语advertise，意思是“告知、通报”。在我国的古代汉语中，没有“广告”这个词，与其词义相近的有“幌子”“告白”“仿单”“招巾”等词，大约从19世纪末开始，我国报刊上出现了“广告”这个术语。到了20世纪20年代，“广告”一词已被普遍采用。现代的广告是指通过一定的传播媒介，公开而广泛地向公众传递某一信息或宣传某一事项的信息传播活动。广义的广告既包括营利性广告也包括非营利性广告。狭义的广告仅指营利性的商业广告。本节广告文案讲的是狭义的商业广告文案。

广告的功能包括：传播信息，服务社会；沟通产销渠道，促进商品销售；引导消费；鼓励竞争，促进生产发展；促进国际经济交流，扩大对外贸易；装点市容，美化环境。

广告有多种不同的分类方式。按传播媒介的不同，广告可以分为报纸广告、杂志广告、电视广告、电影广告、广播广告、网络广告、包装广告、招贴广告、车体广告、门票广告等。按目的的不同，广告可以分为产品广告、品牌广告、观念广告、公益广告等。按内容的不同，广告可以分为企业形象广告、商品广告等。按传播范围的不同，广告还可分为国际性广告、全国性广告、地方性广告、区域性广告等。

二、文种格式

广告文案是指已完成的广告作品中全部的语言文字部分。一则典型的广告文案，由标题、正文、广告语、随文四部分组成。

(一) 标题

广告标题是一则广告基本内容的集中体现，是广告的“灵魂”“眼睛”。标题是大多数平面广告中最重要的部分。据大卫·奥格威统计，读广告标题的人数是读正文的人数的5倍。这意味着为一则广告所花的费用80%体现在标题上，如果没能在标题中写出什么有推销力的话语，相当于浪费了广告费用的80%。如果设计的是一则没有标题的广告，那么更是广告业中的最大错误。

在国际广告史上，大卫·奥格威在《一个广告人的自白》一书中总结了写作广告标题的十大原则。

(1) 标题好比商品的价码标签，用它来向你的潜在买主打招呼。若你卖的是彩色电视机，那么在标题里就要用上彩色电视机的字样。这就可以抓住希望买彩色电视机的人的目光。若是想要做母亲的人读你的广告，那在你的标题里要用母亲这个字眼。不要在你的标题里说那种会排斥你的潜在的顾客的话。

(2) 每个标题都应带出产品给潜在买主自身利益的承诺。

(3) 始终注意在标题中加进新的信息。因为消费者总是在寻找新产品或者老产品的新用法，或者老产品的新改进。

(4) 要在标题中加入会产生良好效果的字眼。例如：如何、突然、当今、就在此地、最新到货、重大发展、改进、惊人、轰动一时、了不起、划时代、令人叹为观止、奇迹、魔力、奉献、快捷、简易、需求、挑战、奉劝、实情、比较、廉价、从速、最后机会，等等。

(5) 读广告标题的人是读广告正文的人的5倍。鉴于此，至少应该告诉这些浏览者，广告宣传的是什么品牌。标题中总是应该写进品牌名称的原因就在这里。

(6) 在标题中写进销售承诺。

(7) 在标题结尾前应该写点吸引人继续往下读的东西。

(8) 标题必须以电报式文体讲清你要讲的东西，文字要简洁、直截了当。

(9) 避免在标题中出现否定词。

(10) 避免使用有名无实的标题。

广告文案的标题大致可以分为直接标题、间接标题、复合标题三种。

1. 直接标题

直接标题是用简明的语言直接说明广告内容，使人一看便知这则广告要推销什么，这个产品会给消费者带来什么利益。例如，“唯独这种煤气能向你提供一大桶热水，比普通煤气快三倍”(美国煤气联合协会广告标题)、“芬必得止头疼，一天都轻松”(芬必得药品广告标题)。

2. 间接标题

间接标题不直接在标题中出现所推销商品的内容，甚至连产品名称都不告诉消费者，而是用艺术手法暗示或诱导消费者，引起消费者的兴趣和好奇心，从而进一步去关注广告正文。例如，“眼睛是心灵的窗户，为了保护您的心灵，请给窗户安上玻璃吧！”（美国眼镜广告标题）、“寒冷与宁静的联想”（某品牌电冰箱广告标题）。

3. 复合标题

复合标题是将直接标题与间接标题综合在一起，以多行标题形式展现出来的广告标题类型。复合标题可以是在正题前加引题，例如，“家庭健康的福音——周林人体频谱治疗仪”。也可以是在正题后加副题，例如，“太阳神口服液——保健滋补数第一”。还有的复合标题是既在正题前加引题，又在正题后加副题，例如，“销售进入第二年——松下电器变频式空调的受用者越来越多——这么多的笑脸是舒适性和令人信赖的质量之证明”。

（二）正文

广告正文是指广告文案中紧承标题的处于主体地位的语言文字部分，其主要功能是将广告标题中引出的广告信息进行较详细的介绍、解释和说明。广告正文的写作可以使受众了解到各种希望了解的信息，受众在广告正文的阅读中建立了对产品的了解和兴趣、信任，并产生购买欲望，促进购买行为的产生。

大卫·奥格威同样总结了广告正文的写作原则，分别是：

（1）要直截了当地用准确的语言来写作；

（2）不要用最高级的形容词、一般化字眼和陈词滥调，要讲事实且把事实讲得引人入胜；

（3）要经常运用用户经验谈广告信息；

（4）向读者提供有用的咨询或者服务，而不仅仅单纯地讲产品本身；

（5）文学派的广告是无聊的；

（6）避免唱高调；

（7）用消费者的通俗语言写作文案；

（8）不要贪图写作获奖广告文案；

（9）衡量优秀广告文案人员的标准是看他们使多少新产品在市场上腾飞，而不是用文字娱乐读者。

广告的正文一般由引言、主体和结尾三部分组成。

1. 引言

引言是正文的开头部分，起衔接标题与正文的作用。引言通常以简练的笔触，点明标题原意并引出下文，以吸引读者继续阅读。

2. 主体

主体也叫中心段，是广告正文中阐述广告主题或提供论据的主要部分。在引言之后，主体部分要及时点出所宣传商品的优势特点，该商品能使消费者获得什么样的利益，以及证明这些利益的充分证据和保证措施。通过这些具体的宣传和论证，来说服消费者购买。

3. 结尾

结尾是广告正文的结束部分，功能在于用最恰当的语言敦促消费者及时采取行动。

结尾可以直接使用鼓动性的话语,例如,“数量有限,欲购从速”。也可以用循循善诱的方式诱导消费者,例如,“这将是您有生以来最愉悦的付款”。

(三)广告语

广告语又称广告口号、广告标语,是为了加强受众对企业、产品或服务的印象,在广告中长期、反复使用的简短的口号性语句。一则好的广告语可以持续使用很多年,使企业或品牌的形象连贯而稳定。广告语是企业重要的无形资产。

广告语的写作要求包括:

1. 简洁凝练

俗话说浓缩的都是精华,对广告语首要的要求就是简洁凝练,一则广告语的字数很少超过10个字。这样的例子随处可见,例如,“我选择,我喜欢”(安踏)、“我心飞翔”(白沙集团)、“一切皆有可能”(李宁)、“好吃看得见”(康师傅方便面)。

2. 浅显通俗

广告语要面向大众,要使受过普通教育的人都能理解。因此字词语句都要做到浅显通俗,而避免使用生僻字词、专业词汇,也不要使用晦涩的语句。因通俗易懂而广为流传的广告语非常多,例如,“味道好极了”(雀巢咖啡)、“妈妈我要喝”(娃哈哈)。相反,西铁城表曾经使用过的一则广告语“质高款新寰宇颂,国际名表西铁城”就是因为不够浅显通俗,而成为一个失败的案例。

3. 易于上口

广告语的目的是通过反复宣传能够让人记住。因此字词搭配要做到音韵和谐流畅,读起来朗朗上口,这样的广告语也就更容易记忆。很多流行的广告语都是押韵的,道理就在于此。例如,“农夫山泉,有点甜”(农夫山泉)、“好空调,格力造”(格力空调)、“三棵树,马上住”(三棵树健康漆)。

4. 新颖独特

好的广告语必须有一定的新颖独到之处,要显示出鲜明的个性,不与其他广告语雷同,这样才会给大众留下深刻印象。例如,“恒源祥,羊羊羊”(恒源祥绒线羊毛衫)、“万家乐,乐万家”(万家乐热水器)、“今年过节不收礼,收礼还收脑白金”(脑白金)。

5. 幽默风趣

广告心理学家戴维·刘易斯(David Lewis)认为,“幽默被惊人地用于众多领域。幽默是一把锋利的利器,广告商可以用它瞄准严格确定的人口群体和态度群体;又因它的普遍性,可以作为万金油,对每个人都讨巧”。

一则广告语通过幽默的情趣能够淡化广告的直接功利性,使消费者在轻松诙谐的情境下自然而然、不知不觉地接受商业广告的宣传,从而减少了人们对广告所持的逆反心理,增强了广告的传播力和沟通力。因此,幽默的广告语是吸引眼球的一剂“猛药”。

国外一个著名的交通安全广告是:“阁下驾驶汽车,时速不超过30公里,可以欣赏到本市的美丽景色;超过60公里,请到法庭做客;超过80公里,请光顾本市设备最新的医院;上了100公里,祝你安息吧!”

（四）随文

随文又称附文，是广告文案的附属文字部分。随文的内容可以包括商标、商品名、公司标识、公司地址、电话、价格、银行账号以及权威机构证明标识等。随文一般出现在电视、广播广告结尾部分，或者印刷广告最下角的位置。随文的写作不必进行太多加工，把需要的信息按顺序准确地罗列出来即可。

例文 1：

瑞士欧米茄手表报纸广告文案

标题：见证历史 把握未来

正文：全新欧米茄碟飞手动上链机械表，备有 18K 金或不锈钢型号。瑞士生产，始于 1848 年。对少数人而言，时间不只是分秒的记录，亦是个人成就的佐证。全新欧米茄碟飞手表系列，将传统装饰手表的神韵重新展现，正是显赫成就的象征。碟飞手表于 1967 年首度面世，其优美典雅的造型与精密科技设计尽显华贵气派，瞬即成为殿堂级的名表典范。时至今日，全新碟飞系列更把这份经典魅力一再提升。流行的圆形外壳，同时流露古典美态；金属表圈设计简洁、高雅大方，灯光映照下，绽放耀目光芒。在转动机件上，碟飞更显工艺精湛。机芯仅 2.5 毫米薄，内里镶有 17 颗宝石，配上比黄金还要贵 20 倍的铑金属，价值非凡，经典设计，浑然天成。全新欧米茄碟飞手表系列，价格由八万至二十余万元不等，不仅为您昭示时间，同时见证您的杰出风范。备具纯白金、18K 金镶钻石、18K 金，及上乘不锈钢款式，并有相配衬的金属或鳄鱼皮表带以供选择。

广告语：欧米茄——卓越的标志

[文章来源：地产商 http：//www.zgdcs.com/wenmi/2008/12/63.htm]

例文 2：

聚美优品广告文案

标题：聚美优品

2012 年版

正文：

你只闻到我的香水，却没看到我的汗水；

你有你的规则，我有我的选择；

你否定我的现在，我决定我的未来；

你嘲笑我一无所有，不配去爱，我可怜你总是等待；

你可以轻视我们的年轻，我们会证明这是谁的时代；

梦想是注定孤独的旅行，路上少不了质疑和嘲笑；

但那又怎样，哪怕遍体鳞伤，也要活得漂亮！

我是陈欧，我为自己代言！

聚美优品，30 天拆封，无条件退货

广告语：买化妆品，上聚美优品

2013年版：

正文：

从未年轻过的人，一定无法理解这个世界的偏见；

我们被世俗拆散，也要为爱情勇往直前；

我们被房价羞辱，也要让简陋的现实变得温暖；

我们被权威漠视，也要为自己的天分保持骄傲；

我们被平庸折磨，也要开始说走就走的冒险；

所谓的光辉岁月，并不是波澜闪耀的日子，

而是无人问津时，你对梦想的偏执；

你是否有勇气对自己忠诚到底？

我是陈欧，我为自己代言。

聚美优品，30天拆封，无条件退货

广告语：买化妆品，上聚美优品

习题训练

1. 举例说明广告标题与广告标语的区别。

2. 广告的标题主要有哪三种表述方式？请你分别指出下列广告标题各属于哪种表述方式。

(1) 维维豆奶，欢乐开怀(维维豆奶广告语)；

(2) 头屑去无踪，秀发更出众(海飞丝洗发水广告)；

(3) “万科城市花园告诉您——不要把所有的鸡蛋放在同一个篮子里——购买富有增值潜力的物业，您明智而深远的选择”(万科城市花园地产广告)；

(4) 双脚不再生“气”——达克宁脚气药；

(5) 箭牌口香糖，一箭如故，一箭钟情；

(6) 只要青春不要痘——奇效痘立消；

(7) 痰只一挥间——化痰糖浆；

(8) 选择中国银行，实现心中理想(中国银行广告语)；

(9) 市场报——第一报市场，市场第一报。

3. 分析下面这则Burberrys围巾电视广告《上海篇》的创意及表现技巧。

标题：美好永存

字幕：1948年，上海。

画面：陈旧的城市风景。一个中国小女孩，手执用糖稀吹成的凤凰图案(这是吹糖匠人的杰作，现在已经差不多失传了)，向一个白人小男孩挥手。一起游玩，一起吃糖稀。两个人撑着木船，两岸风光怡人。两个人走在铁路上，长长的铁轨上的小孩子使你感觉孤苦无依。小女孩捂着嘴作咳嗽状。小男孩连忙把自己的一条漂亮的围巾解下来，围在了小女孩的脖颈上。

字幕：今天，上海。

画面：一个新的城市风景画面。一个白人老者饱经风霜的面孔和深情地寻找什么的目光。

一个上了年纪的中国女人，优雅、善良、纯朴，同样饱经沧桑。她带着一个年龄仿佛是1948年的她自己的女孩子。她的目光与白人老者的目光相遇了。是微笑还是悲伤？是矜持还是超然？老太太的表情深若幽潭。她从口袋里拿出了完好如新的绒毛围巾给孩子围上了。老人看到了这条围巾，潸然泪下，同时也显出了欣慰的笑容。小女孩说了一声“拜拜”。这是全片唯一的一句“台词”，此外，只有抒情的钢琴乐曲伴奏。

字幕：“The beautiful things in life never change.”(生活中的美好事物是永存的。)

4. 下面是康柏电脑售后服务广告的画面表现，根据此创意拟订相应的文案主体内容。

画面一：飞奔的雪豹

画面二：母袋鼠袋中藏着小袋鼠

画面三：遍布山坡的兔洞

5. 某果汁饮料公司欲在高校进行促销，试选择某种媒介并创作文案。

品牌名称：神秘果园胡萝卜汁、橙汁

目标群体：大学生

产品描述：市场知名度低、价位低(1元/瓶)、口味清淡

[3、4、5材料均来源于 http://blog.sina.com.cn/s/blog_4c0f615601018ia0.html]

第三单元

个人应用文书

第六章　日 常 文 书

与公务文书和事务文书相对而言，另有一些应用文体，在日常生活中使用率也很高。但与公务文书与事务文书的“对公”而言，这些应用文体都使用在工作之余的生活中，我们称之为日常文书。本章所讲的日常文书包括常用信函、礼仪致辞、宣告启事、条据四个小类。

第一节　常 用 信 函

一、私人信函

（一）文种的概念与特征

私人信函是指私人之间的往来书信，既有别于社会组织之间的公函，也有别于个人写给社会组织的书信。私人信函的特点是私人性强、保密性强、表达思想情感相对自由、有约定俗成的格式。

今天常用的私函，从广义上来说既包括以邮寄、快递、他人转交的方式传递的普通信函，也包括在现代通讯方式下衍生出来的传真私函、私人电子邮件等其他变相形式的信函。

（二）文种格式

传统的私人信函都在信纸外面套有信封，因此私函的格式分信封和信文两部分。

1. 信封

信封的内容包括收信人的通讯资料和寄信人的通讯资料两部分。

（1）收信人的通讯资料写在信封正面的上半部分。从上到下顺序依次是，在左上角填收信人的邮编，在中部偏上写收信人的详细地址，在信封正中写收信人的姓名。收信人姓名的字样要比其他文字稍大些，姓名之后同一行内还要加尊称。

尊称要用通用的称呼如“先生”“女士”或者职衔如“经理”“教授”等。信封上的尊称是写给信件投递人看的，因此只能使用一般的通称，而不能使用属于寄信人专用的特称，如“父亲”“爱妻”等，否则是对投递人的不尊重。

尊称之后同一行内还要加开启语，常用开启语为“收”“启”，或者写成“亲收”“亲启”等。此外，还可对平辈使用“台启”，对领导使用“钧启”，对家人使用“安启”，对女士使用“玉展”等。

（2）寄信人的通讯资料包括寄信人通讯地址、寄信人姓名、寄信人邮编，依次写在信封正面下方。

若是向港澳或境外其他国家（除日本外）寄信，则要把寄信人姓名、地址、邮编写在信封正面左上角,然后把收信人的姓名和地址写在信封正面的中央。地址的写法由小到大,即先写室号、楼号、街名等,再写市名、国名等。若是寄往日本的私人信函,信封的写法用竖式排列。信封正面写收信人地址、姓名,信封背面写寄信人地址、姓名。

2. 信文

信文具体包括以下内容。

(1) 称呼。信纸的头一行顶格写对收信人的称呼,后面加冒号。这个称呼也叫上款。称呼依次可分为三个组成部分:前面是表达感情色彩的附加语,如亲爱的、尊敬的等;中间是姓名或称谓,如王虎、舅妈等;后面是尊称,如先生、学长等。

上款的三个部分可根据自己与收信人的社会关系及亲疏程度进行取舍。亲属间一般无须加尊称,如可以直接称妈、亲爱的妈妈等。需要使用姓名时,有时只用姓名的一部分。一般写给同辈或晚辈多称名,如文强君、安国贤侄。写给尊长可以只称姓,如王教授、尊敬的李校长等。

(2) 开首语。开首语写在称呼下一行,空两格,自成一段。开首语一般表达问候寒暄之意,也叫问候语或寒暄语,现在最常用的问候语是“你好”或“您好”。也可以用文雅一些的开首语,例如:顷接手书,如见故人;一别经年,悉福躬无恙,甚感欣慰等。

(3) 正文。正文的具体内容根据写信目的的不同而有所变化。如果是为了沟通彼此情感而写信,信的内容主要是问候对方的近况和介绍自己的近况。如果是给对方回信,信的主要内容是答复对方来信所询问的情况或问题,然后谈自己的其他近况,以后者为次。如果写信的目的是托对方办事,则应在简短的问候对方之后直接切入主题,说明所托之事。如果是为了讨论问题,向对方提一些看法和观点,也应尽快切入主题,不必以太多客套话占用大量篇幅。总之,要根据写信目的来安排内容,不必过多涉及其他内容,以免冲淡主旨。

(4) 结尾语。结尾语与开首语互相照应,作为全信的结尾,要写一些应酬性、客套性的话。如“天气炎热,望保重身体”“时局多变,希为国自珍”“所托之事,万望相助”等。

结尾之后还要按惯例写颂候语,根据对象的不同用语习惯不同。如对教师,可写“祝——教安”;对经理,可写“祝——生意兴隆”;对学生,可写“祝——学习进步”。另外最常用的颂候语还有“此致——敬礼”,或根据时令不同祝“春安”“夏安”“秋安”“冬安”等。颂候语的格式有两种:一种是紧承上文换一行空两格写;另一种写法是另起一行空两格写颂候语的前半部分,如“祝”“敬祝”,然后换一行顶格写颂候语的后半部分,如“幸福”“安康”等,不必加标点。

(5) 署名。署名也称具名、落款、下款,即在颂候语右下方写上写信人的名字。属名可以包括三个部分,中间是姓名,前面可加称谓,后面可加启告语。例如,晚辈给长辈写信,可以写“儿——建国——叩禀”“妹妹——小霞——谨启”“晚生——刘正云——拜上”。如果是给晚辈写信,一般不具名,只写“父字”“舅草”等。给朋友或熟悉的人写信,署名时一般只写名不写姓;给不太熟悉的人写信,则要把姓名写全。

(6) 日期。日期写在署名的下一行,与署名的位置相当。或者年、月、日写全,或者只写月、日。当天可收到的,写“即日”亦可。

有时写完信文的全部内容后又想到一些遗漏的话没说，可以用附言来补充。在日期下方一行至两行处空两格写上“附：”，接着写附言。附言要求简短，以一到两句话为宜。附言之后还要加“又及”“再启”等字样，且后面一般不加标点。

例文：

鲁迅先生：

现在执笔写信给你的，是一个受了你快要两年的教训，是每星期翘盼着希有的，每星期三十多点钟中一点钟小说史听讲的，是当你授课时，坐在头一排的坐位，每每忘形地直率地凭其相同的刚决的言语，在听讲时好发言的一个小学生。他有许多怀疑而愤懑不平的久蓄于中的话，这时许是按抑不住吧，所以向先生陈诉。

有人以为学校场所，能愈隔离城市的尘纷、政潮的影响，愈是效果佳些，的确！这是否有一部分的理由呢？记得在中学时代，那时也未常〔尝〕不有攻击教员反对校长的事情发生，然而无论反与正的二方面总是偏重在“人”的方面权衡它，从没遇过在“利”的方面去取过，先生！这是受都市政潮的影响呢，还是年龄的继续增长戕害了他呢？先生！你请看看吧！现在北京学界中发生了驱逐校长的事，同时反对的，赞成的，立刻就各标旗帜，校长以“留学”“留堂”——毕业留本校任职——谋优良位置为饼饵，学生以权利得失为去取，今日收买一个，明日收买一个……今日被买一个，明日被买一个……在买者蝇营狗苟，凡足以固位恋栈的无所不用其极，有洞皆钻，无门不入。被买者也廉耻丧尽，人格破产。似此情形，出于清洁之教育界人物，有同猪仔行径其尤可愤恨的，这种含多量细菌的空气，乃播于名为受高等教育之女校长女学生身上。做女校长的，如其确有谋该校教育发展的干材的伟大教育高见，及其年来经过成绩，何妨公开的布告，而乃“昏暮乞怜，丑态百出，啧啧在人耳口”。呜呼！中国教育之前途。但是女校长或者因环境种种关系，支配了她不能不如此！而何以校中学生，对于该事乃日见软化，明明今日好好的出席，提出种种反对条件，转眼就掉过头来噤若寒蝉，或者明示其变态行动。呜呼！此中国女子教育之前途！或者此政潮影响教育之前途！！！情形是一天天的恶化了！五四以后的青年是很可以悲观痛哭的了！在无可救药的赤火红红的气焰之下，先生，你放下书包，洁身远引的时候，是可以“立地成佛”的了，然而，先生！你在仰首吸那卷着一丝丝醉人的黄叶，喷出一缕缕香雾迷漫时，先生！你也垂怜，注意，想及有在虿盆中展〔辗〕转待拔的么？也愿意而且痛快地予以“杨枝玉液”时时浸入他心脾，使他坚确牢固他的愚直么？先生！他自信他自己是一个刚率的人，他也更相信先生(是)比他更刚率十二万分的人，因为有这点点小同，他对于先生是尽量地质言的，是希望先生收录他作个无时、地界限的指南诱导的！先生！你可允许他？

苦闷之果是最难尝的，虽然食过苦果之后有点回甘，然而苦的成分太重了！也容易抹煞甘的部分，在饮过苦茶之后，细细的咣咣嘴唇皮虽然有些儿甘香，但总不能引起人好食苦茶——药——的兴味，除了病的压迫，人是绝对不肯无故去寻苦茶喝的！苦闷之不能免掉，或者如同疾病的不能免掉一般——除了毕生抱疾——但是疾病不是时时刻刻在身边的，而苦闷则总比爱人还来得亲切，总时刻地不招即来，挥之不去。先生！有什么法子在苦药中加点糖分？有糖分是否即绝对不苦？先生！你能否不像章锡琛先生在《妇志》中答话的那样模糊,而给我一个真切的明白的引导?

现在的青年的确一日日的堕入九层地狱了!或者我也是其中之一。虽然每星期中一小时的领教,可以快心壮气,但是危险得很呀!先生!你有否打算过“救人一命,胜造七级浮屠”呢?先生!你虽然很果决的平时是,但我现在希望你把果决的心意缓和一点,能够拯拔得一个灵魂就先拯拔一个!先生呀!他是如何的“惶急待命之至”!

敬候

撰安!

谨受教的一个小学生许广平

十一,三,十四年

他虽则被人视为“学生”二字上应加一“女”字,但是他之不敢以小姐自居也如同先生之不以老爷少爷自命,因为他实在不佩〔配〕居小姐的身份地位,请先生不要怀疑。一笑。(《两地书·原信》)

[文章来源:百度文库 http://wenku.baidu.com]

二、求职信

(一) 文种的概念

求职信是指大专院校毕业生及其他情况的社会待业人员为了谋得在某个用人单位的任职机会而自我推荐的书信。如果用人单位事先在媒体上发布了一些具体职位的招聘信息,那么依照用人单位的招聘要求有针对性地介绍自己,表达应聘请求的求职书信也可称为应聘书。

(二) 文种格式

求职信的格式与一般书信的格式基本一致,可分为称呼、开首语、正文、结尾、署名、日期、附件七部分。

1. 称呼

与一般书信一样,求职信的称呼也在首行顶格书写,后加冒号。如果知道看信人的具体称呼就要使用该具体称呼,比如,从媒体的招聘信息上知道负责招聘的主管是人力资源部张经理,则称呼为“尊敬的人力资源部张经理”。如果并不清楚负责招聘的是谁,则可以使用泛泛的称呼,如“尊敬的领导”。

2. 开首语

因为是给陌生的领导写信,一般用“感谢您在百忙之中阅读这封求职信”这样的话作开首语即可。当然也可以自己设计一些有创意的开首语,这样可以使阅信人眼前一亮,留下一个较好的第一印象。

3. 正文

求职信的正文大概可分为四个部分。

第一部分主要写得悉招聘信息的来源。比如是从报纸网站上看到的招聘信息,或者别人推荐或介绍的工作岗位,都要写清楚。另外还要写明具体要应聘的职位。例如,“近日从《大连晚报》知悉，贵公司招聘一名财务主管，我很愿意，也很有信心应聘这一职位”。

第二部分是自我介绍。介绍自己现有的知识技能、专长、主要成绩以及工作经历或社会实践情况。自我介绍的部分一定要围绕着所求职位的特点来写，要突出自己之所以适合这一职位的相对优势。自我介绍部分还要做到扬长避短，虽说做人要谦虚，但在求职时不要太低调，否则会显得求职者本人都信心不足。不过包装也要适度，吹得太过有时也会适得其反。

第三部分谈对用人单位的认识。事先要了解一下该单位的大致情况，这样显得你是有备而来，很有诚意。从情感基调来说，既然你打算应聘对方的职位，因此必须要流露出对对方单位赞美、欣赏的意思。对所求的具体职位，不管它实际上是高是低，也要显示出你对它的兴趣和喜爱。用人单位都想招踏实肯干的职员，如果你事先就摆出一副屈尊低就的架势，那这封求职信还不如不写。

第四部分写自己对被聘用的期待。希望用人单位能约见自己进行面试，希望自己最终能成为该单位的一员，并为单位的发展作出自己的贡献。最后还要留下自己的联系方式。对面试的机会，要显示出热切的期望，而不要流露出无所谓的态度。

4. 结尾

结尾与普通信函一样要写颂候语。求职信的颂候语主要要针对对方作为用人单位的特点，例如，“祝您身体健康，祝贵公司生意兴隆”“祝贵公司广罗群英，鹏程万里”等。

5. 署名

一般直接写自己的名字，或者写“希望能成为您员工的某某”。

6. 日期

与普通信函一样，写全年、月、日。

7. 附件

附件作为单独的一部分附在求职信的后面。它主要包括个人简历，各种证件证书的复印件，如毕业证、学位证、专业技能等级的认定证书、学习工作中获得的荣誉证书等。

简历是附件的主要组成部分，而且现在有些招聘单位只要求求职者发一份电子简历即可。这也反映出现代社会快节奏的特点，因为有些负责招聘的人员因为工作量大，没有太多时间去看求职信。简历与求职信的功能不同。求职信是你作为求职者通过书信这一媒介与招聘人员进行初次沟通。所以求职信要符合礼节需要的格式，可以写出感情色彩，对自己的优势择要而言。而简历只是简要客观地介绍自己的个人基本信息与经历。简历一般都要求制作成表格的形式，有些用人单位有自己的简历样本。求职者也可以上网搜索常用的简历表格进行填写，无须自己制作。

例文：

求　职　信

尊敬的各位领导：

您好！当您翻开这一页的时候，您已经为我打开了通往机遇与成功的第一扇大门。非常感谢您百忙之中抽空阅读我的个人求职自荐信，并且庆幸自己能参加贵酒店的这次招聘。

首先,请允许我做个个人自我介绍。我叫××,今年18岁,来自被誉为“塞上江南”的宁夏。我的兴趣与特长有:喜爱文体活动、热爱自然科学;喜欢阅读一些关于科学和社会实践类的书籍,想从书籍中不断提高自己的科学文化知识,来提高自己的内涵修养,为以后做事打好基础,无论是给个人还是酒店都要创造应有的价值。我不仅要靠自己所学的东西去干一番事业,而且还要脚踏实地地从每个细节做起,要用勤劳的双手成就我明日的梦想。

在校工作经历:在校军训时,曾担任四连副连长职务,并获得“优秀学员”称号,而且多次担任班长等班干部职务。曾参加2018年西安市中等职业学校技能大赛,并取得优异成绩。在课余时间在各种私营小餐馆打工,学会了与人沟通交流,增加了生活经历!

自我评价(我的人生格言:微笑面对每一天):我乐观热情,爱好旅游,精力充沛。认真、自信是我最大的性格特点。我愿意从基层做起,不断积累经验,提高专业技能,成为一个真正的酒店人!

在您即将读完这份自荐信之际,有几句话想对您说:我是一个来自大西北的小伙子,黄土地给了我强健的体魄,铸就了我的吃苦耐劳与坚韧不拔的精神。多年来所受的教育与锻炼也使我能够适应这个飞速发展的社会,衷心希望毕业后能为贵酒店效力,为贵酒店的事业发展贡献我的才智。

不必在乎我曾取得什么,请关注我的未来!下页附个人简历表,期盼与您的面谈!

此致

敬礼

×××

××××年×月×日

[文章来源:写论文网 http://www.xielw.cn/wzgl/jrqd/rdsqs/201004/202245.html,有改动]

三、申请书

(一) 文种的概念与特征

申请书是个人或单位,向上级、组织或有关部门表达某一愿望、提出某种请求的一种专用书信。申请书的特点是内容单一明确,即一封申请书只提一个问题。作为个人来说,可能会用到的申请书有入团申请书、入党申请书、出国留学申请书等。

(二) 文种格式

申请书的格式由标题、称呼、正文、结尾、署名与日期等五部分组成。

1. 标题

在第一行正中写标题。可以只写“申请书”三个字,也可以根据内容写专有名称,如“入党申请书”。

2. 称呼

在标题下空一行或两行顶格写接受申请的组织、部门的名称或相关负责人的称呼,如“××党委会全体领导同志”。

3. 正文

正文依层次可分三部分内容。首先，写所申请的事项，这一部分要简明扼要。其次，写自己提出这一申请的原因，这一部分要写得详细清晰，如果有多方面的理由，可以分条来写。比如，写入党申请书，一般先从理论上谈对党的认识，以此证明你的入党动机是党的先进性、革命性感染吸引你入党；再谈你在现实生活中的实际感受，说明正是身边的党员干部榜样的力量使你愿意成为他们中的一员；然后，介绍自己的履历、家庭情况、思想情况、日常学习生活中的表现，来说明你认为自己已经有资格提出入党的申请；最后，还要表明自己提出这一申请的决心或要求，如果是入党申请书，那就以表决心为主。

申请书因为面对的主要是各级部门或组织，因此行文语言要求简洁朴实，切忌浮夸卖弄、言过其实。

4. 结尾

结尾可以重申"请领导核准""请组织批准"这样的话。之后按例写颂候语，与普通信函一样。

5. 署名与日期

署名与日期的要求与普通信函相同。

例文 1：

入党申请书

敬爱的党组织：

我志愿加入中国共产党！

党的十九大召开以来，我通过互联网、阅读党刊等多种形式，不断地了解和学习大会精神，逐渐领会了习总书记所论述的三个方面的基本要义：一是新时代，即对我国发展新的历史方位作出了科学论断，提出中国特色社会主义进入了新时代；二是新指南，即系统阐述了新时代中国特色社会主义思想的历史地位和基本内涵，并写入党章、正式确立这一重要思想为党和国家事业发展的指导思想；三是新战略，即作出在全面建成小康社会的基础上，分两步走，在本世纪中叶建成富强民主文明和谐美丽的社会主义现代化强国的战略安排。

这些话语浓缩精华，也在字里行间散发着巨大的精神力量，使我感到从内心深处涌现着不竭的动力！我利用休息时间，主动观看了例如《将改革进行到底》《大国外交》《辉煌中国》《强军》等许多优秀的央视政论片和纪录片，深刻感受到近五年来在中国所发生的翻天覆地的变化和取得的举世瞩目的科技进步，其所带来的震撼溢于言表。不仅如此，我也深深意识到，中国共产党如今所取得的这些伟大业绩，背后是多少人在默默付出，又是多么的来之不易！一瞬之间，我萌生了坚定加入中国共产党的理想，成为一名为了人民、为了党的事业、为了国家民族默默奋斗的共产党员。正如中央宣传部与中央电视台联合打造的大型文博探索节目《国家宝藏》中提到的一句话："……当一个伟大的时代来临的时候，其实有很多小人物，都在兢兢业业地做好自己应该做的事，当我们每一个人都能把自己所承载的工作做到最好的时候，这个时代，一定是一个伟大的时代！"

我坚信中国这头东方雄狮正慢慢苏醒，我也愿意坚定地做这个伟大时代的一分子，以一个共产党员的身份,不断奋斗默默付出,只为早日实现我们中华民族的伟大复兴!

今天,我郑重向党组织提出入党申请。如果组织批准了我的申请,我一定把民族复兴和服务人民的使命感牢记于心,形成一股无须别人监督的强大的源动力,做一名优秀的党员,严于律己,兢兢业业。我志愿加入中国共产党,为共产主义事业奋斗终生!

请党组织在实践中考验我!

此致

敬礼!

申请人:×××

××××年×月×日

[文章来源:百度文库 https://wenku.baidu.com,有改动]

例文 2:

出国留学申请书

本人现就读于北京第二外国语学院西葡语系西班牙语专业,系 2016 级本科二年级学生。本人自愿申请在 2017 年 9 月至 2018 年 6 月去西班牙马德里阿尔卡拉大学留学。

本人已经有两年的西班牙语学习经历,较好地掌握了西班牙语的语法特点和发音规则,能比较流利地同讲西班牙语的人交流。去西班牙留学就是为了更加深入地了解这门语言,给自己提供一个良好的语言环境,了解语言深层次的文化底蕴。在西班牙期间我将遵守当地法律法规,尊重当地习俗,把自己融入当地,把握好这次学习的机会,提升自己的语言素养。

本人家庭情况良好,有经济能力支付去西班牙留学的费用,父母在物质和精神上都给予本人相当大的支持,本人也将把握好这次留学的机会来锻炼自立能力。

西葡语系已对本人进行了出国前教育,分别是法律及安全的教育和学校相关纪律、规定的教育。本人保证遵守学校相关制度及当地法律法规,加强安全意识的培养,按时返校。出国期间的人身安全问题由个人负责。现特此递交申请书,望学校批准。

申请人签名:________

年　月　日

家长意见:

作为家长,我们已知晓学生出国事宜及相关规定,并保证配合学校督促孩子在国外认真学习,遵守当地法律法规,并嘱咐孩子注意人身安全,到期按时返校。

学生家长签名(父亲):________

(母亲):________

年　月　日

[文章来源:豆丁网 http://www.docin.com,有改动]

四、倡议书

（一）文种的概念与特征

倡议书是个人或团体向公众或特定范围内的全体成员，公开提出某一建议或发出某种号召的专用书信。倡议书的特点首先是公开性，一般都张贴在海报栏、宣传板等公开醒目处，或以传单的方式大面积散发。倡议书面对的对象是最广泛的群众，因此可以极大地调动公众的积极性。倡议书所提的建议号召一般都带有公益或慈善性质。

（二）文种格式

倡议书由标题、称呼、正文、结尾、署名与日期几部分组成。

1. 标题

标题一般就使用文种名称，即“倡议书”三个字，居中写在第一行。字体可以稍大一些。此外，标题还可以由倡议内容与文种名称共同构成，例如，“低碳生活倡议书”。

2. 称呼

称呼写在第二行顶格，一般使用泛泛的称呼，比如“同学们”“全体机关党员、干部及同志们”“广大妇女同胞们”等。有的倡议书没有称呼，而是在正文当中体现出是向谁发出的倡议。

3. 正文

倡议书的正文主要分两部分内容。首先，交代清楚发起此项倡议的原因，比如，写“大连市节约用水倡议书”，就要着重介绍大连是一座水资源缺乏的城市，把原因讲清楚了才会让人们理解和信服，并自觉行动起来。其次，写倡议的具体内容和要求。这部分要写得尽量详细，一般要分条列项来写。

4. 结尾

倡议书一般用一些呼吁性、口号性的话做结尾，例如，“同学们，让我们行动起来吧”。倡议书的结尾不需要像普通信函那样加颂候语。

5. 署名与日期

署名与日期的写法与普通信函相同。

例文：

倡　议　书

全县广大人民群众：

2018年我县国家卫生县城面临满三年复审，为了进一步巩固提高国家卫生县城创建成果，倡导健康、科学、文明的生活方式，构建整洁、有序、和谐的人居环境，县爱卫会特向全县人民发出以下倡议：

一、做创建国家卫生县城的参与者。创卫重在行动、美德贵在坚持。树立文明卫生意识，养成良好卫生习惯。不随地吐痰、不乱写乱画、不践踏草坪、不损坏公物、不闯红灯、不乱扔垃圾、不乱贴广告、不乱摆摊点、不乱停车辆、不在公共场所吸烟、不违规搭建；积极参与垃圾分类，及时清除垃圾；文明饲养宠物。自觉维护县城形象。

二、做创建国家卫生县城的宣传者。学习了解并积极宣传创建国家卫生县城知识,主动为创建国家卫生县城献计献策,传播健康文化理念,普及健康教育知识,引领健康生活潮流,践行健康生活方式,踊跃参加环境治理、卫生防病、消灭“四害”、科普宣传等活动,用实际行动为创建工作增光添彩。

三、做创建国家卫生县城的推动者。创造清洁环境,创建美好家园,是我们共同的愿望和追求。我们要充分发扬主人翁精神,积极维护整洁美好的生活环境,争做卫生县城创建楷模;对创建过程中发生的不文明、不卫生、不健康的行为要主动进行劝导、举报和制止,共同维护我们的创卫成果。

广大人民群众,为了让我们生活的环境更加优美、县城更加清洁,让我们迅速行动起来,积极参与创卫活动,从现在做起、从身边的小事做起,为创造一个卫生整洁、环境优美、秩序优良的美丽武乡做出积极的贡献!

武乡县爱国卫生运动委员会

2018年5月7日

[文章来源:武乡县人民政府网 http://www.zgwx.gov.cn/wxxxgk/zfxxgk/zfxxgkml/gsgg/201805/t20180516_1269228.html]

五、感谢信

(一) 文种的概念

感谢信是某单位或个人对支援、帮助过自己的单位或个人表示感谢而写的一种书信。与感谢信类似的还有表扬信,二者的写法大同小异。表扬信侧重于表扬,而感谢信除了表扬外,更突出感激、致谢之意。

平时常见的感谢信一般都张贴在被感谢对象所在单位的大门口或最显眼处,这样公开的感谢可以更好地表达自己致谢的诚意,也可以选择报纸、电台、电视台、网站等媒体播发感谢信。如果不具备这些条件,直接以信函的方式寄送给对方亦可。

(二) 文种格式

感谢信由标题、称呼、正文、结尾、署名和日期组成。

1. 标题

在第一行正中写“感谢信”或“致×××的感谢信”。

2. 称呼

第二行顶格写所要感谢单位的称呼或个人的姓名。个人姓名之后加“同志”“先生”等相应称谓。

3. 正文

正文主要可分为两部分。首先,说明写感谢信的原因,要交代清楚对方在何时、何地,因何事、对自己提供了哪些帮助。其次,总结赞颂对方的高尚品格、可贵精神,并表示以对方为榜样向对方学习的态度与决心。因为是感谢信,所以正文从头到尾都要体现出较强的感情色彩,使自己的感激之情洋溢在字里行间,能使看信的人都受到感染。

4. 结尾

使用诸如“再次表示深深的谢意”“致以最诚挚的敬礼”等语做结尾，或使用普通信函常用的颂候语结尾亦可。

5. 署名和日期

署名和日期的写法与普通信函写法相同。

例文：

感　谢　信

中共湖北省随州市委、市政府：

感谢贵市积极支持和参加中央电视台财经频道和盈科旅游联合制作的大型城市文化旅游品牌竞演节目《魅力中国城》(第一季)。

《魅力中国城》自2017年4月份启动，历时9个月，于2018年元旦完美收官，获得了社会各界的广泛肯定。国家广电总局《收听收看日报》做出了特别表扬，《人民日报》、新华社、《光明日报》、《工人日报》、《经济日报》、《中国旅游报》等主流媒体从多个角度予以报道。截至目前，微博阅读量总计突破14亿，微信公众号发文阅读量达10万$^+$文章累计50余篇。在央视财经频道栏目互联网传播力排名中一直遥遥领先，观众规模排名全频道第一，达到2.7亿人次，取得收视佳绩。在中央电视台综合频道(一套)的二次播出，更加凸显了《魅力中国城》的传播影响力，成为中央电视台现象级创新精品节目。

《魅力中国城》的成功，是和每一座竞演城市共同的努力分不开的，通过城市主政者真挚的演讲、助阵嘉宾和战队的精彩演出，展示了城市丰富的旅游资源、厚重的人文历史、昂扬的城市精神和独特的城市魅力，每个城市以独具特色的创意表达，不仅讲出了精彩的城市故事，而且汇聚成了绚丽多姿的中国故事，为海内外观众奉献了一道丰盛的文旅大餐。更为可喜的是，城市和城市之间通过节目中的竞演，形成了相互了解，相互学习，互通有无，互惠互利，共同发展文旅事业的格局。这是节目意外的收获，也是最有意义和价值的收获。可以说，没有贵城市的支持和参与，就不会有《魅力中国城》的完美呈现。衷心地感谢每一座充满活力，独具魅力的城市。

目前，第二季节目正在筹备。在第二季节目中，我们仍将密切关注首季参演城市，我们已经看到：主办单位与各竞演城市正在加强成果转化，城市联盟的建立正在积极推动，竞演城市间的文化经济交流正在深入进行，各城市的文化旅游产业正在蓬勃发展。同时也希望，财经频道和每一座城市的合作，将会有进一步的拓展和深化。

最后，再次对贵市参加《魅力中国城》竞演的辛勤付出和出色工作表示衷心感谢！

中央电视台财经频道

2018年2月12日

[文章来源：随州市人民政府网站 http：//www.suizhou.gov.cn/art/2018/3/6/art_19_79822.html]

六、请柬

(一) 文种的概念

请柬通常也称为请帖、简帖,是为了邀请宾客参加某项活动而写的一种礼仪性书信。请柬的本质也是一种书信,但又与其他书信不同:一般的书信都是写在普通的信纸上,而请柬一般用硬纸或薄纸板特制而成。请柬的形状可分正方形、长方形、长条形,样式上有单面的,也有双面折叠式的。平时最常见的请柬是结婚时邀请亲友参加的请柬,也称为喜帖。

(二) 文种格式

请柬一般由标题、称呼、正文、结尾、署名与日期组成。

1. 标题

标题一般用"请柬""请帖"等字样。现在常用的请柬,格式一般已经事先印制好了,标题常用美术字,而且用花边、套色、烫金等工艺加工过。

2. 称呼

抬头顶格写被邀请者姓名或被邀请单位的名称,后加冒号。个人姓名后加相应尊称,如"先生""女士""同志"等。

3. 正文

一般用"兹定于""谨订于"等开头,写明活动的内容、时间、地点及其他注意事项。

4. 结尾

一般用"敬请届时莅临""恭候光临"等语做结尾,也可以用"此致敬礼"等普通书信使用的颂候语作结。

5. 署名与日期

写明邀请单位或个人姓名,换行写日期。落款后还可加"谨启""拜上"等敬语。

例文 1:

请　　柬

送呈×××台启:

谨订于 2018 年 ×月×日(星期×)为×××先生和×××女士举行结婚典礼敬备喜筵

敬请光临

×××敬邀

席设:×× 酒店××厅

时间:×月×日×时

[文章来源:融资通网 http://www.rztong.com.cn,有改动]

例文 2:

××电视台:

兹定于五月四日晚七时整,在大连海事大学体育馆举行纪念"五四"运动歌咏比赛,届时恭请贵台派记者光临。

大连海事大学团委
2019年5月2日

七、介绍信

(一) 文种的概念

介绍信是国家机关、企事业单位或社会团体派人到其他单位联系工作、了解情况、参观学习、出席会议而为其开具的用以证明身份的专用信函。在我国计划经济时代,介绍信可以说是一种出门必备的身份凭证,使用率极高。在今天,介绍信主要是在涉及公务时使用。

(二) 文种格式

介绍信有两种形式,一种是印制好固定格式的,按空填写即可,可称为填表式介绍信;另一种是用印有单位名称的信笺来写,格式与普通信函大致相同,可称为书信式介绍信。

1. 填表式介绍信

填表式介绍信在印有专用格式的专用纸上书写。这样的介绍信用纸一般事先印制成册,每一张由存根、间缝、本文三部分组成。

(1) 存根

存根主要填派谁前往哪个单位联系何项事宜,下方写日期,重要介绍信要由领导在存根上签字。存根主要留作日后查考而用。

(2) 间缝

间缝部分位于存根与本文之间,有一条虚线,虚线上印有"××介字第×号"字样,要用大写数字填写,还要在虚线正中加盖单位公章。介绍信写好后,沿中缝的虚线处裁开,出差人带走本文部分即可。

(3) 本文

填表式介绍信本文部分由标题、称呼、正文、结尾语、落款几部分组成。一般都有现成的文字,按空填写需要的内容即可。

2. 书信式介绍信

书信式介绍信一般分为标题、称呼、正文、结尾语、落款、有效期限几部分。

(1) 标题

书信式介绍信一般要求使用带有单位名称的信笺,这样可以增加可信性。第一行居中用较大字体写上标题,即"介绍信"三个字。

(2) 称呼

换行顶格写接收介绍信的单位名称或接收介绍信的人员姓名,姓名后面加相应的尊称。称呼后面加冒号。

(3) 正文

换行写正文。正文中主要写所派人员的姓名、人数、前往对方单位所要接洽的事项。

最后还要使用一些特有的请求语,如“请予接洽”“请予接洽为荷”等。

(4) 结尾语

同普通书信一样,另起一行空两格写“此致”,再另起一行顶格写“敬礼”,或用其他颂候语做结尾亦可。

(5) 落款

落款包括署名、日期,写法同普通书信一样。另外,介绍信还要在落款处加盖单位公章。

(6) 有效期限

书信式介绍信也可以模仿填表式介绍信,写上有效期限。有效期限写在落款左下方,用圆括号注明。根据情况,有效期限这一部分有时也可以省略。

例文:

介 绍 信

____

现介绍我公司________部________同志前往你处联系________事项,请贵单位予以接洽。

顺颂

商祺!

(有效期　　天)

四川宏华友信石油机械有限公司

年　月　日

[文章来源:豆丁网 http://www.docin.com]

知识链接

“书信”溯源　书:信。《战国策·齐策四》:“封书谢孟尝君。”又:“书未发。”今双音词有书信。信:使者,送信的人。《世说新语·雅量》:“谢公与人围棋,俄而谢玄淮上信至,看书竟,默然无言。”注意:不但上古的“信”字不当“书信”讲,连中古的“信”字也不当“书信”讲。“书信”的意义是从送信的人的意义引申出来的。(据王力《古代汉语》)

“函”溯源　信的封套、书的封套。信一封,书一套也叫一函。《三国志·魏书·刘晔传》注引《傅子》:“每有疑事,辄以函问晔。”(据王力《古汉语字典》)

习题训练

1. 判断题

(1) 求职信最突出的特点就是内容单一,有很强的目的性。 (　　)

(2) 请柬作为公关礼仪的媒介,一般要保密。 (　　)

(3) 感谢信的叙述和议论要倾注作者真诚、朴素的情感，这样才能真正打动人，令人信服。（　）

(4) 求职信等同于简历。（　）

2. 材料分析题

3月25日，《中国青年报》刊发的《速食时代，你还在写信吗？》一文报道，腾讯微博话题“那个手写书信的年代”，在2月得到超过11万人次的讨论，网友们纷纷晒出自己与手写信的故事。豆瓣网上，与写信有关的小组超过了100个，网友“良期”发起了“长期寻找笔友”的讨论并留下地址，迄今她已经收到5封来自陌生人的信。习惯了社交软件的即时联系，写信变得稀罕，甚至有人认为书信时代早已跟不上时代潮流，这也引发了年轻人对这种形式重于内容的怀旧行为的大讨论。对此，你怎么看？

3. 写作实训

(1) 请你结合自己的成长经历以及思想状况写一份入党申请书。

(2) 假设你打算利用双休日到家乐福超市做兼职的促销员，请给超市的人力资源部门写一封求职信。

(3) 2019年的元旦将至，东北财经大学团委定于2018年12月31日晚8:00在报告厅举办新年联欢会。请以东北财经大学团委的名义给校长写一封请柬。

第二节　礼仪致辞

一、祝词

（一）文种的概念

祝词也写作祝辞，是指在各种庆祝仪式上用来表示祝贺的一种致辞。根据使用场合的不同，礼仪祝词可分为新婚祝词、祝寿词、祝酒词、开业祝词、节日祝词等不同类型。

与祝词相关的还有贺词。祝词与贺词有细微的差别，从字面意思来说，“祝”侧重于对将要发生的事情的预祝、祝福；“贺”侧重于对已经发生的事情的庆贺、道贺。不过在大多数情况下，祝词与贺词是通用的。比如，新婚祝词也可以称为新婚贺词，祝寿词也可以称为贺寿词，开业祝词也可以称为开业贺词。广义上的祝词既包括祝词，也包括贺词。

另外，与贺词相关的文种还有贺信、贺电。它们的区别在于，贺词是现场致辞，如果无法来现场参加，可写贺信或发贺电来表示祝贺之意。

（二）文种格式

祝词通常由标题、称呼、正文、结束语四部分组成。

1. 标题

首行居中写标题，可以直接用祝词或贺词作为标题，也可以用在某某仪式上或某某节庆的祝词、贺词做标题，比如，“庆功会祝酒词”“新年贺词”。此外，还可以把祝词的中心内容概括成正标题，而把“在某仪式上的祝词”字样作为副标题，例如，2008年北京奥运会欢迎宴会上胡锦涛的祝酒词，正标题是“弘扬奥林匹克精神，共创世界美好未来”，副标题是“在北京奥运会欢迎宴会上的祝酒词”。

2. 称呼

称呼要换行顶格书写,后加冒号,格式要求与书信一样。祝词称呼往往分为几部分,首先,称呼本次仪式的核心人物,如祝寿仪式先称呼寿星本人。其次,称呼参加仪式的其他重要人物,比如,祝寿仪式中寿星的配偶。最后,称呼在座所有的人,用统称,例如,女士们、先生们、朋友们。当然有些时候称呼也可以不分太细,比如,现在常见的新婚祝词有的并不先称呼新婚夫妇本人以及双方父母,而是直接使用统称如“各位领导、各位来宾、各位亲朋好友”,这种称呼方法也较常见。

3. 正文

祝词的正文首先要说明祝贺的事由,比如,祝贺的是某某商铺开业,或祝贺某项工程顺利竣工等。其次,要对对方已经取得的成就进行积极的评价。最后,提出进一步的祝愿和希望。

4. 结束语

正文结束后常用一句礼节性的祝颂语结束全文。例如,祝寿词结尾常用:“祝老人福如东海,寿比南山!”新婚贺词结尾常用:“祝二位新人永结同心、白头偕老、一生幸福!谢谢大家!”祝酒词结尾常用:“为朋友们的健康,干杯!”等。

祝词可以照稿宣读,也可以脱稿。在祝词的文稿上,可以在结束语后像书信那样加落款。但是在正式致辞时,提高语调宣读结束语后致祝词就算结束,不需要把落款也读出来。

例文 1:

2019 年新年贺词

中华人民共和国主席　习近平

大家好!“岁月不居,时节如流。”2019 年马上就要到了,我在北京向大家致以新年的美好祝福!

2018 年,我们过得很充实、走得很坚定。这一年,我们战胜各种风险挑战,推动经济高质量发展,加快新旧动能转换,保持经济运行在合理区间。蓝天、碧水、净土保卫战顺利推进,各项民生事业加快发展,人民生活持续改善。京津冀协同发展、长江经济带发展、粤港澳大湾区建设等国家战略稳步实施。我在各地考察时欣喜地看到:长江两岸绿意盎然,建三江万亩大地号稻浪滚滚,深圳前海生机勃勃,上海张江活力四射,港珠澳大桥飞架三地……这些成就是全国各族人民撸起袖子干出来的,是新时代奋斗者挥洒汗水拼出来的。

这一年,中国制造、中国创造、中国建造共同发力,继续改变着中国的面貌。嫦娥四号探测器成功发射,第二艘航母出海试航,国产大型水陆两栖飞机水上首飞,北斗导航向全球组网迈出坚实一步。在此,我要向每一位科学家、每一位工程师、每一位“大国工匠”、每一位建设者和参与者致敬!

这一年,脱贫攻坚传来很多好消息。全国又有 125 个贫困县通过验收脱贫,1 000 万农村贫困人口摆脱贫困。17种抗癌药降价并纳入医保目录，因病致贫问题正在进一步得到解决。我时常牵挂着奋战在脱贫一线的同志们，280多万驻村干部、第一书记，工作很投入、很给力，一定要保重身体。

我始终惦记着困难群众。在四川凉山三河村，我看望了彝族村民吉好也求、节列俄阿木两家人。在山东济南三涧溪村，我和赵顺利一家围坐一起拉家常。在辽宁抚顺东华园社区，我到陈玉芳家里了解避险搬迁安置情况。在广东清远连樟村，我和贫困户陆奕和交谈脱贫之计。他们真诚朴实的面容至今浮现在我的脑海。新年之际，祝乡亲们的生活蒸蒸日上，越过越红火。

这一年，我们隆重庆祝改革开放40周年，对党和国家机构进行了系统性、整体性、重构性的改革，推出100多项重要改革举措，举办首届中国国际进口博览会，启动建设海南自由贸易试验区。世界看到了改革开放的中国加速度，看到了将改革开放进行到底的中国决心。我们改革的脚步不会停滞，开放的大门只会越开越大。

我注意到，今年，恢复高考后的第一批大学生大多已经退休，大批“00后”进入高校校园。1亿多非户籍人口在城市落户的行动正在继续，1 300万人在城镇找到了工作，解决棚户区问题的住房开工了580万套，新市民有了温暖的家。很多港澳台居民拿到了居住证，香港进入了全国高铁网。一个流动的中国，充满了繁荣发展的活力。我们都在努力奔跑，我们都是追梦人。

此时此刻，我特别要提到一些闪亮的名字。今年，天上多了颗“南仁东星”，全军英模挂像里多了林俊德和张超两位同志。我们要记住守岛卫国32年的王继才同志，为保护试验平台挺身而出、壮烈牺牲的黄群、宋月才、姜开斌同志，以及其他为国为民捐躯的英雄们。他们是新时代最可爱的人，永远值得我们怀念和学习。

这一年，又有很多新老朋友来到中国。我们举办了博鳌亚洲论坛年会、上海合作组织青岛峰会、中非合作论坛北京峰会等主场外交活动，提出了中国主张，发出了中国声音。我和同事们出访五大洲，参加了许多重要外交活动，同各国领导人进行了广泛交流，巩固了友谊，增进了信任，扩大了我们的朋友圈。

2019年，我们将隆重庆祝中华人民共和国70周年华诞。70年披荆斩棘，70年风雨兼程。人民是共和国的坚实根基，人民是我们执政的最大底气。一路走来，中国人民自力更生、艰苦奋斗，创造了举世瞩目的中国奇迹。新征程上，不管乱云飞渡、风吹浪打，我们都要紧紧依靠人民，坚持自力更生、艰苦奋斗，以坚如磐石的信心、只争朝夕的劲头、坚韧不拔的毅力，一步一个脚印把前无古人的伟大事业推向前进。

2019年，有机遇也有挑战，大家还要一起拼搏、一起奋斗。减税降费政策措施要落地生根，让企业轻装上阵。要真诚尊重各种人才，充分激发他们创新创造活力。要倾听基层干部心声，让敢担当有作为的干部有干劲、有奔头。农村1 000多万贫困人口的脱贫任务要如期完成，还得咬定目标使劲干。要关爱退役军人，他们为保家卫国作出了贡献。这个时候，快递小哥、环卫工人、出租车司机以及千千万万的劳动者，还在辛勤工作，我们要感谢这些美好生活的创造者、守护者。大家辛苦了。

放眼全球，我们正面临百年未有之大变局。无论国际风云如何变幻，中国维护国家主权和安全的信心和决心不会变,中国维护世界和平、促进共同发展的诚意和善意不会变。我们将积极推动共建"一带一路",继续推动构建人类命运共同体,为建设一个更加繁荣美好的世界而不懈努力。

新年的钟声即将敲响,让我们满怀信心和期待,一同迎接2019年的到来。

祝福中国!祝福世界!

谢谢大家!

[文章来源:凤凰网 http://news.ifeng.com/a/20181231/60220158_0.shtml]

例文2:

婚礼特邀嘉宾致新人贺词

各位来宾:

这是一个浪漫的季节,新郎新娘拥有了一个温馨的爱之甜梦;

这是一个醉人的时刻,新郎新娘迎来了一个幸福而热烈的春天!

为了这一季节的到来,鲜花含笑更鲜艳;为了这一时刻的到来,今夜星光更灿烂!

因为你的到来,寂寞孤独悄然离去;

因为你的到来,充实欢乐骤然而至!

今天是一个大喜的日子,今天是一个温馨的日子,对二位新人来讲,今天更是一个终生难忘的日子。愿你们互相珍惜,同心永结;用你们幽深的明眸去解读无垠的平原,用你们美好的理想去畅游青春的蓝天;用你们轻盈的脚步去踏绿美丽生活的芳草园!用你们披荆斩棘的英姿去搏击人生路上的烦恼,用你们无私的爱去温馨父母夕阳般的暮年。

祝你们共享爱情,共擎风雨,白头偕老。

祝你们青春美丽,人生美好,生命无憾!

今天,我们的郭先生以他的忠诚和智慧,赢得了新娘刘小姐的芳心。然而,更重要的是,我们的刘院玲小姐以她的热情和美貌,彻底征服了新郎郭小静先生的心。

有道是:"有情人终成眷属。"今天在二位新人步入神圣婚礼殿堂的时候,我代表各位来宾衷心地祝福新郎、新娘幸福美满,天长地久。

[文章来源:结婚贺词网 http://www.shbk.net]

例文3:

开业贺词

各位领导、各位来宾,女士们、先生们:

大家好!秋高气爽,时光鎏金。通过这些天紧锣密鼓的筹备,山东东泽娱乐传媒有限公司分公司今天正式开业了!

在这喜庆的日子里,我谨代表山东东泽娱乐传媒有限公司分公司经理班子和全体员工,向以山东东泽娱乐传媒有限公司总公司董事长为首的决策层表示最崇高的敬意;向关心和支持分公司组建工作的政府各主管部门、产业界同仁及社会各界人士表示最衷心的感谢;向参加山东东泽娱乐传媒有限公司分公司开业庆典活动的各位领导和嘉宾表示最诚挚的祝愿！

朋友们，山东东泽娱乐传媒有限公司分公司的成功组建和正式运营，是团队精神与集体智慧的结晶，是跨越发展的重要里程碑。分公司肩负着为周边地区的产业提供优质和优良服务，实现与总公司的同步发展的重大战略使命，作为创业团队，我们感到无比的光荣和自豪。

感谢领导为我们提供了施展才华的广阔平台，我们一定不负众望，充分整合利用市场的优良资源，加强管理，全力呵护和改善品质、提高服务信誉；努力发挥聪明才智，战胜一切艰难险阻，出色完成各项任务，同心同德，不辱使命，为共同繁荣而奋斗！

我们豪情满怀，我们任重道远。让我们用心血和汗水浇灌新生的山东东泽娱乐传媒有限公司分公司，共同创造和享用美好明天！

谢谢大家！

[文章来源：济南58同城 http：//jn.58.com/huizhan，有改动]

二、欢迎词

（一）文种的概念

欢迎词是在迎宾仪式上或典礼开始时，主人为了表示对来宾的欢迎而使用的一种礼仪致辞。欢迎词的使用比较广泛，大到外国领导人来访，本国领导人要致欢迎词，小到私人间的礼仪活动，如结婚喜宴、生日宴会、乔迁宴请、个人画展开展仪式等，主人都要致相应的欢迎词。此外，平时常用的像学生会迎接新生，旅行社迎接游客，使用的也都是欢迎词。

欢迎词随使用的规格高低而有不同要求，级别越高的越正式，而级别较低的像导游欢迎词这种日常致辞则以尽量通俗化、口语化为佳，写得太庄重反而效果不好。

（二）文种格式

欢迎词通常由标题、称呼、正文、结束语四部分组成。

1. 标题

第一行居中写标题，一般就用“欢迎词”为标题，也可以具体写成“在某某仪式上的欢迎词”。

2. 称呼

标题之后换行顶格写称呼，后加冒号。欢迎词的称呼与祝词的称呼大同小异，可以先称呼主要宾客，再用统称称呼在座的所有宾客，如“尊敬的主席先生，尊敬的各位来宾、各位朋友”；也可以直接用统称，如“各位女士、各位先生”。

3. 正文

欢迎词的正文首先要对各位来宾的光临表示欢迎；其次，对本次仪式或活动的有关情况进行介绍和说明；最后，对在座宾客莅临参与表示感谢。

4. 结束语

欢迎词一般使用颂候语和致谢语做结尾，例如，“最后，我代表活动主办方某某公司祝各位来宾身体健康、生活愉快！谢谢大家！”

例文1:

2018级新生欢迎词

亲爱的2018级同学:

你们好!

连日来,我们先后欢送八百名优秀毕业生奔赴各高校就读本科,今天,又热烈欢迎你们——千余名新同学来本校就读!赞美与祝福,沉思与梦想,这一切的一切都表明:集结号已经吹响,你们即将扬帆起航,千帆竞发的高中生活开始了!

躬逢盛世,豪气干云;抚今追昔,感慨顿生。金寨一中在六十年的漫长征程中,紧随共和国前进的步伐,与时俱进,奋发向上。当新中国刚刚诞生,一中便从三省通衢的金寨镇出发,历经麻埠镇、流波镇,终于在飞花点翠的山城梅山立业扬名,新时期跻身六安地区重点中学,新千年昂首迈进省示范高中名校行列。活力引四方学子,魅力招八面来风。今日之一中,"风正一帆悬"。亲爱的新同学,各地初中优秀毕业生,你们带着亲人和师长的嘱托,带着考大学的梦想,从四面八方赶来,风云际会,相约一中,相约2018年金色的9月。一中真诚地欢迎你们!远景渐成近景,梦想终将实现。金寨一中是载你驶向你魂牵梦绕的高等学府的宏舸巨舰。曾记否?沈成然同学乘着它勇夺2016年高考全省文科状元,邓磊同学乘着它迈进中国科大少年班,"希望明星"苏明娟同学乘着它走进团中央庄严的会场,历届许许多多优秀校友奔赴北大、清华、人大、复旦……撷取每一个美的片刻,回忆每一次成功,都将演绎一道靓丽的风景!

多少辉煌成往事,还将壮志写春秋。亲爱的新同学,金寨一中对你们寄予极大的希望!潺潺的史河水伴随你们铿锵的脚步,青青笔架山撑起你们不屈的脊梁。在希望的坐标系上,你们的人生曲线永远是向前、向上。每堂课学有所得,点点滴滴如春风化雨;每道题锲而不舍,朝朝暮暮便绿树成荫。促使生命的自由发展,体验创造的缤纷多样,你们的青春年华将与一中共荣共辉煌,你们将以一中为自豪,一中将因你们的成功而骄傲!

祝同学们身体健康,学习进步,梦想成真!

安徽省金寨第一中学

2018年8月29日

[文章来源:安徽省金寨第一中学 http://www.ahjzyz.com,有改动]

例文2:

导游欢迎词:河南郑州简介

各位朋友:

大家好!

欢迎来河南省会郑州市参观游览。我叫刘齐,是郑州天下旅行社的导游,这位是我们的司机邹师傅。大家在郑州旅游期间,将由我和邹师傅为大家提供服务。愿您在郑州度过一段美好而难忘的时光。

郑州是河南省会，河南的政治、经济、文化中心，地处中华腹地、九州之中，她北临滔滔黄河，西依巍巍嵩山，东、西接广天边际的黄淮平原，素有“雄峰中枢，空域险要”之称。

郑州古属豫州。公元前1027年周武王灭殷后，将其北管叔鲜封于此地，成为管国。秦灭六国后这里设县属三川郡。东汉时为管城。隋文帝开皇三年称郑州，这是郑州称号的开始。清代，郑州升为直隶州。1923年京汉铁路工人大罢工，工人大罢工革命运动后，被称为“二七”名城。1948年10月22日郑州解放后，设置郑州市。1954年河南省会由开封迁至郑州，郑州成为省会城市。

全市辖区5区和郊区1区(上街区)、5市、1县，总面积7 446.2平方公里，总人口约580万，其中市区城市面积约130平方公里，市区人口约190万。

郑州交通便利，是全国重要的交通枢纽，京广、陇海铁路在此交会，郑州北站是亚洲最大、最现代的货运编组站；107国道和310国道在此交会；由郑州通往全省各地的高速公路网正在形成，现在游客走高速可直达北京。1997年新建成通航的郑州新郑国际机场，是中国第21个国际机场和十大机场之一。郑州商贸发达，素有商城之称，早在1992年，这里就爆发了轰动全国的“商战”，今天的商战更是好戏连台。郑州地上地下资源丰富，农副产品繁多，工农业发达，是国务院批准的历史文化名城。

郑州环境优美，绿树成荫，素有绿城美誉。特别是近年来，郑州加大了城市建设的力度，城市品位不断提高。郑州新建拉滨河公园、紫荆广场等大型绿地和广场。郑州旅游资源丰富，有嵩山风景名胜区，那里有以少林功夫名扬天下的少林寺；有郑州黄河游览区，是领略母亲河神韵的好去处；有新郑黄帝故里，是炎黄子孙寻根祭祖的好地方，还有大河村遗址、郑韩故城、巩义宋陵、打虎亭汉墓、石窟寺、杜甫故里等名胜古迹。郑州旅游配套设施完善，各种星级饭店、各菜系餐厅、各种娱乐设施等等一应俱全，夜生活也丰富多彩。

您旅游期间，将会得到周全高档的服务，感受到中原人民的热情、淳朴，更会了解到中原文化的博大精深。

我的介绍完了，预祝朋友们今后几天的郑州之旅愉快顺心！

[文章来源：http：//www.examda.com]

三、欢送词

(一) 文种的概念

欢送词与欢迎词相对应，欢迎词是在某项活动开始时主人欢迎客人的致辞，而欢送词则是在活动结束时主人欢送客人的致辞。在多数情况下，前面有欢迎词，后面都会有欢送词。比如，学校里，新生入学有欢迎词，老生毕业有欢送词；在旅行团里，刚接待时有欢迎词，接待完毕时有欢送词。

(二) 文种格式

欢送词与欢迎词一样，也分为标题、称呼、正文、结束语四部分。

1. 标题

第一行居中写标题，可以直接以“欢送词”作为标题，也可以具体写成“在某某仪式上的欢送词”。欢迎词、欢送词的标题还可以写成“在某某仪式上的讲话”,其实质仍然是欢迎词或欢送词,不过致辞人通常是领导。此外,还可根据文章内容概括出标题,而以“在某某仪式上的讲话”作为副标题。

2. 称呼

换行顶格写称呼,后加冒号。称呼分为两部分,先称呼被欢送的对象,其次称呼参加欢送仪式的其他对象。被欢送的对象如果是一个人或几个人,就要写上他们的姓名和称谓,或者写成某某某等再加统称。被欢送的对象如果是一批人,就直接用统称。在座的参加欢送仪式的对象,使用统称,如“女士们、先生们”。

3. 正文

正文部分首先介绍被欢送对象离去的事由,可能对方是从外地来此处参加活动,活动结束后返回,也可能本来是在一起的同学、同事、朋友,因要去外地工作、学习而离开本地。其次,介绍致辞人所代表的欢送方与被欢送方一起相处的情谊,如果对方是访客,要对对方来访的作用、影响进行充分肯定。最后,还要就双方分别之后继续加强联系、增进友谊提出希望。

4. 结束语

欢送词一般用祝颂语做结尾,表达祝愿之情,如“祝愿某某小姐前程似锦,万事如意,多多保重”!

例文 1:

佳木斯大学孟上九校长毕业典礼致辞

老师们、同学们:

大家好!

自从北大校庆校长致辞以来,我发现校长致辞也是一项很高危的举动,所以,讲话稿还是我自己来写,一来可以表达我的真情实感,二来我自己写的字我基本上都认识。

首先,我要为 2018 届毕业生送上我们最真挚的祝福,祝大家学有所成,前程似锦。也向毕业生家长和老师道一声:“你们辛苦了!”正是你们的陪伴和付出才换来今天雏鹰展翅的幸福时刻。

这几天,在学校主楼台阶、校训石旁、体育场上……到处都是大家合影留念的身影。你们想留下校园的风景,而你们自己也成为校园一道亮丽的风景。在众多的合影当中,有一组我很欣赏,就是××学院同寝五朵姐妹花同时考研成功后留下的合影。她们是保送天津医大的赵×,考取山东大学的朱×、新疆医大的张××、大理大学的马××以及首都经贸的宋××,如果你们在会场挥挥手,让我看到你们,等一下和你们照个相行吗?你们在考研过程中,互帮互学、彼此鼓励,体现了一种团队精神;你们克服困难、不言放弃,体现了一种拼搏精神;你们在圆满完成学业的同时,还承担学生会、班级的管理工作,体现了一种奉献精神。我要为你们点赞,因为你们用行动诠释了一句话:“奋斗的青春最美丽。”你们中还有许多优秀的学子,有携笔从戎、立志献身国防的忠诚卫士;有服务基层、热心公益的选调生;还有到艰苦环境去磨炼、扎根西部的志愿者……而更多的同学,即将走上普通但不可或缺的工作岗位，你们都将成为新时代的建设者和中国梦的筑梦人，母校为你们骄傲！

在这里，我还要真诚地向大家道歉，因为你们曾经居住的宿舍不美丽但很冻人，有的生活和学习场所找卫生间基本靠闻，外卖小哥的生死时速一直在上演。食堂的饭菜要么便宜不可口，要么可口不便宜，尤其是我们的教育教学还没有为学生核心竞争力的打造倾尽全力，总之一句话，以学生为中心的办学理念还仅仅是理念，而不是行动。作为校长，我难辞其咎。我要感谢大家的包容，同时也要郑重承诺：从今年开始，学校的暖屋工程、厕所革命、安全校园建设以及其他各项工作要陆续展开，你们学弟学妹的校园幸福指数将有所提升，而你们此刻的心情肯定是很高兴。

我想结合最近一周以来的大事给同学们提点建议和希望。这几件事分别是：父亲节、端午节和世界杯。父亲节有句流行语我很有感触，那就是，世上只有平凡的男人没有平凡的父亲。“父爱如山”，一语道破世上很少有什么只讲付出不求回报的爱，但父母之爱例外。大家在拍摄毕业照的时候，要第一时间与父母分享这份快乐，将来工作了，挣钱了，第一个月的工资要想着给父母买个小礼物，如果你连这点都做不到甚至不想做，那么，至少你不是合格的佳大毕业生，因为证书只能证明你的技能有长进，但感恩才能使心灵有温度。也正是出于对母校的感恩，刚才讲话的汤××校友多年以来一直对母校持久地关心和无私地帮助，我希望大家从父亲节这个带有仪式感节日中体会感恩。端午节自然让人们想到“心之所向，九死未悔”的屈原，一个传承千年的传统节日，其实，每一个故事、每一个物件背后都有这个民族的精神符号和文化基因，体现了这个民族的价值追求。就拿粽子这个再寻常不过的端午食品来说，竟然也有不同寻常的文化内涵，我听到湖北秭归屈原故里的一位大姐这么描述粽子，她说：“青粽叶、白糯米代表了屈原清白的人格，里面一颗红枣象征着屈原对祖国的赤诚之心。”听完大姐这番话，我觉得这些年自己的粽子都白吃了，因为在我的字典里对粽子的描述只有两个字——好吃。世界杯牵动了全世界的目光，而葡萄牙的西罗无疑是焦点中的焦点，我们在欣赏他华丽的脚法和精彩的进球的时候，更应该钦佩他作为职业选手的敬业和奋斗。他在队里被称为“瑞士手表”，因为他上训练课从来不迟到。在场四年从未翘课的请举手！哇，出乎我的意料，还不少，超过1%了。他倒钩射门2.38米的触球高度以及可以媲美健美选手的肌肉都是他每天累计托举23吨杠铃和3 000个仰卧起坐换来的，连他这么有天赋的人都这么拼，我们还有什么理由懈怠。

同学们，你们在毕业生座谈会上对母校的溢美之词我不必念念不忘，但你们对母校的建议和意见我们将认真对待，努力整改。同学们，佳大分布在全国各地的43个校友会会为大家提供一点职场的建议、生活的帮助和情感的依托，也让大家身在家外心在家中。同学们，这几天有一些老师主动申请希望加入到为你们爱心送站的行列当中，我要代表学校向他们表示感谢！我也相信，今明两天一定是“挥手难再见，爱心满佳城”。同学们，我们B院一食堂有句名言：“外卖天天有，食堂只四年，且吃且珍惜。”学校为大家提供的送行饺子请务必品尝一下，“饺子顿顿都相似，今天这顿总不同”。同学们，如果你不忙，刚好我有空，记得常回家看看，希望你们哪怕出走半生，归来仍是少年。母校希望你们心怀感恩、矢志报国、不懈奋斗,永怀佳大赤子情,走出无悔人生路。

同学们,出发吧!

[文章来源:根据致辞视频整理]

例文 2:

欢 送 词

各位旅客:

到这里大家的大连之行就要结束了。相信大连广场之多,绿地面积之大,干净的城市面貌和欧式的城市建设给您留下了深深的印象,特别是大连的海鲜一定还在您的唇齿间留香。小王也在这里感谢大家一路上对我们工作的支持和理解。特别是大家对我像朋友一样,大家的热情和友好让我深受感染,我会把大家的这种心态带给更多的人。也希望我们之间的友情像大连的棒槌岛啤酒一样源远流长。这种友情不因时间和空间的距离而减少,只会越来越醇香和绵长。在离别之际小王送大家一句话:我们常说因为生活我们不能失去工作,我们努力地工作是为了生活,那反过来我们也不能因为工作失去生活,在您忙碌的工作之余别忘了给自己留一份空间,出来旅行一下。大家也别忘了,古老的中国有一个美丽的大连,美丽的大连有一个你信任的旅行社,有机会再到大连来,小王和我所在的××旅行社将为您提供更好的服务。最后祝大家归途一切顺利一路平安!希望今晚大家带着小王的祝福睡个好觉、做个好梦!

[文章来源:文秘范文 http://www.gerenjianli.com]

四、答谢词

(一) 文种的概念

答谢词是指受到主人的欢迎款待后,客人在相关宴席或礼仪场合对主人表达谢意的致辞。答谢词是一种回应性的致辞,所以往往是主人致辞在先,客人致答谢词在后。既可以是在欢迎场合主人致欢迎词、祝酒词,然后由客人致答谢词,也可以是在欢送场合主人致欢送词,然后由客人致答谢词。

答谢词主要是用来感谢主人盛情招待的,这种答谢词也可称为"谢遇型"答谢词。另外还有一种"谢恩型"答谢词,致辞人用以表达对关怀、帮助过自己的人的感激之情。今天常见的升学之后举办的谢师宴上考生所致的答谢词就属于后一种。另外,如灾区人民在接受捐助物资的仪式上所致答谢词、获奖演员在颁奖典礼上所致的答谢词,也都属于"谢恩型"答谢词。

(二) 文种格式

答谢词由标题、称呼、正文、结束语四部分组成。

1. 标题

首行居中写标题,可以直接以"答谢词"作为标题,也可以具体写"在某仪式上的答谢词",或者从答谢词的主旨中概括出正标题,而以"某某人在某仪式上的答谢词"为副标题。

2. 称呼

换行顶格写称呼，后加冒号。如果是应对时所致的答谢词，那么应先称呼先前致欢迎词、欢送词、祝酒词的人，再用统称称呼在座所有的人。如果是在答谢宴等场合所致的“谢恩型”答谢词，则可以直接用统称称呼在座所有亲友；或者是先称呼一两个对自己帮助最大的人，然后用统称称呼在座所有人。

3. 正文

答谢词的正文主要突出致辞人的感谢之情。如果是“谢遇型”答谢词，首先，要对主人的盛情表示感谢；其次，要对双方的相处作一回顾并做出积极评价；最后，还要表达未来双方进一步加强联系的愿望。此外，“谢遇型”答谢词是一种回应性的致辞，因此要与之前主人所致的欢迎词、欢送词等有一定的联系。就算事先写好了答谢词的稿件，但是在听了主人致辞之后，在致答谢词时，也要随机应变，要在答谢词中体现出对主人所讲内容必要的回应。这样会显示对主人的尊重，否则会让人觉得你完全没有听到主人刚才的致辞。

如果是“谢恩型”答谢词，则以回顾长期以来对方对自己的帮助为主。“谢恩型”答谢词虽然答谢的对象有主有次，但尽量要把方方面面的亲友都感谢到，切忌围绕着一个人来感谢，而冷落了其他的亲友。

4. 结束语

用表示感谢的话作结束语，注意尽量不要与前面用过的感谢重复，也可以在结尾对对方表达良好的祝愿。

例文 1：

升学宴答谢词

尊敬的各位来宾：

大家中午好！

我叫×××，今天真的很高兴大家一起为我庆祝升学，谢谢大家。

今天站在这里，我终于有种长大的感觉，从之前懵懂的小孩到现在敢于承担的准大学生，12 年的苦读，12 年的付出，终于在今天得到回报，我内心充满了感激。首先，我要感谢我的家人，谢谢你们给了我一个幸福的家，因为你们的存在，我总是觉得很幸福，谢谢你们为我塑造一个风雨中屹立不动的城堡，永远为保护我而存在。爸爸妈妈还有姐姐，你们是我奋斗的动力。我会很努力很努力，决不辜负你们对我的期望。其次，我要感谢这 12 年一直陪伴在我身边的每位老师，谢谢你们像对待自己的孩子一样鼓励我、照顾我、安慰我、教育我，为我指明前进的方向。可以说，没有各位老师的努力，就没有今天的我，谢谢老师们，你们的恩德，我一定会铭记在心。最后，我更要感谢这 3 年来陪伴在我身边的同学和朋友，谢谢你们，事实上，我并不是一个外向开朗的人，是你们开启我的心门，事实上，我也不是一个相信友情的人，是你们让我逐渐坚定不移地相信友情，其实，我一直想和你们说，谢谢你们这 3 年来包容我的任性，忍让我的无知。我的幼稚，不懂事，常常让你们为难、烦恼和伤心，对不起。再次谢谢你们，和你们的每段友谊都是我青春最宝贵的财富。

12年的苦读,有过烦恼,有过泪水,但我相信只要足够勇敢,一切都会变成庆祝的烟火。所以今天,站在这里,我倍感欣慰,我想说,我是一只破茧的蝴蝶,在座的各位就是我飞越沧海的勇气,我会继续努力,在成长的天空中,越飞越高,越飞越远。

谢谢大家!

[文章来源:搜一百范文 http://www.so100.cn/html]

例文2:

答 谢 词

尊敬的×××先生,尊敬的×××集团公司的朋友们:

首先,请允许我代表团全体成员对×××先生及×××集团公司对我们的盛情接待表示衷心的感谢。

我们一行五人代表××公司首次来贵地访问,此次来访时间虽短,但收获颇大。仅三天时间,我们对贵地的电子业有了比较全面的了解,与贵公司建立了友好的技术合作关系,并成功地洽谈了×××电子技术合作事宜。这一切,都得益于主人的真诚合作和大力支持。对此,我们表示衷心的感谢。

电子业是新兴的产业,蒸蒸日上,有着广阔的发展前景。贵公司拥有一支由网络专家组成的庞大队伍,技术力量相当雄厚,在网络工作站市场中一枝独秀。我们有幸与贵公司建立友好的技术合作关系,为我地电子业的发展提供了新的契机,必将推动我地的电子业迈上一个新台阶。

最后我代表××公司再次向×××集团公司表示感谢,并祝贵公司迅猛发展,再创奇迹。更希望彼此继续加强合作,共创明天。

我提议,为我们之间正式建立友好合作关系,今后我们之间的密切合作,干杯!

[文章来源:大学生家园 http://www.dxsheng.com]

五、悼词

(一) 文种的概念

悼词有广义和狭义之分,狭义悼词是指在追悼会上为悼念逝者而作的文章,一般由领导或相关同志宣读。广义悼词指向逝者表示哀悼、缅怀与敬意的一切形式的悼念性文字。我们这里介绍的是追悼会上使用的狭义悼词。

除了重要人物由组织来书写、宣读悼词外,还可以由治丧委员会、来宾或者家属书写、宣读悼词。

(二) 文种格式

悼词由标题、正文、结束语三部分组成。

1. 标题

可以直接以文种名称“悼词”作为标题;也可以具体写成“在某某追悼会上的悼词”;还可以使用正副标题式,以体现主旨的语句为正标题,以“在某某追悼会上的悼词”为副标题。在现场宣读时,直接从正文开始读,不用读标题。

2. 正文

第一句交代召开或参加此次追悼会的目的，一般都用“今天，我们怀着沉痛的心情悼念某某”作开头。接着简要介绍逝者在何时、何地、因何去世以及享年多少。然后介绍死者的生平事迹，并且对他的品德、精神、对社会的贡献做出评价。如果是以朋友身份致的悼词，还应回顾本人与逝者生前的交往，并抒发哀悼、缅怀之情。

3. 结束语

悼词的结束语有两种写法，一种是告慰逝者的在天之灵，通常只用一句话结尾，如“某某同志安息吧”“某某千古”“某某永垂不朽”“某某一路走好”等。另一种是以激励生者为目的的结束语，一般写成“某某与我们永别了，我们要化悲痛为力量”“发扬他的精神”“继承他的遗志”“完成他未竟的事业”等诸如此类的话。

例文：

悼　词

新华社北京6月14日电　中国共产党中央委员会、中华人民共和国全国人民代表大会常务委员会、中华人民共和国国务院、中国人民政治协商会议全国委员会沉痛宣告：中国共产党的优秀党员，久经考验的忠诚的共产主义战士，杰出的无产阶级革命家、政治家，党和国家的卓越领导人，中国共产党第十三届、十四届中央政治局常委，中央纪律检查委员会原书记，第八届全国人民代表大会常务委员会委员长乔石同志，因病医治无效，于2015年6月14日7时08分在北京逝世，享年91岁。

乔石同志1924年12月出生于上海。少年时期，他接受进步思想，追求革命真理，积极参加抗日救亡活动。1940年8月加入中国共产党，相继任上海同济大学地下党总支部书记，上海地下党新市区委副书记，上海市北一区学委书记等职，组织指挥了同济大学“一·二九”争民主、反迫害运动，是上海学生运动的重要领导人之一。

1949年7月起，乔石同志历任中共浙江省市委青委书记，中共中央华东局青委统战部副部长，鞍山钢铁建设公司工程技术处处长，酒泉钢铁公司设计院院长兼钢铁研究院院长，酒泉钢铁公司陕西工程管理处党委书记等职。1963年4月，调中共中央对外联络部工作，历任研究员、副局长、局长。

“文化大革命”中，乔石同志受到残酷迫害，被隔离审查和拘禁，先后两次被下放到“五七”干校。

1978年1月至1983年7月，乔石同志先后任中共中央对外联络部副部长、部长。1982年9月，当选为中央书记处候补书记。他全面贯彻中央关于党的对外工作的方针政策，按照党际关系四项原则，广泛同各国共产党、社会党、民族主义政党及其他进步政党和组织接触，为党的对外工作拨乱反正、开创新局面作出了积极贡献。

1983年6月，乔石同志兼任中共中央办公厅主任。他大力推进各项改革，建立健全工作机构，梳理整顿各项业务，推动中办各项工作为实现党的工作中心战略转移、推进改革开放和现代化建设服务。

1984年4月，乔石同志兼任中共中央组织部部长。他坚定贯彻落实中央关于干部队伍革命化、年轻化、知识化、专业化的方针,大胆起用和培养中青年干部,大力推动干部队伍第三梯队建设,积极推进干部人事制度改革,扎实推进整党工作,积极落实干部政策特别是知识分子政策,有力推动了组织战线的拨乱反正工作的深入和新时期新老干部的合作与交替,为全面加强党的建设作出了积极贡献。

1985 年 7 月,乔石同志任中共中央政法委员会书记,同年 9 月,增选为中共中央政治局委员、中央书记处书记。1986 年 4 月任国务院副总理。他认真贯彻中央关于政法工作的方针政策,加强和改善党对政法工作的领导,在推进民主法制建设、依法管理、加强社会治安综合治理、保障社会安定等方面倾注了大量心血。他深入研究新时期社会治安的新情况、新问题,为探索形成改革开放新形势下具有中国特色的广泛依靠群众解决社会治安问题的新路子作出了贡献。

1987 年 11 月,乔石同志当选为中央政治局委员、常委,中央书记处书记,中央纪律检查委员会书记。他认真贯彻从严治党方针,大力加强党风廉政建设,深入研究改革开放和社会主义市场经济条件下反腐败斗争的特点和规律,制定完善廉政建设的法律法规,把惩治腐败纳入法制化轨道。

1989 年 3 月,乔石同志兼任中共中央党校校长。他大力推进深化党校改革,强调理论学习和教育是加强党的领导和建设的一条根本措施,要加强干部理论教育,坚定不移地走有中国特色的社会主义道路。

1992 年,邓小平同志发表南方谈话后,乔石同志积极支持、大力宣传邓小平同志改革开放的思想主张。

1992 年 10 月,乔石同志当选为中央政治局委员、常委。1993 年 3 月,当选为第八届全国人民代表大会常务委员会委员长。他高度重视人民代表大会制度建设、立法工作、监督工作。1992 年 11 月,乔石同志兼任宪法修改小组组长。该宪法修正案由八届全国人大一次会议通过,以国家根本大法的形式确立了建设有中国特色社会主义理论的指导地位。乔石同志任职期间把加快经济立法作为第一位的任务,出台了一批重要经济法律,初步形成了社会主义市场经济法律体系框架,任期内审议通过法律和有关法律决定草案百余件,为形成中国特色社会主义法律体系奠定了坚实基础。

1998 年 3 月,乔石同志不再担任全国人大常委会委员长职务。从领导岗位上退下来后,他仍然关心党和国家事业的发展,坚决拥护支持党中央的领导,关心中国特色社会主义伟大事业,特别是十分关注民主法制建设,关注党风廉政建设和反腐败斗争,表现出一个老共产党员的赤诚与忠贞。

乔石同志的一生,是革命的一生、战斗的一生、光辉的一生,是追求真理、追求进步、为共产主义事业奋斗的一生。在 70 多年的革命生涯中,他对共产主义崇高理想坚贞不渝,对党和人民无限忠诚,对革命、建设和改革事业鞠躬尽瘁。他的逝世,是党和国家的重大损失。我们要学习他的革命精神、崇高品德和优良作风,更加紧密地团结在以习近平同志为总书记的党中央周围,高举中国特色社会主义伟大旗帜,协调推进全面建成小康社会、全面深化改革、全面依法治国、全面从严治党,为实现“两个一百年”奋斗目标、实现中华民族伟大复兴的中国梦而奋斗。

乔石同志永垂不朽！

附乔石简历（略）

2015年6月14日

［文章来源：族谱录纪念网 http://jinian.zupulu.com］

知识链接

［辨］辞、词 在文言和文词的意义上，“辞”和“词”是同义词。在较古的时代，一般只说“辞”，不说“词”，所以《周易·系辞》说：“修辞立其诚。”《论语·季氏》说：“而必为之辞。”汉以后逐渐以“词”代“辞”。如《史记·儒林列传》：“是时天子方好文词。”至于“推辞”的“辞”绝不能写作“词”；“诗词”的“词”绝不能写作“辞”。（据王力《古代汉语》）

习题训练

1. 判断题

（1）欢迎词和欢送词的开头，在写作时应开门见山。（ ）

（2）欢迎词随使用的规格高低而有不同的要求，级别越高越正式。（ ）

（3）在多数情况下，欢送词与欢迎词相对应，前面有欢迎词，后面都会有欢送词。（ ）

（4）答谢词是一种回应性的致辞。（ ）

（5）获奖演员在颁奖典礼上所致的答谢词属于“谢恩型”答谢词。（ ）

2. 简答题

（1）礼仪祝词根据场合可以分为哪些类型？它们的侧重点是什么？

（2）欢迎词、欢送词有哪些区别？

3. 写作实训

（1）假设你的某位长辈即将迎来七十大寿，亲友要举办宴会庆祝，并在宴会前举行祝寿仪式。请你为仪式写一篇祝寿词。

（2）在新学年开始的时候，又一批大一新生来到了校园，老师请你代表老生在迎新联谊会上发言。根据这个事由，拟写一份欢迎词。

第三节 宣告启事

一、启事

（一）文种的概念、特征与分类

“启事”二字的本义是公开陈述事情，“启”是告知、陈述的意思，“事”就是事情。启事是单位或个人向公众说明某事或希望公众参与、协办某事所使用的一种应用文体。启事面对的对象是公众而非个人，因此启事要张贴在公开场合，或者在报刊、广播、电视、网络等媒体上刊登或播出。从这个角度来说,启事属于广义上广告的一种。另外,启事的文字要力求简明扼要,这也是启事这一文种的基本特点。

启事的分类繁多,从目的上看,它大致可分为两种,第一种属于征寻类启事,它是以希望公众参与或协办某事为目的的,例如,寻物启事、招领启事、寻人启事、征婚启事、征稿启事、征订启事、招生启事、招聘启事,等等。第二种属于声明类启事,它是以向公众说明、告知某事为目的的,例如,开业启事、停业启事、更名启事、遗失启事、作废启事、迁址启事,等等。声明类启事与声明这一文种有相似性,但相比较而言,启事只有告知性,没有强制性和约束力,而声明要比启事更加严肃、约束力更强、法律地位更高。

(二) 文种格式

启事一般由标题、正文、落款三部分组成。

1. 标题

首行居中用比正文稍大字体写标题。它可以直接以“启事”为标题,但多数情况下都用说明事项的细分文种做标题,如“寻物启事”“征稿启事”等;还可以在标题里包含启事单位的名称和启事内容,例如,“大连日报社招聘法律顾问启事”。

2. 正文

第二行空两格写正文。启事正文内容随启事种类不同而各有差别。寻物启事或失物招领启事,主要需说明遗失或捡拾物品的时间、地点、物品特征,失主或捡拾人的联系方式。寻人启事主要提供走失者的自然情况,如姓名、性别、年龄、身高、长相、衣着以及其他特征,最后留下家属的联系方式。征婚启事一般先写征婚人的相关资料,包括自然情况、经济情况、婚姻史、性格爱好等,然后写择偶的条件要求,也包括对方的自然情况、经济情况、婚史等,最后留联系方式。招聘启事一般先写招聘条件,其次写薪酬待遇,招聘条件一般写得较具体,而薪酬待遇则较含糊,如只写“待遇优厚”,最后留联系方式。其他种类的启事,也都是根据启事内容有针对性地安排正文,在此不再一一赘述。还有一点,征寻类启事因为需要公众参与、协办,因此要留下联系方式,而声明类启事以告知为目的,只需要说明事实,不必留联系方式。

3. 落款

正文右下方写启事人姓名与启事日期。但是也有很多启事不加落款,一方面,是因为正文中可能已经留了联系方式;另一方面,有时可能因隐私的原因而不具名。

例文 1:

寻物启事

本人不慎,于 2019 年 3 月 5 日上午 9 时左右在大连开发区万达广场遗失黑色背包一个,内有身份证、学生证等证件以及钥匙一串,钱包一个。拾到者请拨手机 1386996××××与本人联系。面谢。

大连财经学院王××

2019 年 3 月 5 日

例文 2：

寻人启事

张××，男，45 岁，身高 1.75 米。大连口音，痴呆。平头，皮肤黑，前额有一疤痕。穿蓝色夹克，黑色裤子，白色运动鞋。于 2019 年 3 月 15 日在青泥洼桥商业区附近走失，有知情者请与大连沙河口区××小区的×××(人名)联系，电话：13867899×××。重谢。

例文 3：

征婚启事

女，45 岁，1.55 米，高中，离异，无业，独身，体健貌端，聪明贤惠，性格开朗，理家能手。觅 45～60 岁，重感情，经济好，有住房，感情专一，不受子女干涉，爱家的各界男士牵手人生。信照寄：重庆市万盛区八零一村××号×××转。邮编：400803，电话：023-4830××××，有效期一年。

[文章来源：好文在线 http://www.haofile.net]

例文 4：

四川电视台卫星节目栏目片头美术设计征稿启事

四川电视台卫星节目正处于前期试运行，近期将正式播出。正式播出的四川电视台卫星节目是一套崭新的综合性节目体系，每天滚动播出 18 个小时。为了构成一流的节目形象，特面向社会征集下列栏目的片头美术设计：

1.《四川新闻》，要求在运动中体现出气势、新颖、庄重、大方，有四川特色。

2.《TV 少年宫》，要求朝气蓬勃，天真活泼，生动明快，适合少儿心理和情趣。

3.《经济广角》，要求新颖活泼，充分体现当代经济生活的丰富多样性。

4.《综艺大看台》，要求具有文化、艺术、体育综合栏目的大视角，多姿多彩，富于变化和动感。

5.《看四川》，要求具有时政、教育、社会生活、服务类综合栏目的特点及四川的地方特色，体现现代生活的广阔性、丰富性和节奏感，明快而庄重。

6.《星空剧场》《银河剧院》，要求典雅华丽，充分体现影视剧栏目和卫星传输大剧场的特点。

以上每个栏目片头时间长度约 10 秒，设计稿应包括文字创意、图案设计和图案运动变化说明。可提供全部或单片头设计。对投稿单位或个人将赠与纪念品，中选稿件除在节目正式播出的一段时间内注明作者外，还将给予酬谢。来稿请寄：四川电视台袁××收，邮编：610015。

[文章来源：好文在线 http://www.haofile.net]

例文 5：

更名启事

经安徽省司法厅批复同意，“安徽正斌律师事务所”更名为“安徽吉和律师事务所”，办公地址为芜湖市吉和北路86号(狮子山小学对面)。

安徽吉和律师事务所

2019年6月2日

[文章来源:《大江晚报》多媒体数字报刊 http://www.wuhunews.cn,有改动]

二、声明

(一)文种的概念

声明是政府部门、社会团体、企事业单位以及个人就有关事项向社会公众表明立场、观点、态度或者说明事情真相的一种告启类文书。声明通常要在广播、电视、报刊、网络等媒体上刊登或播出,个人的声明也可以在醒目处张贴。

多数声明都以维护自己的权益为目的。一种情况是事后维护,当自己的权益受到侵害时,以声明的形式表明立场,要求对方停止侵害并承担责任。另一种情况属于事先维护,当可以预见会有侵害自己或他人权益的事情发生,那么事先把情况说清楚,借以使自己的权益不受侵害,或者使他人权益受到侵害时自己不负连带责任,常见的著作权声明、免责声明、遗失声明就属于这一种。

(二)文种格式

声明由标题、正文、落款三部分组成。

1. 标题

首行居中写标题。可以直接以"声明"为标题,为了表明态度;也可以在"声明"前加修饰语,如"严正声明""郑重声明";还可以用声明的事由加文种构成标题,如"遗失声明""作废声明"。另外,还可以由发文单位加文种名称构成标题,如"广州钢铁股份有限公司严正声明"。

2. 正文

正文要说明声明的事项和理由。声明正文要做到观点鲜明、条理清晰、语言简洁、格调庄重严肃。正文最后一般要用"特此声明"做结尾。

3. 落款

落款包括署名与日期,写在正文右下方。

例文1:

中华人民共和国和波兰共和国关于建立全面战略伙伴关系的联合声明

新华社华沙6月20日电 中华人民共和国和波兰共和国关于建立全面战略伙伴关系的联合声明,声明全文如下:

应波兰共和国总统安杰伊·杜达的邀请,中华人民共和国主席习近平于2016年6月19日至21日对波兰共和国进行国事访问。

访问期间,两国元首在坦诚、友好的气氛中就中波政治、经贸、社会、文化合作和中国-中东欧国家合作、中欧关系及共同关心的国际和地区问题深入交换意见。两国元首一致认为,深化中波合作符合两国利益,一致同意中华人民共和国同波兰共和国建立全面战略伙伴关系。

一、中波视彼此为长期稳定的战略伙伴,视彼此发展为互利共赢的重要机遇。两国间建立了政治互信,定期在高级别层面坦诚交流意见。双方将本着相互尊重、平等相待、合作共赢的精神,加强在政治、经济、社会、文化等各领域合作,扩大在国际和地区事务中的协调与配合,全方位提升双边关系水平,造福两国人民。

二、为进一步深化全面战略伙伴关系,双方同意,加强两国高层交往,扩大两国中央和地方政府、立法机构及政党间各级别的交流与合作。

三、双方重申相互尊重主权和领土完整,相互理解彼此利益和重大关切。波方支持台湾海峡两岸关系和平发展,重申奉行一个中国政策。

四、双方愿尊重对方根据本国国情选择的发展道路,并进一步深化政治互信。双方强调在平等和互相尊重的基础上,就促进和保护人权及法治开展交流。

五、双方致力于在中国提出的"丝绸之路经济带"和"21 世纪海上丝绸之路"(以下简称"一带一路")和波兰提出的"可持续发展计划"框架下共同推动双边合作。双方将以《中华人民共和国政府与波兰共和国政府关于共同推进"一带一路"建设的谅解备忘录》为基础,加强"一带一路"与"可持续发展计划"对接,共同组织编制中波合作规划纲要,开展和深化互利合作,实现和平、可持续发展和共同繁荣。

六、双方同意秉承平等和互惠原则,进一步深化全方位经济关系。双方保证公平对待在对方国家积极开展业务的中波企业。

七、双方将充分发挥每两年一次的中波总理定期会晤机制和中波政府间合作委员会的协调作用,发挥中波产业合作指导委员会、经济合作委员会、基础设施事务指导委员会等双边机制对合作的支持作用,深化在经贸、金融、交通物流、基础设施建设、民航、能源、农业、电子商务、科技、环保等领域合作。

双方表示将共同努力,特别是通过提供进入本国市场的更大便利,促进相互投资和双边贸易平衡。双方将继续鼓励和支持两国企业扩大基础设施建设、产能合作等领域合作规模,积极探索新的合作方式。中方欢迎波兰作为创始成员国加入亚洲基础设施投资银行。

八、双方同意扩大在文化、教育、体育等领域的合作,深化在旅游、卫生、智库等领域的交往,推动两国青年的友好交流。双方愿不断改进签证程序,为两国人员往来提供最佳条件。

九、双方认为,中国-中东欧国家合作有效促进务实合作与人文交流,已成为中国与中东欧国家深化友好互利合作的重要平台。中国-中东欧国家合作对接欧盟重大倡议,促进中欧全面战略伙伴关系发展。双方愿本着开放包容和互利共赢的原则,加强沟通和协调,共同促进中国-中东欧国家合作取得更大发展。

十、双方认为,中欧都是国际舞台上的重要力量,是推动和平、稳定与繁荣,应对全球性挑战的重要合作伙伴。双方支持全面落实《中欧合作 2020 战略规划》,推进建设中欧和平、增长、改革、文明四大伙伴关系,深化互利共赢的全面战略伙伴关系。双方支持尽快完成雄心勃勃、全面而且涵盖市场准入、投资保护的中欧投资协定谈判。中方高度评价波兰在中欧关系中发挥的积极作用。

十一、双方强调,遵循《联合国宪章》的宗旨和原则,致力于推动国际关系民主化和法治化。双方主张世界各国在平等互信、包容互鉴、合作共赢的基础上共迎挑战、共谋发展、共享繁荣。

双方支持联合国在维护世界和平与安全、促进各国共同发展、和平解决国际争端、应对人类共同面临的问题方面发挥主导作用,主张加强联合国及其安理会的作用与权威。

中华人民共和国主席 波兰共和国总统
习近平 安杰伊·杜达
二〇一六年六月二十日于华沙

[文章来源:新华网 http://www.xinhuanet.com]

例文 2:

郑重声明

近日,某些网站和单位未经合法授权,以各大院校"网络教育"的名义发布招生信息,这一违法行为严重扰乱了我院正常的招生秩序。为保障学生和学院的合法权益,我院再次就网络虚假宣传现象声明如下:(1)我院所有校外学习中心、奥鹏远程教育公共服务体系学习中心和弘成教育公共服务体系学习中心只有经我院授权后才有资格在相应授权期限内开展相关招生宣传。我院从未授权任何个人或者中介机构代理招生,任何在百度、搜狐、淘宝、京东、天猫及其他网络平台上以我院名义招生的行为均为违规行为,我院将保留依法追究其法律责任的权利。(2)经我院正式授权的校外学习中心如与中介机构或个人合作招生或委托代理招生,一经核实将立即停止招生资格,取消招生授权,并予以通报和追究相应责任。(3)根据教育部要求和我院《学生手册》的相关规定——"复查中发现学生存在弄虚作假、徇私舞弊等情形的,确定为复查不合格,取消学籍;情节严重的,学校移交有关部门调查处理。""对以作弊、剽窃、抄袭等学术不端行为或者其他不正当手段获得的学历证书、学位证书,学校应依法予以撤销"。学院一直严格遵守相关规定,所有新生自报名开始到入学后三个月内均对其进行资格复查。

我院自建院以来,一直以人才培养和高质量教育为办学宗旨,以"突出特色、保障质量、创新发展、追求卓越"为指导思想,坚持"系统规划、特色办学、规范管理、协调发展"的办学理念,承担"服务国家、服务社会、服务学校、服务学生"的使命,在专业化发展和质量保证方面不断探索,从学生录取、课程学习、课程考试,到督学导学、学位论文写作、毕业审核等各个环节均有严格的管理措施和考评标准,确保学生有效参与学习的全过程。

为防范社会上一些非法机构或个人发布的有关"代考""包过""包毕业""包拿证""轻松快速拿证"等虚假信息和不实宣传,我院一直在学院官网、学生平台进行招生预警、设立举报电话,对学生进行宣传提醒。自 2013 年开始,我院安排专人专岗负责监察网上虚假信息和不实宣传,截至目前,清查不同时期虚假宣传链接 190 条,我院均在第一时间责令所涉140家机构删除与我院相关的内容，并在学院官网（网址：http：//online.blcu.edu.cn/col/col13796/index.html）详细列明所有已查明的非法宣传机构的名称和网址以提醒学生。

在此郑重提醒所有欲报读我院的学生，一定要端正学习态度，通过我院正式授权学习中心直接报读（正式授权学习中心网址：http：//www.eblcu.cn/html/4a3bc7c92b686/），切勿相信违法机构的虚假承诺，以免给自己带来不必要的损失！这些机构的非法行为，严重侵害了学院的办学声誉，我院保留追究其法律责任的权利！凡未直接通过我院正式授权学习中心报读的均与我院无关，一切后果自负！

凡发现有非正式授权机构或个人宣传报读我院，以及有机构发布"代考""包过""包毕业""包拿证""取证快""考试提供现成答案""论文保通过""保证拿学位""轻松快速取证"等虚假信息和不实宣传，请马上与我院联系！

全国举报电话：010-82303130（办学管理办公室） 010-82300110

举报邮箱：bywy@blcu.edu.cn；eblcuyzh@blcu.edu.cn

北京语言大学网络教育学院

2018年3月×日

[文章来源：北京语言大学网络教育学院网站 http：//www.eblcu.cn/html/2018/xueyuangonggao_0305/6146.html，有改动]

例文3：

遗失声明

周口市川汇区庆丰东段冯国安的房屋所有权证丢失，证号：周房字第08345，地号：2032002，声明作废。

[文章来源：《周口日报》http：//www.zhld.com]

三、海报

（一）文种的概念

海报是向公众报道或介绍有关电影、戏剧、文艺表演、体育比赛、学术报告等信息时使用的一种应用文书。海报要在公共场所张贴，属于广告的一种。海报的名称最早起源于上海。在过去，人们常把职业性的戏剧表演界称为"海"，以戏剧表演为职业称为"下海"。宣传剧目演出信息并借以招徕观众的张贴物，也因此被称为"海报"。

从海报的形式来说，海报有以文字为主也有以美术设计为主，像电影海报、演出海报等多以美术设计为主。我们这里主要介绍以文字为主的海报。

（二）文种格式

海报由标题、正文、落款三部分组成。

1. 标题

首行居中用较大字体写标题。可以直接以"海报"二字为标题，也可以用海报内容作标题,如“球讯”“影讯”“报告会”等。

2. 正文

正文部分要写明活动的具体内容、时间、地点、参加方式。海报的文字力求简洁明了,可以用一段文字交待清楚,当内容略多时,也可分项排列成文。

3. 落款

在正文右下方写明主办单位以及宣传日期。

例文 1:

海　　报

为迎接××大学第三届学生艺术节的到来,中文系学生会特以班级为单位举办青春形象大赛。

一、比赛项目:不限形式(合唱、话剧、舞蹈、吹奏等皆可)。

二、参赛条件:中文系全体学生。以班级为单位,比赛项目必须有班级 80%同学参加。

三、报名事项:6 月 10 日由本班文娱委员到系文艺部报名(需携带项目名称、参加人数,并进行出场号抽签)。

四、比赛时间:6 月 25 日下午 3:00。

五、地点:中文系前广场。

中文系文艺部

2019 年 6 月 5 日

[文章来源:中国科学发展网 http://www.casd.cn,有改动]

例文 2:

学术报告海报

国内外著名语言学家、中英双语专家、华东师范大学终身教授、博士生导师潘文国先生将来我校作学术报告。

潘文国先生是中国英汉语比较研究会会长、中国音韵学研究会理事、上海语文学会副会长、上海翻译家协会理事,华东师大校务委员会委员、应用语言研究所所长,对外汉语学科创始人和学科带头人。他在汉英对比研究、汉语字本位理论、汉语等韵理论、汉语构词法史、中外命名艺术、西方翻译理论、哲学语言学、对外汉语学等方面均具重要影响。他的研究以“博通古今”“兼赅中外”为特色,在学界独树一帜。已出版专著 9 部、译著 5 部、编著 10 余部,发表论文近 200 篇。目前主要研究领域:对比语言学;翻译理论与实践;汉语哲学;汉语国际推广。

题目:关于外国语言学研究的几点思考

时间:××××年×月×日晚上 7:30—9:00

地点:西南交大九里校区 4 号楼 4309#教室

欢迎全校师生参加。

外国语学院
××××年×月×日

[文章来源：西南交通大学 http：//www.swjtu.edu.cn]

四、讣告

(一) 文种特征

“讣”是报丧的意思，“告”是告知。“讣告”就是把某人去世的凶讯告知别人的一种应用文书。从告知这一角度来说，讣告具有启事的性质，属于一种丧祭类启事。

讣告一般是由死者亲属或相关人员组成的治丧委员会向公众发布，要在遗体告别仪式前发出，以便参与者准备花圈、挽联等。讣告要张贴于死者所在单位或住宅门口，书写纸张要选择白纸，还可以在四周加黑框。重要人物的讣告还要在报刊、广播、电视等媒体上刊登或播出，向社会公众告知。

(二) 文种格式

讣告由标题、正文、落款三部分组成。

1. 标题

首行居中用稍大字体写标题，可以直接用“讣告”二字作标题，也可在“讣告”前冠以死者姓名，写作“×××讣告”。

2. 正文

正文先写明死者的姓名、职务、身份，逝世的原因、时间、地点，享年岁数。然后简介死者生平，做出评价，并表达哀悼之意。最后通知吊唁、追悼活动的时间、地点。通过比较，可见讣告与悼词的正文前两部分内容是基本一致的。

3. 落款

在正文右下方署明发讣告的个人或团体名称以及发文日期。

例文：

讣　告

中国共产党优秀党员、国际著名土木工程材料专家和教育家、全国先进女职工、全国师德标兵、中国工程院院士、东南大学教授孙伟先生，因病医治无效，于2019年2月22日9时45分在南京逝世，享年84岁。

孙伟院士1935年11月20日出生于山东省胶州市，1954年考入南京工学院(今东南大学)土木工程系，1958年本科毕业并留校任教，1956年加入中国共产党，1986年晋升为副教授，1984—1985年在美国塞拉克斯大学公派访问，1991年晋升为教授，2005年当选为中国工程院院士。曾任中国建筑材料科技教育委员会委员、中国水泥制品工业协会理事、《硅酸盐学报》副主编、《建筑材料学报》编委、国际期刊《Cement and Concrete Composite》编委等职，组织召开了多个国际学术会议，并担任多个国际会议学术委员会主席和组织委员会主席。

孙伟院士将毕生精力奉献于我国土木工程材料教育和科技事业，她努力践行党的教育方针，教书育人60余载，是一位深受师生爱戴的好老师。她学识渊博、为人谦逊、勤恳踏实，是一位德高望重的土木工程材料教育家。她亲自培养了博士和硕士150余人，为国家培养了一大批优秀的科技人才，包括院士、长江学者、杰青等。她一生追求科学真理、锐意进取、开拓创新，是一位建树卓越的土木工程材料专家。她在国际上较早提出了纤维增强间距理论、荷载与环境耦合作用下混凝土耐久性试验体系，并建立了多因素作用下的混凝土耐久性理论及寿命预测方法，指导了数十项国家重大工程混凝土材料的应用，为我国土木工程材料科学技术的发展做出了杰出贡献。

孙伟院士发表学术论文400余篇，出版专著5部，编写国家和省部级规程6部；获全国先进女职工、全国师德标兵、国际材料与结构研究实验联合会(RILEM)终身成就奖等荣誉；获国家和省部级科技进步奖、发明奖等10余项，其中牵头获得国家科技进步奖和发明奖3项。

孙伟院士用不平凡的一生实践了崇高的理想，她爱国敬业、为人师表、仁爱宽厚、坚韧执着，长期忘我工作，生病期间仍关心学校发展和学科建设。她是我们永远怀念的师长和人生楷模。她的不幸逝世是我国土木工程材料界和东南大学的重大损失。

孙伟院士遗体告别仪式定于2019年2月28日(星期四)8:30在南京殡仪馆(西天寺)举行。当天上午7:00在东南大学四牌楼校区南门内，7:30在东南大学九龙湖校区北门内有大巴前往。

特此讣告。

孙伟院士治丧委员会

2019年2月22日

[文章来源：东南大学网站 https://smse.seu.edu.cn/2019/0222/c2570a263500/page.htm]

习题训练

1. 纠错练习(评析下面这份开业启事，指出不当之处并写出修改稿)

东北大学跳蚤市场开业启事

全体同学：

大家好！

东北大学跳蚤市场原定于2018年9月30日16:30—19:00开业，但由于天气影响，不能正常开业。在此我们敬请全体师生员工谅解。第二期开业时间为2018年10月13日16:30—19:00。

届时，欢迎全体同学踊跃报名，将自己的旧物品摆设在跳蚤市场供广大学生自由选购。只要你愿意跨出一步，无数学生将得到实惠。届时，如有意销售旧物品的同学，请到“跳蚤”市场现场审批处登记，现场工作人员安排地点销售。

祝同学们学习进步，学业有成！

后勤服务集团

2018 年 9 月 29 日

［文章来源：http：//blog.sina.com.cn/s/blog_4acc89400100ci67.html，有改动］

2. 讨论题

第二次世界大战后，日本国民经济萧条，银行业也面临着重组和关闭的命运。三菱银行虽是老字号，却也逃不出时代的转轮，改名为“千代田银行”后仍旧生意冷清，经营业绩每况愈下。

当时的日本家庭收入极低，想要支付每月的生活费用都已经成了难事，谁还会去存款呢？看着市场一天天萎缩，千代田银行的行长想了一个妙招来刺激市场。他决定搞宣传海报四处张贴，海报上这样写着：“用手掬一捧水，水会从指缝间流走。这时你需要一个木桶，存下这一捧水，并慢慢积聚成一桶水。先生们、女士们，如果你们有这种想法的话，那么请您持一本存款簿吧。它就像是一个水桶。有了它，从指缝间流走的零钱就会一点一滴地存起来，不久之后你就会存有一笔数目可观的钱。千代田银行为您推出‘一块钱存款’业务，为您积少成多、化零为整。有了一本千代田存款簿，您的胸膛就会因充满希望而满足，您的心就能在天空中飘然翱翔。”

海报贴遍了所有的主要街道，产生了很大的影响，很多人都来存款。很多人都说看了那张海报后坚信财富是可以积少成多的，而千代田银行也因此渡过了难关。之后，这个关于“一块钱存款”的故事流传到了世界各地。

［文章来源：日本新华侨报网 www.jnocnews.jp］

请思考：这份“一块钱存款”海报为什么能帮助千代田银行渡过难关？它有什么特点？

3. 写作训练

（1）为了纪念中国共青团成立 97 周年，我校团委、学生会将于 2019 年 5 月 4 日在学校大礼堂举办“以青春之名”为主题的校园歌手大奖赛决赛。请你代院学生会写一份宣传海报。

（2）假设你是学校文学社社长，文学社准备筹办一份校内文学性刊物《轻风》。刊物初步定为免费赠阅形式，靠广告赞助维持经费，参与者以锻炼文笔为目的，因此来稿不付稿费。请根据这一情况写一篇征稿启事。

第四节　条　　据

一、借条

（一）文种的概念

借条是借他人或单位现金或物品时，写给对方的便条式借据。归还钱物后，写条人收回借条毁掉。借条是一种凭证性文书,广泛应用于日常生活及商业活动中,具有重要的法律作用。

(二) 文种格式

借条由标题、正文、落款三部分组成。

1. 标题

正文上方居中写标题。标题可以写成"借条",也可以写成"借据"。

2. 正文

借条的正文要写明借款原因、债权人姓名、所借钱物的数目、借款日期、还款日期,如果要付利息,也要在正文中约定。正文下方通常换行空两格写"此据"字样。

借条是用来证明法律关系的,要写得简明清楚,通常一两句话即可。正文中资金数额要用汉字大写书写,涉及的债权人姓名也要用身份证上的正式名字,避免用小名、绰号。书写借条注意要用深色墨水,以防时间长了字迹褪色。另外,借条的文字要写得紧凑,不能留有明显空隙,以防他人在其间另加文字改变原意。

3. 落款

正文右下方由借款人署上姓名、日期。借款人姓名同样要用身份证上的正式名字,不能写小名、绰号。日期要写全,因为关涉诉讼时效。如果资金数额较大,日后有可能涉及诉讼,还必须要求立条人在签名的同时按上手印。

例文1:

借　　据

今向学院财务部借人民币贰仟圆整,用于培训班学习。日后按规定报销,多退少补。

此据

借款人:沈××

2018年9月15日

例文2:

借　　条

佳能单镜头反光照相机一架,型号为佳能70D套机(18-200mmIS),三脚架一支,为毕业生照相所用。三日后归还。

此据

院学生会

经手人:王××

2018年6月30日

二、欠条

（一）文种的概念

欠条是欠个人或单位现金或物品时，写给对方的字据。欠条是一种凭证性文书。欠条与借条的区别在于，首先，借条证明的债务关系肯定是由借款或借物产生，而欠条证明的债务关系不一定是因为借款或借物，也可能是因为买卖合同、工程结算、劳务报酬、损失赔偿等关系而产生的债务。其次，二者的诉讼时效不同，如果约定还款日期，诉讼时效是约定还款日期届满之后的两年之内；如果没有约定还款日期，借条是从债权人主张之后的两年之内，而欠条的诉讼时效是从签署欠条之日起的两年之内。因此，如果是借款关系，尽量要打借条。

（二）文种格式

欠条由标题、正文、落款三部分组成。

1. 标题

正文上方居中写标题。一般就用文种名称即“欠条”二字做标题。

2. 正文

正文要写明欠款或欠物的原因、债权人的姓名或单位名称、财物的具体数目。为了维护权益，最好要求债务人写明偿还日期。另外，人名要用身份证上正式姓名、资金数目要用大写、墨水要防止褪色、字间不能留较大空隙，这些注意事项与借条一样。

3. 落款

正文右下方署明欠方姓名、立欠条的日期，日期要写全，对于资金数额较大的，必须要求立条人在签名的同时按上手印。如果欠方是单位，则要署明单位名称、经手人姓名，然后写日期，还要在单位名称处加盖单位公章。

例文 1：

欠　　条

尚欠 6 月 8 日借财会系彩旗十六面(含旗杆)，特留此据。

经手人：管理系杨××

2018 年 7 月 6 日

例文 2：

欠　　条

原借李××先生人民币叁仟圆整，已还壹仟伍佰圆整，尚欠壹仟伍佰圆整，三个月内还清。

孙××

2018 年×月×日

三、收条

(一) 文种的概念

收条是个人或单位收到其他个人或单位送交的财物后,写给对方作为证明的条据。收条是一种凭证性文书。与收条相似的还有收据,收据一般指财政部门印制的盖有财务专用章的票据,在没有发票的情况下,使用收据作为报销凭证,可以入账。而收条是不可以入账的。

(二) 文种格式

收条由标题、正文、落款三部分组成。

1. 标题

正文上方居中写标题。标题有两种写法:一种直接以文种名称即“收条”二字为标题;另一种取正文前两字或三字为标题,如“收到”“今收到”“代收到”等。

2. 正文

正文视标题的不同也有两种格式。如果以文种名称“收条”二字为标题,则第二行空两格写正文。如果以“收到”“今收到”等字样为标题,则第二行顶格写正文。正文要写清交货方或交款方的单位名称或个人姓名,钱款的数额,物品的种类、规格、数目。涉及的数目字要用汉字大写。

3. 落款

正文右下方署明收货或收款人姓名、开条日期。如果是以单位名义收货收款,则要署明单位名称,再写经办人姓名,最后署日期,在单位名称处还要加盖单位公章。

例文 1:

收　　条

今收到大连财经学院财会系 2017 级财会 1 班刘××同学住宿押金叁佰圆整。

大连财经学院后勤集团

经手人:张××

2018 年 9 月 4 日

例文 2:

收　　到

基础部送来 2018—2019 学年第一学期工作总结壹份。

大连财经学院办公室

经手人:郝××

2018 年 7 月 10 日

例文3：

代　收　到

秦××同学还给张××老师的图书《退步集》一本，完好无损。

代收人：李×
××××年×月×日

四、请假条

（一）文种的概念

请假条是因某种原因向领导、上司、老师或相关负责人请假不参加某项工作、学习或活动的应用文书。

（二）文种格式

请假条由标题、称呼、正文、祝颂语、落款五部分组成。

1. 标题

首行居中写标题。它通常使用文种名称即“请假条”三字做标题。

2. 称呼

换行顶格写称呼，后加冒号。请假条的称呼视情形可以是个人，也可以是单位。

3. 正文

称呼之后换行空两格写正文。正文要写明请假原因、请假时间两方面的内容。根据原因的不同，请假条从性质上又可分病假、事假两种。

4. 祝颂语

请假条的祝颂语一般用“此致——敬礼”，换行空两格写“此致”，再换行顶格写“敬礼”。

5. 落款

右下方加落款，写明请假人的部门或班级、请假人姓名、写条日期。

例文1：

请　假　条

尊敬的丁老师：

我因患急性肠炎，今天去医院就诊，不能到学校上课，请准假一天。

此致

敬礼

2018级编导一班李××
××××年×月×日

例文 2:

请 假 条

××培训中心:

因我行于1月10日晚举行员工大会,任何人不得缺席,所以本人1月10日晚不能回校参加培训。特此请假,恳望批准!

此致

敬礼

××银行珠海支行营业部

刘××

2018年1月8日

[文章来源:百度知道 http://zhidao.baidu.com,有改动]

五、留言条

(一) 文种的概念

留言条是在日常生活中,想要向某人告知某事或交待某事但又未能见到对方,因此通过留言的方式与对方沟通的简短字条。留言条原本有广泛的应用,但是在电子信息时代的今天,手机短信、QQ留言等新的通信方式在很大程度上取代了留言条的地位。

(二) 文种格式

留言条由标题、称呼、正文、落款四部分组成。

1. 标题

首行居中写标题,标题用"留言条""留言"都可以。有时视情况也可以不写标题。

2. 称呼

换行顶格写称呼,后加冒号。普通关系的人可用姓名或姓名加尊称,熟人之间用日常习惯的称呼即可。

3. 正文

称呼之下另起一行空两格写正文。正文把要跟对方交代的事情说清楚,关键是说明要求对方在何时、何地做什么。正文要写得简明扼要。

4. 落款

正文右下方署上留言者姓名、留言日期。如果是熟人,署名也可以用平时对方对自己的称呼。日期除了年月日,最好把留言的具体时刻也写上。

例文 1:

留 言 条

杨院长:

校办公室来电话,请您明天上午9时到勤政楼五楼大会议室开宣传干部思想工作汇报会议，请您准备好材料，按时到会。

王××留
×月×日×时

例文2：

×××老师：

今天下午我来找您，有要事相商，可惜未遇，不能久等。明日上午八点半再来，请等我。

××留言
×月×日×时

习题训练

1. 判断题

(1) 借条和欠条没有本质的区别。　　(　　)

(2) "今收到""今领到"等可以代替条据的标题。　　(　　)

(3) 凭证类条据中涉及的钱物数量大小写都可以。　　(　　)

(4) 条据必须写日期。　　(　　)

(5) 还款时不必索回条据。　　(　　)

(6) 借条、欠条是凭证性文书，而收条不是。　　(　　)

(7) 借条也可以写成借据。　　(　　)

(8) 完整的请假条由标题、称呼、正文、祝颂语、落款五部分组成。　　(　　)

2. 讨论题

(1) 条据应该用什么笔书写？它可以用铅笔、圆珠笔和红墨水笔写吗？

(2) 条据写成后，一般不可涂改。但如果确实需要修改，应该怎么办？

3. 写作训练

(1) 学校举办运动会，你所在班级排演朝鲜族舞蹈节目，需向某文艺团体借朝鲜族服装若干套，演出后归还。请根据以上内容，拟写一个借条。

(2) 假设你母亲的朋友张丽阿姨因为儿子结婚要凑钱买房，现在来你家向你母亲借5万元，约定两年还清。你母亲已经取了钱要借给她，而张丽阿姨不会写借条。请你来代她写这张借条。

两年之后，张丽阿姨如约还清了所借的5万元，并向你的母亲要回借条。但是你母亲找不到借条了，这时你提议写一张收条来证明张阿姨已经还款。仍然由你执笔来写这张收条。

第七章　科技文书

科技文书是以科学研究、科技成果和科技事务为反映对象的具有实用价值和惯用格式的应用文体。它具有科学性、创新性、实用性、规范性的特点。

科技文书有很多种类，按用途来划分，它可分为论文类（学术论文、学位论文等）、报告类（实验报告、考察报告等）、说明类（产品说明书等）、情报类（科技文摘、科技动态等）、普及类（科普说明文）、管理类等。我们重点介绍研究学术论文、毕业论文。

第一节　学术论文

一、学术论文的概念

《科学技术报告、学位论文和学术论文的编写格式》（中华人民共和国国家标准）规定："学术论文是某一学术课题在实验性、理论性或观测性上具有新的科学研究成果或创新见解和知识的科学记录；或是某种已知原理应用于实际中取得新进展的科学总结，用以提供学术会议上宣读、交流或讨论；或在学术刊物上发表；或作其他用途的书面文件。"学术论文作为用来进行科学研究和描述研究成果的论说文体，是对科学研究的记录和总结，也是交流科研成果、传递专业信息的重要工具。这也使它成为最常见的科研文体之一。

学术论文的种类很多，按论文所涉及的内容来划分，可分为社会科学和自然科学两大类；按论文的篇幅来划分，可分为单篇学术论文和学术专著两种；按论文的社会功用来划分，可分为报告论文、杂志论文和学位论文等；按论文的性质来划分，可分为学年论文、毕业论文、学位论文。

学术论文作为科技文书中最重要的一种，具有独创性、科学性、理论性和专业性的特点。

（一）独创性

《科学技术报告、学位论文和学术论文的编写格式》（中华人民共和国国家标准）规定："学术论文应提供新的科技信息，其内容应有所发现、有所发明、有所创造、有所前进，而不是重复、模仿、抄袭前人的工作。""新"说的就是论文的独创性问题。其实，学术论文的独创性是由科学研究本身的独创性决定的，科学研究的生命就是独特性和创造性，没有创造就谈不上科学研究。因此，作为反映科学研究成果的学术论文必然要以独创性为特点，否则就从根本上失去了价值。对学术论文而言，独创性主要体现在所提出的观点是与众不同或前所未有的。对于一般人来说，提出一个有价值、有意义的新的学术见解并非易事，因此，独创性也体现在能从新角度阐述问题，能运用新方法解决问题，能使用新材料来论证问题等。

（二）科学性

如果说独创性是学术论文的生命，那么科学性则是独创性的前提。科学性是一篇学术论文应具备的最起码的条件。撰写论文贵在创新，但并不是故意标新立异、哗众取宠，一切主观臆断和虚假浮夸都是违背科学规律的。这就要求论文作者必须具有科学的工作态度，掌握科学的工作方法，从事实出发，实事求是地研究问题，保证论文论点的客观和正确、论据的可靠和充分、论证的周密和严谨，从而保证论文在科学性的前提下的创新。

（三）理论性

学术论文是建立在概念、判断组成的推理体系的基础上形成的，因此具有较强的理论性。学术论文的理论性主要表现在两个方面：一是论述严整，自成一个理论认识系统。从提出问题到解决问题，从论述的展开到观点的明确，要围绕着一个中心，一环紧扣一环。写入论文的所有内容，都应纳入一个缜密的推理过程中，对作者感知到的表象进行抽象和概括而形成概念，再运用概念进行判断和推理。二是论文内容要有一定的深度。学术论文所反映的不是一般的现象和过程，也不是浅显的经验法则，而是对事物的本质和规律的深刻认识，撰写学术论文的过程就是把感性材料上升到理论高度的过程，使认识由个别到一般，由现象到本质，由偶然到必然，由感性到理性，进而获得对客观事物的本质、内在规律性的认识。

（四）专业性

科学有很多门类，分为许多学科。学科之间既有千丝万缕的联系，也具有相对的独立性。而学术论文都是对某一具体学科的研究成果进行表述，所以学科的专业性决定了学术论文的专业性，从这一点来看，学术论文的受众面明显比政论、短评等论说文窄。

二、学术论文的选题与写作过程

（一）选题

选题是撰写论文最重要的工作，题目选得好坏是学术论文写作成败的关键。题目选得好，往往事半功倍；题目选得不好，往往难以驾驭，使论文本身失去应有的社会价值。因此，撰写论文首先要选好题。选题时应遵循以下原则。

1. 选题必须以研究为基础

学术论文的选题要与自己的学术研究结合起来，反对跟风、凑热闹、选择自己毫无研究的所谓热点问题。撰写学术论文，不仅仅是文字表达那么简单。完整的论文写作过程同整个科学研究过程是相重合、相一致的，论文的内容也就是科学研究的内容，研究成果的取得决定着论文的写作；反过来，论文的执笔写作，也不是研究成果的机械反映，而是研究成果的深化和整理，是科学研究的继续。正因为论文写作同科学研究是密不可分的，所以人们常把论文写作作为培养和考察一个人的科研能力的重要手段。

2. 选择自己感兴趣的题目

兴趣不仅是学习的最好老师,也是科学研究的动力。只有对某一问题产生强烈的研究欲望,才能促使研究者深入思考,广泛收集材料,也容易取得成果。如果选择自己毫无兴趣的题目,硬要研究,即使勉强写出论文,也不可能成功。

3. 选择有学术价值的题目

学术研究的最终目的是为社会服务,这样才有价值、有意义。因此,选题时首先要考虑到那些关系到国计民生的重大问题以及该学科领域中的前沿问题;其次,要选择带有规律性的问题。选题必须着眼于社会实践的需要和科学本身发展的需要。学术论文的现实需要分为两种情况:一是直接的现实需要,即从社会发展和经济建设的实践中,特别是从我国目前的改革开放实践中选择课题,为当前的经济建设和改革开放服务;二是间接的现实需要,这主要是指各专业基本理论的探讨。学术论文的价值和意义取决于学术论文是否有独到的见解,是否在科学上有突破、有发展。

4. 选择有新意的题目

学术论文要有独到见解,其前提就是要选择一个新颖、有创见的题目,在研究中才可能有所发现,甚至填补学科建设上的某个空白。只有这样,才可能促进科学的不断进步,人云亦云,结果只会失去学术论文应有的价值。选择有新意的题目的最佳途径是选择前人没有研究过的问题,或选择前人虽然研究过,但还需要探讨的课题,或选择争鸣性的课题。

5. 选题大小、难易都要适度

就一般学术论文的写作者而言,选题不宜太大、太难。题目太大,不容易论述深刻,题目太难又很难驾驭。当然,题目太小、太浅,又不能体现论文应有的学术价值。论文选题要从实际出发,量力而行,难易适中,恰如其分。因此,要根据个人的研究能力和掌握材料的多少来选择恰当的题目。一般来说,要考虑主、客观两个方面的因素。主观上要考虑自身的条件,即考虑到研究者的知识结构、研究能力、学术水平和兴趣爱好等,要选择那些经过自己的努力能够完成的课题。客观上要考虑资料、实验设备、时间等要素。同时,课题的选择还要考虑到研究时间的因素,学术论文的写作是一项艰苦的劳动,需要一定的时间来完成,因此必须根据时间条件来选择恰当的题目。

(二) 写作过程

1. 收集材料

收集材料是学术论文写作的第一步,更是论文准备阶段最重要的一环。学术论文观点的形成,主要是从大量的材料中归纳和总结出来的,同时,材料也是支撑论文观点的主要依据。

(1) 材料收集的原则。第一,围绕论题收集资料。一般来说,收集资料包括下面几个方面:首先,了解和掌握前人对本课题已有的研究成果;其次,相关学科的发展为本研究课题所提供的信息;最后,了解和掌握本课题研究的最新成果。这三个方面我们可以概括为纵向资料、横向资料和最新资料。第二,广泛而重点地收集资料。收集资料要在充分占有资料的前提下突出重点,也就是要处理好多与精的关系。第三,持之以恒地收集资料。围绕课题收集资料决非朝夕之功，而是一个日积月累、持之以恒的漫长的过程。

（2）材料收集的途径。这主要有两个途径，即直接的途径和间接的途径。直接材料来源于实践，来源于实际生活；间接材料则是从书籍、杂志、报纸、网络以及他人获得。所以收集间接材料的方法有：检索图书、期刊目录；查阅索引；使用工具书；查找文摘；搜索网页等。

（3）材料的记录和整理。记录资料的方法有做卡片、记笔记、剪贴资料、复印、电脑扫描、下载复制等。记录材料的办法有很多种，这里介绍两种常用的方法，即写读书笔记和做卡片。

写读书笔记主要可采取以下四种方式。

① 批注式。读书时，直接在书上勾画或写评语。简单的批注就是在认为重要的地方画线或圈点；复杂一点的则在书页的空白处写上眉批或旁注，但语言都比较简短，三言两语写出读书的心得、体会、评价、疑问等。

② 摘录式。把读到的认为重要的段落或格言警句完全抄录下来，以便日后使用，但一定要注明准确的出处。

③ 提要式。在理解原文的基础上，用读者自己的语言把读物的内容以提纲的形式写下来。提纲一般分行排列，每行标上序号。

④ 心得式。就是读后感，把你对自己读过的书或文章的心得体会写下来。这种方式不仅可以提高读者对作品的理解能力、分析能力，还可以锻炼文字表达能力。

卡片的种类主要有：

① 索引式。就是在卡片上把文章的题目、作者、出处抄写下来，翻阅时一目了然。

② 摘录式。把一本书或一篇文章中某一段或几段文字抄录在卡片上，需注明出处。

③ 提要式。把读过的书或文章的要点归纳出来用自己的语言写在卡片上，要注明书或文章的相关信息。

注意：做卡片应养成习惯，贵在坚持。此外，做卡片不能混乱，不要把几条不同性质的资料记在同一张卡片上。

其实，目前最便捷的材料收集是通过网络，不仅快捷，而且便于存储，省时省力。

材料的整理工作主要是分类、筛选、鉴别、比较、提炼和综合归纳。

2. 分析材料

材料收集完毕后，下一步就是对所收集的材料进行分析和综合，这是一个比较困难和复杂的过程，观点的形成以及论文的成败都取决于对材料的分析是否到位。只有对材料进行由表及里、由此及彼、去伪存真、去粗取精的研究、分析和提炼，并运用抽象思维进行概括、判断、推理，才能逐步形成鲜明的观点。

在进行分析和综合的时候需要思考，主要思维方式有：

（1）纵向思维方式。纵向思维方式就是对材料做历史的分析，探本溯源。从开始提出问题，便一层层追索下去，直到形成最后的结论。

（2）横向思维方式。横向思维方式就是把所研究的对象及与之相似的事物放在一起进行比较分析,得出结论。

(3) 多向思维方式。多向思维方式就是从不同角度、多方位去思考问题、分析问题,进而形成新观点。

分析材料是形成观点的基础,只有掌握正确的方法对大量材料进行分析、比较、研究,才能得出正确、新颖、可靠的论点。

3. 拟定提纲

在对材料进行综合分析形成论点后,就要拟定写作提纲。写作提纲是学术论文的设计图,能体现学术论文写作的基本构思和文章的骨架,起着安排材料、形成论文结构的作用。论文提纲可以帮助作者厘清思路,树立全局观念,便于写作,便于统筹。

一篇学术论文的提纲应包括论文的题目、论文的基本论点、论文的内容提要、大的部分或大的层次的要点、段的要点、段内层次的意思及材料等。下面介绍两种论文提纲模式,以供参考。

论文提纲模式一:项目提纲

题目

基本论点

内容纲要

一、一级层次(层次总论点)

(一) 二级层次(段落大意)

1. 三级层次(具体材料)

2. 三级层次(具体材料)

……

(二) 二级层次(段落大意)

1. 三级层次(具体材料)

……

二、一级层次(层次总论点)

(一) 二级层次(段落大意)

1. 三级层次(具体材料)

……

论文提纲模式二:结构提纲

题目:论题的范围或中心论点,包括副标题

绪论:提出论题,说明写作意图

本论:论证的展开

一、分论点 1

主要论据、论证方法

二、分论点 2

主要论据、论证方法

三、分论点3

主要论据、论证方法

……

结论：论证的结果呼应开头的序言

参考文献

4. 执笔成文

拟好提纲后，就要执笔成文了，即将自己的观点用书面语言表达出来，这是一个很艰苦的过程，需要写作者选择最贴切、最恰当的语言准确地表达写作意图、观点、见解。

写学术论文要有全局观念，从整体出发去合理分配各部分的比例，特别注意每一部分在论文中的地位和作用、篇幅的长短，等等。

写学术论文要围绕中心进行选材。材料是为形成自己论文的论点服务的，因此必须从中心论点出发，决定材料的取舍，把与主题无关或关系不大的材料舍弃掉。

写学术论文要考虑各部分之间的逻辑关系。有的人写论文论点和论据没有必然联系，虽反复阐述论点，却缺乏切实有力的论据。尽管材料一大堆，但论点并不明确。各部分之间要形成有机的逻辑关系，有论点、有例证，理论和实际相结合，论证过程有严密的逻辑性。

写学术论文经常会碰到引用资料的问题。基本原则是资料引用要少而恰当，不能断章取义、曲解原意。引文要仔细核对，绝对不能有误。引用的方式有段中引文与换行引文两种。前者一般比较短，常夹在叙述中，用引号引上。如果对引文在文字上有改动(要保持原意)，不用引号，只在引文前加冒号即可。后一方式一般较长，另起一行，较正文缩两格，嵌在文中。引文的出处要注明，既可紧接在引文之后注明，也可在文章之后加尾注，并标明序号。

5. 修改润色

论文成文后还要进行修改润色，而且要经过反复多次的修改润色才能不断完善。论文修改润色的内容主要包括订正论点、删改论据、调整结构、推敲语言、规范格式。

(1) 订正论点就是使论文观点更正确，检查写作意图是否表达清楚，基本论点和分论点是否准确，避免发生错误；

(2) 删改论据就是对论据材料进行增删、调整，使论据更有力，更能支撑论点；

(3) 调整结构就是在层次结构、材料顺序上做新的调整，使结构更匀称，脉络更清晰，论证更严密，更富逻辑性；

(4) 推敲语言就是对论文语言进行修饰润色，包括文字的校对，使语言的表达更精确、更简练、更鲜明、更生动、更流畅、更通顺；

(5) 规范格式就是对论文格式进行全面检查，按照统一格式进行修改，最后达到规范要求。

三、学术论文的基本构成要素

学术论文有统一的撰写和编辑格式，为了更规范，我国于1987年制定了国家标准

《科学技术报告、学位论文和学术论文的编写格式》,具体格式如下:

前置部分
- 封面、封二(学术论文可不用)
- 题名页
- 序或前言(必要时可用)
- 摘要
- 关键词
- 目次页(必要时可用)
- 插图和附表清单(必要时可用)
- 符号、标志、缩略语、首字母缩写、单位、术语、名词等
- 注释表(必要时可用)

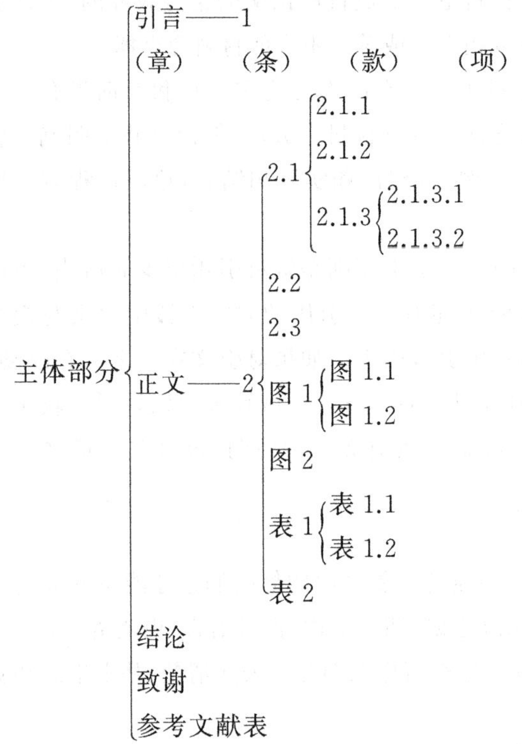

附录部分(必要时可用)
- 附录 A
- 附录 B

结尾部分(必要时可用)
- 可供参考的文献题录
- 索引
- 封三、封底

实际上,学术论文的格式还没有严格实行国家标准,现在通用的论文格式包括标题、作者、论文摘要、关键词、正文、注释、参考文献等要素。

(一) 标题

标题的通用格式是位于首页居中位置,可设正副标题,文中还可设小标题。

（二）作者

作者名字署于标题下方居中，工作单位、地址、邮编可标在姓名之上，标题之下。有多个作者按贡献大小排名。

（三）论文摘要

摘要是针对论文的内容不加注释和评论的简短陈述。摘要具有客观性、独立性、自含性和简洁性的特点。摘要是对论文的客观反映，要避免主观评价，应是一篇可以独立使用、对论文内容进行高度概括的完整的短文，不宜过长，一般不超过 300 字。摘要的内容主要说明研究工作的目的、方法、结果和结论等，而重点是结果和结论。

论文摘要不要列举例证，不用图标，不用叙述研究过程，也不要做自我评价。

（四）关键词

关键词（主题词）是从论文中选取的用来标示论文主要内容的名词和名词性词组。关键词应尽量用《汉语主题词表》等词表提供的规范词，一般一篇论文的关键词不宜过多，在 3～5 个为宜。关键词的运用主要是为了文献检索的需要。

（五）正文

学术论文的正文部分包括绪论、本论、结论三部分。

1. 绪论

绪论又称前言、引言、引论、导言、缘由等。绪论位于论文之首，分为一段或几段。但“绪论”二字一般不在文章中出现。绪论是学术论文正文的起始部分，一般包括以下内容：

（1）说明课题研究的目的、理由和意义；

（2）提出问题，表明作者的见解和观点，确立中心论点；

（3）说明作者论证时将要使用的方法；

（4）概括介绍论文的内容或提示论文的结论；

（5）阐释论题各概念的定义；

（6）对论题研究状况的简要回顾。

绪论部分不宜过多，要写得言简意赅，防止空话、套话，防止跑题。

2. 本论

本论是学术论文的主体，作者的研究成果要在这一部分进行详细阐述，学术论文的全部观点和材料、分析和论证都将在这一部分体现出来。因此，学术论文的本论部分是具体体现作者学术水平的部分，是写作的重点，应集中笔墨写深写透。本论部分需要有较多层次段落，至少要有两个层次，层层深入、层层推理，以便体现总论点和分论点的有机结合，把论点讲深讲透。

学术论文的主体部分一般包括下列内容：

（1）立论及其依据；

（2）理论分析，对调查、实验结果的分析、讨论和对计算结果的比较；

（3）对图、表的分析、说明；

(4) 论证方法与步骤,实验设施与实验方法。

学术论文主体的基本格式包括:

(1) 自然分段构成全篇;

(2) 用小标题显示层次;

(3) 用空行显示层次;

(4) 通常用"一""(一)""1.""(1)"四级序码标示层次段落。

学术论文的逻辑结构如下:

学术论文作为论说文的一种,基本上是按照提出问题、分析问题、解决问题的思路来安排文章的逻辑结构的,但在具体的结构形式上并没有一定规律。常见的结构形式有以下几种:总分式、分总式、总分总式、散述式、推进式。上述结构形式是指学术论文整体的结构形态,学术论文的本论部分篇幅较长,内容重要,其观点和材料的安排必须是有序的、严密的和有逻辑性的。因此,本论部分的逻辑结构一般采用三种形式,即并列式、递进式、混合式。

3. 结论

结论是学术论文正文的最后部分,是围绕本论所作的结语,是文章的结尾。一般来说,结论部分可以写下列内容:

(1) 作者对论题研究得出的答案,或者是对文章主旨的强调;

(2) 作者对论题提出的探讨性意见;

(3) 作者对论题研究尚未解决的问题提出某种设想,或对与本文有关系的其他课题做出必要的交代。

这部分可以写一段也可写几段,还可以分条列写,但一定要简洁明了,不拖沓、不啰唆。"结论"二字有时也在文中出现。

(六) 注释

注释是对引文出处的标注,主要有以下三种注释方式:

(1) 夹注。夹注也称段中注或文中注。即在需要注释的地方,用小括号写明注释的内容。

(2) 脚注。脚注也称页下注。即在需要注释的地方用上标①、②……或[1]、[2]……标示注码,然后把注释的内容置于本页下端。

(3) 尾注。尾注即在需要注释的地方标示注码,然后将注释置于全文的末尾。

注释的基本格式如下:

(1) 图书——注明作者、书名、出版地、出版社名称、出版时间、版次、页数;

(2) 期刊——注明作者、篇名、期刊名、年份、期号;

(3) 报纸——注明作者、篇名、报纸名称、日期、版面。

(七) 参考文献

按惯例,学术论文篇末附参考文献。参考文献一般包括图书、期刊、专利文献及未发表的论文、报告以及电子文献等。凡文中参阅和引用他人论文、报告、著作中的观点、材料、数据和研究成果的，均应列出出处。一方面，便于读者查阅；另一方面，也表现出对他人成果的尊重。

列参考文献时，应按国家有关标准执行。目前，使用的标准是 GB/T 7714—2005《文后参考文献著录格式》。按此标准参考文献应注明序号、作者姓名、图书或杂志名称[文献类型标识]、出版地、出版社、出版时间、起止页码(任选)等。参考文献的类型以单字母方式标识：M——专著，C——论文集，N——报纸文章，J——期刊文章，D——学位论文，R——报告，S——标准，P——专利。其他文献类型均使用字母"Z"标识。如：

(1) 专著：[序号]邓云乡.红楼梦风俗谈[M].石家庄：河北教育出版社，2004：53-58.

(2) 论文集：[序号]陈送.五四前后东西方文化问题论战文选[C].北京：中国社会科学出版社，1985：123-129.

(3) 报纸文章：[序号]张金修，徐德学.抓住核心问题，加强作风建设[N].光明日报，2002-10-29(1).

(4) 报告：[序号]白永秀，刘敢，任保平.西安金融、人才、技术三大要素市场培育与发展研究[R].西安：陕西师范大学西北经济研究中心，1998.

(5) 期刊文章：[序号]何龄修.读顾城《南明史》[J].中国史研究，1998(3)：21-24.

电子文献著录时，其格式为：[序号]作者/题名[文献及载体类型标识]、出处或网址、发表或更新日期/引用日期(任选)。电子参考文献类型及载体类型标志分别为：联机网上数据库 DB/OL、网上电子公告 EB/OL、磁带数据库 DB/MT、磁盘软件 CP/DK、网上期刊 J/OL、光盘图书 M/CD。著录格式如下：

[序号]王明亮.关于中国学术期刊标准化数据库系统工程的进展[EB/OL].http：//www.cajd.edu.cn./pub/wml.txt/980810-2.html，1998-08-16/1998-10-04.

每一条参考文献都左侧顶格，以[序号]起，以"."结束。排列顺序可按正文引用的先后顺序排列，也可按重要程度的顺序排列。

思考题

1. 学术论文在结构上有哪些组成部分？各部分如何布局？
2. 学术论文有哪些特点？它与一般的议论文有什么区别？

写作训练

结合自己的专业，写一篇学术论文，题目自拟。

第二节 毕业论文

一、文种的概念与分类

(一) 概念

根据国家关于高等院校教学大纲的要求，凡是大学本科毕业、研究生毕业，都要撰写毕业论文。因此,毕业论文是高等院校毕业生撰写的具有一定学术价值的论文,是大学生完成学业的标志性作业,是对自己大学学习成果的综合性总结和检阅,是教学或科研活动的重要组成部分之一。可见,毕业论文虽是学术论文中的一种,但又与学术论文不尽相同。

毕业论文包括本科毕业论文(学士学位毕业论文)、硕士研究生毕业论文(硕士学位论文)、博士研究生毕业论文(博士学位论文)等,即需要在学业完成前写作并提交的论文。

对理工科大学生来说,毕业论文一般选择实验性论文、描述性论文和设计性论文。而文科大学生一般写的是理论性论文。理论性论文具体又可分成两种:一种是以纯粹的抽象理论为研究对象,研究方法是严密的理论推导和数学运算,有的也涉及实验与观测,用于验证论点的正确性;另一种是以对客观事物和现象的调查、考察所得观测资料以及有关文献资料数据为研究对象,研究方法是对有关资料进行分析、综合、概括、抽象,通过归纳、演绎、类比,提出某种新的理论或见解。

(二) 分类

按议论的性质不同,毕业论文可以分为立论文和驳论文。立论性的毕业论文是指从正面阐述论证自己的观点和主张。一篇论文侧重于以立论为主,就属于立论性论文。立论文要求论点鲜明,论据充分,论证严密,以理和事实服人。驳论性毕业论文是指通过反驳别人的论点来树立自己的论点和主张。如果毕业论文侧重于以驳论为主,批驳某些错误的观点、见解、理论,就属于驳论性毕业论文。驳论文除了有立论文对论点、论据、论证的要求以外,还要求针锋相对,据理力争。

按研究问题的大小不同,毕业论文可以分为宏观论文和微观论文。凡属于国家全局性、带有普遍性并对局部工作有一定指导意义的论文,称为宏观论文。它研究的面比较宽广,具有较大范围的影响。反之,研究局部性、具体问题的论文是微观论文。它对具体工作有指导意义,影响的面窄一些。

另外,还有一种综合型的分类方法,即毕业论文可以分为专题型、论辩型、综述型和综合型四大类。

1. 专题型论文

专题型论文是在分析前人研究成果的基础上,以直接论述的形式发表见解,从正面提出某学科中某一学术问题的一种论文。如《浅析领导者突出工作重点的方法与艺术》一文,从正面论述了突出重点的工作方法的意义、方法和原则,它表明了作者对突出工作重点方法的肯定和理解。

2. 论辩型论文

论辩型论文是针对他人对某学科中某一学术问题的见解,凭借充分的论据,着重揭露其不足或错误之处,通过论辩形式来发表见解的一种论文。如《家庭联产承包责任制改变了农村集体所有制性质吗》一文,是针对“家庭联产承包责任制改变了农村集体所有制性质”的观点,进行了有理有据的驳斥和分析,以论辩的形式阐发了“家庭联产承包责任制并没有改变农村集体所有制”的观点。另外,针对几种不同意见或社会普遍流行的错误看法，以正面理由加以辩驳的论文，也属于论辩型论文。

3. 综述型论文

综述型论文是在归纳、总结前人或今人对某学科中某一学术问题已有研究成果的基础上，加以介绍或评论，从而发表自己见解的一种论文。

4. 综合型论文

综合型论文是将综述型和论辩型两种形式有机结合起来写成的一种论文。如《关于中国民族关系史上的几个问题》一文，既介绍了研究民族关系史的现状，又提出了几个值得研究的问题。因此，它是一篇综合型论文。

二、毕业论文指导

大学应届毕业生的毕业论文，是大学生在校期间的学习成果。毕业论文是大学生第一次进行科学研究的尝试和学习，所以一般需要有经验的教师进行指导，教师的指导也是毕业论文赖以完成的条件之一。学生要在教师的指导下独立完成毕业论文的撰写，它强调学生的独立性。

教师的指导应该是全面而有重点的。一方面，教师的指导要贯穿在毕业论文写作的全过程中，教师要帮助学生确定课题，提示参考文献、书目，指导制订研究计划，审定毕业论文提纲，指导研究方法，解答疑难问题，审阅修改论文，评定成绩。另一方面，教师在指导学生写作毕业论文时，不能包办代替，而应当把指导的重点放在选题、制订研究计划和拟定写作提纲三个方面。

三、毕业论文的选题

毕业论文的选题非常重要，具有方向性作用，所以不能选偏、选错。由于毕业论文是对大学生四年学习成果的检验，其选题应与大学生的专业程度、知识储备、资源占有等情况相适应，毕业论文的选题原则和方法与一般的学术论文是一致的，但考虑到学生的学识水平相对较低和毕业论文有时间限制的实际，毕业论文的选题有一些特殊的要求。

（一）选题原则

(1) 选小。毕业论文的题目不宜太大，不宜选择宏观性题目。题目太大往往会超出大学生的实际能力，很难写深、写透。

(2) 选熟。大学生不同于研究生，应避免选择过于前瞻性或过于生僻的题目，而应选择自己感兴趣、熟悉、有优势、相关知识储备丰富的题目，这样才能写出精辟、有新意的论文。

(3) 选新。毕业论文的选题应关注那些贴近社会生活的新问题、新观点、新成果，体现时代精神，而不是选择陈旧的题目，“炒冷饭”。如何出新？寻找热点问题和学科交叉问题，留心本学科领域中被忽略、尚无人涉足的问题，对前人的研究成果予以完善和发展，这都有利于从新角度探讨问题。

（二）选题方式

毕业论文的选题方式通常有以下三种：

(1) 自命题。根据自己的专长、兴趣及研究领域自行选题、命题。

(2) 统一命题。由专业教师统一拟出若干题目,经学校有关部门审定后向同学发布,学生可根据自己的实际情况进行选择。

(3) 引导性命题。在指导老师的引导帮助下,双方共同探讨协商完成命题。

(三) 选题方法

要选好毕业论文的题目,还要掌握有效的选题方法。具体如下。

(1) 浏览捕捉法。首先,要广泛浏览,搜集资料;其次,对材料进行归纳、分类、排列和组合,从中寻找问题、发现问题;最后,就是要深入思考,通过比较和研究,将自己的体会加以分析,逐渐形成自己的观点。

(2) 追溯验证法。此种选题方法一般基于平时的积累,先确定方向或选题范围,甚至是题目,然后根据选题来查找资料,寻找依据加以印证。

四、毕业论文的构成

(一) 封面

封面是毕业论文的外表面,提供有关信息,并对毕业论文起保护作用。每个学校对毕业论文的封面都会有统一要求。通常封面上可以包括下列内容:题目,学生所在学校名称,所属院系、专业、年级、班级,学生姓名、学号,研究方向,指导教师姓名、专业、职称,成文日期等。有些学位论文还要标明分类号、本单位编号、密级、责任者、申请学位级别等。

(二) 标题

标题是文章的眉目。各类文章的标题,样式繁多,但无论是何种形式,总要以全部或不同的侧面体现作者的写作意图、文章的主旨。

毕业论文题目要求简洁、明确、有概括性,字数不宜超过20个字。一般分为总标题、副标题、分标题几种。

1. 总标题

总标题是文章总体内容的体现。其常见的写法有:

(1) 揭示课题的实质,高度概括全文内容,往往就是文章的中心论点。这种写法具有高度的明确性,便于读者把握全文内容的核心。如《关于经济体制模式问题初探》《经济中心论之我见》《新准则下长期股权投资相关问题探讨》等。

(2) 提问式。这种写法用设问句的方式隐去要回答的内容,实际上作者的观点是十分明确的,只不过语意婉转,需要读者加以思考。如《中国式家族企业的出路在哪里》《中国的房价能回到理性价位吗》等。

(3) 交代内容范围。这种形式的标题,只是对文章内容的范围做出限定,不能直接看出作者所指的观点。拟定这种标题,一方面,是文章的主要论点难以用一句简短的话加以归纳;另一方面,交代文章内容的范围,可引起读者的注意,以求引起共鸣。如《试论我国农村的双层经营体制》《中国农村养老体制建立初探》《战后西方贸易自由化剖析》等。

标题的样式还有多种,作者可以在实践中大胆创新。

2. 副标题

为了点明论文的研究对象、研究内容、研究目的，对总标题加以补充、解说，有的论文还可以加副标题。凡是一些商榷性的论文，一般都有一个副标题，在总标题下方，写上“与××商榷”之类的副标题。

另外，为了强调论文所研究的某个侧重面，也可以加副标题。如《如何看待现阶段劳动报酬的差别——也谈按劳分配中的资产阶级权利》《开发海洋资源，提高海洋利用效率——探讨解决吃饭问题的一种发展战略》等。

3. 分标题

设置分标题的主要目的是清楚地显示文章的层次。有的用文字，一般都把本层次的中心内容用文字明确概括出来；也有的用数码，仅标明“一、二、三……”的顺序，起承上启下的作用。无论采用哪种形式，都要紧扣所属层次的内容，以及上文与下文联系的紧密性。

（三）摘要

摘要有高度的概括力，语言精练、明确，中文摘要约300～500字（不同院校可能要求不同）。摘要是正文的附属部分，一般放置在论文的篇首，体现论文的主要内容、研究所取得的主要成果、研究的主要逻辑顺序等。因此，摘要应把论文的主要观点提示出来，便于读者一看就能了解论文内容的要点。

论文摘要可分为报道性摘要和指示性摘要两种。报道性摘要主要介绍研究的主要方法与成果以及成果分析等，对文章内容的提示较全面；指示性摘要只简要地叙述研究的成果（如数据、看法、意见、结论等），对研究手段、方法、过程等均不涉及。毕业论文一般使用指示性摘要。

如果申请学位，还需把内容摘要译成英文。

（四）关键词

关键词是标示文献关键主题内容但未经规范处理的主题词，是为了文献标引工作，从论文中选取出来，用以表示全文主要内容信息项目的单词或术语。一篇论文可选取3～5个词作为关键词（不同院校要求不同）。

（五）目录

如果毕业论文篇幅较长，分章、节并有大小标题，因其内容的层次较多，整个理论体系较庞大、复杂，故通常设目录。

目录一般放置在论文正文的前面，因而是论文的导读图。其目的是：

(1) 使读者能够在阅读该论文之前对全文的内容、结构有一个大致的了解，以便读者决定取舍。

(2) 为读者选读论文中的某个分论点提供方便。长篇论文，除中心论点外还有许多分论点。当读者需要进一步了解某个分论点时，就可以依靠目录而节省时间。

要使目录真正起到导读图的作用，必须注重以下几项：

(1) 准确。目录必须与全文的纲目相一致。也就是说，本文的标题、分标题与目录存在着一一对应的关系。

(2) 清楚。目录应逐一标注该行目录在正文中的页码。标注页码必须清楚无误。

(3) 完整。目录既然是论文的导读图,因而必然要求具有完整性。也就是要求文章的各项内容都应在目录中反映出来,不得遗漏。

目录由序号、名称和页码组成。目录按章、节、条三级标题编写,要求标题层次清晰。目录中的标题要与正文中标题一致。目录中应包括绪论、论文主体、结论、致谢、参考文献、附录等。

(六) 正文

正文由绪论、本论和结论组成。在行文上一般不必明确地表示出来,但在文章的逻辑结构上应能明确区分。如果毕业论文分若干章节或部分来论述的,应尽可能用标题表示出来。

1. 绪论

绪论(前言、引言)是论文的开头部分,主要说明论文写作的目的、现实意义、对所研究问题的认识,并提出论文的中心论点等。前言要写得简明扼要,篇幅不要太长。

2. 本论

本论是毕业论文的主体,包括研究的内容与方法。本部分要运用各种研究方法分析问题,论证观点,尽量反映出自己的科研能力和学术水平。一般来说,毕业论文主体的内容应包括以下三个方面:第一,事实根据(通过本人实际考察所得到的语言、文化、文学、教育、社会、思想等事例或现象等)。提出的事实根据要客观、真实,必要时要注明出处。第二,前人的相关论述(包括前人的考察方法、考察过程、所得结论等)。理论分析中,应将他人的意见、观点与本人的意见、观点明确区分。如果引用他人成果,无论是直接引用还是间接引用,都应该注明出处。第三,本人的分析、论述和结论等。要做到将事实根据、前人的成果和本人的分析论述有机地结合起来。

3. 结论

结论是毕业论文的收尾部分,是围绕本论所作的结束语。其基本的要点就是总结全文,加深题意。结论可采用"结论"等字样,要求精练、准确、完整。结论应是毕业论文最终的、总体的结论。换句话说,结论应是整篇论文的结局,是整篇论文的归宿,而不是某一局部问题或某一分支问题的结论,也不是正文中各段小结的简单重复。结论是该论文应当体现的作者更深层的认识,且是从全篇论文的全部材料出发,经过推理、判断、归纳等逻辑分析过程而得到的新的学术总观念、总见解。该部分的写作内容一般还可包括:本文研究结果说明了什么问题;对前人有关的看法做了哪些修正、补充、发展、证实或否定;本文研究的不足之处或遗留未予以解决的问题,以及解决这些问题的可能的关键点和方向。

(七) 谢词

谢词简述自己做毕业论文的体会,并应对指导教师和协助完成论文的有关人员表示谢意。主要应感谢导师和对论文写作有直接贡献及帮助的人士和单位。如国家科学基金,资助研究工作的奖学金基金,合同单位,资助和支持的企业、组织或个人;协助完成研究工作和提供便利条件的组织或个人;在研究工作中提出建议和提供帮助的人;给予转载和引用权的资料、图片、文献、研究思想和设想的所有者;其他应感谢的组织和个人。按照 GB 7713—87 的规定,致谢语句放在正文后。

(八) 注释

具体要求参看学术论文写作知识部分的相关内容。

(九) 参考文献

参考文献是评定论文作者的研究状况和程度的重要依据,具体要求参看学术论文写作知识部分的相关内容。

(十) 附录

对于一些不宜放入正文中,但作为毕业论文又不可缺少的部分,或有重要参考价值的内容,可编入毕业论文附录中。例如,问卷调查原件、数据、图表及其说明等。

五、毕业论文的写作过程

毕业论文的完成是一个复杂而漫长的过程,大致可分为以下三个阶段。

第一阶段:准备阶段。包括确定指导教师—选题—收集资料—整理分析—拟定提纲—填写开题报告。

第二阶段:撰写阶段。根据提纲写出一稿,在指导教师的指导下修改一稿,写出二稿,进行再次修改,完成三稿,即最后定稿。

第三阶段:后期制作。定稿后按要求打印、装订、送审,等待答辩。

六、毕业论文答辩

答辩是检查学生毕业论文质量的一场面试,通过学生就论文相关的一些问题的回答,考量学生对自己专业知识的掌握程度,检验学生的分析能力、应变能力。

答辩主要考查学生对专业基础知识和基本理论的掌握程度。答辩的过程实际上也是帮助学生总结的过程。教师要积极引导学生总结在设计过程中积累起来的经验,分析论文内容,找出不足以及改进方法,帮助学生把实践转化成自己的知识和技能。通过这一形式,有助于学生进一步总结论文的内容,提高自信心,为真正走上社会打下坚实的基础。

(一) 答辩准备

学生在答辩前要做好充分准备:答辩前的准备,最重要的是答辩者的准备。要保证论文答辩的质量和效果,关键在于答辩者一方。论文作者要顺利通过答辩,在提交了论文之后,不要有松一口气的思想,而应抓紧时间积极准备论文答辩。那么,答辩者在答辩之前应该从哪些方面去准备呢?

(1) 写好毕业论文的简介,主要内容应包括论文的题目,指导教师姓名,选择该题目的动机,论文的主要论点、论据和写作体会,以及本议题的理论意义和实践意义。

(2) 对论文全文要烂熟于心,尤其要熟悉主体部分和结论部分的内容,明确论文的基本观点和主论的基本依据;弄懂弄通论文中所使用的主要概念的确切含义,所运用的基本原理的主要内容;同时还要仔细审查、反复推敲文章中有无自相矛盾、谬误、片面或模糊不清的地方,有无与党的政策方针相冲突之处等。如发现有上述问题,就要做好充分准备——补充、修正、解说等。

(3) 要了解和掌握与自己所写论文相关联的知识和材料。如自己所研究的这个论题在学术界的研究已经达到了什么程度;目前存在着哪些争议;有几种代表性观点;各有哪些代表性著作和文章;自己倾向于哪种观点及理由;重要引文的出处和版本;论证材料的来源渠道;等等。

(4) 要找出文中还有哪些应该涉及或解决,但因力所不及而未能接触或解决的问题;还有哪些在论文中未涉及或涉及很少,而研究过程中却已接触到了并有一定的见解,只是由于觉得与论文表述的中心关联不大而没有写入的问题等。

(5) 要弄清楚哪些观点是继承或借鉴了他人的研究成果,哪些是自己的创新观点,这些新观点、新见解是怎么形成的等。

对上述内容,论文作者在答辩前都要很好地准备,细致思考,认真整理,记在脑中,这样在答辩时就可以做到心中有数,从容作答。

(二) 毕业论文答辩的一般程序

1. 提交论文

2. 参加答辩会

(1) 自述。主要阐明选题原因,说明主要观点,介绍主要论点、论据和写作体会等。一般有时间限制,在15分钟左右(各学校要求略有不同)。

(2) 回答问题。主答辩老师一般提三个问题。对于回答的方式,有的学校规定,可以让学生独立准备15~20分钟,再当场回答;也有的学校没有准备时间,当场立即做出回答,随问随答。可以是对话式的,也可以是主答辩老师一次性提出三个问题,学生在听清楚记下后,按顺序逐一做出回答。根据学生回答的具体情况,主答辩老师和其他答辩老师随时可以有适当的插问。

(3) 退场。

(三) 答辩应注意的事项

答辩应注意以下事项:

(1) 态度认真,做好充分准备;

(2) 从容不迫,克服紧张情绪;

(3) 礼貌周到,表现良好素质;

(4) 口语表达自然、流畅,声情并茂。

总之,撰写毕业论文是一种复杂的思维活动,对于缺乏写作经验的学生来说,确有一定的难度。因此,毕业生要虚心向指导教师求教,不断丰富学识,广泛收集资料,提高写作水平,圆满地完成四年的学习。

思考题

1. 结合自己的专业谈一谈毕业论文应如何选题。

2. 着手为写毕业论文收集材料。

第八章　申　　论

第一节　申论概述

一、申论的概念

“申论”一词取自《论语》的“申而论之”。申，即引申、申述；论，即议论，论证。申论是对材料、事件或问题有所说明、有所申述，从而发表见解、意见，进行论述、论证。从历史渊源来看，申论适当借鉴了我国古代选拔人才的“策论”的一些经验与做法。西汉年间，汉文帝开始用“策论”选拔人才，被选拔者根据一定的问题，在简策上逐条应对，如果见解恰当独特，反映社会需要，措施切实可行，确有辅佐之才，就可被朝廷录用。今天的申论考试主要用在公务员选拔考试方面，与“策论”的某些文体特点颇为相似，但“申论”在内容上更具现实针对性，形式上也更加灵活，更能反映时代的特征，适应当代公务员实际工作的需要。

申论第一次进入国家公务员考试，是在2000年中央国家机关公务员录用考试中，当时是与《公共基础知识》《行政职业能力测验》一起组成了当年公务员考试的笔试部分。至此，申论每年都是国家公务员录用考试的公共科目之一。2010年，国家公务员考试大纲对申论科目进行了全新定义，明确对国家公务员考试的申论部分进行副省级、地市级两级分类考查，迄今已历经十个年头。可以说，申论科目已经成为国家公务员考试探索分级分类考试的先锋。作为笔试的一门科目，申论考试内容灵活，能力要求与职位分类的匹配性较强，更容易通过材料、问题的不同设置体现不同职位的能力区分，因而广受考生的关注。

二、申论的特点

（一）应试者身份的实战化与模拟性

申论考试作为国家各级行政机关单位选拔优秀公务员人才的测评手段，其写作过程就是公务员处理公务的一次预演。为了更真实、更有效地测评出考生的能力素质，申论试题的设计通常都十分接近公务员的工作情境与实际情况，因此，应试者应站在国家公务员的立场来思考和写作，从政府管理的角度来处理和解决问题，在充分契合政府工作实际的情境下进行近似实战的综合性写作，要避免以旁观者或学生腔进行论述的方式。

（二）考试形式的规范化与灵活性

申论考试的规范化，一是指试题表述得比较准确，一般不会出现偏差；二是指时间的限定性，之前的申论考试时限为150分钟，紧迫的作答时间导致考生的能力得不到良好展示,无法真正反映其真实水平,从而使得考试的科学性和对考生的区分度都受到了影响。自 2014 年,国家公务员考试的作答时限延长至 180 分钟,考生的个人能力更加清楚地反映在试卷作答之中,体现了考生的真实水准,最终实现选拔人才的目的。

申论考试的灵活性主要体现在其试题的形式上。一是科学设置试题的考核方式,对其进行分级分类。试卷按照省级以上(含副省级)综合管理类、市(地)以下综合管理类和行政执法类职位的不同要求,设置两类试卷。从申论考试材料主题来看,自 2011 年以来,省级、市级的申论考卷也均是不同的材料主题,这种灵活的方式可以更为明确地检测出考生的水平。二是写作文体的灵活性。概括部分根据具体情况可以选择记叙文或说明文,也可以写成议论文形式。对策部分一般要求写成应用文。毫无疑问,论证部分自然需要写成议论文的形式。所以,申论考试不但考查了考生的基础写作水平,也测试了其公务员职业写作的技能。

(三) 背景材料的社会化与广泛性

申论试题中所提供的背景材料,其涉及面非常广泛,几乎涵盖了社会政治、经济、法律、文化、教育等社会生活的各个方面,而且很多是当今时代中的热点、焦点问题,如推进供给侧结构性改革问题;弘扬孝文化,推进和谐社会建设问题;建立社会诚信体系问题;妥善解决人口老龄化问题;落实精准扶贫战略,全面建设小康社会问题;健全财产申报制度,建立多元反腐体系,加强生态文明建设问题;运用大数据思维加快电子政务建设,规范整顿房地产市场问题;加强政府公信力的建设问题;全面从严治党问题等。

(四) 考查能力的多样化与综合性

目前我国比较注重公务员的实际能力,申论考试的能力导向,意味着大纲中规定的各种能力需要在材料和题目设置中体现出来。不仅考查了应试者的一般写作能力,还要求其对给定材料进行阅读分析、概括提炼,进而论述解决并提出对策,其考查内容包含了政治辨别能力、阅读理解能力、综合分析能力、贯彻执行能力、解决问题能力、沟通协调能力、创新能力、应对突发事件能力、语言表达能力等处理现实问题的综合能力。社会在不断发展和变化,申论考试命题也在与社会发展趋势相融合,这就要求考生要提升综合素质,具备敏锐的意识、独特的洞察力和预见性。一个只会读死书的书呆子是写不好申论的。

(五) 参考答案的准确化与非标准性

申论材料的多元性和广泛性,并不意味着主题观点的多样化。申论的观点提炼和主题概括要求考生充分利用给定的材料,透过材料背后反映的主旨,全面阐明概括所给材料反映的主题思想及解决问题的方案。但这并不意味着要求考生写出一个唯一的、确定的标准答案,因为申论的写作思维是发散的,需要考生发挥主观能动性,不局限于某种固定的方法和角度,这就给考生提供了个人施展才能的空间,充分体现了自己的综合能力和水平,有利于选拔创造性人才。

第二节　申论写作

一、申论的试卷结构

申论试卷主要由三个部分构成。

（一）注意事项

注意事项是在答卷前从考试的目的、规范、答题规则与时限方面给予考生的规范性提示和指导性建议。它一般包含三个方面的内容：说明本次考试的目的和侧重点；说明本次考试的总分值、阅读参考时间与作答时限；说明本次考试的基本应试步骤和作答规范。这一部分内容在正式考试中一定要仔细阅读，以免在具体作答时出现不必要的失误。

（二）给定资料

“给定资料”是申论试卷的重要组成部分。在申论试卷上，给定材料部分通常会写成“资料”或“给定资料”，给出数千字的材料，内容可能涉及政治、经济、法律、教育等社会现实生活中的热点问题，既有以单一专题为主的，也有包括几个专题的综合性题材，根据考试对象和所给时间的不同，材料字数会有所变化，这些题材都具有一个共同的特点，即多为社会上高度关注的政策热点、改革热点和社会热点。

（三）作答要求

作答要求以问题的形式出现，要求考生在梳理清楚给定资料的基础上完成若干题目，作答要求的题型每年都有所变化，但基本题型主要是概括材料、提出解决方案、进行论证三个方面。需要提醒的是，在作答要求中的限定信息需要考生特别关注，例如，字数限定、身份限定、文体限定等具体要求。

二、申论写作的基本环节

申论考试注重考查应试者综合运用所掌握的知识解决实际问题的能力。其写作环节分为四个部分，即阅读资料、概括主题、提出对策和进行论证。这四个部分环环相扣，层层递进，缺一不可。

（一）阅读资料

阅读给定的资料是基础性环节，一般会给予充分的时间。在阅读前要调整好心态，以平和从容的心态认真通读全部材料，并重点精读关键性语句，必要时可进行简要的标记。

（二）概括主题

概括材料的中心主题是申论考试中承上启下的环节，它既是对上面阅读资料环节的总结，又是提出方案和进行论证的重要影响因素。概括主题有字数的要求，要力求准确精练，字数过多或过少均会扣分。

（三）提出对策

这是申论写作的关键环节，它一方面是上面概括主题的自然延伸，同时又是论证部分的基础。对策做得好不好,也直接关系着论证的成败。因此,考生要站在政府的角度,根据命题设定的身份,依据具体情况提出有针对性的可行性方案。

(四) 进行论证

论证部分是申论写作的最后一个环节,也是申论写作的核心。这部分占的篇幅最大,要求中心明确,重点突出,合乎逻辑,综合使用多种论证方法进行全面的阐述和充分的表达。

三、申论写作的具体要求

(一) 概述主题的写作要求

概述主题部分的写作,没有固定的体式,其答题要求是多种多样的。概述主题这一环节如果把握不好,还会影响整个答卷的成绩。一般来说,概述要做到以下两点:

一要表述准确严谨。概括主题的目的和关键在于准确把握给定的资料,以便进一步着手解决问题。而申论考试给定的资料通常都是未经整理的资料,没有分类,没有逻辑,所涉及的内容庞杂,这就要求应试者对材料进行细致的审读,把握材料之间的内在联系,发现其异同之处,从而抓住问题的实质,提取出内容中的精髓部分,力求用准确、严谨的语言找到整个材料所要表达的观点问题。

二要观点全面深刻,富有创新性。由于概括观点涉及的材料信息众多,应试者容易走马观花式地泛泛阅读,这就容易造成信息的遗漏,导致概括不全面。因此,在考试过程中考生应逐字逐句地认真通读全部材料,对关键语句进行标记,全面、深刻挖掘材料背后的主旨,切忌盲目照搬,力求概括得全、概括得深、概括得新。

(二) 对策部分的写作要求

对策部分的写作要求具体如下。

一要审清题意,提炼对策。对策部分主要考查应试者解决问题的能力,要求考生明确作答任务,依据个人的知识储备、阅历水平对材料进行分析,要有针对性,绝对不能天马行空,不着边际。

二要合情合理,符合国家政策。要以“国家公务员”的身份找准问题的突破口,寻求解决问题的关键点,避免情绪化的主观性语言,严格依据国家相关的法律政策,力求提出合情合理的解决方案。

三要具有可操作性。资料中的问题的产生,原因是极其复杂的,既有主观原因,也有客观原因,所以应试者应充分发挥主观能动性并有针对性地设计解决方案。要深入理解材料,开拓思维,探索创新,提出可行合理、条理清楚的方案,避免那些大而空、理想化的空泛之语。

(三) 论证部分的写作要求

论证部分的写作要求具体如下。

一要论证客观公正,不能以偏概全。申论的材料来源于客观实践,政治导向明确,它要求应试者站在客观公正的工作立场上,分析、阐明、论述对材料中所反映的主要问题的基本看法以及解决问题的方案。因此，一篇优秀的申论文章应该是观点明确，见解客观，论证鲜活的，不能以偏概全，以保证更高的得分。

二要论证布局合理，注重语言技巧。就申论的写作而言，最重要的能力有两种：一种是语言表达；另一种是思维论证。掌握丰富的论证手段，辨清不同的论证方式，方可做到有的放矢。常见的论证方式主要有：

(1) 举例论证，即运用典型的、有代表性的事例来证明论点，增强论述的说服力。

(2) 对比论证，即通过正反两方面的道理或事实之间的对比来证明论点，表明态度。

(3) 引用论证，即恰当地引经据典分析问题，说明问题，不仅可以增加文章的文采，还可以增强文章的论证力度。

(4) 比喻论证，即运用具体的事物说明抽象的道理，做到深入浅出、通俗易懂，从而加强论证的效果。

四、申论写作的注意事项

申论的写作要注意以下事项：

一是立足于给定材料，认真审题。要认真阅读给定的材料及各项作答要求中题干的指令性要求，只有把资料读懂读透，才能把握资料所反映的问题的本质。切忌匆忙马虎，不肯细心研读答题要求，也不谨慎思考问题的解决方案，生拼硬凑，敷衍成篇，结果往往答非所问，严重偏题，与申论考查的目标背道而驰。

二是方案要切实可行，易于操作。对策方案在申论中是至关重要的，考生首先要有公务人员的角色感，站在所设定身份的角度去拟定对策，条理清晰，切实可行，既要合乎其角色身份的职责权限，又要符合我国的国情、民情、政策、法律等，切忌对策空洞宽泛、脱离实际、过于理想化。

三是论据充实，论证有力。论证是申论的最后一个环节，它要求考生参考所给的资料，立足于分析问题、解决问题的现实性，提出自己的观点，并进行全面、充分的阐述和论证。论证的语言要力求准确，有说服力、感染力，不要讲什么套话或者与资料无关的闲话。

四是格式规范，符合所模拟工作机关办公程序的要求。在申论考试中，考生应辨清材料设定的“虚拟身份”，从相应的角色入手，明确其设定的行政机关工作和岗位职责所需要的能力素质，找出问题的出口，提出解决问题的合理方案、具体步骤及有效方法，切忌忽略题目要求，含糊其词、纸上谈兵。

五是语言简明朴实，保持卷面整洁。申论的文风要力求质朴，语言要简明朴实，清楚明白，摒弃空话、虚话、浮华的辞藻，少用或不用文学性的语言，更不能存在语义不清、逻辑不通等语法错误，以免产生歧义。另外，在下笔前要慎重斟酌，打好腹稿或做好提纲，避免写作过程中频繁修改，字迹凌乱，不利于阅卷教师的评分，影响写作的质量。

思考题

1. 申论对策部分有哪些写作要求？
2. 申论写作需要注意什么？

附录1　党政机关公文处理工作条例

中办发〔2012〕14号

第一章　总　　则

第一条　为了适应中国共产党机关和国家行政机关（以下简称党政机关）工作需要，推进党政机关公文处理工作科学化、制度化、规范化，制定本条例。

第二条　本条例适用于各级党政机关公文处理工作。

第三条　党政机关公文是党政机关实施领导、履行职能、处理公务的具有特定效力和规范体式的文书，是传达贯彻党和国家的方针政策，公布法规和规章，指导、布置和商洽工作，请示和答复问题，报告和交流情况等的重要工具。

第四条　公文处理工作是指公文拟制、办理、管理等一系列相互关联、衔接有序的工作。

第五条　公文处理工作应当坚持实事求是、准确规范、精简高效、安全保密的原则。

第六条　各级党政机关应当高度重视公文处理工作，加强组织领导，强化队伍建设，设立文秘部门或者由专人负责公文处理工作。

第七条　各级党政机关办公厅（室）主管本机关的公文处理工作，对下级机关的公文处理工作进行业务指导和督促检查。

第二章　公文种类

第八条　公文种类主要有：

（一）决议。适用于会议讨论通过的重大决策事项。

（二）决定。适用于对重要事项作出决策和部署、奖惩有关单位和人员、变更或者撤销下级机关不适当的决定事项。

（三）命令（令）。适用于公布行政法规和规章、宣布施行重大强制性措施、批准授予和晋升衔级、嘉奖有关单位和人员。

（四）公报。适用于公布重要决定或者重大事项。

（五）公告。适用于向国内外宣布重要事项或者法定事项。

（六）通告。适用于在一定范围内公布应当遵守或者周知的事项。

（七）意见。适用于对重要问题提出见解和处理办法。

（八）通知。适用于发布、传达要求下级机关执行和有关单位周知或者执行的事项，批转、转发公文。

（九）通报。适用于表彰先进、批评错误、传达重要精神和告知重要情况。

（十）报告。适用于向上级机关汇报工作，反映情况，回复上级机关的询问。

（十一）请示。适用于向上级机关请求指示、批准事项。

（十二）批复。适用于答复下级机关请示事项。

（十三）议案。适用于各级人民政府按照法律程序向同级人民代表大会或者人民代表大会常务委员会提请审议事项。

（十四）函。适用于不相隶属机关之间商洽工作、询问和答复问题、请求批准和答复审批事项。

（十五）纪要。适用于记载会议主要情况和议定事项。

第三章 公文格式

第九条 公文一般由份号、密级和保密期限、紧急程度、发文机关标志、发文字号、签发人、标题、主送机关、正文、附件说明、发文机关署名、成文日期、印章、附注、附件、抄送机关、印发机关和印发日期、页码等组成。

（一）份号。公文印制份数的顺序号。涉密公文应当标注份号。

（二）密级和保密期限。公文的秘密等级和保密的期限。涉密公文应当根据涉密程度分别标注“绝密”“机密”“秘密”和保密期限。

（三）紧急程度。公文送达和办理的时限要求。根据紧急程度，紧急公文应当分别标注“特急”“加急”，电报应当分别标注“特提”“特急”“加急”“平急”。

（四）发文机关标志。由发文机关全称或者规范化简称加“文件”二字组成，也可以使用发文机关全称或者规范化简称。联合行文时，发文机关标志可以并用联合发文机关名称，也可以单独用主办机关名称。

（五）发文字号。由发文机关代字、年份、发文顺序号组成。联合行文时，使用主办机关的发文字号。

（六）签发人。上行文应当标注签发人姓名。

（七）标题。由发文机关名称、事由和文种组成。

（八）主送机关。公文的主要受理机关，应当使用机关全称、规范化简称或者同类型机关统称。

（九）正文。公文的主体，用来表述公文的内容。

（十）附件说明。公文附件的顺序号和名称。

（十一）发文机关署名。署发文机关全称或者规范化简称。

（十二）成文日期。署会议通过或者发文机关负责人签发的日期。联合行文时，署最后签发机关负责人签发的日期。

（十三）印章。公文中有发文机关署名的，应当加盖发文机关印章，并与署名机关相符。有特定发文机关标志的普发性公文和电报可以不加盖印章。

（十四）附注。公文印发传达范围等需要说明的事项。

（十五）附件。公文正文的说明、补充或者参考资料。

（十六）抄送机关。除主送机关外需要执行或者知晓公文内容的其他机关，应当使用机关全称、规范化简称或者同类型机关统称。

（十七）印发机关和印发日期。公文的送印机关和送印日期。

(十八) 页码。公文页数顺序号。

第十条 公文的版式按照《党政机关公文格式》国家标准执行。

第十一条 公文使用的汉字、数字、外文字符、计量单位和标点符号,按照有关国家标准和规定执行。民族自治地方的公文,可以并用汉字和当地通用的少数民族文字。

第十二条 公文用纸幅面采用国际标准 A4 型。特殊形式的公文用纸幅面,根据实际需要确定。

第四章 行文规则

第十三条 行文应当确有必要,讲求实效,注重针对性和可操作性。

第十四条 行文关系根据隶属关系和职权范围确定。一般不得越级行文,特殊情况需要越级行文的,应当同时抄送被越过的机关。

第十五条 向上级机关行文,应当遵循以下规则:

(一) 原则上主送一个上级机关,根据需要同时抄送其他相关上级机关和同级机关,不抄送下级机关。

(二) 党委、政府的部门向上级主管部门请示、报告重大事项,应当经本级党委、政府同意或者授权,属于部门职权范围内的事项应直接报送上级主管部门。

(三) 下级机关的请示事项,如需以本机关名义向上级机关请示,应当提出倾向性意见后上报。不得原文转报上级机关。

(四) 请示应当一文一事,不得在报告等非请示性公文中夹带请示事项。

(五) 除上级机关负责人直接交办事项外,不得以本机关名义向上级机关负责人报送公文,也不得以本机关负责人名义向上级机关报送公文。

(六) 受双重领导的机关向一个上级机关行文,必要时应当抄送另一个上级机关。

(七) 不符合行文规则的上报公文,上级机关的文秘部门可退回下级呈报机关。

第十六条 向下级机关行文,应当遵循以下规则:

(一) 主送受理机关,根据需要抄送相关机关。重要行文应当同时抄送发文机关的直接上级机关。

(二) 党委、政府的办公厅(室)根据本级党委、政府授权,可以向下级党委、政府行文,其他部门和单位不得向下级党委、政府发布指令性公文或者在公文中向下级党委、政府提出指令性要求。需经政府审批的具体事项,经政府同意可由政府职能部门行文,文中需注明已经政府同意。

(三) 党委、政府的部门在各自职权范围内可以向下级党委、政府的相关部门行文。

(四) 涉及多个部门职权范围内的事务,部门之间未协商一致的,不得向下行文;擅自行文的,上级机关应当责令其纠正或者撤销。

(五) 上级机关向受双重领导的下级机关行文,必要时抄送该下级机关的另一个上级机关。

第十七条 同级党政机关、党政机关与其他同级机关必要时可以联合行文。属于党委、政府各自职权范围内的工作,不得联合行文。党委、政府的部门依据职权可以相互行文。部门内设机构除办公厅(室)外不得对外正式行文。

第五章 公文拟制

第十八条 公文拟制包括公文的起草、审核、签发等程序。

第十九条 公文起草应当做到：

(一) 符合国家的法律法规和党的路线方针政策,完整准确体现发文机关意图,并同现行有关公文相衔接。

(二) 一切从实际出发,分析问题实事求是,所提政策措施和办法切实可行。

(三) 内容简洁,主题突出,观点鲜明,结构严谨,表述准确,文字精练。

(四) 文种正确,格式规范。

(五) 公文涉及其他部门职权范围事项的,起草单位必须征求相关部门意见,力求达成一致。

(六) 深入调查研究,充分进行论证,广泛听取意见。

(七) 机关负责人应当主持、指导重要公文起草工作。

第二十条 公文文稿签发前,应当由发文机关办公厅(室)进行审核。审核的重点是：

(一) 行文理由是否充分,行文依据是否准确。

(二) 内容是否符合国家法律法规和党的路线方针政策;是否完整准确体现发文机关意图;是否同现行有关公文相衔接;所提政策措施和办法是否切实可行。

(三) 涉及有关地区或者部门职权范围的事项是否经过充分协商并达成一致意见。

(四) 文种是否正确,格式是否规范;人名、地名、时间、数字、段落顺序、引文等是否准确;文字、数字、计量单位和标点符号等用法是否符合规定。

(五) 其他内容是否符合公文起草的有关要求。

需要发文机关审议的重要公文文稿,审议前由发文机关办公厅(室)进行初核。

第二十一条 经审核不宜发文的公文文稿,应当退回起草单位并说明理由;符合发文条件但内容需作进一步研究和修改的,由起草单位修改后重新报送。

第二十二条 公文应当经本机关负责人审批签发。重要公文和上行文由机关主要负责人签发。党委、政府的办公厅(室)根据党委、政府授权制发的公文,由受权机关主要负责人签发或者按照有关规定签发。签发人签发公文,应当签署意见、姓名和完整日期;圈阅或者签名的,视为同意。联合行文由所有联署机关的负责人会签。

第六章 公文办理

第二十三条 公文办理包括收文办理、发文办理和整理归档。

第二十四条 收文办理主要程序是：

(一) 签收。对收到的公文应当逐件清点,核对无误后签字或者盖章,并注明签收时间。

(二) 登记。对公文的主要信息和办理情况应当详细记载。

(三) 初审。对收到的公文应当进行初审。初审的重点是：是否应当由本机关办理，是否符合行文规则，文种、格式是否符合要求，涉及其他地区或者部门职权范围的事项是否已经协商、会签；是否符合公文起草的其他要求。经初审不符合规定的公文，应当及时退回来文单位并说明理由。

(四) 承办。阅知性公文应当根据公文内容、要求和工作需要确定范围后分送。批办性公文应当提出拟办意见报本机关负责人批示或者转有关部门办理；需要两个以上部门办理的，应当明确主办部门。紧急公文应当明确办理时限。承办部门对交办的公文应当及时办理，有明确办理时限要求的应当在规定时限内办理完毕。

(五) 传阅。根据领导批示和工作需要将公文及时送传阅对象阅知或者批示。办理公文传阅应当随时掌握公文去向，不得漏传、误传、延误。

(六) 催办。及时了解掌握公文的办理进展情况，督促承办部门按期办结。紧急公文或者重要公文应当由专人负责催办。

(七) 答复。公文的办理结果应当及时答复来文单位，并根据需要告知相关单位。

第二十五条 发文办理主要程序是：

(一) 复核。已经发文机关负责人签批的公文，印发前应当对公文的审批手续、内容、文种、格式等进行复核；需作实质性修改的，应当报原签批人复审。

(二) 登记。对复核后的公文，应当确定发文字号、分送范围和印制份数并详细记载。

(三) 印制。公文印制必须确保质量和时效。涉密公文应当在符合保密要求的场所印制。

(四) 核发。公文印制完毕，应当对公文的文字、格式和印刷质量进行检查后分发。

第二十六条 涉密公文应当通过机要交通、邮政机要通信、城市机要文件交换站或者收发件机关机要收发人员进行传递，通过密码电报或者符合国家保密规定的计算机信息系统进行传输。

第二十七条 需要归档的公文及有关材料，应当根据有关档案法律法规及机关档案管理规定，及时收集齐全、整理归档。两个以上机关联合办理的公文，原件由主办机关归档，相关机关保存复制件。机关负责人兼任其他机关职务的，在履行所兼职务过程中形成的公文，由其兼职机关归档。

第七章 公文管理

第二十八条 各级党政机关应当建立健全本机关公文管理制度，确保管理严格规范，充分发挥公文效用。

第二十九条 党政机关公文由文秘部门或者专人统一管理。设立党委(党组)的县级以上单位应建立机要保密室和机要阅文室，并按有关保密规定配备工作人员和必要的安全保密设施。

第三十条 公文确定密级前，应当按照拟定的密级先行采取保密措施。确定密级后，应当按照所定密级严格管理。绝密级公文应当由专人管理。公文的密级需要变更或者解除的，由原确定密级的机关或者其上级机关决定。

第三十一条 公文的印发传达范围应当按照发文机关的要求执行；需要变更的，应当经发文机关批准。涉密公文公开发布前应当履行解密程序。公开发布的时间、形式和渠道，由发文机关确定。经批准公开发布的公文，同发文机关正式制发的公文具有同等效力。

第三十二条 复制、汇编机密级、秘密级公文，应当符合有关规定并经本机关负责人批准。绝密级公文一般不得复制、汇编，确有工作需要的，应当经发文机关或者其上级机关批准。复制、汇编的公文视同原件管理。

复制件应当加盖复制机关戳记。翻印件应当注明翻印的机关名称、日期。汇编本的密级按照编入公文的最高密级标注。

第三十三条 公文的撤销和废止，由发文机关、上级机关或者权力机关根据职权范围和有关法律法规决定。公文被撤销的，视为自始无效；公文被废止的，视为自废止之日起失效。

第三十四条 涉密公文应当按照发文机关的要求和有关规定进行清退或者销毁。

第三十五条 不具备归档和保存价值的公文，经批准后可以销毁。销毁涉密公文必须严格按照有关规定履行审批登记手续，确保不丢失、不漏销。个人不得私自销毁、留存涉密公文。

第三十六条 机关合并时，全部公文应当随之合并管理；机关撤销时，需要归档的公文整理后按照有关规定移交档案管理部门。

工作人员调离岗位时，所在机关应当督促其将暂存、借用的公文按照有关规定移交、清退。

第三十七条 新设立的机关应当向党委、政府的办公厅（室）提出发文立户申请。经审查符合条件的，列为发文单位，机关合并或者撤销时，相应进行调整。

第八章 附 则

第三十八条 党政机关公文含电子公文。电子公文处理工作的具体办法另行制定。

第三十九条 法规、规章方面的公文，依照有关规定处理。外事方面的公文，依照外事主管部门的有关规定处理。

第四十条 其他机关和单位的公文处理工作，可以参照本条例执行。

第四十一条 本条例由中共中央办公厅、国务院办公厅负责解释。

第四十二条 本条例自2012年7月1日起施行。1996年5月3日中共中央办公厅印发的《中国共产党机关公文处理条例》和2000年8月24日国务院发布的《国家行政机关公文处理办法》停止执行。

附录2　党政机关公文格式

GB/T 9704—2012

1. 范围

本标准规定了党政机关公文通用的纸张要求、排版和印制装订要求、公文格式各要素的编排规则,并给出了公文的式样。

本标准适用于各级党政机关制发的公文。其他机关和单位的公文可以参照执行。

使用少数民族文字印制的公文,其用纸、幅面尺寸及版面、印制等要求按照本标准执行,其余可以参照本标准并按照有关规定执行。

2. 规范性引用文件

下列文件对于本标准的应用是必不可少的。凡是注日期的引用文件,仅所注日期的版本适用于本标准。凡是不注日期的引用文件,其最新版本(包括所有的修改单)适用于本标准。

GB/T 148 印刷、书写和绘图纸幅面尺寸

GB 3100 国际单位制及其应用

GB 3101 有关量、单位和符号的一般原则

GB 3102(所有部分)量和单位

GB/T 15834 标点符号用法

GB/T 15835 出版物上数字用法

3. 术语和定义

下列术语和定义适用于本标准。

3.1　字 word

标示公文中横向距离的长度单位。在本标准中,一字指一个汉字宽度的距离。

3.2　行 line

标示公文中纵向距离的长度单位。在本标准中,一行指一个汉字的高度加3号汉字高度的7/8的距离。

4. 公文用纸主要技术指标

公文用纸一般使用纸张定量为60g/m^2～80g/m^{2}的胶版印刷纸或复印纸。纸张白度80%～90%,横向耐折度≥15次,不透明度≥85%,pH值为7.5～9.5。

5. 公文用纸幅面尺寸及版面要求

5.1　幅面尺寸

公文用纸采用GB/T 148中规定的A4型纸,其成品幅面尺寸为:210mm×297mm。

5.2　版面

5.2.1　页边与版心尺寸

公文用纸天头(上白边)为37mm±1mm,公文用纸订口(左白边)为28mm±1mm,

版心尺寸为156mm×225mm。

5.2.2 字体和字号

如无特殊说明,公文格式各要素一般用3号仿宋体字。特定情况可以作适当调整。

5.2.3 行数和字数

一般每面排22行,每行排28个字,并撑满版心。特定情况可以作适当调整。

5.2.4 文字的颜色

如无特殊说明,公文中文字的颜色均为黑色。

6. 印制装订要求

6.1 制版要求

版面干净无底灰,字迹清楚无断划,尺寸标准,版心不斜,误差不超过1mm。

6.2 印刷要求

双面印刷;页码套正,两面误差不超过2mm。黑色油墨应当达到色谱所标BL100%,红色油墨应当达到色谱所标Y80%、M80%。印品着墨实、均匀;字面不花、不白、无断划。

6.3 装订要求

公文应当左侧装订,不掉页,两页页码之间误差不超过4mm,裁切后的成品尺寸允许误差±2mm,四角成90°,无毛茬或缺损。

骑马订或平订的公文应当:

a) 订位为两钉外订眼距版面上下边缘各70mm处,允许误差±4mm;

b) 无坏钉、漏钉、重钉,钉脚平伏牢固;

c) 骑马订钉锯均订在折缝线上,平订钉锯与书脊间的距离为3~5mm。

包本装订公文的封皮(封面、书脊、封底)与书芯应吻合、包紧、包平、不脱落。

7. 公文格式各要素编排规则

7.1 公文格式各要素的划分

本标准将版心内的公文格式各要素划分为版头、主体、版记三部分。公文首页红色分隔线以上的部分称为版头;公文首页红色分隔线(不含)以下、公文末页首条分隔线(不含)以上的部分称为主体;公文末页首条分隔线以下、末条分隔线以上的部分称为版记。

页码位于版心外。

7.2 版头

7.2.1 份号

如需标注份号,一般用6位3号阿拉伯数字,顶格编排在版心左上角第一行。

7.2.2 密级和保密期限

如需标注密级和保密期限,一般用3号黑体字,顶格编排在版心左上角第二行;保密期限中的数字用阿拉伯数字标注。

7.2.3 紧急程度

如需标注紧急程度,一般用3号黑体字,顶格编排在版心左上角;如需同时标注份号、密级和保密期限、紧急程度,按照份号、密级和保密期限、紧急程度的顺序自上而下分行排列。

7.2.4 发文机关标志

由发文机关全称或者规范化简称加“文件”二字组成,也可以使用发文机关全称或者规范化简称。

发文机关标志居中排布,上边缘至版心上边缘为35mm,推荐使用小标宋体字,颜色为红色,以醒目、美观、庄重为原则。

联合行文时,如需同时标注联署发文机关名称,一般应当将主办机关名称排列在前;如有“文件”二字,应当置于发文机关名称右侧,以联署发文机关名称为准上下居中排布。

7.2.5 发文字号

编排在发文机关标志下空二行位置,居中排布。年份、发文顺序号用阿拉伯数字标注;年份应标全称,用六角括号“〔〕”括入;发文顺序号不加“第”字,不编虚位(即1不编为01),在阿拉伯数字后加“号”字。

上行文的发文字号居左空一字编排,与最后一个签发人姓名处在同一行。

7.2.6 签发人

由“签发人”三字加全角冒号和签发人姓名组成,居右空一字,编排在发文机关标志下空二行位置。“签发人”三字用3号仿宋体字,签发人姓名用3号楷体字。

如有多个签发人,签发人姓名按照发文机关的排列顺序从左到右、自上而下依次均匀编排,一般每行排两个姓名,回行时与上一行第一个签发人姓名对齐。

7.2.7 版头中的分隔线

发文字号之下4mm处居中印一条与版心等宽的红色分隔线。

7.3 主体

7.3.1 标题

一般用2号小标宋体字,编排于红色分隔线下空二行位置,分一行或多行居中排布;回行时,要做到词意完整,排列对称,长短适宜,间距恰当,标题排列应当使用梯形或菱形。

7.3.2 主送机关

编排于标题下空一行位置,居左顶格,回行时仍顶格,最后一个机关名称后标全角冒号。如主送机关名称过多导致公文首页不能显示正文时,应当将主送机关名称移至版记,标注方法见7.4.2。

7.3.3 正文

公文首页必须显示正文。一般用3号仿宋体字,编排于主送机关名称下一行,每个自然段左空二字,回行顶格。文中结构层次序数依次可以用“一、”“(一)”“1.”“(1)”标注;一般第一层用黑体字、第二层用楷体字、第三层和第四层用仿宋体字标注。

7.3.4 附件说明

如有附件,在正文下空一行左空二字编排“附件”二字,后标全角冒号和附件名称。如有多个附件,使用阿拉伯数字标注附件顺序号(如“附件:1. ×××××”);附件名称后不加标点符号。附件名称较长需回行时,应当与上一行附件名称的首字对齐。

7.3.5 发文机关署名、成文日期和印章

7.3.5.1 加盖印章的公文

成文日期一般右空四字编排，印章用红色，不得出现空白印章。

单一机关行文时，一般在成文日期之上、以成文日期为准居中编排发文机关署名，印章端正、居中下压发文机关署名和成文日期，使发文机关署名和成文日期居印章中心偏下位置，印章顶端应当上距正文(或附件说明)一行之内。

联合行文时，一般将各发文机关署名按照发文机关顺序整齐排列在相应位置，并将印章一一对应、端正、居中下压发文机关署名，最后一个印章端正、居中下压发文机关署名和成文日期，印章之间排列整齐、互不相交或相切，每排印章两端不得超出版心，首排印章顶端应当上距正文(或附件说明)一行之内。

7.3.5.2 不加盖印章的公文

单一机关行文时，在正文(或附件说明)下空一行右空二字编排发文机关署名，在发文机关署名下一行编排成文日期，首字比发文机关署名首字右移二字，如成文日期长于发文机关署名，应当使成文日期右空二字编排，并相应增加发文机关署名右空字数。

联合行文时，应当先编排主办机关署名，其余发文机关署名依次向下编排。

7.3.5.3 加盖签发人签名章的公文

单一机关制发的公文加盖签发人签名章时，在正文(或附件说明)下空二行右空四字加盖签发人签名章，签名章左空二字标注签发人职务，以签名章为准上下居中排布。在签发人签名章下空一行右空四字编排成文日期。

联合行文时，应当先编排主办机关签发人职务、签名章，其余机关签发人职务、签名章依次向下编排，与主办机关签发人职务、签名章上下对齐；每行只编排一个机关的签发人职务、签名章；签发人职务应当标注全称。

签名章一般用红色。

7.3.5.4 成文日期中的数字

用阿拉伯数字将年、月、日标全，年份应标全称，月、日不编虚位(即1不编为01)。

7.3.5.5 特殊情况说明

当公文排版后所剩空白处不能容下印章或签发人签名章、成文日期时，可以采取调整行距、字距的措施解决。

7.3.6 附注

如有附注，居左空二字加圆括号编排在成文日期下一行。

7.3.7 附件

附件应当另面编排，并在版记之前，与公文正文一起装订。“附件”二字及附件顺序号用3号黑体字顶格编排在版心左上角第一行。附件标题居中编排在版心第三行。附件顺序号和附件标题应当与附件说明的表述一致。附件格式要求同正文。

如附件与正文不能一起装订，应当在附件左上角第一行顶格编排公文的发文字号并在其后标注“附件”二字及附件顺序号。

7.4 版记

7.4.1 版记中的分隔线

版记中的分隔线与版心等宽,首条分隔线和末条分隔线用粗线(推荐高度为0.35mm),中间的分隔线用细线(推荐高度为0.25mm)。首条分隔线位于版记中第一个要素之上,末条分隔线与公文最后一面的版心下边缘重合。

7.4.2　抄送机关

如有抄送机关,一般用4号仿宋体字,在印发机关和印发日期之上一行、左右各空一字编排。“抄送”二字后加全角冒号和抄送机关名称,回行时与冒号后的首字对齐,最后一个抄送机关名称后标句号。

如需把主送机关移至版记,除将“抄送”二字改为“主送”外,编排方法同抄送机关。既有主送机关又有抄送机关时,应当将主送机关置于抄送机关之上一行,之间不加分隔线。

7.4.3　印发机关和印发日期

印发机关和印发日期一般用4号仿宋体字,编排在末条分隔线之上,印发机关左空一字,印发日期右空一字,用阿拉伯数字将年、月、日标全,年份应标全称,月、日不编虚位(即1不编为01),后加“印发”二字。

版记中如有其他要素,应当将其与印发机关和印发日期用一条细分隔线隔开。

7.5　页码

一般用4号半角宋体阿拉伯数字,编排在公文版心下边缘之下,数字左右各放一条一字线;一字线上距版心下边缘7mm。单页码居右空一字,双页码居左空一字。公文的版记页前有空白页的,空白页和版记页均不编排页码。公文的附件与正文一起装订时,页码应当连续编排。

8. 公文中的横排表格

A4纸型的表格横排时,页码位置与公文其他页码保持一致,单页码表头在订口一边,双页码表头在切口一边。

9. 公文中计量单位、标点符号和数字的用法

公文中计量单位的用法应当符合GB 3100、GB 3101和GB 3102(所有部分),标点符号的用法应当符合GB/T 15834,数字用法应当符合GB/T 15835。

10. 公文的特定格式

10.1　信函格式

发文机关标志使用发文机关全称或者规范化简称,居中排布,上边缘至上页边为30mm,推荐使用红色小标宋体字。联合行文时,使用主办机关标志。

发文机关标志下4mm处印一条红色双线(上粗下细),距下页边20mm处印一条红色双线(上细下粗),线长均为170mm,居中排布。

如需标注份号、密级和保密期限、紧急程度,应当顶格居版心左边缘编排在第一条红色双线下,按照份号、密级和保密期限、紧急程度的顺序自上而下分行排列,第一个要素与该线的距离为3号汉字高度的7/8。

发文字号顶格居版心右边缘编排在第一条红色双线下,与该线的距离为3号汉字高度的7/8。

标题居中编排，与其上最后一个要素相距两行。

第二条红色双线上一行如有文字，与该线的距离为3号汉字高度的7/8。

首页不显示页码。

版记不加印发机关和印发日期、分隔线，位于公文最后一面版心内最下方。

10.2　命令(令)格式

发文机关标志由发文机关全称加“命令”或“令”字组成，居中排布，上边缘至版心上边缘为20mm，推荐使用红色小标宋体字。

发文机关标志下空二行居中编排令号，令号下空二行编排正文。

签发人职务、签名章和成文日期的编排见7.3.5.3。

10.3　纪要格式

纪要标志由“×××××纪要”组成，居中排布，上边缘至版心上边缘为35mm，推荐使用红色小标宋体字。

标注出席人员名单，一般用3号黑体字，在正文或附件说明下空一行左空二字编排“出席”二字，后标全角冒号，冒号后用3号仿宋体字标注出席人单位、姓名，回行时与冒号后的首字对齐。

标注请假和列席人员名单，除依次另起一行并将“出席”二字改为“请假”或“列席”外，编排方法同出席人员名单。

纪要格式可以根据实际制定。

11. 式样

A4型公文用纸页边及版心尺寸见图1；公文首页版式见图2；联合行文公文首页版式1见图3；联合行文公文首页版式2见图4；公文末页版式1见图5；公文末页版式2见图6；联合行文公文末页版式1见图7；联合行文公文末页版式2见图8；附件说明页版式见图9；带附件公文末页版式见图10；信函格式首页版式见图11；命令(令)格式首页版式见图12。

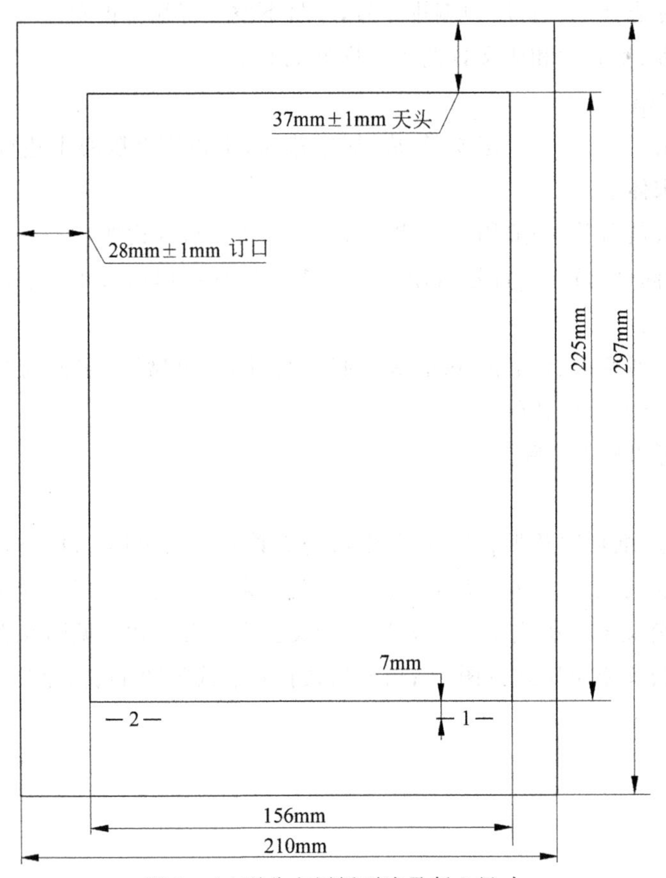

图 1　A4 型公文用纸页边及版心尺寸

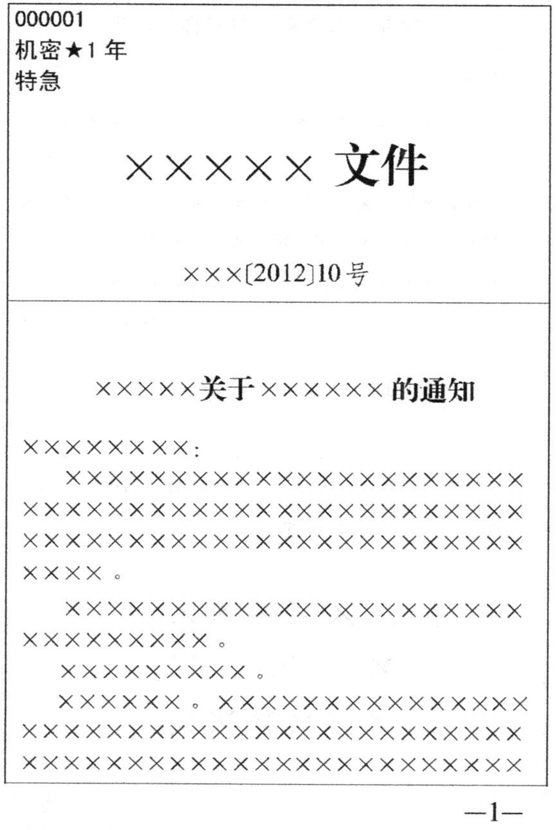

000001
机密★1年
特急
×××××文件
×××〔2012〕10号
×××××关于××××××的通知
××××××××：
××××××××××××××××××××××
×××××××××××××××××××××××××
×××××××××××××××××××××××××
××××。
××××××××××××××××××××××
×××××××××。
×××××××××。
××××××。×××××××××××××××
×××××××××××××××××××××××××
×××××××××××××××××××××××××
—1—

图2　公文首页版式

注：版心实线框仅为示意，在印制公文时并不印出。

000001
机密★1年
特急
××××××
×　×　×文件
××××××
×××〔2012〕10号
×××××关于××××××的通知
××××××：
××××××××××××××××××××××。
××××××××××××××××××××××
×××××××××××××××××××××××××
×××××××××××××××××××××××××
××××。
××××××××××××××××××××××
—1—

图3　联合行文公文首页版式1

注：版心实线框仅为示意，在印制公文时并不印出。

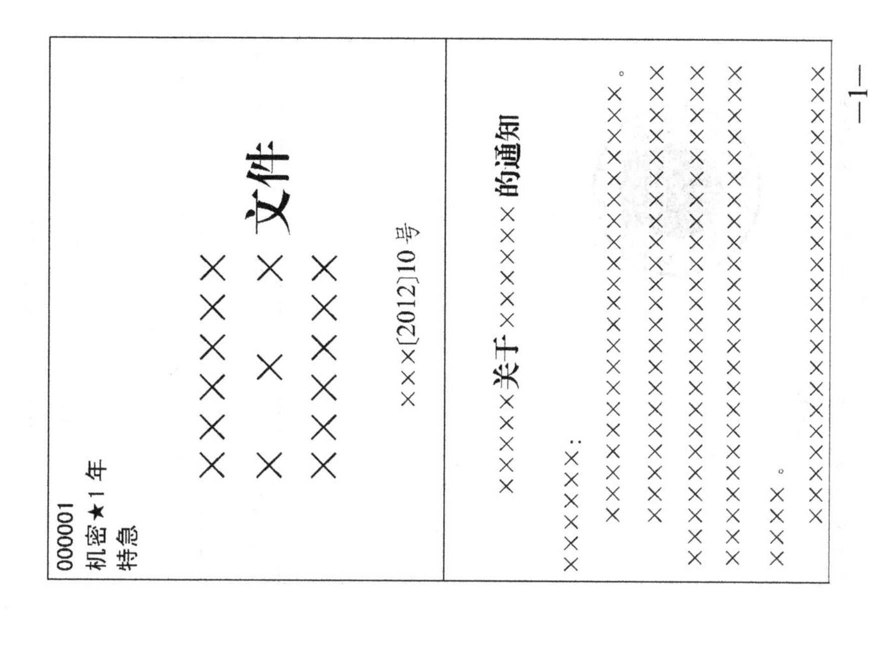

000001
机密★1年
特急

××××××
×　×　×
××××××

签发人：×××　×××
×××〔2012〕10号　　×××

×××××关于××××××的请示

××××××××：

××××××××××××××××××××××
×××××××××××××××××××××××
×××××××××××××××××××××××
××××。

××××××××××××××××××××××

—1—

图4　联合行文公文首页版式2

注：版心实线框权为示意，在印制公文时并不印出。

××××××××××××××。

××××××××××××××××××××××
×××××××××××××××××××××××
××××××××××。

中华人民共和国××××部
2012年7月1日

（×××××）

抄送：×××××××××××××××，××××，×
×××××。

×××××××××　　2012年7月1日印发

—2—

图5　公文末页版式1

注：版心实线框权为示意，在印制公文时并不印出。

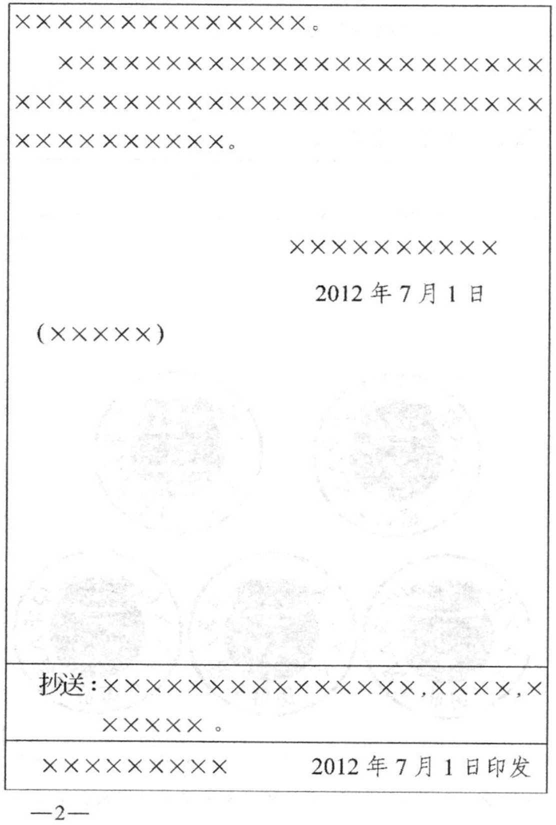

××××××××××××××。

　　×××××××××××××××××××××××
×××××××××××××××××××××××××
××××××××××。

××××××××××××

2012 年 7 月 1 日

（×××××）

抄送：×××××××××××××××，××××，×
　　×××××。

×××××××××　　2012 年 7 月 1 日印发

—2—

图 6　公文末页版式 2

注：版心实线框权为示意，在印制公文时并不印出。

××××××××××××××。

　　×××××××××××××××××××××××
×××××××××××××××××××××××××
××××××××××。

（×××××）

2012 年 7 月 1 日

抄送：×××××××××××××××，××××，×
　　×××××。

×××××××××　　2012 年 7 月 1 日印发

—2—

图 7　联合行文公文末页版式 1

注：版心实线框权为示意，在印制公文时并不印出。

××××××××××××××。

　　×××××××××××××××××××××××

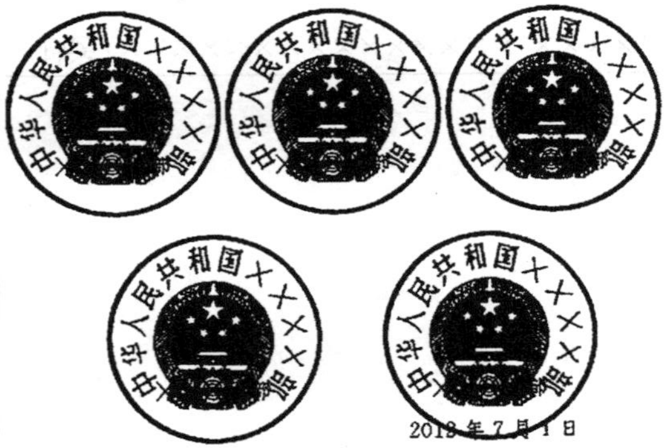

×××××××××××××××××××××××××

××××××××××。

中华人民共和国×××部　中华人民共和国×××部　中华人民共和国×××部

中华人民共和国×××部　中华人民共和国×××部

2012年7月1日

(×××××)

抄送:×××××××××××××××,××××,×
　　×××××。

×××××××××　　2012年7月1日印发

—2—

图8　联合行文公文末页版式2

注:版心实线框权为示意,在印制公文时并不印出。

××××××××××××××。

　　×××××××××××××××××××××××

×××××××××××××××××××××××××

××××××××××。

　　附件:1.×××××××××××××××××
　　　　　×××××
　　　　2.××××××××××××

×××××××
×　×　×　×
2012年7月1日

(×××××)

—2—

图9　附件说明页版式

注:版心实线框权为示意,在印制公文时并不印出。

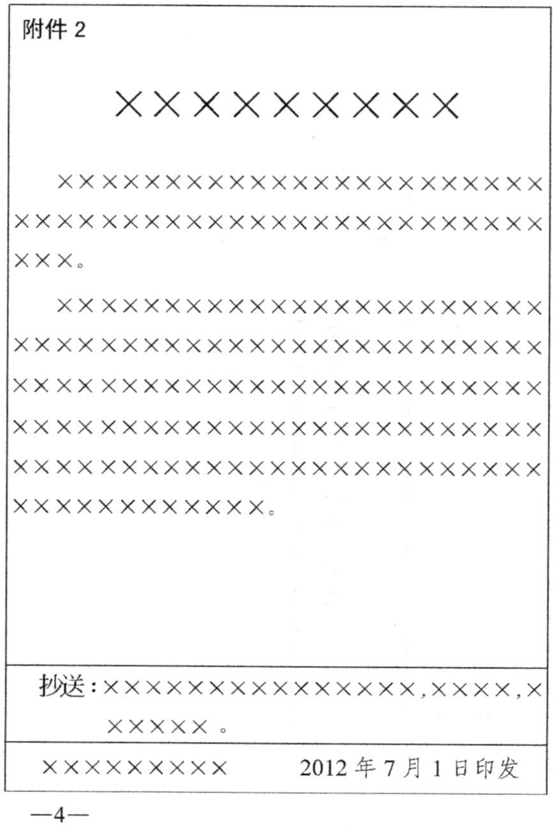

附件 2

××××××××××

　　×××××××××××××××××××××××
×××××××××××××××××××××××××
×××。

　　×××××××××××××××××××××××
×××××××××××××××××××××××××
×××××××××××××××××××××××××
×××××××××××××××××××××××××
×××××××××××××××××××××××××
××××××××××××。

抄送：×××××××××××××××，××××，×
　　×××××。

×××××××××　　2012 年 7 月 1 日印发

—4—

图 10　带附件公文末页版式

注：版心实线框权为示意，在印制公文时并不印出。

中华人民共和国×××××部

000001　　　　　　　　×××〔2012〕10号
机　密
特　急

×××××关于××××××的通知

××××××××：
　　××××××××××××××××××××××
××××××××××××××××××××××××
××××××××××××××××××××××××
×××××××××××××××××××××。
　　××××××××××××××××××××××
××××××××××××××××××××××××
××××××××××××××××××××××××
×××××××××××××××××××××。
　　××××××××××××××××××××××
××××××××××××××××××××××××
××××××××××××××××××××××××
××××××××××××××××××××××××
××××××××××××××××××××××××
×××××××××××××××××××××。

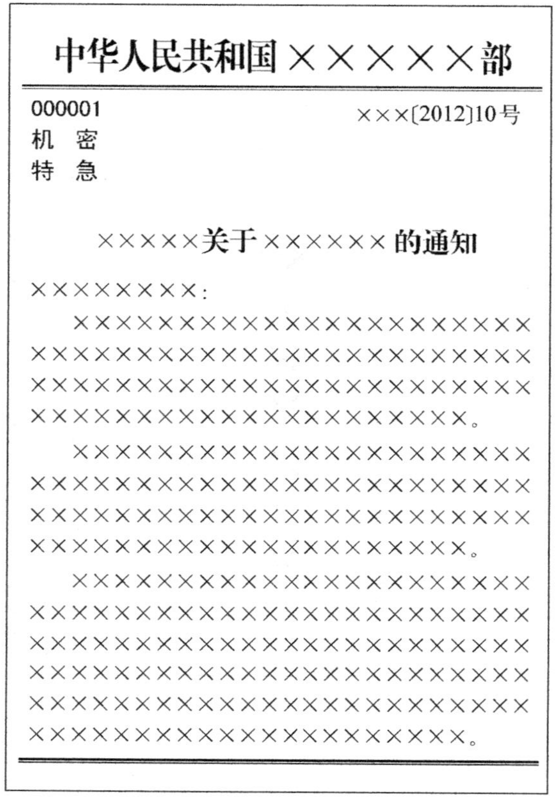

图 11　信函格式首页版式

注：版心实线框权为示意，在印制公文时并不印出。

×××××× 令

第×××号

××。××。

部 长 ×××

2012年7月1日

—1—

图12 命令(令)格式首页版式

注:版心实线框权为示意,在印制公文时并不印出。

附录3 中华人民共和国国家通用语言文字法

（2000年10月31日第九届全国人民代表大会常务委员会第十八次会议通过）

目　录

第一章　总则
第二章　国家通用语言文字的使用
第三章　管理和监督
第四章　附则

第一章　总　　则

第一条　为推动国家通用语言文字的规范化、标准化及其健康发展，使国家通用语言文字在社会生活中更好地发挥作用，促进各民族、各地区经济文化交流，根据宪法，制定本法。

第二条　本法所称的国家通用语言文字是普通话和规范汉字。

第三条　国家推广普通话，推行规范汉字。

第四条　公民有学习和使用国家通用语言文字的权利。

国家为公民学习和使用国家通用语言文字提供条件。

地方各级人民政府及其有关部门应当采取措施，推广普通话和推行规范汉字。

第五条　国家通用语言文字的使用应当有利于维护国家主权和民族尊严，有利于国家统一和民族团结，有利于社会主义物质文明建设和精神文明建设。

第六条　国家颁布国家通用语言文字的规范和标准，管理国家通用语言文字的社会应用，支持国家通用语言文字的教学和科学研究，促进国家通用语言文字的规范、丰富和发展。

第七条　国家奖励为国家通用语言文字事业做出突出贡献的组织和个人。

第八条　各民族都有使用和发展自己的语言文字的自由。

少数民族语言文字的使用依据宪法、民族区域自治法及其他法律的有关规定。

第二章　国家通用语言文字的使用

第九条　国家机关以普通话和规范汉字为公务用语用字。法律另有规定的除外。

第十条　学校及其他教育机构以普通话和规范汉字为基本的教育教学用语用字。法律另有规定的除外。

学校及其他教育机构通过汉语文课程教授普通话和规范汉字。使用的汉语文教材，应当符合国家通用语言文字的规范和标准。

第十一条　汉语文出版物应当符合国家通用语言文字的规范和标准。

汉语文出版物中需要使用外国语言文字的,应当用国家通用语言文字作必要的注释。

第十二条 广播电台、电视台以普通话为基本的播音用语。

需要使用外国语言为播音用语的,须经国务院广播电视部门批准。

第十三条 公共服务行业以规范汉字为基本的服务用字。因公共服务需要,招牌、广告、告示、标志牌等使用外国文字并同时使用中文的,应当使用规范汉字。

提倡公共服务行业以普通话为服务用语。

第十四条 下列情形,应当以国家通用语言文字为基本的用语用字:

(一) 广播、电影、电视用语用字;

(二) 公共场所的设施用字;

(三) 招牌、广告用字;

(四) 企业事业组织名称;

(五) 在境内销售的商品的包装、说明。

第十五条 信息处理和信息技术产品中使用的国家通用语言文字应当符合国家的规范和标准。

第十六条 本章有关规定中,有下列情形的,可以使用方言:

(一) 国家机关的工作人员执行公务时确需使用的;

(二) 经国务院广播电视部门或省级广播电视部门批准的播音用语;

(三) 戏曲、影视等艺术形式中需要使用的;

(四) 出版、教学、研究中确需使用的。

第十七条 本章有关规定中,有下列情形的,可以保留或使用繁体字、异体字:

(一) 文物古迹;

(二) 姓氏中的异体字;

(三) 书法、篆刻等艺术作品;

(四) 题词和招牌的手书字;

(五) 出版、教学、研究中需要使用的;

(六) 经国务院有关部门批准的特殊情况。

第十八条 国家通用语言文字以《汉语拼音方案》作为拼写和注音工具。

《汉语拼音方案》是中国人名、地名和中文文献罗马字母拼写法的统一规范,并用于汉字不便或不能使用的领域。

初等教育应当进行汉语拼音教学。

第十九条 凡以普通话作为工作语言的岗位,其工作人员应当具备说普通话的能力。

以普通话作为工作语言的播音员、节目主持人和影视话剧演员、教师、国家机关工作人员的普通话水平,应当分别达到国家规定的等级标准;对尚未达到国家规定的普通话等级标准的,分别情况进行培训。

第二十条 对外汉语教学应当教授普通话和规范汉字。

第三章 管理和监督

第二十一条 国家通用语言文字工作由国务院语言文字工作部门负责规划指导、管理监督。

国务院有关部门管理本系统的国家通用语言文字的使用。

第二十二条 地方语言文字工作部门和其他有关部门，管理和监督本行政区域内的国家通用语言文字的使用。

第二十三条 县级以上各级人民政府工商行政管理部门依法对企业名称、商品名称以及广告的用语用字进行管理和监督。

第二十四条 国务院语言文字工作部门颁布普通话水平测试等级标准。

第二十五条 外国人名、地名等专有名词和科学技术术语译成国家通用语言文字，由国务院语言文字工作部门或者其他有关部门组织审定。

第二十六条 违反本法第二章有关规定，不按照国家通用语言文字的规范和标准使用语言文字的，公民可以提出批评和建议。

本法第十九条第二款规定的人员用语违反本法第二章有关规定的，有关单位应当对直接责任人员进行批评教育；拒不改正的，由有关单位作出处理。

城市公共场所的设施和招牌、广告用字违反本法第二章有关规定的，由有关行政管理部门责令改正；拒不改正的，予以警告，并督促其限期改正。

第二十七条 违反本法规定，干涉他人学习和使用国家通用语言文字的，由有关行政管理部门责令限期改正，并予以警告。

第四章 附 则

第二十八条 本法自2001年1月1日起施行。

参考文献

[1] 赵华,张宇.应用写作教程[M].北京：高等教育出版社,2008.

[2] 徐中玉.应用文写作[M]. 北京：高等教育出版社,2012.

[3] 张达芝.应用写作教程[M].杭州：浙江大学出版社,2005.

[4] 刘雪梅,等.应用文写作[M].天津：天津科学技术出版社,2009.

[5] 裴显生,王殿松.应用写作[M].北京：高等教育出版社,2005.

[6] 《新概念写作范例大全》编辑部.机关文书范例大全[M].哈尔滨：哈尔滨出版社,2006.

[7] 白庆元,倪玉.公务文书写作[M].哈尔滨：哈尔滨出版社,2006.

[8] 李德胜.应用文写作教程[M].天津：天津教育出版社,2014.

[9] 中国公文写作研究会.公文写作规范与要领[M].北京：中央文献出版社,2006.

[10] 张保忠,岳海翔.公务文书写作一本通[M].北京：中国言实出版社,2005.

[11] 林汉顺,黄春梅.实用文体写作[M].北京：北京邮电大学出版社,2011.

[12] 孙荣利.大学生常用应用文写作[M].北京：世界知识出版社,2015.

[13] 陈功伟.最新公文写作模式大全[M].广州：广东旅游出版社,2005.

[14] 姚先国,牛海霞,等.经济类学生毕业论文写作指导[M].杭州：浙江大学出版社,2004.

[15] 张耀辉,戴永明.简明应用写作[M].北京：高等教育出版社,2013.

[16] 林刚主.现代应用文写作[M].北京：中国发展出版社,2006.

[17] 刘耀国.民用文书写作[M].北京：中国言实出版社,2005.

[18] 韩富军,王丽华.现代应用文写作[M].沈阳：东北大学出版社,2004.

[19] 程大荣.现代应用写作[M].杭州：浙江大学出版社,2004.

[20] 赵映诚.当代公文写作[M].大连：东北财经大学出版社,2013.

[21] 徐明娥.新编经济应用写作[M].成都：西南财经大学出版社,2003.

[22] 章毅.大学应用文写作教程[M].天津：南开大学出版社,2012.

[23] 洪威雷,毛正天.应用文写作学新编[M].北京：中华书局,2005.

[24] 高旭国.应用文写作[M].北京：高等教育出版社,2007.

[25] 耿云巧,马俊霞.现代应用文写作[M].北京：清华大学出版社,2007.

[26] 程大荣,潘水根.商务文书写作理论与实务[M].杭州：浙江大学出版社,2004.

[27] 谭兵.民事诉讼法学[M].北京：法律出版社,1997.

[28] 陈光中.刑事诉讼法学[M].北京：法律出版社,2009.

[29] 马怀德.行政诉讼法学[M].北京：中国人民大学出版社,2009.

[30] 杨梅芳,刘桃荣,刘国媛.涉法涉诉文书写作与评析[M].武汉：华中科技大学出版社,2009.

[31] 宁致远.中国律师文书范本[M].北京：民主与建设出版社,2009.

[32] 曾宪义.中国法制史[M].北京：高等教育出版社,2009.

[33] 赵旭东.公司法学[M].北京：高等教育出版社,2008.

[34] 陈永平,梅新和.常用法律文书写作实例规范文本[M].北京：法律出版社,2008.

[35] 陈卫东,刘计划.法律文书写作[M].北京：中国人民大学出版社,2009.

后　记

为适应应用型人才培养的需要，有效提高大学生的应用写作能力，我们再一次重新编写了这部教材，以适应教学的需求。

作为一线教师，在长期的教学工作中，对当代大学生母语能力不断下降的趋势深感忧虑。自然不可能人人成为文学家，但应用文写作能力是必备的基本能力。我们编写本书也是考虑到现状，特别是希望能够为提高学生的写作能力尽到一份心意。

本书绪论、第一、第二、第七章由单立勋执笔，第三、第四、第五、第六、第八章由沈冬娜执笔，最后由单立勋统审定稿。

本书在编写过程中，得到大连财经学院领导及教学管理部门的关心和大力支持。清华大学出版社编辑自始至终关心此书的编写、出版，并提出了很多宝贵意见。在编写过程中，我们参阅了大量相关著述，也借鉴了网络信息和资源。在此，我们一并表示感谢。

由于写作时间很紧，自身能力和水平也有限，因此，本书有很多不尽如人意的地方，也可能会有诸多不足，恳请各方不吝赐教，以便今后修订和完善。

编　者

2019 年 7 月 2 日

后　记